Peter Meyer Reiseführer **FINNLAND**

D1672247

RASSO KNOLLER

FINNLAND

*Praktischer Natur- & Kulturführer
durch das Land der 1000 Seen*

PETER MEYER REISEFÜHRER

Frankfurt am Main 1994

IMPRESSUM
© 1994 Peter Meyer Reiseführer
Schopenhauerstraße 11, 60316 Frankfurt am Main
Umschlag- und Reihenkonzept, insbesondere die Kombination
von Griffmarken und Schlagwort-System auf dem Umschlag,
sowie Text, Karten, Tabellen und Illustrationen sind urheber-
rechtlich geschützt.
Druck und Bindung: Tiskarna DAN, Ljubljana
Lithographie: Tiskarna DAN, Ljubljana
Umschlaggestaltung: Fuhr & Wolf, Frankfurt am Main
Karten: Peter Meyer. Kirsten Elsner & Marc Schichor, Karlsruhe,
unter Mitarbeit von Hrafnhildur Sif Sverrisdóttir, Karlsruhe/Island
Zeichnungen: Silke Schmidt, Offenbach
Fotos: Alle Fotos sind – wenn nicht anders angegeben – vom
Autor, siehe Bildverzeichnis Seite 8
Lektorat und Gestaltung: Annette Sievers, Frankfurt am Main

VERTRIEB FÜR DEN BUCHHANDEL
PROLIT GMBH, Postfach 9, D-35463 Fernwald-Annerod
AVA/buch 2000, Postfach 89, CH-8910 Affoltern a.A.
FREYTAG & BERNDT, Postfach 169, A-1071 Wien
NILSSON & LAMM, Postbus 195, NL-1380 AD Weesp
andere Länder über den Verlag
ISBN 3-922 057-75-6

Bildnachweis
Soweit keine anderen Quellen angegeben
sind, stammen die Fotografien vom Autor.
Das Copyright liegt bei den jeweiligen
Urhebern.
- Ateneum Bildarchiv, Helsinki: *119*
- Bildarchiv des Außenministeriums,
  Helsinki: *19, 233*
- Finnische Botschaft, Oslo: *21, 22,
  24, 164*
- Finnisches Touristenbüro, Oslo: *50,
  176, 186, 224*
- Lehtikuva OY: *127, 190*
- Peter Meyer Reiseführer: *26*
- Ulla Riedelsheimer: *211, 244, 262*
- Tobias Büscher: *265*

Kartenlegende

❶	Touristeninformation
✉	(Haupt-)Post
🚌	Bushaltestelle
🚕	Taxistandplatz
⛴	Fährhafen, Rundfahrten
⚓	Hafen
✈	Flughafen, Flugbüro
═══	Autobahn
──	Nationalstraße
──	Nebenstraße
====	Piste, Forstweg
••••••	Pfad, Wanderroute
∿	Fluß, Bach
⌣	Brücke
→)::::	Tunnel
E3	Europastraße
22	Nationalstraße
+	Kirche
Park	Park
Stadion	Stadion
Hallenbad	Hallenbad
Freibad	Freibad
Badestelle	Badestelle
Sprungschanze	Sprungschanze
Wandergebiet	Wandergebiet
Camping	Camping
Hotel	Hotel
Jugendherberge	Jugendherberge
Schutzhütte	Schutzhütte
Unterstand	Unterstand
Rastplatz	Rastplatz
Feuerstelle	Feuerstelle
Restaurant	Restaurant
Café	Café
▲ Gipfel	Gipfel
Rundblick	Rundblick

Zur Einstimmung

Tiefblaues Wasser und grüne Inseln •
Klick • Scheinbar unendliche Wälder
• Klick • Ein Bild vom Weihnachts-
mann • Klick • Rentiere am Weges-
rand • Klick • Dampfer auf dem See •
Klick • Schwitzende Männer in der
Sauna • Klick •

Bilder eines typischen
56m Das Land am Rande Europas
lockt als Ferienziel immer mehr Touristen an, die genug haben von Lärm,
Gestank und Hektik mitteleuropäischer Großstädte. 16 Einwohner verlieren sich in Finnland auf einem
Quadratkilometer – im Durchschnitt
wohlgemerkt. Nur Island und Norwegen sind in Europa noch weniger
dicht bevölkert. 188.000 Seen mit fast
ebenso vielen Inseln warten darauf,
erforscht zu werden, Wanderpfade
mit einer Gesamtlänge von mehreren
tausend Kilometern laden zu Touren
in die Natur ein und am Abend eines
langen und erlebnisreichen Tages
lockt eine heiße Sauna.

Finnland
ist ein Land, in dem die typischen
touristischen Sehenswürdigkeiten –
bis auf wenige Ausnahmen – fehlen.
Hier gibt es keinen Grand Canyon,
keinen Ayers Rock, kein Colosseum
und auch keinen Eiffelturm. Sensationelle Natur- und Kultursehenswür-
digkeiten sind dünn gesät. Trotzdem
oder gerade deswegen verzaubert
Finnland seine Besucher. Das ganze
Land ist eine perfekte Symphonie aus
Wasser und Wald. Während man an-
derswo von Natursehenswürdigkeit
zu Natursehenswürdigkeit fährt, ist
man in Finnland immer von der Natur umgeben. Im Gegensatz zum
Grand Canyon ist Ihr Urlaubssee vermutlich in keinem Reiseführer erwähnt, im Gegensatz zum Grand
Canyon dürfen Sie ihn aber auch ganz
alleine genießen. Die finnische Natur
ist hart und spröde, doch gerade dies
macht ihren Reiz aus.

Ähnliches läßt
sich im übertragenen Sinne auch über
die Finnen sagen. In sich selbst

zurückgezogen und mundfaul, können sie nur schwer als Beispiel für ausgesuchte Freundlichkeit herhalten. Höflichkeitsfloskeln sind weitgehend unbekannt, und die Kunst des Small talk ist in Finnland nicht sehr weit verbreitet. Gelingt es aber erst einmal, das Eis zu schmelzen, wird man sich wundern, wie herzlich der gerade noch so abweisende Matti oder Pasi sein kann.

Wer in Marokko einen Basar besucht oder in Italien einen Bus besteigt, der merkt sofort, daß er im Ausland ist. Wer durch die Straßen von Helsinki spaziert, der wird zunächst mehr Ähnlichkeiten als Unterschiede zu Deutschland feststellen. Wenn Sie sich aber länger in Finnland aufhalten, werden Sie bald bemerken, daß die finnische Kultur ebenso fremd ist wie die marokkanische oder griechische. Auf der Suche nach dem unbekannten Finnland will Ihnen dieser Reiseführer helfen.

Finnland ist ein Land, das es seinen Gästen nicht leicht macht – sowohl die Menschen als auch die Natur geben ihre Geheimnisse nicht einfach preis. Doch es lohnt sich, danach zu suchen.

Ich habe mich bemüht, die vielen Angaben in diesem Buch so aktuell, gründlich und gewissenhaft zusammenzustellen, wie es für ein derart weitläufiges und vielfältiges Land nur möglich ist. Aber zwangsläufig bleibt es auch trotz größter Anstrengungen nicht aus, daß sich verschiedene Daten wie Preisangaben, Öffnungs- und Abfahrtszeiten, aber auch Bewertungen von Unterkünften etc. ändern, bis Sie dort eintreffen. Helfen Sie den Lesern der nächsten Auflage mit Ihren Anregungen, Ergänzungen und Korrekturen. Auch für Ergänzungen der Karten sind der Verlag und ich dankbar. Bitte notieren Sie den Zeitraum Ihrer Reise, schreiben Sie Namen und Ortsnamen bitte in Druckbuchstaben. Zuschriften mit verwertbaren Informationen honoriert der Verlag mit einem Buch aus seinem Programm.

Peter Meyer Reiseführer
– Korrekturen FI '94 –
Schopenhauerstraße 11
D-60316 Frankfurt a.M.

RASSO KNOLLER
im Mai 1994

GESCHICHTE & KULTUR

EIN LAND AM RANDE EUROPAS

Finnland ist für seine Besucher kein einfaches Land. Seine Geschichte bleibt dem, der sie nur oberflächlich betrachtet, unverständlich. Doch »das Geheimnis um Finnland erhellt sich von selbst, wenn die Entwicklungen in Finnland nach Finnlands eigenen und einzigartigen Erfahrungen seziert werden, nicht aber von den Ausgangspunkten anderer Länder her, mit denen Finnland niemals viel gemein hatte.«
Mit diesen Worten des finnischen Diplomaten und Politikers Max Jakobson im Hinterkopf wird sich Ihnen das »Geheimnis« des Fremden schneller erschließen.

Erste Besiedlung

Wann sich die ersten Menschen auf dem Gebiet des heutigen Finnlands niedergelassen haben, darüber streiten sich die Wissenschaftler. Einige sagen, dies sei bereits 12.000 v. Chr. der Fall gewesen, andere glauben, daß erst 5000 Jahre später die ersten Siedlungen entstanden. Die ältesten Funde (Scherben von Gebrauchsgegenständen und ähnliches), die man bis heute entdecken konnte, stammen aus der Zeit um 7500 v. Chr. Überreste aus jener Zeit können Sie in der prähistorischen Abteilung des *Nationalmuseums* in Helsinki besichtigen. Wer die Steinzeit lieber »live« mag, der muß zum *Kolovesi-Nationalpark* in der Nähe von Savonlinna fahren. Dort kann man auf einigen Inseln der Finnischen Seenplatte – wenig spektakuläre – Felsritzungen entdecken.

Wie dem auch sei, mit den heutigen Finnen hatten jene Steinzeitmenschen noch nichts zu tun. Etwa zu Beginn unserer Zeitrechnung begann der Zustrom von Volksstämmen aus Mittelrußland. Früher wurden diese *finnougrischen Stämme* als Vorfahren der heutigen Finnen angesehen, Blutuntersuchungen in neuerer Zeit legen jedoch die Vermutung nahe, daß die Finnen Mischlinge aus den finnougrischen Stämmen und damals bereits in dem Gebiet ansässigen indogermanischen Stämmen sind. Zum Unglück für den modernen Touristen erwies sich bei dieser Verschmelzung der Stämme die finnisch-ugrische Sprache als stärker und hat sich seit jenen Tagen zum heutigen Finnisch entwickelt. Da aber die finnische Sprache ein ganz eigenes Kapitel ist, soll sie auch ein solches bekommen (siehe Seite 35).

Die Wikingerzeit

Während der Wikingerzeit vom späten 8. Jahrhundert bis zum 11. Jahrhundert entwickelten sich erste Handelsbeziehungen zwischen »Finnen« und Wikingern aus dem heutigen Schweden, wobei vor allem Pelze eine wichtige Handelsware darstellten. Schon damals lebten in Finnland aber nicht nur die Vorfahren der heutigen Finnen, sondern auch die Vorfahren der *Lappen* oder *Samen*, wie sie sich selbst nennen. Diese Volksgruppe wurde im Laufe der Jahrhunderte von

Zum traditionellen Kunsthandwerk der Samen, dem »Sámi-Duodji«, gehören solche Dolche aus Horn und Leder

den nachrückenden finnischen Stämmen immer weiter nach Norden verdrängt, und während der Wikingerzeit nutzten die Finnen ihre Expeditionen in den Norden nicht nur zur Pelztierjagd, sondern trieben – weil sie schon in der Gegend waren – auch noch Steuern von den Samen ein.

Damals bedeutete »Norden« aber noch nicht dasselbe wie heute. Das Land war äußerst spärlich besiedelt, und menschliche Ansiedlungen gab es nur im küstennahen Raum. Nördlich der Linie der heutigen Städte Pori – Tampere – Mikkeli – Savonlinna lebten keine Menschen. Die geringe Bevölkerungsdichte war der Grund dafür, daß sich in Finnland, im Unterschied zu den meisten anderen Ländern, kein zusammenhängendes Reich bildete. Die einzelnen finnischen Stämme und Familien waren unter keinem gemeinsamen König vereint. Der erste andauernde Einfluß von außen kam – wie sollte es anders sein – durch die Kirche.

Zum Schwedenreich

Von Schweden aus wurden im 12. und 13. Jahrhundert im Namen der katholischen Kirche mehrere Kreuzzüge unternommen. Auch die Herrscher von Nowgorod aus dem im Osten angrenzenden Zarenreich versuchten die

finnischen »Heiden« in ihrem Sinne zu bekehren, nämlich zum orthodoxen Glauben. Im Laufe der Zeit erwiesen sich die Schweden als militärisch stärker, und so wurde Finnland im 14. Jahrhundert schwedische Provinz. Zum Schutz der finnischen Ostgebiete im schwedischen Reich wurde 1475 übrigens die *Burg Olavinlinna* – eine der besterhaltenen Burgen im heutigen Finnland – erbaut. Als Zeugen der blutigen Christianisierung sind außer dem *Dom von Turku* noch die Kirchen in *Nousiainen* und *Hattula* erhalten. Von den vielen Holzkirchen des Mittelalters hat keine einzige die Jahrhunderte überdauert.

Im Laufe des 16. Jahrhunderts erreichte die Reformation den äußersten Zipfel Europas. 1548 übersetzte ein Kirchenmann aus Åbo (Turku), der Reformator *Mikael Agricola* (um 1510 – 1557), das Neue Testament ins Finnische. Dies ist insofern von Bedeutung, als Agricola in dieser Übersetzung als erster die gesprochene finnische Sprache – genau gesagt seinen westfinnischen Dialekt aus Åbo – in geschriebener Form fixierte und damit die Grundlage für die finnische Schriftsprache schuf. Und zwar zu einer Zeit, als nicht Finnisch, sondern Schwedisch die Amts- und Behördensprache im Land war. Wer gesellschaftlichen und beruflichen Aufstieg anstrebte, der mußte die Sprache der Besatzungsmacht beherrschen. Selbstverständlich wurde auch an der 1640 gegründeten *Universität von Turku* nicht in finnisch, sondern in schwedisch unterrichtet. Turku hieß damals

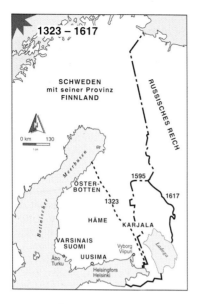

1323 – 1617

SCHWEDEN
mit seiner Provinz
FINNLAND

RUSSISCHES REICH

0 km   130

Meerbusen

ÖSTER-
BOTTEN

1595

1323

1617

HÄME

KARJALA

VARSINAIS
SUOMI

Vyborg
Viipuri

Ladoga

Bottnischer

Åbo
Turku

UUSIMA

Helsingfors
Helsinki

natürlich *Åbo*, denn das ist der schwedische Name für die Stadt. Im 17. und 18. Jahrhundert verstanden die meisten Adeligen und Bürger in Finnland kein finnisch mehr. Das Land war sprachlich zweigeteilt. Die unteren Bevölkerungsschichten verständigten sich auf Finnisch, während die Reichen und Adeligen das »vornehme« Schwedisch sprachen.

Finnland war damals nicht mehr als eine Provinz am Ostrand Schwedens. Gleichzeitig war es aber auch die Nachbarprovinz des russischen Zarenreiches. Kein Wunder, daß jeder Streit zwischen dem schwedischen König und dem russischen Zaren Auswirkungen auf Finnland hatte. Im Laufe des 18. Jahrhunderts begann der Stern Schwedens zu sinken,

während gleichzeitig das Zarenreich immer stärker wurde. Als Folge des *Großen Nordischen Krieges* (1700 – 1721) mußte Schweden den Ostteil Finnlands an Rußland abtreten und nach weiteren kriegerischen Auseinandersetzungen und schwedischen Niederlagen kam Finnland als autonomes Großfürstentum zum russischen Zarenreich.

Unter russischer Herrschaft

Die eigentliche Angliederung Finnlands an Rußland wurde im März 1809 vor dem Ersten Landtag in der kleinen Bischofsstadt *Porvoo* vollzogen. Die Finnen schworen dem Russischen Zaren die Treue, der wiederum sicherte seinen neuen Untertanen weitgehende Autonomie zu. In seiner Schlußansprache auf dem Landtag erklärte Zar Alexander I., daß Finnland jetzt in den Kreis der Nationen aufgenommen sei. Während Finnland unter schwedischer Herrschaft nichts anderes war als eine Provinz des Mutterlandes, begann es, sich unter russischer Herrschaft zu einem eigenständigen Staatswesen zu entwickeln. Nicht zuletzt deshalb bezeichnen viele Historiker das Jahr 1809 als das eigentliche Geburtsjahr Finnlands.

Finnland war für das russische Zarenreich hauptsächlich von strategischer Bedeutung. Nach 1809 wurde die noch von den Schweden erbaute, vor Helsinki liegende Festung *Suomenlinna* als Vorposten für die Verteidigung von St. Petersburg eingesetzt und in den dreißiger Jahren des 19. Jahrhunderts begannen die neuen Herren sogar mit dem Bau einer großen Festungsanlage auf den Finnland vorgelagerten Ålandinseln. *Bomarsund* war aber kein glückliches Schicksal beschieden. Bereits 1854 wurde die Festung im *Krimkrieg* (1853–56) von englisch-französischen Streitkräften, den Alliierten der mit Rußland kriegführenden Türkei, eingenommen. Die Russen selbst mußten auf Grund der Friedensabkommen die Burg später sprengen.

Finnland wurde von seinen neuen Herrschern also vor allem als Militärstützpunkt betrachtet. An dem spärlich besiedelten Land selbst hatte der russische Zar nur wenig Interesse.

Deswegen ist es auch nicht verwunderlich, daß er Finnland weitgehend sich selbst überließ und ihm den Status eines autonomen *Großfürsten-*

tums verlieh. Schwedisch blieb auch nach der Angliederung an Rußland Staatssprache und selbst die schwedischen Gesetze und Vorschriften wurden von den neuen Herren übernommen. Die existierenden Handelsbeziehungen zu Schweden wurden aufrechterhalten, und besonders der westliche Teil Finnlands war nach wie vor mehr auf Stockholm hin ausgerichtet als auf St. Petersburg. Eines änderte sich jedoch unter der russischen Herrschaft: Während die Schweden das an der Westküste gelegene Turku/Åbo zur Hauptstadt der Provinz Finnland gemacht hatten, verlegten die Russen die Hauptstadt weiter nach Osten, nach *Helsinki.*

Traditionell genossen die Bauern in Finnland schon immer größere Rechte als die Landbewohner in Mitteleuropa. Zwar gab es auch hier die Leibeigenschaft, die die Bauern dazu verpflichtete, für die schwedischen bzw. russischen Gutsbesitzer zu schuften, doch hatten sie durch die Weite des Landes bedingt größere Freiheiten und konnten zudem selbst auch Land besitzen und für sich bestellen. Die Analphabetenquote war, nicht zuletzt durch den Einsatz der Missionare, gering. So mußte beispielsweise jeder Heiratswillige beim Pfarrer eine Katechismusprüfung absolvieren (damit der Bund wirklich hält), wofür (Grund-) Lese- und Schreibkenntnisse erforderlich waren.

Obwohl die Rolle der Bauern in Rußland eine völlig andere war, akzeptierte Alexander I. die starke, selbstbewußte Stellung der finnischen Bauern und hatte auch gegen deren

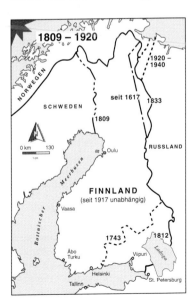

1809 – 1920

NORWEGEN

SCHWEDEN

1809

1920 – 1940

seit 1617   1833

0 km   130

1 cm

Oulu

RUSSLAND

Meerbusen

FINNLAND
(seit 1917 unabhängig)

Vaasa

Bottnischer

1743   1812

Åbo
Turku

Viipuri

Ladoga

Helsinki

Tallinn

St. Petersburg

Vertretung im Vier-Stände-Landtag in Porvoo keine Einwände. Einige Historiker vertreten sogar die Auffassung, daß Alexander mit seiner »liberalen« Finnlandpolitik die Grundlage und den Versuchsboden für Veränderungen im eigenen Land schaffen wollte. Reformen, zu denen es allerdings nie kommen sollte.

Noch heute wird in Finnland an die milde und freundliche Regierung durch die russischen Zaren Alexander I. und II. erinnert. Allerdings wird dabei vergessen, daß ein Großteil der Milde *Alexander I.* (regierte 1801 – 1825), der zwar mit den Ideen der Aufklärung groß geworden war, aber an der Selbstherrschaft festhielt, lediglich politisches Kalkül war. Obwohl als ständige Institution vorgesehen, wurde der Landtag lediglich einmal, nämlich 1809 zur Proklamation des autonomen finnischen Großfürstentums, einberufen. Danach »vergaßen« Zar Alexander I. und seine Nachfolger die Versammlung, die ihre absolutistische Herrschaft hätte ankratzen können. Erst 1863 wurde der Zweite Landtag einberufen. Dies geschah jedoch nicht, weil das finnische Volk dies gefordert hätte oder weil der seit 1855 herrschende Zar *Alexander II.* (1818 – 1881) plötzlich seine Sympathie für Finnland entdeckt hätte. Schuld daran waren eigentlich die Polen. Polen gehörte ebenso wie Finnland zum russischen Zarenreich, aber anders als die Finnen waren die Polen rebellische Untergebene und zettelten immer wieder Aufstände gegen die Fremdherrschaft an. So auch 1863. Nach der Niederschlagung des polni-

Die Geste des Zarendenkmals von Helsinki zeigt Alexander II. wie ihn die Finnen am liebsten sehen: offen und voller Güte

schen Aufruhrs wollte Alexander II. ein Zeichen setzen und zeigen, daß aufrührerische Untergebene bestraft, treu zum Zarenhaus stehende aber belohnt würden. Als Anerkennung dafür, daß sich Finnland »anständig« benommen hatte, rief der Zar im September 1863 den Landtag zusammen.

Das finnische Nationalbewußtsein erwacht

In diese Zeit fällt auch das Erwachen eines finnischen Nationalbewußtseins. Die Forderungen, die als Folge der national-romantischen Bewegung in Finnland erhoben wurden, bezweckten zunächst keine Loslösung von Rußland, sondern nur die Gleichstellung der finnischen mit der schwedischen Sprache. Nach wie vor war nämlich Schwedisch die einzige Amtssprache in Finnland. Gerichtsdokumente wurden auf Schwedisch verfaßt, Dekrete auf Schwedisch niedergeschrieben und alle Regierungsbeschlüsse auf Schwedisch verkündet. Obwohl die meisten Bauern in jener Zeit finnisch lesen und schreiben konnten, waren sie doch Analphabeten im eigenen Land. Ihre Sprache wurde nicht als Kultursprache betrachtet und fand im öffentlichen Leben keine Anwendung. Einen ersten Durchbruch erreichten die Anhänger der finnischen Sprache und Kultur, die *Fennomanen,* im Jahre 1863, als Finnisch zur zweiten offiziellen Gerichts- und Verwaltungssprache erhoben wurde. Doch eine eigene finnischsprachige Literatur entwickelte sich nur sehr zögerlich, da die meisten Intellektuellen nicht finnisch lasen oder schrieben und dies als »derb« ablehnten. Der erste eigentliche finnischsprachige Schriftsteller war *Aleksis Kivi* (1834 – 1872), der durch seinen Roman »Die Sieben Brüder« (*Seitsemän veljestä,* erschienen 1870) Weltruhm erlangte – freilich erst nach seinem Tod, denn vorher wurde der Roman als »Schandfleck« von der Kritik abgelehnt. Seine Werke hatten jedoch nicht nur literarische und in ihrem Realismus soziale Bedeutung, sondern trugen auch dazu bei, das Argument zu entkräften, Finnisch sei keine Kultursprache und für eine Verwendung in der Literatur ungeeignet.

Gegen Ende des 19. Jahrhunderts begann sich das finnisch-russische Verhältnis zu verschlechtern. Zar *Nikolaus II.* (regierte 1896 – 1917) unternahm den Versuch, Russisch als Pflichtsprache an finnischen Schulen einzuführen. Das finnische Zollwesen sollte aufgehoben, das Prägen finnischer Münzen verboten werden. Als dann auch noch finnische Soldaten im russischen Heer dienen sollten, kam es in Finnland, das bis dahin der Zarenkrone treu untergeben gewesen war, zu ersten Protestaktionen, und ein Musterungsboykott wurde organisiert. In dieser Situation kamen Finnland unverhofft die Ereignisse außerhalb der eigenen Landesgrenzen zu Hilfe. Die russische Armee erlitt im Krieg gegen Japan 1904–05 eine verheerende Niederlage, und in Rußland kam es im Herbst 1905 zu einem Generalstreik. Dieser Streik griff auch auf Finnland über. Schließlich wurde der Zar nicht nur im eigenen Land, sondern auch im autonomen Großfürstentum Finnland zur Durchführung von Reformen gezwungen.

Frauen im Parlament!

Im Sommer 1906 wurde der alte Vier-Stände-Landtag durch ein demokratisches *Einkammer-Parlament* ersetzt. Als erstes Land in Europa gewährte Finnland den Frauen das Wahlrecht.

Bereits 1907 saß die erste Abgeordnete im Parlament, und zu Beginn der neunziger Jahre gehörten immerhin 77 ihrer Geschlechtsgenossinnen dem 200 Personen starken finnischen Reichstag an. Damit hatte Finnland abermals eine Vorreiterrolle übernommen, denn statistisch gesehen waren nun 38,5 Prozent der Parlamentarier Frauen – ein neuer Weltrekord. Mit Elisabeth Rehn wurde 1991 erstmals in Europa eine Frau ins Amt des Verteidigungsministers berufen. Doch soweit war man 1906 noch nicht.

Die Einführung des Einkammer-Parlamentes bedeutete für Finnland nur einen vorübergehenden Sieg. Der Zar hatte zwar in Rußland seine absolute Macht eingebüßt, doch die russischen Nationalisten waren Finnland nicht besser gesonnen als der Zar. 1910 wurde ein Gesetz erlassen, nach dem alle Angelegenheiten, die Finnland betrafen, vom russischen Reichstag beschlossen werden mußten. Ab 1912 erhielten russische Staatsbürger volle bürgerliche Rechte in Finnland. Das bedeutete, daß sie nun auch Beamte werden konnten. Als Folge dieses Gesetzes wurden in vielen staatlichen Behörden Finnen entlassen und durch Russen ersetzt. Spätestens zu diesem Zeitpunkt hatte Finnland die ihm seit 1809 gewährte Autonomie verloren.

Unabhängigkeit und Bürgerkrieg

Nach 1912 geriet der Zar in seinem eigenen Reich immer mehr unter Druck und wurde schließlich 1917 von der bolschewistischen Revolution hinweggefegt. Der finnische Landtag, der vor der Machtergreifung der Bolschewiki eine Konfrontation mit Rußland gescheut hatte, nutzte die Situation und erklärte am 6.12.1917 die Unabhängigkeit des Landes. Viele finnische Politiker hatten zwar befürchtet, daß

das kommunistische Sowjetreich die Loslösung Finnlands nicht hinnehmen würde, doch genau das Gegenteil trat ein: Als erstes Land der Welt erkannte die neue Sowjetunion am 4. Januar 1918 die finnische Unabhängigkeit an.

Während die gesamte Zeit der russischen Herrschaft ohne gewaltsame Auseinandersetzungen verlaufen war, begann unmittelbar nach der Erklärung der Unabhängigkeit das große Blutvergießen. Sozialistische und bürgerliche Finnen verweigerten einander die Toleranz und Nachsicht, die sie den fremden Herrschern über hundert Jahre lang gewährt hatten. Die Unabhängigkeit des Landes begann mit einem *Bürgerkrieg*.

Die radikale Linke in Finnland hoffte in der Folge der Ereignisse in Rußland auf eine bolschewistische Revolution im eigenen Land. Bereits im Januar 1918 kam es in Südfinnland zu einem Aufstand. Der Senat und die Regierung mußten in die Küstenstadt Vaasa fliehen. Die Armee der *Weißen,* so wurde die bürgerliche Seite genannt, stand unter dem Befehl des unerbittlichen Generals Carl Gustav von Mannerheim. Der Freiherr (1867 – 1951) wurde später im Zweiten Weltkrieg, während der Verteidigung des Landes gegen den Angriff durch die Sowjetunion, zu einem finnischen Volkshelden. Noch heute kennt jedes Kind seinen Namen. Touristen können sich in Helsinki ein Bild von Mannerheim machen – seine Statue steht zwischen der Hauptpost und dem Reichstag.

General von Mannerheim am Kartentisch

Doch zurück zu den blutigen Ereignissen des Frühjahrs 1918. Mit Hilfe der kaiserlichen deutschen Armee gelang es den Weißen schließlich im April, die Aufständischen zu schlagen. Damit war aber das Blutvergießen keineswegs zu Ende. Die siegreichen Weißen rächten sich erbarmungslos an den Aufständischen, die in ihren Augen Landesverräter waren. Über 8000 *Rote* wurden in willkürlich durchgeführten Standgerichten erschossen, und weitere 12.000 starben in Gefangenenlagern. Der finnische Bürgerkrieg dauerte zwar nur wenige Monate, die Wunden, die er hinterließ, heilten aber erst nach Jahrzehnten.

Die Republik formiert sich

Nach dem Bürgerkrieg kam es zu einem politischen Streit um die Art der Staatsform. Schließlich setzten sich die Anhänger der Monarchie durch. Da Deutschland während des Bürgerkrieges als Verbündeter der siegreichen Weißen aufgetreten war, sollte der zukünftige König aus Deutschland kommen. Eigentlich hatte man sich in Finnland Oskar, den Sohn des deutschen Kaisers Wilhelm II., als König gewünscht. Das deutsche Kaiserhaus wollte aber sein Schicksal nicht zu eng mit dem neuen Staat verknüpfen und wies deshalb das Ansuchen zurück. Der finnische Reichstag beschloß daraufhin im Oktober 1918, die Krone dem hessischen Prinzen *Friedrich Karl* anzutragen. Noch bevor sich der Prinz entschieden hatte, ob er das Angebot annehmen solle, wurde das deutsche Kaiserreich im Ersten Weltkrieg zur Kapitulation gezwungen, und der Hesse konnte den finnischen Thron nicht besteigen.

So wurden am 5. März 1919 die ersten Parlamentswahlen durchgeführt. Die Tatsache, daß dabei die Sozialdemokraten, die am härtesten gegen eine monarchische Staatsform gekämpft hatten, stärkste Fraktion wurden, legte den Grundstein für eine republikanische Verfassung. In ihr erhielt der Präsident eine größere Macht als in den meisten anderen europäischen Ländern. Bei den ersten Präsidentschaftswahlen setzte sich *K.J. Ståhlberg* von der Fortschrittspartei gegen den Bürgerkriegsgeneral Carl Gustav von Mannerheim durch – dessen große Zeit sollte erst noch kommen.

Gegen die Kommunisten

Die zwanziger Jahre dieses Jahrhunderts waren in Finnland vom politischen Kampf gegen die Kommunisten geprägt. Die *Kommunistische Partei*, gebildet aus den revolutionären Kräften, wurde verboten und deren Mitglieder inhaftiert. Zeitgleich bildete sich die faschistische *Lapua-Bewegung*, deren Hauptziel es war, Kommunismus und Sozialismus »auszurotten«. Dabei scheuten die Mitglieder dieser Gruppierung auch vor Gewalt nicht zurück: benannt hatten sie sich nach einem kleinen Ort im Westen Finnlands, wo die Faschisten 1929 Mitglieder eines kommunistischen Jugendvereins überfallen und verprügelt hatten. Auch mehrere führende Politiker, sowohl der Kommunisten wie auch der Sozialdemokraten, wurden tätlich angegriffen. 1932 kam es zu einem bewaffneten Aufstand, der allerdings ohne Blutvergießen niedergeschlagen werden konnte. Danach wurde die Lapua-Bewegung verboten.

1939: Der Winterkrieg und seine Folgen

Ende der dreißiger Jahre geriet Finnland abermals in den Strudel weltpolitischer Ereignisse. Hitler und Stalin waren im August 1939 in einem geheimen Zusatzvertrag zu einem sowjetisch-deutschen Nichtangriffspakt übereingekommen, ihre Interessenssphären in Nordost- und Osteuropa zu teilen. Schon im voraus wurde die Beute des zukünftigen Krieges verteilt. Der Sowjetunion wurde Finnland zugesprochen und, da Finnland 1938 und '39 sowjetischen Gebietsforderungen nicht nachgegeben hatte, wollte sich Stalin im Winter 1939 mit Gewalt holen, was er durch politischen Druck allein nicht bekommen hatte. Am 30. November 1939 überschritt die sowjetische Armee die finnische Grenze. Obwohl die westlichen Mächte den Angriff verurteilten und den Aggressor aus dem Völkerbund ausschlossen, blieb Finnland in seinem Kampf allein. Verbissen leisteten die finnischen Truppen der zahlenmäßig weit überlegenen Roten Armee energischen Widerstand. Und als im März 1940 die beiden kriegsführenden Parteien in Moskau einen Friedensvertrag unterzeichneten, mußte Finnland zwar erhebliche Gebietsverluste, vor allem in Karelien, hinnehmen, doch die staatliche Souveränität konnte es erhalten. Noch heute ist der *Winterkrieg* eines der Kapitel in der Geschichte des Landes, auf das die Finnen am stolzesten sind. Das finnische Wort *talvisota*, Winterkrieg, ist eines der Worte, das ein Tourist bei einem längeren Finnlandaufenthalt immer wieder hören wird.

Im Sommer 1941 sah man in Finnland schließlich die Möglichkeit, mit deutscher Hilfe die verlorenen Gebiete in Karelien wieder zurückzuerobern. Obwohl im sogenannten *Fortsetzungskrieg*, von 1941–44 Deutschland und Finnland an einer Seite kämpften, betonte Finnland, kein Verbündeter Deutschlands, sondern lediglich ein gleichzeitig kriegführender Staat zu sein. Damit wollte man sich vom nationalsozialistischen Deutschland ab-

Helsinki, Oktober 1939:
Im Schatten des Weißen Doms trifft man Vorkehrungen für den bevorstehenden Krieg

grenzen, obwohl man seine militärische Hilfe akzeptierte.

Zu Beginn des Fortsetzungskrieges gelang es der finnischen Armee, die im Winterkrieg verlorenen Gebiete zurückzuerobern. Während deutsche Gebirgstruppen von Lappland aus die Eismeerbahn nach *Murmansk* angriffen, überschritten finnische Soldaten im Süden und in der Mitte des Landes die Grenze zur Sowjetunion. Damit gab man sich aber nicht zufrieden. Jetzt, da sie das Kriegsglück auf ihrer Seite glaubte, rückte die finnische Armee weiter vor und besetzte Teile Südkareliens, die nie zuvor zu Finnland gehört hatten.

In jenen Tagen wurde in Helsinki der Traum eines Großfinnischen Reiches geträumt. Ein Traum, der allerdings nur kurz währte. Finnland, das nach der Niederlage von Hitlers Truppen 1944 plötzlich ohne Unterstützung war, konnte dem Druck der riesigen Roten Armee auf Dauer nicht standhalten. Im September '44 war Finnland schließlich gezwungen, einen Waffenstillstandsvertrag zu schließen, in dem große Teile Kareliens einschließlich der Stadt *Viipuri*

März 1944:
Tausende finnischer Familien flüchten mit ihren Habseligkeiten aus Karelien

und der Zugang zum Eismeer bei Petsamo endgültig verloren gingen. Die militärische Niederlage bedeutete für tausende von Menschen den Verlust ihrer Heimat. Ganz Karelien wurde evakuiert, kein einziger Finne blieb in dem an die Sowjets abgetretenen Gebiet.

Ging Karelien damals wirklich endgültig verloren? Bis zum Zusammenbruch der Sowjetunion zu Beginn der neunziger Jahre war das Karelienthema in Finnland tabu. Als der große Nachbar aber zu wanken begann, regten sich in Finnland Stimmen, die Karelien gerne »heim ins Reich« kaufen würden. Ganz richtig – kaufen. Die rechte Partei der Landbevölkerung (SMP) schlug nämlich vor, den bankrotten Russen Karelien einfach abzukaufen – oder ihnen die schwedischsprachigen Ålandinseln im Tausch anzubieten. Sie erinnern sich – Finnen und Schweden sind im wahrsten Sinne des Wortes nicht gut aufeinander zu sprechen.

Die Zeit seit 1944

Während des Winterkrieges und des Fortsetzungskrieges erwarb sich der bereits erwähnte Marschall C.G. Mannerheim bei der Verteidigung des Landes so großes Ansehen, daß der Kriegsheld 1944 zum ersten Nachkriegspräsidenten Finnlands gewählt wurde. Ihm folgte 1946 *Juho Kusti Paasikivi* im Amt. Dessen Regierungszeit war durch eine Politik des Ausgleichs mit der Sowjetunion und durch eine strikte Neutralitätspolitik geprägt. Diese Linie wurde auch von *Urho Kaleva Kekkonen* fortgeführt,

der 1956–81 das Präsidentenamt bekleidete. Kekkonen war eine Institution im Land und verfügte über solche Autorität, daß während dieser Zeit keine politische Entscheidung ohne seine Zustimmung gefällt wurde. Selbst bei Fragen der Innen- und Wirtschaftspolitik, die laut der Verfassung vom Parlament behandelt werden sollen, beanspruchte Kekkonen das letzte Wort für sich.

Seinen größten außenpolitischen Triumph feierte Kekkonen 1975 als Gastgeber für die *Konferenz für Sicherheit und Zusammenarbeit in Europa* (KSZE). Als Mitte der siebziger Jahre eine erneute Amtszeit für Kekkonen durch die Finnische Verfassung, die nur eine dreimalige Wiederwahl ins Präsidentenamt zuließ, ver-

Verehrt, aber starrköpfig:
Präsident Kekkonen gibt die Macht nicht ab

nur, daß der alte Herr vergessen hatte, daß er Präsident Finnlands war. Er machte sich zu einem Kneipenbummel durch die Hauptstadt auf und irrte orientierungslos von Pub zu Pub. Als ihm das Geld ausging, wurde er von einem Wirt festgehalten – erst als ihn einer seiner Bediensteten auslöste, konnte man den senilen Herrn wieder in seine Residenz zurückbringen.

Der Weg in die Krise

1981, nach einer Reihe überstandener Schlaganfälle, legte Kekkonen schließlich sein Amt nieder. Ein Jahr später wurde *Mauno Koivisto* zu seinem Nachfolger gewählt. Er übernahm von seinem Vorgänger ein Land, das einen der höchsten Lebensstandards der Welt genoß und in dem das Wort »Arbeitslosigkeit« noch weitere 10 Jahre lang nahezu unbekannt war. Doch der Zusammenbruch der Sowjetunion und der Wegfall der traditionellen Absatzmärkte im Osten stürzte Finnland zu Beginn der neunziger Jahre in eine schwere Wirtschaftskrise. Innerhalb kürzester Zeit stieg die Arbeitslosenrate auf über 20 Prozent an.

Bis zum Ende der achtziger Jahre war es für einen finnischen Politiker undenkbar gewesen, den Beitritt zur Europäischen Gemeinschaft zu fordern – unweigerlich wäre damit in dem Land, in dem der Begriff Neutralität zu einem Dogma geworden war, seine politische Karriere beendet gewesen. Die wirtschaftliche Krise – die aus eigenen Kräften nicht mehr zu lösen war – zwang die politische Führung zu einem radikalen Umdenken.

hindert worden wäre, wählte man keinen anderen Präsidenten, sondern man änderte kurzerhand die Verfassung. Finnland ohne Kekkonen war einfach nicht vorstellbar. Damals kursierte in Finnland ein Witz, der sehr deutlich die Machtposition Kekkonens beschreibt:
»Finnland ist eine Demokratie. Das Staatsoberhaupt ist der Präsident, er wird alle 6 Jahre gewählt und heißt Urho Kaleva Kekkonen.«

Selbst als Kekkonen in seinen letzten Amtsjahren immer mehr vom Alter gezeichnet war, kam ein Rücktritt für ihn nicht in Frage. Eine Anekdote erzählt, daß Kekkonen Ende der siebziger Jahre von seinem Amtssitz zu einem Spaziergang aufgebrochen sei. Nichts besonderes? Das Problem war

1992 stellte Finnland den Antrag auf Mitgliedschaft in der Europäischen Gemeinschaft.

Wirtschaft und Politik heute

Nach Ansicht vieler Ausländer ist Finnland ein Land, das den größten Teil seiner Devisen durch den Export von Heringen, Rentierfellen und Birkenholz verdient. Daß Finnland ein ausgeprägter Industriestaat ist, wurde aller Welt – und vor allem den Finnen selbst – erst richtig klar, als die Wirtschaft des Landes zu Anfang der neunziger Jahre in eine schwere Krise geriet und innerhalb kürzester Zeit die Arbeitslosenrate von 1 auf über 20 Prozent hochschnellte. Die Sowjetunion war seit dem Ende des Zweiten Weltkrieges der Haupthandelspartner Finnlands gewesen. Der östliche Nachbar war zwar noch nie besonders gut bei Kasse, doch er bestellte zuverlässig und zahlte ebenso zuverlässig mit Naturalien – vor allem Erdgas. Nach dem Zusammenbruch der Sowjetunion blieben die Bestellungen aus dem Osten plötzlich aus, und die finnischen Unternehmen standen mit leeren Auftragsbüchern da. Zudem war die Industrie, die durch die protektionistische Politik ihrer Regierung vor allzuviel ausländischer Konkurrenz geschützt war, dem rauhen Verdrängungswettbewerb auf den internationalen Märkten nicht gewachsen. Die finnischen Werften, einst Markenzeichen für Schiffsbau in Superqualität, mußten eine nach der anderen ihre Tore schließen, die Banken taumelten von Krise zu Krise und in der Metallindustrie wurden abertausende von Entlassungsbriefen an die Arbeiter verschickt. Finnische Schuhe und Hemden, vormals wichtige Exportartikel in die Sowjetunion, waren dem krisengeschüttelten Rußland mit einem Mal zu teuer.

Der Weg aus der Talsohle ist mühsam und langwierig. Man versucht nun für finnische Waren neue Märkte zu erschließen – deswegen wurde 1992 auch überraschend der Antrag auf Aufnahme in die Europäische Gemeinschaft (EG) gestellt. Nach wie vor sind Papier- und Metallindustrie die tragenden (aber inzwischen schwankenden) Säulen der Wirtschaft. Weiterhin wichtig sind Textil- und Chemieindustrie. Um die Auswirkungen der Rezession zumindest etwas eindämmen zu können, hofft man in Finnland verstärkt auf die Zunahme des Tourismus.

Und Heringe, Rentiere und Birken? Landwirtschaft und Fischfang tragen mit ganzen 3 % zum Bruttoinlandsprodukt bei, Rentierhirten gibt es nur 7000 im Land und Birken sind inzwischen so selten geworden, daß sie sogar schon aus Rußland importiert werden müssen.

Wer regiert?

In kaum einem anderen Land der Welt hat der *Staatspräsident* eine so große Macht wie in Finnland. Er wird für die Dauer von sechs Jahren direkt vom Volk gewählt (seit 1994, vorher indirekte Wahl). Er ist, neben vielem anderen, für die Außenpolitik des Landes verantwortlich, stimmt Gesetzen zu (oder eben nicht), ruft den

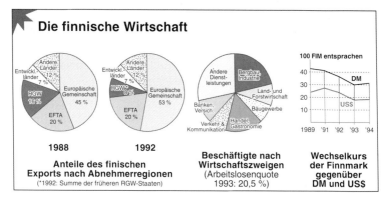

Die finnische Wirtschaft

1988   **1992**

**Anteile des finischen
Exports nach Abnehmerregionen**
(*1992: Summe der früheren RGW-Staaten)

**Beschäftigte nach
Wirtschaftszweigen**
(Arbeitslosenquote
1993: 20,5 %)

**Wechselkurs
der Finnmark
gegenüber
DM und US$**

100 FIM entsprachen

Reichstag zu außerplanmäßigen Sitzungen zusammen und hat sehr großen Einfluß auf die Bildung der Regierung. Im Februar 1994 wurde der ehemalige stellvertretende UNO-Generalsekretär *Martti Ahtisaari* ins Präsidentenamt gewählt. Der Sozialdemokrat setzte sich in einer Stichwahl knapp gegen Elisabeth Rehn von der Schwedischen Volkspartei durch.

Chef der Regierung ist der Präsident allerdings nicht. Dies ist der *Ministerpräsident,* der – auf Vorschlag des Präsidenten – von den Mitgliedern des Reichstages gewählt wird. Seit Beginn der neunziger Jahre wird dieses Amt von *Esko Aho*, dem Vorsitzenden der Zentrumspartei, bekleidet. Das Volk wird durch das Einkammerparlament *(Eduskunta/Riksdag)* vertreten, in dem 200 auf vier Jahre gewählte Abgeordnete sitzen.

Ministerpräsident Aho ist der Vorsitzende einer Viererkoalition aus der konservativen *Nationalen Sammlungspartei* (Kansallinen Kokoomos, KOK), der *Zentrum-Partei* (Kesku-

stapuolue, KEPU), der Partei der schwedischsprachigen Bevölkerung, *Svenska Folkpartiet* (SFP), und der *Christlichen Union* (Suomen Kristillinen Liitto, SKL). Die *Sozialdemokratische Partei* (Suomen Sosialidemokraattinen Puolue, SDP) verlor bei den Wahlen 1991 ihren Status als stärkste Partei und ist seitdem in der Opposition. Weitere Oppositionsparteien sind die *Linke Union* (Vasemmistoliitto, Vas), die rechtspopulistische *Partei der Landbevölkerung* (Suomen Maaseuden Puolue, SMP) und *Die Grünen* (Vihreät).

Finnland und die Europäische Union

1994 steht der Beitritt Finnlands zur Europäischen Union unmittelbar bevor. Dies ist im Grunde genommen eine sensationelle Entwicklung, die der finnischen Außenpolitik bis zum Beginn der neunziger Jahre völlig widerspricht. Nach dem Fortsetzungskrieg verpflichtete sich Finnland in einem Vertrag mit der Sowjetunion im

Jahre 1948 zu absoluter Neutralität. Da im Laufe der folgenden Jahrzehnte niemand in Finnland den großen und mächtigen Nachbarn reizen wollte, war nicht einmal der Gedanke an einen Beitritt zur Europäischen Gemeinschaft zulässig. Noch Ende der achtziger Jahre wäre die Karriere eines finnischen Politikers, der sich für den EG-Beitritt stark macht, unweigerlich zu Ende gewesen.

Die Neutralitätspolitik war aber nur ein Grund für das mangelnde Interesse an der EG. Die finnische Wirtschaft konnte sich in der Nachkriegszeit über einen Mangel an Aufträgen aus der Sowjetunion nie beklagen. Abgeschottet von der Außenwelt entwickelte sich am Nordstrand Europas ein kleines Wirtschaftswunder und in dieser Blütezeit war Resteuropa eine Welt, die weit entfernt lag. Erst durch den Zusammenbruch des kommunistischen Staatenbundes wurde das finnische Paradies zerstört. Die großen Absatzmärkte im Osten fielen weg und die Wirtschaft kollabierte. Innerhalb weniger Jahre schnellte die Arbeitslosenrate von Null auf mehr als 20 % in die Höhe. Zunächst versuchte man in Finnland das Problem aus eigener Kraft zu lösen, zwei Abwertungen der Finnmark sollten die Konkurrenzkraft der finnischen Wirtschaft im Ausland stärken. Die Kehrtwende kam aber zu spät, der Niedergang konnte nicht aufgehalten werden. In dieser ausweglosen Situation setzte ein Umdenken ein.

Doch in typisch finnischer Manier wurde »vorsichtig umgedacht«. Als der damalige Präsident Mauno Koivi-

Landschaften und Provinzen

Finnland ist in neun **historische Landschaften** unterteilt. Am kleinsten von ihnen ist *Varsinais Suomi* (»eigentliches Finnland«) im Südwesten. Daneben schließt sich *Uusima* (»Neuland«) an, das seinen Namen von schwedischen Einwanderern erhielt. *Savo* umfaßt den größten Teil der finnischen Seenplatte. Östlich davon liegt *Karjala*, Karelien. *Häme* schließt sich im Norden an Uusima an. Diese Landschaft reichte im Mittelalter bis zum Bottnischen Meerbusen. Später wurde jedoch *Satakunta* abgetrennt und bildet heute eine eigene Landschaft. Die zwei größten Landschaften liegen im Norden des Landes, nämlich *Pohjanmaa*, das bereits südlich von Vaasa beginnt und bis Rovaniemi hinaufreicht, und *Lappi* (Lappland) im äußersten Norden. An der finnisch-schwedischen Grenze liegt das kleine *Länsipohja*.

Politische Bedeutung haben die historischen Landschaften heute keine mehr, wichtiger sind da schon die zwölf **Provinzen**, die ihre Namen oft nach der Provinzhauptstadt (in Klammern) erhalten haben. Von Süden nach Norden sind dies: *Turku-Pori* (Turku/Åbo), *Uusima* (Helsinki), *Kymi* (Kotka), *Häme* (Hämeenlinna), *Mikkeli* (Mikkeli), *Keski-Suomi* (Jyväskylä), *Vaasa* (Vaasa), *Pohjois Karjala* (Joensuu), *Kuopio* (Kuopio), *Oulu* (Oulu) und *Lappi* (Rovaniemi). Dazu kommt noch die Inselprovinz *Åland* mit der Provinzhauptstadt Mariehamn.

Das **Staatswappen** zeigt auf rotem Grund den Schwerter schwingenden finnischen Löwen umgeben von neun weißen Blumen, als Symbol für die traditionellen Landschaften.

sto Anfang 1991 vor der finnischen Presse erkläre, daß ein EG-Beitritt »zum gegenwärtigen Zeitpunkt« nicht in Frage komme, löste dies ein kleines politisches Erdbeben aus. Warum? Bisher hatte der Präsident, der in Finnland auch für die Außenpolitik des Landes verantwortlich ist, den EG-Beitritt immer kategorisch abgelehnt. Jetzt aber hatte er nur gesagt, daß der Beitritt »zum gegenwärtigen Zeitpunkt« nicht in Frage komme. Das wiederum bedeutete nach finnischer Lesart, daß man »später« sehr wohl der EG beitreten könne. Nach diesem »Denkanstoß« von höchster Stelle wagten sich nun die Politiker aus der Reserve und im Laufe des Jahres 1991 gelang fast allen Parteien »die Wende« – aus EG-Gegnern wurden EG-Anhänger. Bereits am 18.3.1992 wurde der Antrag auf EG-Mitgliedschaft gestellt, und fast auf den Tag genau zwei Jahre später schloß man die Beitrittsverhandlungen mit Brüssel ab.

Provinzen & Bevölkerung

Bevölkerungsdichte nach Provinzen

Gesamt-Finnland: 16,2 Einwohner / km²

0 – 10 Einw. / km²

11 – 20 Einw. / km²

31 – 45 Einw. / km²

111 – 130 Einw. / km²

o Oulu   Provinzhauptstadt

HÄME   Name der Provinz

DIE MENSCHEN UND IHRE KULTUR

In Finnland gibt es viel Land – 338.000 Quadratkilometer – und wenig Leute, nämlich 5 Millionen. 93,6 Prozent von ihnen sind »richtige« Finnen, das heißt, sie sprechen Finnisch als Muttersprache, 6 Prozent gehören der schwedisch sprechenden Minderheit an. Die beiden kleinsten Volksgruppen sind Samen und Roma, die jeweils 4000 – 5000 Personen umfassen.

Suomalaiset – Die Finnen

Eine Warnung im voraus: *den* Durchschnittsfinnen gibt es nicht und auf einer Reise durch Finnland werden Sie vielen Menschen begegnen, die ganz anders sind als die hier beschriebenen … oder aber eben genauso.

Finnen sind schweigsam. Der erste Finne, der mit Ihnen sprechen wird, ist vermutlich betrunken. Dies liegt aber nicht daran, daß es in Finnland besonders viele Alkoholiker gibt, sondern daran, daß Finnen in nüchternem Zustand ausgesprochen zurückhaltend sind.

Damit Sie verstehen was ich meine, werde ich Ihnen erzählen, wie mein erster Kontakt mit einem Finnen aussah: Ich lebte gerade einen Monat in Helsinki, als ich bei einer Fahrt im Autobus meine Aktentasche vergaß. Am nächsten Tag rief ich beim Fundbüro an und fragte im besten – und neu erlernten Finnisch: *Puhuttko sinä englantia?* Leider heißt dieser Satz nicht: Wurde bei Ihnen eine Aktentasche abgegeben, sondern: Sprechen Sie Englisch? Und genau auf diese Frage bekam ich auch eine Antwort: *En puhu.* Ich spreche es nicht, sagt der Herr am anderen Ende und … legte auf. Meine Frage hatte er schließlich wahrheitsgemäß beantwortet. Was sollte er mehr sagen!?

Jeder Journalist, der sich an der Beschreibung des finnischen Charakters versucht, kommt irgendwann zu *Sisu*. Sisu ist so typisch finnisch, daß man es eigentlich nicht erklären kann. Um Sisu zu bekommen, nehme man ziemlich viel Ausdauer und Beharrlichkeit, etwas Verbissenheit und einige Teelöffel Sturheit, mixe das Ganze und füge schließlich noch eine Menge Engelsgeduld hinzu. So etwa könnte das Rezept aussehen. Sisu soll es gewesen sein, das den Finnen geholfen hat, im Winterkrieg gegen einen übermächtigen Feind zu bestehen. Sisu soll dem Sprinter Paavo Nurmi seine neun Goldmedaillen eingebracht haben. Sisu ist, wenn man als kleine Nation neben einer Weltmacht lebt, aber durch zähe Verhandlungen seine Eigenständigkeit bewahren kann. Sisu ist aber auch, wenn man solange in verkehrter Richtung durch eine Drehtür geht, bis die Tür nachgibt. Sisu braucht Zeit, und davon hat man in Finnland viel mehr als im hektischen Deutschland. Ein bekanntes finnisches Sprichwort befaßt sich mit diesem Thema und lautet ungefähr so: »Gott hat die Zeit geschaffen, von Eile hat er nichts gesagt!«

Die Privatsphäre ist wichtig. Niemand drängt sich dem anderen auf und dafür will jeder auch selbst in Ru-

so wie sie sind? Ein Erklärungsversuch sagt, weil Finnland eine relativ junge Industriegesellschaft ist. Noch vor einer Generation hat fast jeder Finne auf dem Land gelebt ... und dieses Landleben prägt. Man wird eigenbrötlerisch und schweigsam, ist aber zugleich auch ehrlich und hilfsbereit.

he gelassen werden. Dies gilt ebenso für die Mitteilung eigener Ansichten. Lieber nichts sagen, als den anderen verärgern, heißt die finnische Devise. Die Antwort »Vielleicht.« ist eine starke Meinungsäußerung.

Wie bei allen ungelösten Rätseln unserer Zeit, haben sich auch in der Frage des finnischen Nationalcharakters die Wissenschaftler ihre Köpfe zerbrochen. Warum sind die Finnen

Heute leben übrigens fast 60 % der Finnen in Städten. Trotzdem ist die Bindung zur Natur stark ausgeprägt. Jeder, der es sich leisten kann, besitzt ein Sommerhaus, ein *Mökki,* am See. Im Juni und Juli steht das Leben in Finnland nahezu still, die Städte sind leergefegt – das ganze Land ist am See. Dort kommt dann die zweite, die heitere Seite der Finnen zum Vorschein.

Die Sonne und die hellen Sommernächte versetzen ein ganzes Volk in einen Glücksrausch. Die Probleme des Alltags bleiben einfach in der Sauna zurück. Erklären, warum dies so ist, kann man nicht. Um es zu verstehen, muß man die Faszination eines finnischen Sommers nach einem langen Winter am eigenen Körper gespürt haben. Wie die Natur, die weiß, daß ihr nur kurze Zeit zur Entfaltung vor der nächsten Frostperiode bleibt, lebt auch der Mensch intensiver. Jede Sekunde will genossen werden.

Die Finnlandschweden

Mit etwa 6 % stellen die schwedischsprechenden Finnen die zweitgrößte Bevölkerungsgruppe im Land. Sie leben hauptsächlich in den Küstengebieten in Südwest- und Westfinnland.

Über Jahrhunderte hinweg war das Schwedische in Finnland die Sprache der Herrschenden und Intellektuellen. Selbst Schriftsteller und Dichter, die sich, wie *Johan Ludvig Runeberg* (1804–77), mit Feuereifer für die finnische Sache einsetzten, sprachen selbst nur Schwedisch. Heute gibt es in der Berufsstatistik zwischen Finnen und Finnlandschweden keinen Unterschied mehr, trotzdem hängt der schwedischen Sprache immer noch der Makel des Bonzentums an. Zwischen Finnen und Finnlandschweden gibt es zwar keine offenen Streitigkeiten, eine gewisse Spannung ist aber bis auf den heutigen Tag festzustellen. Dies äußert sich in spöttischen Bemerkungen über die jeweils andere Bevölkerungsgruppe und der standhaften Weigerung vieler Finnen,

Eine traditionelle Bauernhochzeit der Finnlandschweden kann man auf Åland miterleben

Schwedisch zu sprechen. Der Streit, ob Schwedisch weiterhin als Pflichtsprache an finnischen Schulen gelehrt werden soll, dauert nun schon viele Jahre an. Bisher konnten sich immer die »Pro-Schweden« durchsetzen.

Trotz aller Animositäten seitens der Mehrheitsfinnen, dürfte keine Minderheit in der Welt einen so umfassenden Schutz genießen, wie die Finnlandschweden. Sie haben bei Behördengängen und vor Gericht das Recht, ihre eigene Sprache zu verwenden. Alle offiziellen Formulare sind auch in Schwedisch erhältlich und in Gebieten, in denen auch Schweden leben, sind sogar die Straßenschilder zweisprachig. Es werden weit mehr Fernsehprogramme in schwedischer

Sprache gesendet, als es dem 6-prozentigen Bevölkerungsanteil entspräche und für die knapp 300.000 schwedischsprechenden Menschen gibt es einen eigenen Radiokanal. In Turku, Helsinki und Vaasa bestehen schwedischsprachige Theater, ein knappes Dutzend Zeitungen erscheint auf Schwedisch. Die wichtigste von ihnen ist das in Helsinki herausgegebene *Hufvudstadsbladet*. Die politischen Interessen der Minderheit werden von der *Schwedischen Volkspartei*, die meist als Koalitionspartner an der Regierungsverantwortung beteiligt wird, vertreten.

Die Samen

In Finnland, einem Land mit knapp 5 Millionen Einwohnern, leben zwischen 4000 und 5000 *Lappen* oder *Samen*, wie sie sich in ihrer eigenen Sprache nennen. Ihre Siedlungsgebiete liegen im äußersten Norden des Landes, aber selbst dort stellen sie nur einen Bruchteil der Bevölkerung. Gemeinden mit einem samischen Bevölkerungsanteil von 10 % gelten bereits als Zentren der Samenkultur.

Im Gegensatz zu den meisten Völkern siedeln die Samen nicht in einem einheitlichen Staatsgebiet. Angehörige dieses Volkes sind außer in Finnland in Norwegen (35.000), in Schweden (über 16.000) und Rußland (rund 2000) ansässig. Daher ist die Zusammenarbeit zwischen den einzelnen Gruppen besonders schwierig. Um diese zu erleichtern, gibt es seit 1956 einen *Gesamtsamischen Rat*, in dem Samenvertreter aus allen nordischen Ländern sitzen. 1975 wurde ein *Finni-*

Der Tradition die »Fahne« halten ...

Dieser wohlgenährte Bauch steckt zwar in einer traditionellen Samen-Tracht, gehört aber zu einem »echten« Finnen

sches Samenparlament ins Leben gerufen. Diese Institution hat allerdings nur beratenden Charakter. Nach wie vor wird über die Interessen der Samen im Reichstag in Helsinki entschieden.

Für eine kleine Bevölkerungsgruppe wie die Samen besteht beständig die Gefahr, die eigene Kultur und Identität zu verlieren. In den sechziger und siebziger Jahren mußte man befürchten, die Samen würden als eigenständiges Volk verschwinden und sich über kurz oder lang völlig der finnischen Kultur anpassen. In den vergangenen Jahren ist aber eine Bewegung festzustellen, die sich ver-

stärkt um den Erhalt samischer Traditionen bemüht. So wurde in Rovaniemie 1993 ein völkerkundliches Museum eingerichtet, in den Schulen gibt es wahlweise Samisch-Unterricht und in Folkloregruppen versucht man, die Trachtentraditionen zu bewahren und das eigentümliche Liedgut zu pflegen (siehe auch »Musik«).

Gemeinhin stellt man sich Samen als buntgekleidete Rentierzüchter vor – und die gibt es tatsächlich noch. Jeder dritte Same in Finnland bestreitet so seinen Lebensunterhalt. Ein Teil der samischen Bevölkerungsgruppe geht aber inzwischen ganz »normalen« Berufen nach. Das Nomadenleben haben sie aufgegeben und, wie bei anderen Finnen auch, kommt in vielen Samenfamilien der Papa abends aus dem Büro nach Hause.

Die Roma

Die Bezeichnung *mustalaiset*, »Schwarze«, mit der die Finnen die Roma meinen, spiegelt das Mißtrauen wider, das dieser Volksgruppe auch in Finnland entgegengebracht wird. Zu offenen Auseinandersetzungen zwischen Roma und Finnen kommt es zwar nur selten, doch die auffällig gekleideten, südeuropäisch wirkenden Menschen werden, obwohl zum größten Teil seßhaft und in die Arbeitswelt integriert, immer wieder mit diskriminierenden Äußerungen belegt. Und auch offizielle Stellen haben ihre Schwierigkeiten im Umgang mit der Roma-Kultur: Während den Samen in jeder Informationsbroschüre über Finnland breiter Raum gewidmet ist, kommen dort die Roma nicht vor.

Ausländer

Ausländer sind – abgesehen von den ausländischen Touristen – in Finnland eine Seltenheit. Anfang der neunziger Jahre lebten nur knapp 25.000 von ihnen im Land. Die meisten arbeiteten in diplomatischen Vertretungen und gehobenen Stellungen bei Industrieunternehmen. »Gastarbeiter« und Arbeitsemigranten wie in Mitteleuropa gibt es in Finnland nicht.

Nach dem Willen der meisten Finnen soll dies auch so bleiben. Mit schadenfrohem Blick schaut man nach Mittel- und Westeuropa, wo man zunehmend mit rassistischen Tendenzen zu kämpfen hat. »Ohne Fremde im Land gibt es auch keinen Rassismus«, so einfach lautet die finnische Formel gegen Ausländerfeindlichkeit. Doch das vermeintliche Zaubermittel wirkt nicht. Obwohl pro Jahr lediglich circa 3000 Asylsuchende das Land der tausend Seen zu ihrer neuen Heimat machen wollen, sind die Behörden und die Öffentlichkeit nicht in der Lage, mit dem bescheidenen, jedoch für Finnland ungewohnten Zustrom von Fremden fertigzuwerden. Die Tatsache, daß die Finnen den Umgang mit Menschen anderer Rassen und Kulturen nicht gewohnt sind, ist einer der Gründe für den wachsenden Ausländerhaß – oder im finnischen Fall besser – der wachsenden Furcht vor Ausländern. An den aggressiven Reaktionen ist oft auch das mangelnde Selbstbewußtsein vieler finnischer Männer Schuld, die fürchten, nicht nur ihre Arbeitsplätze, sondern auch ihre Frauen an die Neuankömmlinge zu verlieren.

Die Behörden waren Anfang der neunziger Jahre auf die steigende Zahl von Asylsuchenden – hauptsächlich aus Somalia und Rumänien – denkbar schlecht vorbereitet. Bis zum April 1991 befaßte sich nur eine einzige Person mit der Bearbeitung von Asylanträgen. Kein Wunder, daß die Antragsteller oft mit Wartezeiten von bis zu zwei Jahren rechnen mußten.

Die Chancen, in Finnland Asyl gewährt zu bekommen, sind äußerst gering. Lediglich 16 Glückliche rutschten beispielsweise 1991 durch die äußerst geringe Anerkennungsquote und erhielten einen positiven Bescheid auf ihren Antrag.

Finnland ist nach wie vor ein Land, in dem das Wort »multikulturell« entweder verständnisloses Kopfschütteln oder sehnsuchtsvolle Erzählungen über den letztjährigen Urlaub in Italien auslöst. Trotzdem warnt die rechtsgerichtete Partei der Landbevölkerung schon jetzt lautstark und mit einigem Erfolg vor Überfremdung. Immerhin fast 5 % der Finnen gaben den Rechten bei den Reichstagswahlen im März 1991 das Vertrauen. Da aber auch die Linke Union und die Grünen lediglich eine Verdoppelung der bisherigen Flüchtlingsquote von 500 Personen fordern, werden Sauna und Seen auch in den nächsten Jahren den Finnen vorbehalten bleiben … und natürlich den Touristen, denn gegen Ausländer, solange sie zahlen und wieder nach Hause fahren, hat man auch in Finnland nichts.

Grußpostkarten auf finnisch – Hauptsache, der Vorname ist wiederzuerkennen!

Die finnische Sprache

Suomea on vaikkea kieli – Finnisch ist eine schwierige Sprache. Dieser Aussage wird jeder zustimmen, der schon einmal versucht hat, sich durch den Dschungel der finnischen Grammatik zu kämpfen. Finnisch gehört der *finnougrischen* Sprachfamilie an und hat deswegen mit den indogermanischen Sprachen denkbar wenig Gemeinsamkeiten. Sprachlich sind die Finnen am nächsten mit den Esten verwandt. Die meisten Esten verstehen – da sie begeisterte Seher des finnischen Fernsehens sind – die Sprache ihres nördlichen Nachbarn. Umgekehrt ist dies nicht immer der Fall. Ungarisch und Finnisch haben ebenfalls gemeinsame Vorfahren. Obwohl beide zur gleichen Sprachfamilie gehören, gibt es aber zwischen ihnen kaum noch Gemeinsamkeiten. Ein Ungar auf Finnlandbesuch wird an der Sprache seines Gastlandes genauso verzweifeln wie Sie.

Für Ausländer ist das Fehlen von Vorsilben und Präpositionen in der finnischen Grammatik am auffälligsten. Dafür kann Finnisch aber immerhin mit 16 Fällen aufwarten. Orts- und Richtungsangaben werden durch eine eigene Kasusform, ein Anhängsel ans Substantiv, angegeben. Wollen Sie beispielsweise von Helsinki nach Tampere fahren heißt dies: *Helsingistä Tampereelle*. Geht es dann von Tampere weiter nach Rovaniemi, sagen Sie richtig: *Tampereelta Rovaniemelle*. Auf eine Erklärung wann, wie und warum dies vonstatten geht, muß an dieser Stelle aus Platzgründen verzichtet werden. Für das Entziffern von Fahrplänen und Straßennamen sollten Sie sich aber das Folgende

Könige, Krieger und unbesiegbare Kämpfer sind die üblichen Helden der meisten Nationalepen. Nicht so in der finnischen *Kalevala*. Dort sind die Hauptgestalten der alte Sänger Väinämöinen, der Schmied Ilmarinen oder der liederliche Tunichtgut Lemmikäinen. Alle drei werben um Louhis, die Tochter der Herrscherin des Nordlands. Lemmikäinen hat bei seinen Versuchen, das Herz Louhis zu erobern, wenig Glück. Nach einem Abstecher in die Unterwelt findet er sogar den Tod, wird aber schließlich von seiner Mutter wieder zum Leben erweckt. Nachdem der alte Väinämöinen freiwillig auf die Angebetete verzichtet, kann nun der Schmied Ilmarinen die Gunst der Auserwählten gewinnen. Als gutem Handwerker gelingt es ihm, einen *Sampo,* einen Wunderkessel, der seinen Besitzer mit Wohlstand, Fruchtbarkeit und übermenschlichen Kräften versorgt, anzufertigen. Doch mit der Hochzeit ist das Abenteuer noch nicht zu Ende. Im Gegenteil: der Hirte Kullervo, der Bösewicht der Geschichte, stiehlt nicht nur die Braut, sondern auch den wundersamen Sampo. Bei der Verfolgungsjagd können die drei Freunde den Übeltäter zwar besiegen, doch beim Kampf zerbricht auch der Sampo. Darüber wiederum sind die Herrscherin des Nordlands und ihre Tochter sehr erbost und schicken Plagen in vielfältiger Art

22.795 Verse: Rückgrat des finnischen Nationalstolzes. Die Kalevala

über das Land. Väinämöinen macht sich jetzt zu neuen Heldentaten auf, überwindet alle Anfechtungen und rettet schließlich die Welt. Doch ein reines Happy End ist dem heidnischen Kämpfer nicht vergönnt – Väinämöinen verschwindet – besiegt durch das getaufte Kind der Jungfrau Marjatta – in einem kupfernen Boot aus dem Diesseits.

Die Kalevala ist nicht ein aus einem Guß geschriebenes Heldenepos, sondern eine Sammlung von Gedichten und Liedern, die im 19. Jahrhundert von *Elias Lönnrot* (1802 – 1884) in Karelien, dem an Rußland grenzenden Waldgebiet, zusammengetragen wurden. In diesem entlegenen Teil Finnlands waren die Verse jahrhundertelang in mündlicher Überlieferung von Generation zu Generation weitergegeben worden, aber erst durch Lönnrots Arbeit – von den Gebrüdern Grimm hochgelobt – wurden sie schriftlich festgehalten. Dies geschah in einer Zeit, in der sich das finnische Nationalbewußtsein immer stärker regte. Die Kalevala trug in dem damals noch zu Rußland gehörenden Finnland wesentlich zur Bildung des eigenen Nationalgefühls bei. Das ausdrucksstarke, romantische Epos war nicht nur ein künstlerisches und kulturhistorisches Werk, sondern besaß politische Brisanz. Sein Einfluß auf die Unabhängigkeitspolitik Finnlands im späten 19. Jahrhundert läßt sich kaum überschätzen.

merken: Substantive verändern in den verschieden Fällen ihr Aussehen oft erheblich. Der Zug Richtung *Rovaniemille* bringt Sie zuverlässig nach Rovaniemi, *Eurajoen kirkko* ist die von Ihnen gesuchte Kirche von Eurajoki und die *Alvar Aallon katu* ist die nach dem Architekten Aalto benannte Straße.

Auffallend sind außerdem die vielen Vokale in den finnischen Worten, die Buchstaben b, c, f, w, x und z kommen überhaupt nur in Fremdworten oder Eigennamen vor. Die Länge von Vokalen und Konsonanten wird durch die Verdopplung der Buchstaben ausgedrückt, was zu dem nach unseren Begriffen skurrilen Aussehen der Schriftsprache führt: *Hyvää päivää* (»Guten Tag«).

Zum Schluß noch einige Kuriositäten: Eine Unterscheidung von männlich und weiblich kennt die finnische Sprache nicht. Das Wort *hän*, bedeutet sowohl »sie« als auch »er«. Auch zwischen haben und sein wird nicht unterschieden. Im Finnischen sagt man also nicht: Ich habe viel Geld, sondern: Mir ist viel Geld.

Überlegen Sie sich gut, ob Sie einem Finnen einen Wunsch abschlagen wollen, mit einem einfachen »nein« ist es nämlich – rein grammatikalisch – nicht getan. Ich neine, du neinst, er neint, wir neinen, ihr neint und sie neinen – heißt es korrekt.

Sollten Sie immer noch nicht abgeschreckt sein, können Sie jetzt den Anhang dieses Buches aufschlagen und mit dem Erlernen wichtiger Redewendungen beginnen ...

Literatur

Lange Zeit gab es in Finnland nur schwedischsprachige Literatur. *Johan Ludvig Runeberg* (1804–77) schrieb zwar patriotische Gedichte über den finnischen Freiheitskampf und lieferte sogar den Text für die finnische Nationalhymne, das Ganze geschah aber in schwedischer Sprache. Auch *Elias Lönnrot* (1802–84) veröffentlichte 1835 den ersten Band des finnischen Nationalepos »Kalevala« auf Schwedisch. Erst mit *Aleksis Kivis* (1834–72) Roman »Die sieben Brüder« erlangte die finnische Sprache endgültige Anerkennung als Kultursprache. Kivi beschrieb in seinen Werken (»Die Verlobung«, »Lea«, »Die Heideschuster«) vor allem das Leben finnischer Bauern in realistischen Bildern und Sprache mit einem Schuß Sozialkritik. Zwar ziehen die sieben Brüder nach dem Tod ihres Vaters zunächst in die Ferne, um ein freies, von den Zwängen der Gesellschaft unbeschwertes Leben zu führen, doch als sie nach Jahren auf den heimatlichen Hof zurückkehren, beginnen auch sie ein in die Gemeinschaft eingefügtes Leben. So lernen sie sogar Lesen und Schreiben – damals Pflicht, bevor es zum Traualtar gehen konnte, denn schließlich mußte man den Katechismus zumindest lesen können.

Die Lebensumstände einfacher Leute waren überhaupt das vorherrschende Thema in der finnischen Literatur zu Ende des 19. Jahrhunderts. *Minna Canth* (1844 – 1897) gelangte als einzige Frau dieser Periode zu schriftstellerischem Ruhm. In ihrem bekanntesten Stück »Die Frau des Ar-

Berühmte Personen

Finnland ist ein kleines Land, und deswegen werden aufmerksame Touristen immer wieder über die gleichen Namen stolpern. Im folgenden ein kurzer Überblick über berühmte Finnen.

Aalto, Alvar *(1898 – 1976), berühmtester Archi-tekt der Neuzeit. U.a. erbau-te er die* Finlandia-Halle *in Helsinki und das* Stadttheater *von Jyväskylä.*

Aaltonen, Wäinö *(1894 – 1966), Bildhauer. Schuf viele Büsten berühmter Persönlichkeiten (*Kivi-Statue *vor dem Nationaltheater in Helsinki;* Nurmi-Statue *vor dem Olympiastadion in Helsinki).*

Aho, Esko *(1954 geb.), Politiker. Seit 1991 Ministerpräsident.*

Ahtisaari, Martti *(1937 geb.), Politiker, ehem. stellvertretender Generalsekretär der UNO. Seit 1994 Staatspräsident Finnlands.*

Agricola, Mikael *(um 1510 – 1557), Schüler Luthers, Bischoff* ▶

beiters« zeichnete sie das Portrait ei-ner anständigen Frau, die unter ihrem untreuen und versoffenen Ehemann zu leiden hat. Das Stück weist zwar einige künstlerische Mängel auf, als Aufruf zur Emanzipation der Frau ist es aber ein Meilenstein der finnischen Literatur.

Zu Beginn des 20. Jahrhunderts trat die Natur als Thema in den Vor-dergrund. Die wichtigsten Künstler dieser Periode sind *Eino Leino* (1878 – 1926), *Ilmari Kianto* (1874 – 1970) und *Frans Emil Silanpää* (1888 – 1964). Als bisher einziger finnischer Schriftsteller wurde der Letztgenann-te 1939 mit dem Nobelpreis für Lite-ratur ausgezeichnet. Sein bekanntester Roman »Silja die Magd« (erschienen 1931) war in den dreißiger Jahren ein Welterfolg, heute ist Silanpää aber außerhalb Finnlands kaum noch be-kannt. Die romantische Geschichte spielt nach der Jahrhundertwende zur Zeit der Kämpfe zwischen den »Ro-ten« und »Weißen«. Er schildert er-greifend das einfache Leben des ver-waisten Bauernmädchens Silja, die nach dem Erleben einer glücklichen Liebe mit nur 22 Jahren an Schwind-sucht stirbt (der Originaltitel lautet *Nuorena nukkunut*, wörtlich »Jung entschlafen«).

Der weltweit meistgelesene finni-sche Roman befaßt sich mit einem ganz unfinnischen Thema: mit dem Leben eines ägyptischen Arztes zur Zeit Echnatons »ungefähr 1390 – 1335 v. Chr.«. »Sinuhe der Ägypter« von *Mika Waltari* (1908 – 1978) erschien 1945, wurde in über 20 Sprachen übersetzt, war das erste ausländische Buch auf US-amerikanischen Bestsel-ler-Listen nach dem Krieg und wurde 1954 von M. Curtis verfilmt.

In Finnland selbst wurde *Väinö Linnas* (1920 – 1992) »Unbekannter Soldat« zum erfolgreichsten Roman dieses Jahrhunderts (Titel der deut-schen Übersetzung: »Kreuze in Karelien«, was sich auf das Thema, den Krieg von 1941–44, bezieht). Mehr als eine Million Finnen haben diesen großen Antikriegsroman in ihrem Bücherschrank stehen, die Hälfte von ihnen hat *Tuntematon Sotilas* im Theater gesehen.

In Deutschland ist die finnlandschwedische Schriftstellerin *Märta Tikkanen* (geb. 1937) besonders beliebt. Ihr halbautobiographischer Roman »Liebesgeschichte des Jahrhunderts« und das Buch »Wie vergewaltige ich einen Mann« wurden zu Bestsellern. Auch der in »Die Liebesgeschichte des Jahrhunderts« beschriebene Alkoholiker war ein herausragender Literat. Märta Tikkanens Ehemann *Henrik* (1924 – 1984) gehört zusammen mit *Jörn Donner* (geb. 1933) zu den wichtigsten Vertretern der finnlandschwedischen Nachkriegsliteratur. Letzterer ist Finnlands enfant terrible Nummer Eins und ist neben seiner Schriftstellertätigkeit

auch als Schauspieler, Politiker und … Frauenheld aktiv.

Mit traurig schauenden Flußpferdverschnitten wurde *Tove Jansson* (geb. 1914) bekannt. Ihre weißen Trolle, die »Mumin Familie«, haben in die Kinderzimmer in aller Welt Einzug gehalten (siehe auch Seite 191).

Der einzige samische Schriftsteller, der es zu internationaler Beachtung brachte, ist der 1991 mit dem Literaturpreis des Nordischen Rates ausgezeichnete *Nils Aslak Valkeapää* (geb. 1943).

Musik

Finnische Musik und *Jean Sibelius* (1865 – 1957) sind schon fast zu einem Synonym geworden. Weltbekannt ist Sibelius »Finlandia«-Symphonie. Allein die Existenz des scheinbar übermächtigen Sibelius wirkte lange Zeit lähmend auf die anderen finnischen Komponisten. Nur wenige wagten es, sich mit dem großen Altmeister zu

....

---

von Åbo, Reformator und Schöpfer der finnischen Schriftsprache. Übersetzte 1548 unter anderem das Neue Testament ins Finnische und schrieb das erste finnische Sprachlehrbuch.

Canth, Minna (1844 – 1897), Schriftstellerin. Setzte sich in ihren Werken für die Gleichberechtigung der Frau ein. Besonders bekannt ist das etwas pathetische Theaterstück »Die Frau des Arbeiters«.

Edelfelt, Albert (1854 – 1905), Maler. Wichtiger Repräsentant

der nationalromantischen Periode.

Engel, Carl Ludvig (1778 – 1840). In Berlin geborener Architekt, der unter anderem den Dom von Helsinki baute. In beinahe jeder finnischen Stadt steht ein Engel-Bauwerk.

Gallén-Kallela, Akseli (1865 – 1931), Maler. Bekannt vor allem wegen seiner Interpretationen des finnischen Nationalepos Kalevala.

Jansson, Tove (1914 geb.), Schriftstellerin und Zeichnerin.

....

»Mutter« der berühmten Mumin-Trolle.

Kaurismäki Mika *(1955 geb.)* und **Aki** *(1957 geb.),* Filmregisseure. Bekannteste Filme: Leningrad Cowboys, Das Mädchen aus der Streichholzfabrik *und* Amazonas.

Kekkonen, Urho Kaleva *(1900 – 1986), Politiker. Präsident von 1956 – 81. Gilt als Schöpfer der finnischen Neutralitätspolitik.*

Kivi, Aleksis *(1834 – 1872), berühmtester finnischer Schriftsteller. Trug durch seinen Roman »Die*

sieben Brüder« entscheidend dazu bei, daß sich Finnisch als Literatursprache etablieren konnte.

Koivisto, Mauno *(1923 geb.), Ministerpräsident 1968–70, '79–82. Von 1982–94 Staatspräsident.*

Lönnrot, Elias *(1802 – 1884). Sprachforscher und »Sammler« von Volksdichtung. Auf ausgedehnten Reisen durch Nordostfinnland trug er die Verse des finnischen Nationalepos der Kalevala zusammen.*

Mannerheim, Carl Gustav Emil von *(1867 – 1951), Marschall und*

---

messen. Oskar Merikanto (1868 – 1924), Joonas Kokkonen (geb. 1925) und Aulis Sallinen (geb. 1935) sind die neben Sibelius bekanntesten finnischen Komponisten des 20. Jahrhunderts. In den vergangenen zwei Jahrzehnten hat die moderne klassische Musik in Finnland aber wieder einen riesigen Schritt nach vorne gemacht. Grund dafür sind nicht zuletzt die vielen Festivals, die in jedem Sommer in Finnland stattfinden. Junge Nachwuchskomponisten erhalten hier eine glänzende Möglichkeit, ihre Werke einem größerem Publikum zu präsentieren.

Das wichtigste Instrument der finnischen Volksmusik ist die zitherähnliche *Kantele.* In Finnland wird Volksmusik nicht nur von älteren Damen und Herren betrieben. Auch junge Menschen greifen mit Begeisterung zu Akkordeon und Kantele. Wer's

nicht glaubt, kann sich beim alljährlich stattfindenden Musikfestival in *Kaustinen* davon überzeugen.

Die Samen musizieren dagegen ohne Instrumente. Ihr Sprechgesang, der *Joik,* der älteste Elemente enthält und auf fünfzeitige Rhythmen aufgebaut ist, wurde noch vor einigen Jahren von übereifrigen Geistlichen als heidnisches Teufelswerk verflucht. Heute werden die eintönig anmutenden Lieder endlich als wichtiger Bestandteil der samischen Kultur akzeptiert.

Vom argentinischen *Tango* haben die meisten Deutschen schon gehört, ihn vielleicht sogar probiert, daß aber auch Finnland seine eigene Tangoversion hat, wissen die wenigsten. Der getragene finnische Tango ist beliebte Begleitmusik für Tausende von tanzbegeisterten Finnen, die jedes Wochenende die Tanzhallen füllen.

Auf den Plattentellern finnischer Teens drehen sich zwar hauptsächlich

LPs und Singles englischsingender Stars, doch auch Lieder in einheimischer Sprache haben einen festen Markt. Die Schlagersängerin *Arja Koriseva* ist der Liebling aller Finnen. Kaum eine Woche vergeht, in der sie nicht den Titel einer finnischen Zeitschrift ziert. Sie gibt einfache Schlager und echte finnische Tangomusik zum besten. *Reijo Taipale* ist das männliche Gegenstück zu Frau Koriseva. Er wird vor allem von Damen in reiferem Alter verehrt. Mit großem Busen und wenig Stimme hat sich zu Beginn der neunziger Jahre *Kikka* an die Spitze der Charts gezwitschert. Ihre Platten fallen aber nur durch die meist freizügigen Covers auf. *Raptori* ist ei-

▶

Politiker. Führte im Bürgerkrieg die bürgerlichen Truppen (die »Weißen«) und organisierte im Zweiten Weltkrieg die Verteidigung des Landes gegen die sowjetische Armee. Von 1944–46 Präsident des Landes.

Nurmi, Paavo *(1897 – 1973), Sportler. Finnische Läuferlegende. Gewann zwischen 1920 und 1928 neun Gold- und drei Silbermedaillen bei Olympischen Spielen.*

Runeberg, Johan Ludvig *(1804 – 1877), Schriftsteller, Dichter. Der Anfang seines berühmtesten Werkes,* Fähnrich Stål, *ist heute Text der finnischen Nationalhymne.*

Pacius, Frederik *(1809 – 1891), deutscher Komponist. Schrieb die Melodie zur Nationalhymne.*

Sibelius, Jean *(1865 – 1957), berühmtester finnischer Komponist. Sein bekanntestes Werk ist die Finlandia-Symphonie.*

Sillanpää, Frans Emil (1888 – 1964), Schriftsteller. Erhielt als bisher einziger Finne den Nobelpreis für Literatur (1939).
Snellmann, Johan Vilhelm (1806 – 1881), Politiker, Journalist und Philosoph. Setzte sich für die Befreiung Finnlands von schwedischer und russischer Dominanz ein.

Ståhlberg, Kaarlo Juho (1865 – 1952), erster finnischer Präsident.
Waltari, Mika (1908 – 1992), Schriftsteller. Meistgelesener finnischer Autor im Ausland. Schrieb unter anderem »Sinuhe der Ägypter«.

ne gute Rapband. Sie setzt sich in kritischen Texten mit aktuellen Themen – wie der Ausländerfeindlichkeit im Land – auseinander. *Värttinä,* fünf Frauen aus Ostfinnland, singen moderne Bearbeitungen traditioneller karelischer Volkslieder – wirklich hörenswert. Wenn Sie wissen wollen, welchen Musikgeschmack der Autor dieses Buches hat, dann bringen Sie aus Ihrem Urlaub eine Platte von *J. Karjalainen* mit nach Hause.

Malerei und Architektur

Erst im 19. Jahrhundert brachte Finnland international anerkannte Maler hervor. Die wichtigsten von ihnen, *Albert Edelfeldt (1854 – 1905), Akseli Gallén-Kallela (1865 – 1931)* und *Pekka Halonen (1865 – 1933),* befaßten sich hauptsächlich mit nationalen Motiven. Finnische Geschichte, Mythologie, die Kalevala, Landschaften und der bäuerliche Alltag standen im Zentrum ihrer Werke. Weitere wichtige Künstler dieser Epoche waren der Symbolist *Hugo Simberg (1837 – 1917),* der Expressionist *Tyko Sallinen (1875 – 1955),* sowie Finnlands bedeutendste Malerin *Helen Schjerfbeck (1862 – 1946).*

Für Freunde der Malerei ist ein Besuch des *Ateneums* (Athenäum) in Helsinki ein Muß. Hier hängen Werke aller wichtigen finnischen Künstler und Künstlerinnen von der Mitte des 18. bis zur Mitte des 20. Jahrhunderts. Wer spezielles Interesse an Gallén-Kallela hat, der sollte sich das Museum *Tarvaspää* in Helsinkis Nachbarort Espoo ansehen. Mittelalterliche Sakralkunst findet man im *Nationalmuseum* von Helsinki, und Ikonenliebhaber sind im *Museum der Orthodoxen Kirche* von Kuopio richtig.

Die moderne finnische **Architektur** genießt hohes Ansehen in aller Welt. Neben *Alvar Aalto (1898 – 1976),* der unter anderem in den USA über die »freien, individuellen Formen« lehrte, machte sich vor allem *Eliel Saarinen (1873 – 1950)* international einen Namen. Ein Name, auf den Finnlandbesucher immer wieder stoßen werden, ist der von *Carl Ludvig Engel (1778 – 1840).* Der in Berlin geborene Architekt prägte mit seinen streng klassizistischen Bauwerken das

Gesicht vieler finnischer Städte. Auch die Helsinkier Innenstadt wurde unter seiner Regie erbaut, die Entwürfe zur *Universität* und des *Nikolai-Domes* stammen beispielsweise von ihm.

Bauwerke Alvar Aaltos findet man zwar im ganzen Land, wer aber Aalto »komprimiert« erleben will, der sollte auf seiner Reise einen Abstecher nach *Jyväskylä* einplanen. Nirgends stehen so viele Bauwerke des berühmten Mannes wie in dieser Stadt. Dort gibt es auch ein *Alvar-Aalto-Museum.*

Film

Finnischer Film ist für viele gleichbedeutend mit *Aki Kaurismäki* und seinem zwei Jahre älteren Bruder *Mika.* 1980 begann die Karriere der beiden Filmenthusiasten, als sie den low-budget-Film »Der Lügner«, in dem Aki selbst die Hauptrolle übernahm, einspielten. Mika Kaurismäki ist zwar ein begabter Regisseur, ohne seinen genialen Bruder Aki wäre er aber außerhalb Finnlands wohl nur in Fachkreisen bekannt. Seine wichtigsten Filme waren »Helsinki, Napoli all night long« und »Paper Star« (*Paperitähti*). Andere Produktionen wie der 1989 entstandene Film »Cha, Cha, Cha« schafften nie den Sprung ins nichtnordische Ausland. Zu den bekanntesten Filmen des jüngeren Kaurismäki gehören der Roadmovie »Leningrad Cowboys«, die Geschichte einer unbegabten finnischen Rockband, die ihr Glück in den USA versucht und 1993 eine filmische Fortsetzung fand, »Das Mädchen aus der Streichholzfabrik« (*Tulitikkutehtaan Tyttö*) und *I Hired a Contract Killer.*

Kulisse, und doch echt: der klassizistische Dom in Helsinki, von Carl L. Engel 1830 erbaut

Fachleute attestieren Kaurismäki immer wieder »anarchischen Witz«, selbst bezeichnet er sich als »Poet der Einsamkeit«. Ein Kaurismäki-Film erinnert in seiner Melancholie, seinem Pessimismus und mit seinen einsilbigen Charakteren an eine finnische Bar nach Mitternacht … und genau dort hält sich der Kultregisseur nach eigener Aussage am liebsten auf.

Obwohl die Kaurismäkis den finnischen Filmhimmel hell überstrahlen, gibt es dort noch einige weitere ausgezeichnete Regisseure. *Lauri Törhönen* verfilmte 1990 den Roman »Die Reise nach Amerika« (*Ameriikan Raitti*) des bekannten Schriftstellers Antti Tuuri. Ähnlich wie die Brüder Kaurismäki in ihren Filmen schildert er hier die Geschichte des Scheiterns. Auch *Pekka Parikka* hat als Grundlage für seinen Film »Der

Winterkrieg« (*Talvisota*) ein, jetzt übrigens auch auf deutsch erschienenes Buch von Antti Tuuri verwendet. »Talvisota« war 1989 und 1990 der größte Kassenschlager in Finnland. Weitere bekannte junge Regisseure sind *Tapio Suominen* (»Verbannt aus dem Himmel«, *Porttikielto Taivaaseen*) und *Ilkka Järvilaituri* (»Zurück nach Hause«, *Kotia päin.* »Schneeblind«, *Lumisokeus*).

Feiertage und Feste

Die drei wichtigsten finnischen Feiertage sind *Vappu, Juhannus* und *Joulua* – der 1. Mai, Mittsommer und Weihnachten.

Der **1. Mai** – *Vappu* – ist in Finnland nur am Rande der Feiertag der Arbeiter. Viel wichtiger ist dieser Tag als Fest der Abiturienten und Studenten. Bereits am Vorabend des 1. Mai

geht es hoch her. Helsinkis Innenstadt ist dann voll von feiernden Menschen. Am frühen Abend wird der Brunnenfigur »Havis Amanda« eine riesige Studentenmütze über den Kopf gezogen und damit das Fest offiziell eröffnet. Zwei Dinge sind an diesem Tag besonders wichtig, die *Ylioppilaslakki*, die weiße Studentenmütze, die ein jeder auf dem Kopf haben muß, und *Koskenkorva,* der finnische Wodka.

Spätestens ab 20 Uhr wird man in der gesamten Innenstadt keine nüchterne Seele mehr finden.

Wer die Sauferei vom Vorabend gut überstanden hat, kommt am nächsten Morgen zum Ursa-Observatorium im Kaivopuisto-Park. Mit Sekt stößt man dort auf das **Vappu-Fest** an und läßt sich auf dem Rasen des Parkes zu einem ersten Frühlingspicknick nieder.

Woher kommt der Weihnachtsmann?

Von drauß' vom Walde, da komm' ich her ...« Mit dieser dürftigen Erklärung lassen sich die Menschen in Mitteleuropa über die Herkunft des Weihnachtsmannes abspeisen. Nicht so in Finnland. Dort weiß man ganz genau, wo der alte Mann im roten Rock seinen Wohnort hat. Eine kurze Nachfrage bei der Finnischen Weihnachtsmannorganisation (gibt es wirklich!) ergibt: Der Weihnachtsmann und sein Rentier Rudi wohnen am *Korvatunturi*, einem entlegenen Berggebiet in Ostlappland. So weit so gut. Doch diese Version der Legende paßte der finnischen Tourismusindustrie nicht so recht ins Geschäft und deshalb wurde sie um einen modernen Teil erweitert. Kurzerhand erhielt der alte Mann einen Zweitwohnsitz verpaßt und der liegt, oh Wunder, verkehrsgünstig gelegen direkt am Polarkreis, nördlich von Rovaniemi, in unmittelbarer Nähe eines internationalen Flughafens. Jedes Jahr jetten denn auch Tausende von Japanern und Briten nach Lappland, um dort aus den Händen des einzigen echten Weihnachtmannes ihre Geschenke entgegen zu nehmen.

Doch es droht Gefahr! Der Neid der skandinavischen Brudervölker macht nicht einmal vor der urfinnischen Institution des Weihnachtsmannes Halt. Norwegen, Schweden, Dänemark, Island und auch das ferne Grönland ... sie alle behaupten: »Nur wir haben den einzigen richtigen Weihnachtsmann!«

Um endlich Klarheit zu schaffen befaßte sich im Frühjahr 1991 eine Ausschußsitzung des Nordischen Rates mit diesem wichtigen Thema (Das glauben Sie nicht? Man sieht, Sie haben die Bedeutung des Weihnachtsmannes für Nordeuropa noch nicht erfaßt!). Ansonsten immer auf Eintracht und Verständigung bedacht, konnten sich die »Nordmänner« damals auf kein gemeinsames Votum einigen ... und deshalb gilt seitdem auch in Nordeuropa: »Von drauß' vom Walde, da komm' ich her ...«

Sommerfestivals

Finnland bietet im Sommer nicht nur Seen und Sauna, sondern auch haufenweise Kultur. Seit etwa 25 Jahren finden in vielen finnischen Städten und Gemeinden zwischen Mai und September Kulturfestivals statt. Oft wird dort ein hochklassiges Programm mit nationalen und internationalen Stars geboten.

Ort & Zeitraum:
Was wird geboten?

Helsinki, August/Sept.: *Klass. Musik*
Turku, Mitte Juli: *Internat. Rockmusik*
   August: *Klassische Musik*
Naantali, Juni: *Kammermusik*
Rauma, Ende Juli: *Klöppelei*
Pori, Juli: *Internat. Jazz*
Tampere, August: *berühmtes Internat. Theaterfest*
   März: *Kurzfilme*
Ikaalinen, Juni/Juli: *Akkordeonmusik*
Savonlinna, Juli: *Internat. Opernfestival*
Jyväskylä, Juni: *Konzerte, Vorlesungen, Theater etc. meist zu einem Hauptthema*
Joensuu, Juni: *verschiedene Veranstaltungen*
Seinäjoki, Juni: *Nationaler Rock*
Korsholm, Juni/Juli: *Klassische Musik*
Kuopio, Juni: *Internat. Tanz*
Viitasaari, Juli: *Jazz, Computermusik, moderne Klassische Musik*
Lieksa, Ende Juli: *Blechbläser*
Kaustinen, Ende Juli: *Internat. Folkloremusik*
Kuhmo, Ende Juli: *Kammermusik*
Kajaani, Ende Mai: *Jazz*
Sodankylä, Juni: *Internat. Film*

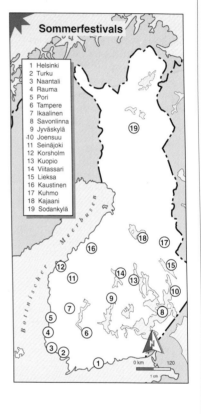

Sommerfestivals

1 Helsinki
2 Turku
3 Naantali
4 Rauma
5 Pori
6 Tampere
7 Ikaalinen
8 Savonlinna
9 Jyväskylä
10 Joensuu
11 Seinäjoki
12 Korsholm
13 Kuopio
14 Viitassari
15 Lieksa
16 Kaustinen
17 Kuhmo
18 Kajaani
19 Sodankylä

0 km 120
1 cm

Auch beim **Mittsommerfest** – *Johannus* – spielt (wie bei fast allen finnischen Festen) der Alkohol eine große Rolle. Nur daß man ihn dann nicht öffentlich trinkt, sondern im Familien- und Freundeskreis im Sommerhaus am See. In der *Juhannusnacht* entzündet der Hausvater einen riesigen Holzstoß, der Tanz um das *Kokko-Feuer* beginnt. In dieser Nacht ertrinken übrigens überdurchschnittlich viele Finnen. Nicht nur Alkohol am Steuer ist gefährlich, auch Alkohol am See.

Weihnachten – *Joula* – ist ein Fest, das sich bei den Finnen über fast 6 Wochen hinzieht. Bereits Mitte November beginnen die ersten Vorweihnachtsfeste, die *Pikkujoulu-Feierlichkeiten*. Diese Feste finden meist im Kreise von Betriebs- oder Vereinskollegen statt. Auch hier geht es feucht und fröhlich zu. Das Weihnachtsfest selbst ist dann reine Familienangelegenheit. Es wird viel gegessen (Fisch und Weihnachtsschinken) und für einige Tage verläßt nahezu kein Finne das Haus. Weihnachten ist das wichtigste Fest des Jahres. Kein Wunder, denn aus Finnland, oder genauer gesagt vom Korvatunturi in Lappland, kommt ja der Weihnachtsmann!

Religion

Der römisch-katholische Glaube wurde im 12. und 13. Jahrhundert während der Eroberungszüge Schwedens nach Finnland »importiert«. Das Bistum in Åbo/Turku an der finnischen Westküste wurde gegründet, um ein Vordringen des ebenfalls expandierenden orthodoxen Glaubens zu verhindern, was vor allem wegen der militärischen Überlegenheit Schwedens gelang.

Die evangelisch-lutherische Kirche, der heute die meisten Finnen angehören, gewann erst im 16. Jahrhundert durch einen Erlaß des schwedischen Königs Gustav Wasa an Boden. Dieser hatte 1527 die katholische Kirche in seinem Reich entmachtet und die lutherische Lehre zur Staatsreligion erklärt. Diese Regelung galt auch für die schwedische Provinz Finn-

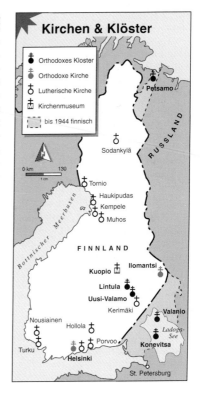

Kirchen & Klöster

- ☩● Orthodoxes Kloster
- ☩● Orthodoxe Kirche
- ☩○ Lutherische Kirche
- ⛪ Kirchenmuseum
- ⌐⌐⌐ bis 1944 finnisch

Petsamo

RUSSLAND

Sodankylä

0 km   130

Tornio

Haukipudas
Kempele
Muhos

Bottnischer Meerbusen

FINNLAND

Kuopio
Ilomantsi

Lintula
Uusi-Valamo
Kerimäki

Valanio

Nousiainen
Hollola
Ladoga-See

Turku
Porvoo
Konevitsa

Helsinki

St. Petersburg

land. Gustav Wasa war kein religiöser Eiferer. Als listiger Machtpolitiker wollte er sich einfach die katholischen Ländereien »unter den Nagel reißen« – und dies ging am einfachsten dadurch, daß er den Katholizismus kurzerhand verbot.

Heute gibt es zwei Staatskirchen in Finnland. Der *evangelisch-lutherischen* Kirche gehören knapp 88 %, der *orthodoxen* Kirche lediglich 1,1 % der Finnen an. Die *katholische* Kirche spielt nur eine untergeordnete Rolle – lediglich 4000 Menschen bekennen sich zu dieser Konfession. Was die Statistik nicht verrät, ist, daß die Gotteshäuser in Finnland mit Ausnahme von Weihnachten und Ostern schlecht besucht sind. Die Kirche hat zwar durchaus Einfluß auf die Gesellschaft (Stichwort: Alkoholpolitik), als Organisation der Gläubigen leidet sie aber seit Jahren an Mitgliederschwund.

Das Bildungswesen

In Finnland herrscht seit 1921 Schulpflicht. Ab dem siebten Lebensjahr machen sich die Kinder auf den Weg zu einer einheitlichen, kostenlosen Grundschule. In den ersten sechs Jahren ist die Ausbildung für alle Kinder gleich, in den letzten drei Jahren ist eine Spezialisierung möglich. Wer will, kann dann nach 9 Jahren von der Schule abgehen und sich ins Berufsleben stürzen. Wer dagegen lieber weiter die Schulbank drückt, kann auf dem Gymnasium die Berechtigung zum Universitätsstudium erwerben. Allerdings genügt das Abitur nicht allein, um Zutritt zur gebührenfreien Alma mater zu erhalten, denn die Anzahl der Bewerber – weibliche und männliche durchschnittlich gleich viel – übersteigt bei weitem die Anzahl der Studienplätze, weswegen man sich erst noch in einer Eingangsprüfung gegen seine Mitbewerber durchsetzen muß. Auch die Abiturnote spielt bei der Vergabe der Studienplätze eine Rolle; ein reines Numerus-clausus-System kennt man jedoch nicht.

Da sich die Finnen sehr wohl bewußt sind, daß kein Ausländer ihre Sprache versteht, wird großer Wert auf das Erlernen von Fremdsprachen gelegt. Man beginnt zunächst mit der »einheimischen« Fremdsprache: Finnland ist offiziell ein zweisprachiges Land mit Finnisch und Schwedisch als Staatssprachen. Bereits in der dritten Klasse lernen schwedischsprachige Kinder Finnisch und umgekehrt. Diese Praxis ist allerdings in den vergangenen Jahren immer wieder in die Diskussion geraten. Vor allem die finnischen Eltern sehen das Erlernen der schwedischen Sprache in zunehmendem Maße als überflüssig an.

Als erste »richtige« Fremdsprache ist dann Englisch an der Reihe. Dies kommt auch den Touristen zu gute, denn mit Englisch kann man sich überall verständigen. Ältere Menschen sprechen zudem oft Deutsch, denn lange Zeit war das die wichtigste Fremdsprache in Finnland. Die Bedeutung der deutschen Sprache nahm in den letzten Jahren wieder zu, so daß Deutsch heute nach Englisch die zweitwichtigste Fremdsprache an finnischen Schulen ist.

Seit einigen Jahren haben Samen, die in einem mehrheitlich von Samen bewohnten Gebiet leben, das Recht auf Unterricht in ihrer eigenen Sprache. Da Samen aber selbst in ihren »Hochburgen« eine Bevölkerungsminderheit darstellen, hat dieses scheinbar so liberale Gesetz in der Praxis nur wenig Auswirkungen.

Bildung hört für die Finnen nicht nach Abschluß des Schul- oder Universitätsbesuchs auf. Außer dem großen Andrang bei Abendschulen, ist ihr Lesehunger besonders auffällig. Sowohl was die Anzahl der gelesenen Tageszeitungen betrifft, als auch die Ausleihzahlen in öffentlichen Bibliotheken stehen die Finnen (übrigens zusammen mit ihren nordeuropäischen Nachbarn) an der Spitze der europäischen Rangliste.

Essen und Trinken

Der Rundgang durch die Welt der finnischen Speisen beginnt in der Sauna und mit etwas so einfachem wie der Wurst. Sauna und *Lenkkimakkara*, die finnische Saunawurst, sind zwei nicht voneinander zu trennende Dinge. Bevor man auf der Holzbank in der Sauna Platz nimmt, wickelt man seine Saunawurst in Alufolie und legt sie auf den Saunaofen. Während man selbst bei 100 Grad vor sich hin schwitzt, wird auch die Lenkkimakkara langsam gar. Finnische Männer – in der Wurstfrage gibt es einen deutlichen Unterschied zwischen den Geschlechtern – sind wahre Wurstfanatiker. Nicht nur in der Sauna, sondern auch bei allen anderen Gelegenheiten ist *Makkara* die richtige Mahlzeit. Diese wird immer mit *Sinappi*, Senf,

Särä *ist eine Lamm-Spezialität mit Brot, Kartoffeln und Gemüse – serviert im Holztrog*

gegessen. Der finnische Senf ist so gut, daß mit seiner Hilfe sogar die schlechteste Wurst genießbar wird.

Jetzt aber von der Sauna in die Küche: Zu den wichtigsten finnischen Speisen gehört selbstverständlich Fisch. *Lohi* (Lachs), *Kirjolohi* (Regenbogenforelle, wörtlich übersetzt Buntlachs) und *Silakka* (Hering) sind die beliebtesten Speisefische. Lachs und Forelle werden meist nur mit Salz und Pfeffer gewürzt, in Alufolie gewickelt im Ofenrohr gebraten und dann mit Kartoffeln serviert. Am besten schmeckt Kirjolohi natürlich frisch aus dem Fluß. Deshalb hier der Hinweis auf die »Wildnisversion« für Wanderer: Typisch finnisch ist es, nach dem Ausnehmen den Fisch auf einem Brett festzunageln und ihn dann im Abstand von etwa 20 Zentimetern neben dem Grillfeuer schmoren zu lassen.

Eine ostfinnische Fischspezialität ist *Kalakukko*, ein in Brotteig eingebackenes Fisch- und Fleischgemisch. Für die Zubereitung dieses Gerichts verwendet man *Muikko*, eine finnischen Märänenart und unglaublich fettes Schweinefleisch. Ungeübten Mägen kann sofortige Übelkeit garantiert werden! Wer Kalakukko trotzdem probieren möchte – Kuopio ist besonders bekannt für diese Speise und auf dem dortigen Markt wird man schnell fündig. In Brotteig eingebackene Speisen sind in Karelien im allgemeinen sehr beliebt. In früheren Zeiten konnten auf diese Weise die Bauern Brot und Hauptspeise in einem bequem mit aufs Feld nehmen. Fleisch – und Reispiroggen (*Liha-*

und *Riisipiirakka*) sind weitere ursprünglich aus Ostfinnland stammende Spezialitäten. Heute ißt man Piirakkas im ganzen Land – traditionellerweise mit *Munavoi* (Eibutter).

Gern wird in Finnland Schweine- und Lammfleisch gegessen. Eine karelische Spezialität ist *Särä*, ein in einer riesigen Holzform gebackenes

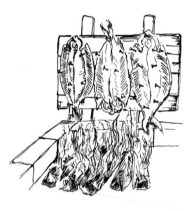

Lammgericht. *Poroliha*, Rentierfleisch, wird ebenfalls serviert, spielt aber im täglichen Leben eine geringere Rolle, als man sich als Tourist gemeinhin vorstellt. Eine beliebte Delikatesse ist Schneehuhn in Crèmesauce: *Riekko kermakastikkeessa*.

Jeden Donnerstag steht *Herneketitto*, Erbsensuppe, auf dem finnischen Speiseplan. Als Finnland noch zu Schweden gehörte, suchte der König in Stockholm nach immer neuen Wegen, um seinen Untertanen Geld abknöpfen zu können. Er gab deswegen die Anweisung, daß einmal in der Woche nur billiges Essen, nämlich Erbsensuppe, aufgetischt werden darf.

Das so eingesparte Geld floß in seine Kasse. Offenbar schmeckte den Finnen aber die ihnen verordnete Sparkost, denn noch heute wird Hernekeitto gern gegessen.

Nicht in Restaurants, sondern nur im Lebensmittelladen kann man die verschiedenen *Laatiko-Gerichte* kaufen. Das finnische Wort »Laatiko« bedeutet nichts anderes als Schachtel. *Maksalaatikko* (Leberauflauf), *Lanttulaatikko* (Kohlauflauf) und *Porkkanalaatikko* (Möhrenauflauf) erhielten ihren Namen einfach nach dem Behältnis, in dem sie verkauft werden. Laatikos sind typisch finnisch … und schmecken scheußlich.

Sehr schmackhaft ist dagegen das dunkle finnische Brot, *Ruisleipä*. Ebenfalls empfehlen kann man Molkereiprodukte, von denen es eine größere Auswahl gibt, als man aus heimischen Kühlregalen gewohnt ist.

Likör, Bier & Co.

Finnische Speisen sind oft sehr fettig und schwer. Zur guten Verdauung ist deshalb ein kräftiger Schluck *Wodka* angebracht (so man ihn sich bei den finnischen Alkoholpreisen leisten kann). Die bekannteste finnische Marke heißt »Koskenkorva«. Oder versuchen Sie doch einmal einen der *Beerenliköre*, wie beispielsweise Multebeerenlikör, *Lakkalikööri*.

Finnisches Bier, *Olut*, gibt es in 3 Stärken. Nummer 1 ist beinahe ohne Alkohol. Das mittelstarke Bier heißt *Keskiolut* und wird in Flaschen mit einer 3 auf dem Etikett verkauft. Bier Nummer 4 ist nur was für »richtige Männer« und darf deshalb nur unter Oberaufsicht des Staatlichen Alkoholmonopols ALKO verkauf werden. Das finnische Bier ähnelt dem deutschen hellen Bier und schmeckt sehr gut. Die bekanntesten und besten Biermarken heißen »Lapinkulta«, »Sininen«, »Koff« und »Karjala«. Wer um die Weihnachtszeit nach Finnland kommt, kann das schmackhafte dunkle Winterbier – *talviolut*, versuchen.

Die Finnen sind aber nicht nur auf Alkoholisches geeicht: Es gehört zum guten Ton, nach dem Essen einen Kaffee zu trinken.

NATUR- & AKTIVURLAUB

MAN SIEHT DEN ELCH
VOR LAUTER BÄUMEN NICHT...

Elche gibt es genug in Finnland. Daß Urlauber sie so selten lebend (und nicht etwa als Trophäe oder Kleiderhaken an der Wand hängend) zu Gesicht bekommen, daran sind vor allem Abies pectinata *und* Picea abies *schuld. Tanne und Fichte sind nämlich die meistverbreiteten Baumarten in finnischen Wäldern – und dort findet der Elch sein Rückzugsgebiet. Was Sie außer Elchen, Wäldern und Seen von der finnischen Natur noch zu erwarten haben, lesen Sie in diesem Kapitel.*

Geographie

Finnland steht im wahrsten Sinne des Wortes felsenfest. Greift man zur Schaufel und fängt an einem beliebigen Ort des Landes an zu graben, wird man schon nach wenigen Metern auf eine Schicht aus Granit, Gneiß (kristalliner Schiefer) oder Lavagestein stoßen. Finnland wurde durch Gletscher geschaffen. Während der Eiszeit sank das Land unter dem Gewicht des auf ihm lastenden Eises. Nach dem Abschmelzen war das Land zunächst völlig von Wasser bedeckt, doch da das Gewicht leichter geworden war, begann die Landmasse, sich langsam wieder zu heben – ein Prozeß, der auch heute noch nicht abgeschlossen ist. In der Praxis bedeutet dies, daß Finnland immer weiter wächst. Viele Orte in Westfinnland, die zu ihrer Gründungszeit am Wasser lagen, sind im Laufe der Jahrhunderte auf diese Weise landeinwärts »gewandert«.

Auch die vor dem Festland liegenden *Schären-Inseln* verdanken ihre Existenz den Gletschern. Die Felsen und Buckel der Küstenlinie wurden von den Eismassen glattgeschliffen und versanken nach dem Abtauen in den Fluten. Erst als sich auch hier das Land hob, tauchten die rundhöckrigen Inseln langsam wieder aus dem Meer auf. Den besonders schärenreichen Teil der Ostsee zwischen den Ålandinseln und dem finnischen Festland nennt man auch *Schärenmeer*.

Finnland ist ein flaches Land. Wissenschaftler haben ausgerechnet, daß seine durchschnittliche Höhe lediglich 152 Meter beträgt. Südlich des Polarkreises, und dort liegen zwei Drittel des Landes, findet man kaum Erhebungen, die auch nur den Namen Hügel verdient hätten. Die höchsten *Tunturis*, so nennt man die finnische Ausgabe von Bergen, liegen in Nordlappland und sind bis zu 1300 Meter hoch.

Seen gibt es dagegen mehr als genug – nicht umsonst wird Finnland als »Land der tausend Seen« bezeichnet. Aber das ist eigentlich eine Untertreibung. Eifrige Statistiker haben sich daran gemacht, jedes stehende

Ob mit oder ohne Elch-Begegnung: Wandermöglichkeiten gibt es satt, hier im Seitseminen-Nationalpark bei Tampere

Gewässer mit einer Oberfläche von mehr als 500 m² zu zählen und sind dabei auf die stolze Zahl von 188.000 Seen gekommen. Also keine Angst – ein Platz an einem dieser Seen ist Ihnen auch in der Hochsaison sicher. Insgesamt sind fast 10 % der Gesamtfläche des Landes von Seen bedeckt. Der größte von ihnen, der weitverzweigte *Saimaa-See* in Ostfinnland, hat eine Gesamtfläche von 4.400 km². Damit ist er mehr als achtmal so groß wie Deutschlands größter See, der Bodensee. Die finnischen Seen sind mit einer Durchschnittstiefe von nur 7 Metern relativ flach. Deswegen dauert es nicht lange, bis sich nach der Eisschmelze im Frühjahr das Wasser auf angenehme Badetemperaturen erwärmt. Auf Grund ihrer geringen Tiefe sind die Seen aber auch besonders anfällig für Umweltverschmutzung. Die Übersäuerung von Gewässern durch Industrie und sauren Regen ist auch im scheinbar noch unzerstörten Finnland ein ständig wachsendes Problem.

Die finnischen Flüsse sind kurz. Eigentlich ist nur der *Kemijoki* erwähnenswert. Er entspringt in Ostlappland und mündet 552 Kilometer später bei Kemi in den Bottnischen Meerbusen.

Der *Bottnische Meerbusen*, von der Ostsee durch die 1481 km² großen Ålandinseln getrennt, bildet die Grenze zwischen Westfinnland und der Küste zu Schweden. Der *Finnische Meerbusen* schiebt sich zwischen Estland und Südfinnland. Im Norden hat Finnland keinen Zugang zum Meer.

Klima

Wer über das finnische Wetter schreibt, befindet sich in einer ständigen Verteidigungsposition. Schließlich ist allgemein bekannt, daß es dort oben immer eiskalt ist und man auch im Sommer mit Handschuhen und Pudelmütze herumlaufen muß ... Weil dies der Irrglauben vieler Ausländer ist, beginnt jede finnische Touristenbroschüre das Kapitel über Wetter mit dem Hinweis, daß es in Finnland im Durchschnitt 6 Grad wärmer ist als in anderen Ländern vergleichbarer Lage. Der Grund dafür sind die mäßigende Wirkung der Ostsee und der wärmende Golfstrom, der den Norden umfließt. Auch wenn man das finnische Klima ein *kontinentales Klima mit subpolaren Zügen* nennt, herrscht im Juni in Südfinnland die gleiche angenehme Durchschnittstemperatur wie in den Niederlanden und Belgien – um 18 °C. Außerdem kann Finnland bei seiner Wetterstatistik darauf verweisen, daß in den Sommermonaten hier wesentlich weniger Regen fällt als in Mitteleuropa. Im Land nehmen die Niederschläge von Süd (600 – 750 mm Jahresniederschlag) nach Nord (um 400 mm Jahresniederschlag) ab. Trotzdem – und da hilft auch die schönste Statistik nichts – Finnland ist ein nördliches Land, und wer im Urlaub nur am Strand liegen will, der tut dies besser in Italien oder Spanien. Außerdem ist im Norden der Sommer wesentlich kürzer als beispielsweise in Deutschland. Mitte August, die Hauptreisezeit für viele deutsche Touristen, ist in Nordfinnland schon Herbst.

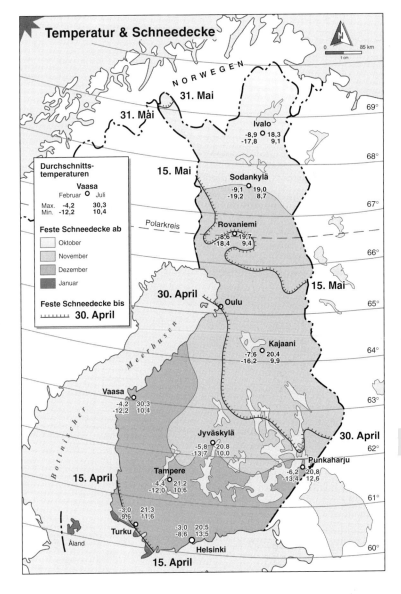

Temperatur & Schneedecke

0 ——— 85 km

NORWEGEN

31. Mai

31. Mai

Ivalo
-8,9 O 18,3
-17,8   9,1

15. Mai

Sodankylä
-9,1 O 19,0
-19,2   8,7

Polarkreis

Rovaniemi
-8,6 O 19,7
-18,4   9,4

15. Mai

**Durchschnitts-
temperaturen**

Vaasa
Februar O Juli
Max. -4,2   30,3
Min. -12,2   10,4

Feste Schneedecke ab

Oktober
November
Dezember
Januar

Feste Schneedecke bis
⊔⊔⊔⊔⊔ 30. April

30. April

Oulu

Kajaani
-7,6 O 20,4
-16,2   9,9

Bottnischer

Meerbusen

Vaasa
-4,2 O 30,3
-12,2   10,4

30. April

Jyväskylä
-5,8 O 20,8
-13,7   10,0

Punkaharju
-6,2 O 20,8
-13,4   12,6

15. April

Tampere
-4,4 O 21,2
-12,0   10,6

-3,0   21,3
-9,6   11,6

Turku

Åland

-3,0   20,5
-8,6   13,5

Helsinki

15. April

69°
68°
67°
66°
65°
64°
63°
62°
61°
60°

NATUR- & AKTIVURLAUB

Tageslicht in Finnland

	1. Januar	1. März	1. Juni	1. August	1. November
Helsinki	9.24–15.23	7.19–17.48	4.08–22.30	5.00–21.51	8.57–16.23 Uhr
Oulu	10.26–14.17	7.28–17.35	2.55–23.39	4.16–22.30	9.49–15.55 Uhr

Mitternachtssonne und Polarnacht

Finnland liegt ziemlich genau zwischen dem 60. und 70. Breitengrad. Wegen der nördlichen Lage gibt es riesige Unterschiede zwischen der Tageslänge im Winter und im Sommer. In Utsjoki, Finnlands nördlichster Gemeinde, scheint zwischen dem 16. Mai und dem 27. Juli ununterbrochen die Sonne und auch in Rovaniemi, der Hauptstadt Lapplands, kann man sich von Anfang Juni bis Anfang Juli an der *Mitternachtssonne* freuen. Im südfinnischen Helsinki geht die Sonne zwar unter, dunkel wird es aber auch hier im Sommer nicht. Während der »Zeit der weißen Nächte« scheint etwa 19 Stunden lang die Sonne, und die Abenddämmerung geht nahtlos ins Morgenrot über.

Doch alles im Leben hat seine Schattenseiten. Wenn die Bürger von Utsjoki am 25. November die Sonne hinter dem Horizont versinken sehen, ist dies ein Abschied für lange Zeit. Erst am 17. Januar taucht der Sonnenball für einige Minuten wieder auf. Zur Entschädigung verzieren beinahe jede Nacht bläulich und grünlich schimmernde **Polarlichter** den Himmel. Die auch *Nord-* bzw. auf der anderen Erdhalbkugel *Südlichter* genannte Erscheinung kommt durch den Erdmagnetismus zustande. Entlang der Kraftlinien an den Polen werden von der Sonne ausgestoßene atomare Teilchen in die Erdatmosphäre gezogen, wo sie in etwa 100 km Höhe zusammen mit Sauerstoff und Stickstoff verglühen – sozusagen lauter mikroskopisch kleine Kometen.

In Südfinnland scheint auch am kürzesten Tag des Jahres etwa 6 Stunden lang die Sonne. Doch weil hier im

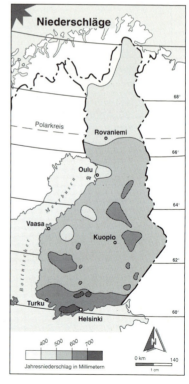

Niederschläge

Polarkreis
Rovaniemi
Oulu
Vaasa
Kuopio
Turku
Helsinki

68°
66°
64°
62°
60°

Bottnischer Meerbusen

400 500 600 700

Jahresniederschlag in Millimetern

0 km   140

1 cm

Winter der Himmel oft wolkenverhangen ist, wirkt alles viel trostloser. November in Helsinki ist nur starken Gemütern zu empfehlen!

Tier- und Pflanzenwelt

Nein, Eisbären wandern nicht durch die Straßen von Helsinki! Die kleineren *Braunbären* gibt es zwar, aber sie sind inzwischen so selten geworden, daß es wahrscheinlicher ist im Lotto zu gewinnen, als auf einer Urlaubsreise Meister Petz zu begegnen. Die wenigen Exemplare leben in Ostfinnland, im Grenzgebiet zu Rußland. *Wölfe*, *Luchse* und *Vielfraß* streifen ebenfalls durch die finnischen Wälder. Doch in dem Land, das für sich mit dem Spruch »Die letzte Wildnis Europas« wirbt, leben nur noch wenige Exemplare dieser großen Säugetierarten. *Elche* gibt es dagegen nicht nur auf den bei Touristen als Souvenir beliebten Verkehrsschildern. Sie sind, darf man den Landwirten glauben, in einigen Gebieten zu einer wirklichen Plage geworden. In jedem Herbst werden etwa 40.000 der 130.000 Elche von Waidmännern zur Strecke gebracht. Elche sind sehr scheue Tiere, und deshalb stehen die Chancen, einen von ihnen während des Sommerurlaubs zu Gesicht zu bekommen, nicht besonders gut. Am frühen Morgen und bei Sonnenuntergang tauchen sie im Herbst aber oft unerwartet auf den Straßen auf, und schon mancher Autofahrer hat auf diese Weise mit einem Elch nähere Bekanntschaft gemacht, als ihm lieb war.

Und was kreucht und fleucht sonst noch durch die finnischen Wälder?

Erfolgreich wieder angesiedelt wurde der bereits ausgerottete *Biber*. Häufig an den felsigen Seeufern zu sehen ist der *Fischotter*. *Hasen* hoppeln ebenso oft über finnische Felder wie über deutsche, nur daß sie in Finnland dabei noch wesentlich öfter von einem *Fuchs* verfolgt werden. Die Füchse sind hier eher kleinwüchsig und bräunlich-grau

Die stark gefährdete Moltebeere

gefärbt, den Farben ihres Lebensraums angepaßt. Die seltene *Saimaarobbe*, eine von nur zwei Süßwasserrobbenarten auf der Welt, paddelt mit ihren kräftig ausgebildeten Schwimmtatzen durch den Linnansaari-Nationalpark, einer Inselgruppe im Saimaasee, in der Nähe von Savonlinna. In Nordfinnland und Lappland werden Ihnen im wahrsten Sinne des Wortes immer wieder *Rentiere* über den Weg rennen. Sie befinden sich im Besitz von Samenfamilien und zählen deswegen nicht zu den 67 Arten in Finnland wild lebender Säugetiere.

230 Vogelarten nisten in Finnland und eifrige Ornithologen wollen errechnet haben, daß es ungefähr 40 Millionen Vogelpaare im Land gibt. Bei den vielen finnischen Jägern sind besonders *Birk-*, *Hasel-*, *Auer-* und *Schneehühner* beliebt. Sie darf man im Herbst mit kleinen Bleikugeln durchlöchern. In den abgelegeneren Gebieten Nordfinnlands sind *Schneeule*

*Lachs (oben) und die Kleine Maräne (unten)
sind besonders häufige Süßwasserfische*

Rauhfußbussard

und *Fischadler* beheimatet, die nicht nur Mäuse jagen, sondern sich auch schon einmal ein Wildgänse-Küken greifen.

In Finnlands fischreichen Seen und Flüssen kommen am häufigsten *Hecht, Barsch* und verschiedene Arten der *Lachsfamilie* vor. Im Meer schwimmt zahlenmäßig eindeutig der *Hering* an der Spitze.

Finnland hat von allen europäischen Ländern den größten **Waldbestand** – auf fast 70 % der Fläche wachsen Bäume. Die häufigsten Baumarten sind *Tanne* (44 %) und *Fichte* (37 %). Die *Birke,* in der Vorstellung vieler ein finnlandtypischer Baum, liegt in dieser Rangliste mit 16 % nur an dritter Stelle. Gleich noch eine Prozentzahl: Fast 30 % des Landes bestehen aus *Mooren* – dies ist absoluter Weltrekord. Allerdings nimmt diese Zahl von Jahr zu Jahr ab, da viele Feuchtgebiete trockengelegt werden. Der Norden Finnlands ist baumlos und hauptsächlich mit niedrigwüchsigen, gegen Schnee und Wind widerstandsfähigen *Rentierflechten* bewachsen.

Flußbarsch

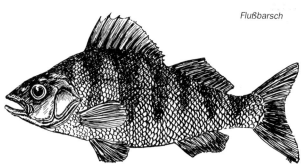

Beeren und *Pilze* sind wahrscheinlich der Teil der Flora,

Birkhuhn

der die Touristen am meisten interessiert. Im Spätsommer kriecht ganz Finnland samt seinen Gästen durch die Wälder, um nach *Heidelbeeren* und *Pilzen* zu suchen. Suchen ist eigentlich nicht das richtige Wort, denn man braucht nur an einer beliebigen Stelle in den Wald zu gehen und mit dem Sammeln zu beginnen. Pilze und vor allem Heidelbeeren (Blaubeeren) gibt es im Überfluß. Auch *Himbeeren* und wilde *Erdbeeren* sind reichlich vorhanden. In Nordfinnland wächst die seltene *Multebeere*. Aus ihr wird ein schmackhafter Likör hergestellt. Nur Einheimische haben das Recht, sie zu kommerziellen Zwecken abzuernten. Als Besucher darf man, so will es das finnische Gesetz, diese Beere nur zum Verzehr an Ort und Stelle pflücken.

Die Atomkatastrophe von Tschernobyl von 1986 hatte auch in Finnland ihre Auswirkungen. Etwas erhöhte Strahlenwerte bei Pilzen und Beeren bestehen auch heute noch.

Die immergrüne Polsterpflanze hat cremefarbene Blüten

Wilder Rosmarin (auch »Gränke«) ist, obwohl giftig, gefährdet

Die Mondraute gehört zur Familie der Natternfarne

Das Blaue Fettkraut ist schon sehr selten und daher geschützt

Nach Auskunft finnischer Behörden liegen diese aber weit unter dem für Menschen gefährlichen Niveau. Auch wenn man dieser Aussage durchaus mit Skepsis gegenüber stehen sollte, braucht man sich als Tourist, der sich nur wenige Wochen im Land aufhält, beim Essen von Beeren und Pilzen nicht allzu sehr zurückzuhalten.

Nationalparks

Urlaub in Finnland ist für die meisten Touristen gleichbedeutend mit Urlaub in der Natur. Wie kaum ein anderes europäisches Land zieht Finnland Wanderer, Kanuten und Radfahrer in seinen Bann. Aber auch im Land der tausend Seen hat die menschliche Besiedlung von der Natur ihre Opfer gefordert. Finnland ist ein Industrieland, und Papier- und Chemiefabriken arbeiten auch hier nicht schadstoffrei.

Die Natur und die Industrie

Industrie bedeutet nicht nur Arbeitsplätze und Wohlstand, sondern auch Umweltverschmutzung und Naturzerstörung. Da speziell die Holzindustrie als »schmutzig« bekannt ist, muß Finnland auf dem Gebiet des Gewässerschutzes einige Probleme lösen. 85 % der Wasserverschmutzung in Ballungsräumen werden durch die holzverarbeitende Industrie verursacht. Obwohl man in den meisten Fabriken nach wie vor das hochgiftige Chlor zum Bleichen des Papiers anwendet, setzt inzwischen langsam ein Umdenkungsprozeß ein. Man bemüht sich in den Unternehmen vermehrt um Chemikalienrückgewin-

nung und geschlossene Wasserkreisläufe. Dies hat sich bereits bezahlt gemacht, denn wie Satelittenphotos beweisen, hat sich die Wasserqualität der finnischen Seen in den letzten Jahren wieder deutlich verbessert.

Daß beim Umdenken alle mitmachen müssen, auch die, die in der Produktionskette »am Ende« stehen, ist inzwischen ein alter Hut. Sie haben übrigens mit dem Kauf dieses Buches bereits etwas dazu beigetragen, denn dieser Reiseführer wurde auf sauerstoffgebleichtem, 100-prozentigem Recyclingpapier gedruckt.

29 Schutzgebiete zum Wohle der Natur

Um die Natur vor dem Menschen zu schützen, hat der finnische Staat 29 Nationalparks mit zusammengenommen 7100 km^2 Fläche errichtet. Alle Parks sind für die Öffentlichkeit zugänglich und in den meisten von ihnen wurden Informationszentren, Wanderwege und einfache Übernachtungsmöglichkeiten eingerichtet.

Detail-Informationen
... über die finnischen Nationalparks erteilt: *Metsähallitus,* Abteilung für Nationalparks, PL 94,
01301 Vantaa.
Die Nationalparks in Koli, am Pyhätunturi und am Pallas-Ounastunturi werden vom Finnischen Waldforschungsinstitut betreut. Für diese drei Parks erhält man Informationen bei: *Finnisches Waldforschungsinstitut,* Unioninkatu 40A,
00170 Helsinki.

Im einzelnen gibt es in Finnland – von Süden nach Norden – folgende Nationalparks:

Tammisaari-Schärennationalpark

Dieser kleine Nationalpark vor der südfinnischen Küste ist einer der jüngsten unter den finnischen Nationalparks. Der 1989 gegründete Park besteht aus einigen Inseln des Küstenarchipels … und viel Wasser. Touristisch interessant ist er vor allem für Bootsbesitzer, die mit der eigenen »Yacht« eine der einsamen Inseln ansteuern können. Im Sommer verkehrt von *Tammisaari* (schwedisch Ekenäs) aus ein Wasserbus. Den wirklichen Reiz des Parkes erlebt man aber am besten als Robinson auf einer der Inseln.

Südwestschären-Nationalpark

Auch dieser Inselnationalpark ist vor allem für Bootsbesitzer interessant. Eine Fahrt mit dem Wasserbus von *Turku, Parainen* oder *Korsnäs* in den Nationalpark unterscheidet sich nicht von einer normalen Schärenrundfahrt.

Nationalpark Östlicher Finnischer Meerbusen

Ein weiterer Inselnationalpark im finnischen Teil der Ostsee. Er ist vor allem wegen seiner vielfältigen Vogelwelt bemerkenswert. *Haapasaari* und *Kaunissaari,* die beiden Hauptinseln des Parkes, sind von *Kotka* aus mit dem Wasserbus zu erreichen.

Liesjärvi-Nationalpark

Der Liesjärvi-Nationalpark, der über eine 2 Kilometer lange Stichstraße von der Hauptstraße *Helsinki-Pori* aus einfach zu erreichen ist, ist der südlichste Nationalpark auf dem finnischen Festland. Das Gebiet des Parkes war von alters her besiedelt und entspricht nicht den üblichen Vorstellung eines Nationalparks. Im Park soll die teilweise vom Menschen geschaffene Naturlandschaft Südwestfinnlands bewahrt werden. In dem kleinen Park wurden mehrere Wanderwege und ein Zeltplatz angelegt. Der gleichnamige *Liesjärvi-See* eignet sich gut für eine gemütliche Nachmittagspaddeltour.

Torronsuo-Nationalpark

Sumpfgebiet in Südwestfinnland, besonders bekannt wegen des reichhaltigen Vogellebens. Zur Zeit besteht dort keinerlei touristische Infrastruktur.

Pajänne-Nationalpark

Dieser 1993 gegründete, nur 10 km² kleine Nationalpark umfaßt einige Inseln im *Pajänne-See* bei *Lathi.*

Puurijärvi- und Isosuo-Nationalpark

Schutzgebiet in Westfinnland. Der *Puurijärvi-See* ist ein wichtiges Brutgebiet für verschiedene Vogelarten. Außerdem gehören Hochmoore zum Nationalparkgebiet.

Isojärvi-Nationalpark

Der Park liegt nordwestlich von *Lahti* und ist am besten über die Straße zwischen Kuhmoinen und Länkipohja zu erreichen. Der immerhin 20 Kilometer lange, aber sehr schmale *Isojärvi-See* ist die größte einzelne Natursehenswürdigkeit im Park.

Blick vom Levitunturi auf das verschneite Lappland

Seitseminen-Nationalpark

Der in der Gemeinde *Parkano* gelegene Park umfaßt Wald-, Sumpf- und Seengebiete. Er ist sowohl mit dem Auto als auch mit öffentlichen Verkehrsmitteln (Buslinie Kuru – Parkano) leicht zu erreichen. Das hervorragend ausgebaute Wegenetz wird besonders von finnischen Touristen gern und viel genutzt. Ein Besuch im sehr interessanten Infozentrum lohnt sich auch für durchreisende Touristen.

Helvetinjärvi-Nationalpark

Als Hauptsehenswürdigkeit dieses Naturparks lockt die *Helvetinkolu,* die Höllenspalte. Diese enge, beeindruckende Felsspalte ist über einen nur 3 Kilometer langen und leichten Pfad zu erreichen. Die einfachste Anfahrt zum Park erfolgt über eine Abzweigung der Straße von Ruovesi nach Virrat.

Lauhanvuori-Nationalpark

Der Hügel *Lauhanvuori* (231 Meter hoch), die höchste Erhebung Westfinnlands, bildet das Zentrums des kleinen Parkes. Der Lauhanvuori ist berühmt für die klaren Quellen, die an seinen Hängen entspringen. Da aber die recht eintönige Waldlandschaft wenig Abwechslung fürs Auge bietet, ist der Besuch dieses Parkes für Touristen weniger interessant.

Kauhaneva-Pohjankangas-Nationalpark

Der Besuch dieses Nationalparks in Westfinnland, der vor allem aus einer Sumpf- und Moorlandschaft besteht, ist wegen seiner reichen Vogelwelt vor allem für Ornithologen empfehlenswert. Ansonsten gibt es in Finnland sicher schönere Natur- und Wandergebiete. Der Park liegt etwa 16 km westlich der Gemeinde *Karvia* und ist von dort aus über eine Nebenstraße zu erreichen.

Kolovesi-Nationalpark

Der Kolovesi-Nationalpark, auf dem Gebiet der Gemeinde *Heinävesi* gelegen, umfaßt einige Inseln im *Kolovesi-See* sowie seine Uferregion. Hier findet man unter anderem auch einige Exemplare der seltenen Saimaarobbe. Es führt keine Straße direkt zum Nationalpark. Er ist am besten mit dem Kanu zugänglich.

Linnansaari-Nationalpark

Auch in diesem Inselnationalpark im *Haukivesi-See* lebt eine Kolonie der Saimaarobbe. Im Sommer ist die Insel *Linnansaari* von *Rantasalmi* aus mit dem Boot zu erreichen.

Pyhä-Häkki-Nationalpark

Bis zu 400 Jahre alte Baumveteranen stehen in diesem kleinen Nationalpark nördlich von *Jyväskylä*. Durch den Park führen einige Wanderpfade.

Salmajärvi-Nationalpark

Am bekanntesten ist dieses Schutzgebiet wegen der dort lebenden Wildrentiere. Dies ist deshalb bemerkenswert, weil Rentiere normalerweise nur in Nordfinnland anzutreffen sind. 1979 wurden einige Tiere hier ausgesetzt und innerhalb von nur 10 Jahren vergrößerte sich der Bestand auf immerhin 150 Tiere. Die Sumpfgebiete des Parkes dienen Kranichen auf ihren Zügen als Zwischenstation. Zu erreichen ist der Salmajärvi-Park über eine Abzweigung von der Hauptverbindungsstraße zwischen *Jyväskylä* und *Kokkola*.

Petkeljärvi-Nationalpark

Mit nur 6 km^2, von denen der Großteil auch noch von Wasser bedeckt ist, ist dieser Nationalpark einer der kleinsten im Land. In den Wasserläufen des Parkes leben Biber. Bei den finnischen Besuchern ist der Park aber vor allem wegen der dort zu besichtigenden Unterstände und Schützengräben aus dem finnisch-sowjetischen Winterkrieg als Ausflugsziel beliebt. Einige kürzere Pfade führen durch den Park. Erreichbar ist er über eine Abzweigung der Straße von *Ilomantsi* nach *Möhkö*.

Koli-Nationalpark

Diese, völlig zu Recht, populärste Naturschönheit des Landes wurde erst 1991 in den Rang eines Nationalparks erhoben. Vom Gipfel des 347 Meter hohen *Ukko-Koli* auf den darunter liegenden *Pielinen-See* hat man genau den Ausblick, den man üblicherweise mit dem Traum von Finnland verbindet. Unzählige Inseln liegen wie grüne Schiffe in dem tiefblauen See. Von den Höhen der Koliberge sind wahrscheinlich die meisten Titelbilder für Finnlandbücher aufgenommen worden.

Der Wanderweg auf dem Kamm des Kolirückens bietet unbeschreibliche Ausblicke auf den Pielinen- und einige weitere kleinere Seen.

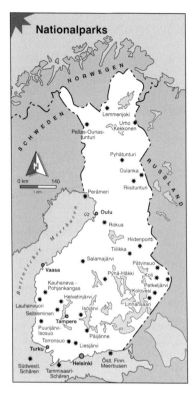

Nationalparks

gebiete sind das Charakteristikum seiner Landschaft. Hier befindet sich auch eines der letzten Rückzugsgebiete für den finnischen Braunbär. Der berühmte Wolfenpfad, der *Susitaival,* führt durch das Gebiet.

Tiilikka-Nationalpark

Dieses Gebiet ist leicht von der Straße 585 zwischen *Valtimo* und *Rautavaara* zugänglich. Der einsame *Tiilikka-See* und die Überreste eines alten Einödhofes bilden die Hauptanziehungspunkte in diesem Nationalpark.

Hiidenportti-Nationalpark

Dieser Naturpark ist touristisch relativ schlecht erschlossen. Es gibt zwar einige Wanderwege, aber sonstige Annehmlichkeiten darf der Wandertourist hier nicht erwarten. Besonders sehenswert ist die *Hiidenportti-Schlucht* mit ihren steilen, bis zu 20 Meter hohen Felswänden.

Rokua-Nationalpark

Der mit nur 4 km² kleinste Nationalpark des Landes umfaßt Teile des Landrückens *Rokuanvaara* im nördlichen Österbotten. Flache, sandige Heidegebiete, Sümpfe und klare Weiher sind die Hauptcharakteristika dieses Parkes.

Perämeri-Nationalpark

Dieser Park wurde 1991 zum Schutz der unterseeischen Fauna und Flora des nördlichen Ostseegebiets errichtet. Für den »Normaltouristen« ist der Besuch dieses Nationalparks, der ohnehin nur mit dem eigenen Boot zu erreichen ist, kaum interessant.

Die Anfahrt zum Koli-Nationalpark erfolgt über eine Abzweigung von der Hauptstraße zwischen *Nurmes* und *Joensuu.* Es besteht auch eine gute Busverbindung. Im Sommer verkehrt von *Lieksa* aus ein Wasserbus.

Patvinsuo-Nationalpark

Mit 100 km² ist der Patvinsuo-Park, in der Nähe von *Lieksa* und *Ilomantsi* gelegen, der größte Festlandsnationalpark Finnlands südlich des Polarkreises. Ausgedehnte Sumpf- und Heide-

Riisitunturi-Nationalpark

Benannt nach dem gleichnamigen Hügel oder Berg. Als was Sie die 466 Meter hohe Erhebung einstufen wollen, bleibt Ihnen selbst überlassen. Fest steht jedoch, daß man von hier einen großartigen Blick über den *Kitkajärvi*, den Kitka-See, hat. Der Nationalpark liegt im feuchtesten Gebiet Finnlands – Regenkleidung nicht vergessen!

Oulanka-Nationalpark

Der Oulanka ist zweifellos einer der schönsten Nationalparks in Finnland. Er ist touristisch gut ausgebaut und bietet unzählige Möglichkeiten für Wanderungen. Wilde Flüsse, Stromschnellen, Wasserfälle, Schluchten, aber auch stille Seen und unberührte Waldgebiete sind die Charakteristika dieses Naturjuwels. Der berühmteste Wanderweg des Landes, der *Karhunkierros* oder *Bärenkreis* durchquert den Park. Zu erreichen ist der Park über die Hauptstraße von *Kuusamo* in Richtung Norden oder von *Juuma*.

Pyhätunturi-Nationalpark

Namensgeber für den Park ist der 540 Meter hohe *Pyhätunturi*. Für Wanderungen empfiehlt sich die Route vom Besucherzentrum am Pyhätunturi nach *Luosto*. Der Pyhätunturi gilt in Finnland als der erste richtige Berg auf dem Weg in Richtung Norden. Deswegen ist der Nationalpark nicht nur bei Wanderern, sondern auch und vor allem bei Skifahrern sehr beliebt. Bei der Erweiterung des Nationalparks wurde darauf geachtet, daß die besten Abfahrtshänge des Berges

Abendstimmung im Tiilikka-Nationalpark, nördlich Nurmes (nördliche Seenplatte)

außerhalb des Schutzbereiches liegen und damit für – gut zahlende – Skitouristen erhalten blieben. Um diesen die Anfahrt möglichst einfach zu machen, wurde die Stichstraße (Abzweigung von der Hauptstraße zwischen *Kemijärvi* und *Pelkosenniemi),* die zum Touristenzentrum am Rande des Nationalparks führt, gut ausgebaut und geteert. Seit Anfang der neunziger Jahre ist der Park auch vom Norden her, über eine Abzweigung der Eismeerstraße zwischen *Rovaniemi* und *Sodankylä* zu erreichen.

Urho-Kekkonen-Nationalpark

2550 km², dies entspricht beinahe exakt der Fläche Luxemburgs, umfaßt der zweitgrößte finnische Nationalpark. Der südliche Teil des Parkes weist noch relativ dichten Baumbestand auf, die Berge im Norden des Gebietes sind dagegen schutzlos dem harten nordfinnischen Wetter ausgesetzt. Bäume findet man hier nur noch in einigen Flußtälern. Der Park eignet sich hervorragend für ausgedehnte Wanderungen. Allerdings sollten sich nur Spezialisten zu Mehrtagestouren aufmachen, denn ausgebaute Wanderwege gibt es nur in sehr beschränktem Umfang. Einen faszinierenden Blick über das Gebiet des Parkes hat man vom *Kaunispää* etwa 5 km nördlich des Touristenortes *Saariselkä.* Dieser Aussichtspunkt ist auch mit dem Auto zu erreichen.

Pallas-Ounastunturi-Nationalpark

Zwischen den Gemeinden *Kittilä* und *Enontekiö* erstreckt sich dieses Naturschutzgebiet in Westlappland. Es liegt durchgehend in einer Höhe von über 500 Metern, die Gipfel ragen bis über 800 Meter auf. Für mitteleuropäische Ohren sind dies lächerlich anmutende Zahlen, in Finnland findet man aber nur an wenigen Stellen eine so konzentrierte Ansammlung hoher Berge wie hier. Zwischen dem Touristenhotel am *Pallastunturi* und Enontekiö verläuft ein beliebter Wanderpfad. Auf Grund der Höhenlage führt er größtenteils durch baumlose Gebirgslandschaft. Die Anreise zum Park ist einfach; über die Hauptstraße zwischen Kittilä und Enontekiö.

Lemmenjoki-Nationalpark

Mit 2855 km² ist der Lemmenjoki der größte Nationalpark des Landes. Zugleich ist er auch der am nördlichsten gelegene. Die höchsten Erhebungen des Gebietes sind der 599 Meter hohe *Viipustunturi* und der etwa 20 Meter niedrigere *Maarestatuntri.* In dem riesigen Park leben unter anderem Braunbären und Vielfraße. Auch einzelne Wölfe werden hier hin und wieder gesichtet. All diesen Tieren wird der normale Wandertourist aber kaum begegnen. Schon eher bekommt man eine Rentierherde zu Gesicht. Rentiere sind eigentlich keine Wildtiere. Jedes Rentier, das Sie im Park sehen, gehört irgendeiner Samenfamilie. Der Lemmenjoki ist auch als Goldsuchergebiet bekannt, heute noch sind hier einzelne Profis auf der Suche nach dem großen Glück. Für Wanderer am besten erschlossen ist das Gebiet des *Lemmenjoki-Tales.*

Die Helvetin-Schlucht im Helvetinjärvi-Nationalpark

AKTIVURLAUB

Finnland ist das ideale Land für aktiven Urlaub.
Wer mit dem Rucksack durch die Wildnis streifen oder sein Paddel in
klares Seewasser tauchen will, der ist hier richtig.

Baden und Segeln

In einem Land mit mehreren tausend Seen und einer 5000 Kilometer langen Küstenlinie setzt nur das eigene Kälteempfinden einem **Badeurlaub** Grenzen. Die Wassertemperaturen liegen im Sommer zwischen 15 und 21 Grad. Fast jede Gemeinde verfügt über mindestens einen Badestrand – einsame Plätzchen für ungestörtes Badevergnügen gibt es genug.

Bei soviel Blau auf der Landkarte muß Finnland einfach ein Traumland für jeden **Segler** sein. Über Segelschulen und Vorschriften für Segler auf finnischen Gewässern informiert: *Finnischer Seglerverband*, Radiokatu 20, 00240 Helsinki.

Wer den erst vor kurzem für den Privatbootverkehr freigegebenen Saimaakanal zwischen Finnland und Rußland befahren will, informiere sich bitte ausführlich bei: *Saimaa-Kanal-Verwaltung*, Mustala, 53420 Lappeenranta.

Kanufahren und Rafting

Touristen mit dem Boot auf dem Autodach können in Finnland unter Paddeltouren unterschiedlichster Schwierigkeitsgrade auswählen. Ob in den Schären vor der Küste Süd- und Süwestfinnlands, auf den Seen Mittelfinnlands oder den reißenden Flüssen Nordfinnlands, überall gibt es optimale Möglichkeiten für Kanutouristen. Für Anfänger am einfachsten sind Touren durch die Seen der Finnischen Seenplatte – allein auf dem *Saimaasee* gibt es 2000 Kilometer (!) markierte Wasserwanderpfade. Trotz Markierung kann man auf dem Wasser viel leichter verlorengehen als auf dem Land, deshalb gehören eine gute Karte und ein Kompaß immer ins Gepäck! Vor der Küste zu paddeln, ist an sonnigen und windstillen Tagen ebenso leicht und ungefährlich wie auf den Binnenseen. Bei starkem Wind sollten sich weniger erfahrene Kanuten allerdings nicht aufs Wasser wagen. Die Flüsse Lapplands sind zum größten Teil ein Revier für Spezialisten. Die jedoch werden voll auf ihre Kosten kommen.

Informationen über Kanufahren in Finnland erhält man beim: *Finnischen Kanuverband*, Radiokatu 20, 00240 Helsinki.

Wer's gern spannend mag, selbst aber kein Kanu steuern kann, der kann es mit Stromschnellenfahrten versuchen. Im Osten und Norden Finnlands gibt es an vielen Orten Anbieter für solche **Raftingtouren.** Die Preise für eine Tour liegen zwischen 300 und 400 FIM. Hier zwei Adressen: *Kaavin Lomakeskus*, 73620 Kortteinen. Haldi Ltd., 99400 Enontekiö. *Harrinivan Lomakylä*, 99300 Muonio. Lapinsopuli, 99770 Jeesiö.

Fischen und Jagen

1,5 Millionen Finnen fischen. Bedenkt man, daß in ganz Finnland lediglich 5 Millionen Menschen leben, kann man das Fischen, nach dem Saunieren, wohl als beliebtestes Hobby der Finnen bezeichnen. Im Sommer rudern und fahren die Petrijünger (auch in Finnland fischen vor allem Männer) in ihren Booten dem großen Fang hinterher, und im Winter sitzen sie dick vermummt mit einer Engelsgeduld auf dem Eis und hängen ihre Angel in ein kleines Loch. Die jährlichen Meisterschaften im Eisfischen, dem *Pilkki*, sind ein Ereignis, über das auf den Sportseiten ausführlich berichtet wird.

Wer als Ausländer seine Angel in einen finnischen See halten will, muß zunächst einmal für etwa 80 FIM eine Angellizenz erwerben *(kalastuskortti,* erhältlich auf jedem Postamt). Diese Lizenz gilt im ganzen Land mit Ausnahme der Gemeinden Enontekiö, Inari und Utsjoki. Fürs Angeln in diesen drei lappländischen Orten braucht man eine eigene Lizenz, die noch einmal 30 FIM kostet.

Die Angellizenz allein genügt noch nicht, um legal Fische an Land ziehen zu dürfen. Auch der Besitzer des jeweiligen Gewässers will noch seinen Obolus haben. Die lokale Angelerlaubnis wird meist an den Campingplätzen, Hotels oder der Touristeninformation ausgegeben. Für das Eisangeln im Winter braucht man wieder eine eigene Lizenz. Sie sehen, angeln in Finnland ist leicht – alle dazu nötigen Lizenzen und Erlaubnisscheine zu bekommen, schon etwas aufwendiger. Auf dem Hindernislauf zum richtigen Angelschein hilft: *National Board of Forestry,* Hauptpostamt des Weihnachtsmanns (kein Druckfehler – offensichtlich weiß nur noch der Weihnachtsmann im Angellizenzdschungel Bescheid), 96939 Napapiiri.

Wer unbedingt als **Jäger** irgendeinen finnischen Vogel (oder soll's vielleicht gar ein Elch sein?) mit Bleikugeln durchlöchern will, der wende sich für nähere Informationen an *Metsästäjäin keskusjärjestö,* 01100 Östersundom, ℰ 90-8777677.

Fahrradfahren

Längere Fahrradtouren in Finnland bedürfen einer guten Vorbereitung. Trotz geringer Bevölkerungsdichte und weitgehend sehr gut ausgebauter Straßen ist Finnland nicht unbedingt das ideale Urlaubsland für Fahrradtouristen. In den südfinnischen Großstädten gibt es kaum ein ausgebautes Fahrradwegenetz – radeln in Helsinki ist ein ziemlich riskantes Unternehmen.

Die Hauptstraßen in Südfinnland sind oft stark befahren, und da Radler hier eigentlich nicht vorgesehen sind, kann eine Fahrradtour von Helsinki nach Turku oder Tampere zur Nervenprobe werden.

Wer Finnland mit dem Drahtesel kennenlernen will, sollte sich vor allem über Nebenstraßen fortbewegen. Da diese oft ungeteert sind (ein Vorteil im Winter), sind grobstollige robuste Reifen notwendig. Bei Touren in Nord- oder Ostfinnland wird man nicht mit überfüllten Straßen zu

Hans-Michael Buer (hier per Selbstauslöser am Polarkreis) machte den Härtetest: im Winter allein durch Finnlands Norden. Er versichert, es sei sehr schön gewesen.

kämpfen haben. Das unberechenbare Wetter und die großen Entfernungen zwischen den einzelnen Ortschaften sind hier die größten Feinde des Radfahrers. Wer glaubt, Finnland sei so flach wie ein Teller, wird schnell eines besseren belehrt werden. Es gibt zwar keine hohen Berge, aber es geht ständig auf und ab.

»Fahrrad-Reisen«

Folgende Informationen sind dem empfehlenswerten *Peter Meyer Reiseführer* »Fahrrad-Reisen – Das unentbehrliche Handbuch für jede Radtour« entnommen, das hilfreiche Informationen und Tips zur optimalen Vorbereitung und Durchführung von Radtouren gibt. Neben den umfangreichen Kapiteln zu Themen wie Ausrüstung, Ernährung, Pannen, Fotografieren, Radelpartner und vielem mehr haben die Autoren Martin Karsten, Frank Micus und Johannes Remmel Länderinformationen zusammengestellt, nach denen jeder sein Radelland aussuchen kann (im Buchhandel für 34 DM). Die Wintertouren-Tips stammen von Hans-Michael Buer (einem Freund des Verlags), ebenfalls radelerfahren und – kälteerprobt.

Radelgebiete:

Geeignet ist die gesamte *Seenplatte*, ein Drittel Finnlands. Hier bietet es sich an, von einem festen Standort aus (Ferienhaus) die Gegend zu erradeln. Fast jede Ortschaft hat ihren eigenen See mit Badeplatz.

Lappland ist Wildnis, eine dünn besiedelte, karge Landschaft. Nahrungsmittelvorräte, Wetter und Kälte bedenken, oft sehr rustikale Unterkünfte. Tankstellennetz (für Kaffeepausen, im Winter unersetzlich) wesentlich dünner. Im Sommer überaus lästige Mückenschwärme.

Ostfinnland bietet besondere Erlebnisse: tiefe Wälder, dunkle Schluchten, ausgedehnte Moore und reißende Flüsse mit kilometerlangen Stromschnellen. Gut für Radtouren sind auch die *Ålandinseln* und die meisten flachen *Küstengebiete* im Süden und Südwesten.

Die südfinnische *Seenplatte,* eher etwas für Kanuten, besitzt zwar nur kurze, aber zum Teil recht beachtliche Steigungen.

Wind & Reisezeit:

Hauptwindrichtungen: Im Norden aus S, an der Westküste vorwiegend aus SW, im Sommer aus NW, an der Südküste aus S bis SW, bei einer jährlich durchschnittlichen Windgeschwindigkeit von 3,0 m/sec im Norden und 3,8 m/sec. an der West- und Südküste. Da Finnland durch die Berge Norwegens und Schwedens vor dem Atlantik geschützt ist, gibt es wenig starke Winde.

Reisezeit: Mitte Juni bis Mitte August, Lappland am besten nur im Juli. Im September erste Nachtfröste, dann allerdings kaum noch Mücken. 22./23.6. Mittsommerfeste. Beste Reisezeit für eine Wintertour: Mitte Februar bis Anfang April: Schnee, nichts als Schnee, auf dem es sich besser fahren läßt als auf Eis und vereisten Spurrillen. Häufig starker Ostwind, läßt einen kaum oder nur in Schlangenlinien vorwärtskommen. Sonst ist die trockene Kälte weniger unangenehm.

Info-Adresse & Tourveranstalter:

Helsingin Polkupyöräilijähdistys, c/o J. Henriksson, Leilankuja 4B18, SF-02230 Espoo (Radlervereinigung)

Beim *Finnischen Jugendherbergswerk,* Yrjönkatu 38 B, 00100 Helsinki, kann man 4-, 7- und 14-tägige Fahrradtouren buchen. Die Preise für Fahrradmiete mit Übernachtung in Jugendherbergen liegen dabei zwischen 520 FIM für 4 und 1340 FIM für 14 Tage.

Einige Tourveranstalter in Ost- und Nordfinnland bieten Mehrtagessafaris auf Mountainbikes an.

Karten und *Unterkunft* etc. siehe Griffmarke »Reisepraxis« ab Seite 90 bzw. 109.)

Straßenverhältnisse & Verkehr:

Im Süden meist asphaltiert, im Norden alle Nebenstraßen mit Kies- und Schotterbelag (Achtung Speichenbrüche). Dort sind Mountain-Bike-Reifen sinnvoll, Reifenbreite mindestens 32 mm. Im Winter unbedingt Spikereifen aufziehen (keine Crossreifen verwenden, Ersatz mitnehmen), da diese auf vereisten Wegen mehr Halt geben.

Wenig befahrene Straßen. In Lappland kaum Nebenstraßen, die meisten Straßen sind asphaltiert, haben nach dem Winter oft Frostschäden. Im Winter werden die meisten Straßen geräumt. Vorsicht vor Holztranspor-

tern und Schneepflügen, die eine
Schneefontäne hinter sich herziehen
und einem minutenlang die Sicht nehmen.

Ausrüstung & Ersatzteile:
Dünnes Netz von Läden, Spezialteile
nur in großen Städten, häufiger 26-
Zoll-Reifen. Benzinkocher zu empfehlen. Im Winter ist besonders der
Wind eisig, daher warme, windabwei-
sende Winterkleidung, Fausthand-
schuhe, (statt winddurchlässigere Fin-
gerhandschuhe) z.B. im Land zu kau-
fende Rentierfellhandschuhe.

Radtransport & Fahrradverleih:
Bahn: *Staatl. Finnische Eisenbahn,*
Vilhonkatu 13, Postfach 488, SF-
00101 Helsinki 10, ☎ 7071. *Selbstver-*
ladung kostet 40 FIM, *Aufgabe* nicht
in allen Zügen, aber an jedem Bahnhof möglich. Ein bis zwei Tage vorher
aufgeben. Kostet entfernungsunab-
hängig ab 13 DM.
   Bus: *Oy Matkahuolto Ab,* Zentrale, Lanttasaarentie 8, Helsinki, ☎ 90/
6922088. Das Liniennetz ist wesentlich dichter als das der Bahn. Landesweit einheitliche Fahrpreise, deshalb
lohnend: 1000-km-Karte/14 Tage/300
FIM; auch Fahrradmitnahme möglich,
besonders in Lappland. Wegen
schlechter Straßen sind dabei Beschä-
digungen möglich.
   Fähren: Fahrradtransport ist auf
Finjet-Schiffen und allen Schwedenfähren (auch auf denen, die von Mittelfinnland abgehen) gratis. Siehe auch
»Reisepraxis«.
   Im Binnenland sind die Fähren
meistens gratis oder kosten nur einen

geringen Aufschlag. Fähre Åland –
Turku 9 DM.
   Fahrradverleih: Räder können in
einigen Hotels, Feriendörfern, Jugendherbergen, Tourist-Büros und
Campingplätzen, vor allem im Süden,
gemietet werden, 15 bis 22 DM pro
Tag, 70 bis 120 DM pro Woche. Achtung: Räder sind nicht tourentauglich!

Wandern und Reiten

Finnland ist das ideale Land für Wanderfreunde. Nicht nur in Lappland,
sondern auch in Nord-, Mittel- und
Ostfinnland bestehen ausgezeichnete
Möglichkeiten für Mehrtagestouren.
In den dichter bevölkerten Teilen
Südfinnlands bestehen zwar ebenfalls
gute Möglichkeiten, die wirklichen
Wanderparadiese findet man dort aber
nicht. Die meisten Touren in Finnland
sind auf Grund des Terrains als einfach einzustufen. Trotzdem sollte man
nie vergessen, daß eine Mehrtageswanderung kein Spaziergang ist. Gute
Ausrüstung kann überlebenswichtig
sein! Hinweise zu Wandertouren findet man in diesem Buch bei den einzelnen Ortsbeschreibungen und im
Kapitel über Nationalparks.
   Auf den meisten Wanderrouten
sind Plätze zum Zelten eingerichtet.
Wildcampen ist, wenn nicht anders
angegeben, erlaubt. Leider wird diese
Freizügigkeit immer wieder miß-
braucht, und verantwortungslose
Kreaturen verwandeln die schönsten
Flecken in der Natur in kürzester Zeit
in eine Müllhalde. Gehören Sie bitte
nicht zu diesen Umweltverschmut-
zern. – Das Pflücken von Blumen und
Gräsern ist nicht gestattet.

Mit etwas gesundem Menschenverstand kann jeder eingermaßen trainierte Urlauber die finnischen Wanderpfade in Eigenregie bewältigen. Wer sich trotzdem lieber einer Gruppe anschließen will, für den nenne ich hier einige Adressen:

Wandern im Salla Gebiet: *Tuntsan Tunturilomat Oy,* Märkäjärventie 34, 98900 Salla. Wandern im Seitseminen-Nationalpark: *Ikaalisten Kylpyläkaupunki Oy,* Valtakatu 7, 39500 Ikaalinen. Wandern in Ostfinnland: *Lieksan Matkailu Oy,* Pielisentie 7, 81700 Lieksa. Weitere Adressen vom Finnischen Fremdenverkehrsbüro in Frankfurt.

Auch **hoch zu Roß** kann man in Finnland seinen Urlaub verbringen. Informationen über Möglichkeiten, Pferde zu mieten, erteilt die *Finnische Reitervereinigung,* Radiokatu 20, 00240 Helsinki.

Mehrtägige Touren kann man u.a. bei folgenden Arrangeuren buchen: *Mays Stalls,* Jepuantie 650, 66840 Pensala. *Lapland Travel,* Maakuntakatu 10, 96100 Rovaniemi. *Makkolan ratsutila,* 51360 Koivula.

Leichtathletik und Ballsport

Paavo Nurmi ist nicht zu Unrecht der bekannteste Finne im Ausland. Obwohl das Land des Wunderläufers schon seit einigen Jahren nicht mehr zur Weltelite in der Leichtathletik (Ausnahme Speerwerfen) gehört, ist diese Sportart eine der beliebtesten im Land. Ein richtiger Finne trägt in seiner Freizeit immer einen Trainingsanzug … und viele von ihnen bringen

Auf Holzbohlen durchquert man sumpfige Stellen in den Naturschutzgebieten (Pielinen-See)

Sport hatte und hat für die Finnen eine ganz besondere Bedeutung. Noch bevor der finnische Staat unabhängig wurde, trugen Erfolge finnischer Sportler dazu bei, eine nationale Identität zu schaffen. Als beispielsweise der finnische Langläufer *Hannes Kohlemainen* bei den Olympischen Spielen 1912 eine Goldmedaille gewann, sprach man in Finnland davon, daß er das Land »auf die Weltkarte gelaufen« habe. Auch die Erfolge des »fliegenden Finnen«, *Paavo Nurmi* in den 20er und 30er Jahren, waren nicht allein Siege eines einzelnen Läufers, sondern einer kleinen, aber stolzen Nation. Inzwischen sind die finnischen Leichtathleten (mit Ausnahme der Speerwerfer) im internationalen Vergleich nur noch zweitklassig. Trotzdem verfolgt man jeden Sommer aufmerksam, wie die eigenen Sportler bei internationalen Wettkämpfen abschneiden. *Ringa Ropo*

oder *Sisko Hahnhijoki* gehören nicht zur Weltspitze, wenn aber Frau Ropo im Weitsprung irgendwo den Endkampf erreicht oder Frau Hanhijoki den 100-Meter-Zwischenlauf bei der Europameisterschaft als Vierte beendet, ist ganz Finnland happy.

Noch mehr identifiziert sich das Land mit den Helden des Wintersports. *Matti Nykänen* und *Toni Nieminen* im Skispringen, das Ehepaar *Kirvesniemi* im Skilanglauf oder der Eishockeystar *Jari Kurri* sind nur einige der Sporthelden, auf die ganz Finnland stolz ist.

Seit langen Jahren zur Weltspitze gehören die Finnen im Motorsport. *Keke Rosberg, Markku Alen, Juha Kankkunen, Ari Vatanen* und *Hannu Mikkola* sind Namen, die jedem Rennsportfan auf der Zunge zergehen. Die typischste finnische Sportart aber ist *Pesäpallo*, ein Ballspiel, das an Baseball erinnert.

Sisko Hanhijoki läuft im Leichtathletikländerkampf vor der schwedischen Konkurrenz über die 100-Meter-Ziellinie

ihn auch zur Anwendung. Jogging ist die Volkssportart Nummer eins! Sollten Sie die Gelegenheit haben, den im jährlichen Wechsel in Stockholm oder Helsinki stattfindenden Leichtathletikländerkampf zwischen Finnland und Schweden besuchen zu können, müssen (ja müssen!) Sie das unbedingt tun. Eigentlich treffen bei diesem Sportereignis nur 2 zweitklassige Leichtathletiknationen aufeinander, doch in Finnland sieht man das anders. Schließlich geht es gegen den »Lieblingsfeind« Schweden. Das Stadion ist in ein Fahnenmeer getaucht und mit Leibeskräften versuchen alle, die eigenen Sportler zum Sieg gegen die Schweden zu brüllen. Wenn es denn gelingt, lebt ganz Finnland für einige Tage in einem Freudentaumel. Wer immer gedacht hatte, Finnen seine schweigsam und zurückhaltend, der wird am Nachmittag dieses Leichtathletikländerkampfes eines Besseren belehrt. Heia Suomi!

König Fußball regiert in Finnland nicht. 1000 Zuschauer bei einem Erstligaspiel sind Spitzenbesuch. Eine der beliebtesten **Ballsportarten** ist *Pesäpallo*, eine Art finnischer Baseball, der vor allem in Ost- und Westfinnland – die Spitzenclubs kommen aus Alajärvi und Imatra – gern gespielt wird. Besuchen Sie, falls möglich, ein Spitzenspiel der ersten Liga. Sie werden zwar wenig vom Spielverlauf verstehen, dafür aber eine ganze Menge über die Finnen erfahren.

Wer lieber selbst aktiv ist, der kann auf einer der vielen Basketballfreianlagen auf Korbjagd gehen oder harte Schmetterbälle über Volleyballnetze schlagen (Volleyballfreianlagen gibt es vor allem auf Campingplätzen). Für den lächerlichen Betrag von einer Finnmark kann man in Helsinki einen ganzen Tag lang die Anlagen der Tölöhalli (ganz in der Nähe des Olympiastadions) nutzen.

Tennis und Golf

In einigen Hotels und auf manchen Campingplätzen gibt es Tennisanlagen. Außerdem können bei kommerziellen Tenniszentren (vor allem in den Großstädten) Spielzeiten gebucht werden. Die Stunde kostet zwischen 20 und 85 FIM auf einem Freiplatz und 60 bis 120 FIM in einer Halle. Wer auf Nummer sicher gehen und schon im voraus genau wissen will, wann und wo er Tennis spielen kann, der kann unter folgender Adresse weitere Informationen anfordern: *Finnischer Tennisverband*, Varikkotie 4, 00900 Helsinki, ✆ 90/338122, Fax 90/331105.

Im Gegensatz zu Deutschland ist **Golf** in Finnland ein Sport für jedermann. Auf den 71 Golfplätzen des Landes sind Gastspieler aus dem Ausland gerne gesehen; ein Green-fee kostet zwischen 50 und 150 FIM. Nähere Informationen zu Golfspielen in Finnland bei: *Finnischer Golfverband*, Radiokatu 20, 00240 Helsinki, ✆ 90/144284.

Ski- und Schlittschuhlaufen

Während alpiner Skilauf in Finnland nur in sehr beschränktem Umfang möglich ist, gibt es für **Skilanglauf** unzählige Möglichkeiten. An nahezu jedem Wintersporthotel in Finnland führen Loipen vorbei. Beliebte und bekannte Wintersportzentren in Finnland sind: *Ruka* bei Kuusamo, *Saariselkä, Kittilä, Luosto, Muonio* und *Vuokatti.*

Viele Wanderpfade sind im Winter mit Skiern begehbar. Ausdauernde Langläufer können sich beispielsweise von Vuokatti aus auf dem *UKK-Pfad* zu einer 220 Kilometer lange Wanderung Richtung Lieksa aufmachen. Jeden Winter finden hunderte Volkslangläufe statt. Ein besonderes Erlebnis ist die Teilnahme beim 75 Kilometer langen *Finlandia-Lauf* Ende Februar, der von Lahti nach Hämeenlinna führt. Potentielle Teilnehmer sollten sich vor ihrer Abreise nach Finnland aber erkundigen, ob der Lauf auch wirklich stattfindet. In den vergangenen Jahren fiel das Rennen einige Male den milden Wintern zum Opfer. Informationen bei: *Finlandia Ski Race,* Urheilukeskus, 15110 Lahti, ✆ 918/49811.

Wer bei einer Winterreise nach Finnland die Anreise mit dem eigenen Auto scheut, der kann einen der etwa 3 Dutzend deutschen Pauschalreiseveranstalter in Anspruch nehmen. Ein Verzeichnis der Anbieter erhalten Sie beim Finnischen Fremdenverkehrsamt.

Dick genug zugefroren zum **Schlittschuhlaufen** sind die finnischen Seen in jedem Winter. Wirklich gute Bedingungen gibt es aber nur in kalten und schneearmen Wintern. Jeden Februar findet in *Kuopio* ein Langstreckeneisschnellauf für jedermann statt. Die Teilnehmer können

zwischen Strecken von 12 bis 200 Kilometern auswählen. Informationen zu diesem Rennen erhält man beim Verkehrsamt der Stadt Kuopio in der Haapaniemenkatu 17 in 70100 Kuopio.

Hundeschlittensafaris

Eine faszinierende Art, die finnische Winternatur kennenzulernen, sind Hundeschlittensafaris. Die Arrangeure bieten sowohl einstündige Schnuppertrips als auch mehrtägige Abenteuersafaris an. Eine zweitägige Safari kostet zum Beispiel etwa 650 FIM. Informationen und Buchung bei: *Kamisak KY,* 99800 Ivalo, ✆ 9697/42736. *Polar Speed Tours,* PL. 39, 99101 Kittilä, ✆ und Fax 9694/83447. *Tunturi-Lapin Safari OY,* 99300 Muonio, ✆ 9696/2491.

Rentiersafaris

Auf einem Rentierschlitten durch die finnische Polarnacht gezogen zu werden, ist schon ein besonderes, unvergeßliches Erlebnis. In vielen Orten Lapplands bieten Rentierhirten für Touristen Ausfahrten an. Kurzfristige Vorbuchungen sind meist vor Ort möglich. Besonders bekannt ist der Rentierpark in Salla. Informationen bei: *Salla Rentierpark*, PL 7, 98901 Salla.

Goldschürfen

Millionär werden im Urlaub? Dann spielen Sie lieber Lotto, der ganz große Fund wird Ihnen nämlich in den finnischen Goldschürfgebieten nicht gelingen. Wenn es Ihnen aber genügt, das Flair der alten Goldrauschtage nachzuempfinden und mit ein bißchen Glück ein kleines Goldstäubchen zu finden, dann ist die folgende Adresse für Sie die richtige: *Tankavaara Kultakylä,* ✆ 9693/43158. *Tankavaara* liegt in Lappland etwa 50 Kilometer südlich von Ivalo.

Survival Touren

Wem Wandern zu langweilig und Paddeln zu einfach ist, für den sind vielleicht Survival Touren das Richtige. Um das Survival auch wirklich überleben zu können, schließen Sie sich als Anfänger besser organisierten Touren an. Dort können Sie dann lernen, ohne Streichhölzer ein Feuer zu machen, aus Birkenrinde ein Süppchen zu kochen und viele andere nützliche Dinge mehr, die Sie gut gebrauchen können, wenn Sie sich das nächste Mal im Wald verlaufen. Weitere Informationen bei: *Lapland Travel,* Maakuntakatu 10, 96100 Rovaniemi, ✆ 960/346052.

Ein Hauch von nordischer Exotik: Mit dem Hundeschlitten unterwegs durch Lappland

*E*in Kapitel über Sauna darf natürlich in keinem Buch über Finnland fehlen. Ein Finne ohne Sauna ist nicht vorstellbar und weil das so ist, gibt es 1,4 Millionen Saunas im Land. Ein gutes deutsches Saunabuch würde seine Leser genau über die Gefahren des Saunabades aufklären: nicht zu warm, nicht zu kalt, kein Alkohol, regelmäßige Pausen, nicht zu viele Saunagänge, nichts essen und und und. Würden die Finnen solche Bücher lesen, würde ihnen ihre Sauna wahrscheinlich keinen Spaß mehr machen. Die finnische Sauna kennt aber nur eine Regel: Erlaubt ist was gefällt!

Am schönsten sind die echten Holzofensaunas am See. Zu jedem Sommerhaus gehört ein kleines rot oder gelb gestrichenes Saunahäuschen direkt am Seeufer. Traditionellerweise gehen zuerst die Männer in die Sauna. Nur im engsten Familienkreis wird »gemischt« gesaunt, ansonsten herrscht strengste Geschlechtertrennung!

Man schwitzt gemeinsam bei 100 Grad, schlägt sich gegenseitig mit Birkenzweigen (zwecks besserer Durchblutung), gießt hin und wieder neues

Erlaubt ist, was gefällt – Saunen in Finnland

Wasser über die heißen Saunasteine und in den Pausen erfrischt man sich äußerlich durch einen Sprung ins Wasser und innerlich durch ein kühles Bier. Auch der einsilbigste Finne wird nach einiger Zeit in der Sauna gesprächig und so zieht sich das gemeinsame Trinken und Schwitzen meist über mehrere Stunden hin. Abgeschlossen wird ein richtiger Saunagang durch ein deftiges Essen – meist auf den heißen Steinen gekochte Wurst (siehe Abschnitt »Essen und Trinken«).

Selbst im Geschäftsleben hat die Sauna ihren festen Platz, und eine Vorstandssitzung bei 100 Grad ist etwas völlig normales. Eine Legende erzählt sogar, daß einst der finnische Staatspräsident Kekkonen Brüderchen Chruschtschow aus dem Kreml in der Sauna weichgekocht und so zum Finnenfreund gemacht habe. Die Legende sagt übrigens auch, daß dabei einiger Alkohol im Spiel gewesen sein soll.

Zum Abschluß ein Tip: Die *finnische Saunagesellschaft* in Helsinki gibt auch Nichtmitgliedern die Möglichkeit, original finnische Sauna kennenzulernen (✆ 90/678677). ◀

REISEPRAXIS

REISEVORBEREITUNG

In diesem Kapitel sind alle Informationen zusammengefaßt, die Sie vor einer Reise nach Finnland benötigen: von der Reiseplanung über Geld- und Papierangelegenheiten bis zur Reiseapotheke und vielen Tips zum Koffer- bzw. Rucksackpacken.

Reisezeit

Die Frage, wann man einen Finnland-Urlaub starten sollte, ist für den »normalen« Touristen schnell beantwortet: Die beste Reisezeit ist von Mitte Mai bis Mitte September. Da aber Finnland ein großes Land ist und jede Jahreszeit ihren besonderen Reiz hat, nenne ich im folgenden genauer die Vor- und Nachteile der einzelnen Jahreszeiten.

Winter: Der finnische Winter ist kalt und dunkel. In Nordfinnland kann es bereits Anfang Oktober zu schneien beginnen und ab Anfang November ist mit einer festen Schneedecke zu rechnen. Für den Touristen können die eisige Kälte und die strahlende Sonne in einem finnischen Winter reizvoll sein. Eine Ski- oder eine Hundeschlittentour an einem klaren Wintertag in Nordfinnland ist ein unvergeßliches Erlebnis. Allerdings sollte jedem klar sein, auf was er sich einläßt, wenn er sich im Winter nach Lappland aufmacht. Deswegen hier ein paar Informationen zur Warnung: In Ivalo blinzelt vom 3. Dezember bis zum 10. Januar die Sonne kein einziges Mal über den Horizont, und im noch nördlicheren Utsjoki ist es vom 25. November bis zum 17. Januar stockdunkel. Die echten Lappländer preisen zwar den Reiz der Polarnacht, doch jedermanns Sache ist das nicht.

An der süd- und westfinnischen Küste kann man in manchen Jahren zwar auch knackig kalte und sonnige Winter erleben, doch sind hier typisch deutsche Schmuddelwinter keine Ausnahme.

Wenn Sie sich in das Abenteuer Winterurlaub in Finnland mit ihrem eigenen Auto stürzen wollen, bedarf das einiger Vorbereitung. Die Straßen können ziemlich glatt sein, Salz wird auf finnischen Straßen kaum gestreut. Spikes sind zwar in Finnland nicht Vorschrift, werden aber von allen Einheimischen gefahren. Mit normalen Winterreifen kann es Ihnen an wenig befahrenen Nebenstraßen passieren, daß es irgendwann einfach nicht mehr weitergeht. Dann müssen Sie geduldig warten, bis das Streufahrzeug Ihnen ein paar Sandkörnchen vor die Reifen streut.

Frühjahr: Um diese Jahreszeit zu erleben, müssen Sie sich sputen. Im hohen Norden hat es die Natur eilig und der Übergang zwischen Winter und Hochsommer dauert nur wenige Wochen. Anfang Mai liegt in einigen Teilen Lapplands (und manchmal sogar weiter südlich) noch Schnee und im Juni brennt die Sonne schon mit 30 Grad herunter. Das Frühjahr ist gerade in Finnland, wenn die Natur nach einem harten Winter wieder zum Leben erwacht, eine schöne Jahreszeit.

Ein Nachteil für Wanderfreunde ist, daß man bei Wanderungen im Morast versinkt: Gummistiefel, Regenzeug und Pullover nicht vergessen!

Sommer: Die Jahreszeit, in der die meisten Touristen nach Finnland kommen, ist auch die Jahreszeit, in der die Finnen zu richtigem Leben erwachen. Helsinki im November und Helsinki im Juni – das sind zwei völlig unterschiedliche Städte. Gegen den finnischen Sommer gibt es nur wenig zu sagen. Die Tage sind lang (die Mitternachtssonne scheint im lappländischen Ivalo vom 22. Mai bis 21. Juli!) und oft sonnig. Manche Touristenbroschüren werden Ihnen stolz erzählen, daß es mitten in Lappland im Sommer manchmal wärmer ist als in Sizilien – auch in Sizilien gibt es schließlich mal eine Schlechtwetterperiode. Nein, wirklich: 25 Grad Celsius sind in einem Lapplandsommer keine Seltenheit. In der trockenen Jahreszeit kommen allerdings auch die berühmt-berüchtigten Mücken zum Zuge.

Herbst: Die Jahreszeit, die sich am besten für Wanderungen eignet. Die Mücken sind bereits tot, die Tage immer noch recht lang und die meisten Touristen sind schon wieder zu Hause. Warmer Pullover und Regenzeug dürfen jetzt nicht fehlen. Wie der Frühling dauert auch der Herbst nicht lange. Während der *Ruska-Zeit*, dem Herbst in Lappland, erstrahlen die Wälder in tausenderlei Gelb- und Rottönen. Für 14 Tage legt die Natur nochmals ein besonders farbenfrohes Kleid an, bevor sie sich für lange Monate unter einem weißem Tuch aus Schnee versteckt.

Reisedauer

Hierzu Empfehlungen zu geben, ist schwer. Wie lange eine Reise dauern soll, hängt von den eigenen Bedürfnissen und Interessen ab. Trotzdem ein paar Tips:

Kurzurlaub & Städtereisen: Wer nur ein oder zwei Tage in Finnland verbringen will, dessen Wahl wird ganz automatisch auf Helsinki fallen. Zum einen ist die finnische Hauptstadt von Deutschland aus einfach zu erreichen (Fährverbindungen ab Travemünde/Lübeck, direkte Flugverbindung von den meisten deutschen

---

Informationsstellen

D: *Finnische Botschaft,* Friesdorfer Straße 1, 53173 Bonn, ☎ 0228/311033.
Generalkonsulat in Frankfurt a.M. Reisepaß und Visum sind erst ab 3 Monaten Aufenthalt erforderlich. Ansonsten genügt ein gültiger Personalausweis.
CH: *Finnische Botschaft,* Weltpoststrasse 4, 3015 Bern, ☎ 031/3513031, Fax 3513001
A: *Finnische Botschaft,* Gonzagagasse 16, 1010 Wien, ☎ 01/531590, Fax 01/5355703

Fremdenverkehrsämter
D: *Finnisches Fremdenverkehrsamt,* Darmstädter Landstraße 180, 60598 Frankfurt a.M., ☎ 069/9612360, Fax 069/686860
CH: *Finnische Zentrale für Tourismus,* Schweizergasse 6, 8001 Zürich, ☎ 01/2111340, Fax 01/2111119.
A: keine Vertretung des finnischen Fremdenverkehrsamtes

Großstädten), und zum anderen ist Helsinki die einzige »richtige« Stadt in Finnland.

Drei-Wochen-Urlaub: Die meisten deutschen Touristen verbringen – statistisch gesehen – knapp 3 Wochen in Finnland. Da bereits die Anreise mit Schiff, Bahn oder Auto einige Tage in Anspruch nimmt, ist es klar, daß man nicht nur eine Woche am Urlaubsziel bleiben will. Mit 3 Wochen läßt sich im Land der tausend Seen schon einiges anstellen ... zum Beispiel für eine Woche eine Hütte an einem dieser tausend Seen mieten.

Natürlich will man als Besucher in einem fremden Land mehr sehen als den See vor der Hütte. Bei der Streckenplanung sollte man aber bedenken, daß Finnland ein großes Land ist. Drei Wochen reichen für eine Finnlandrundtour kaum aus und um Streß zu vermeiden, sollte man sich auf ein Teilgebiet beschränken.

Rundreise: Um Finnland von A (wie Åland) bis U (wie Utsjoki) zu bereisen, benötigt man wenigstens 6 Wochen, und auch dann hat man das Land nicht kennengelert, sondern »nur« gesehen. Aber der richtige Finnlandfan kommt sowieso immer wieder.

Folgende Touren sind in 3 Wochen streßfrei zu bewältigen:
Vorschläge für Autorouten (nicht alle genannten Städte haben Bahnanschluß, daher muß, wer ohne Auto unterwegs ist, Bus und Bahn kombinieren):
❶ Helsinki → Porvoo (50 km) → Hamina (100 km) → Lappeenranta (90 km) → Imatra (35 km) → Savonlinna (120 km) → Joensuu (140 km) → Nurmes (130 km) → Kuhmo (75 km) → Kajaani (100 km) → Kuopio (175 km) → Jyväskylä (145 km) → Tampere (150 km) → Turku (155 km) → Helsinki (165 km). Gesamtlänge ohne Abstecher: 1500 km.
❷ Helsinki → Turku (165 km) → Rauma (90 km) → Pori (50 km) → Vaasa (100 km) → Jakobstad (100 km) → Oulu (235 km) → Kemi (100 km) → Rovaniemi (115 km) → Kajaani (340 km) → Iisalmi (90 km) → Kuopio (85 km) → Mikkeli (160 km) → Helsinki (235 km). Gesamtlänge ohne Abstecher: 1875 km.

Vorschlag für eine Rundfahrt mit der Bahn (circa-Fahrzeit in Klammern):
❸ Helsinki → Hämeenlinna (1 Std.) → Tampere (40 Min.) → Vaasa (2 Std. 45 Min.) → Oulu (4 Std. 30) → Rovaniemi (2 Std. 30) → Oulu (2 Std. 30) → Nurmes (4 Std.) → Lieksa (50 Min.) → Joensuu (1 Std.) → Lappeenranta (3 Std.) → Lahti (1 Std. 30) → Helsinki (1 Std. 30).

Reisekosten
Urlauber, die in den achtziger Jahren das letzte Mal im Land der tausend Seen waren, werden vom heutigen Preisniveau angenehm überrascht sein. Zwei De-facto-Abwertungen Ende 1991 und 1992 haben dazu geführt, daß Helsinki seinen Stammplatz als teuerste Hauptstadt der Welt abgeben konnte. Inzwischen ist Finnland zu einem relativ günstigen Ferienland geworden. Nach wie vor unverhältnismäßig teuer sind Alkohol,

Fleisch sowie während (!) der Saison Obst und Gemüse. Letzteres ist kein Druckfehler: Im finnischen Winter dürfen beispielsweise billige holländische Treibhaustomaten importiert werden – der Preis für Tomaten sinkt. Während der Erntezeit finnischer Tomaten werden ausländische Tomaten aber mit hohen Schutzzöllen belegt und der Preis steigt! Sollte Finnland der EG beitreten, wird sich das Preisniveau für Lebensmittel voraussichtlich näher an das mitteleuropäische Niveau angleichen. Relativ günstig erhältlich sind Fisch- und Milchprodukte.

Stark gesunken sind die Preise für *Hotelübernachtungen*. Während es die finnischen Übernachtungsbetriebe in der Boomzeit der achtziger Jahre nicht nötig hatten, touristenfreundliche Preise zu machen, ist jetzt endlich auch in Finnland der Kunde König.

Preisbeispiele:

Hotelübernachtung: ab 250 FIM
Campingplatz/Stellplatz: um 50 FIM
Restaurantbesuch, Mittelklasse (Vorspeise, Hauptgericht für 1 Person): ab 120 FIM
Tasse Kaffee im Restaurant: 7 – 12 FIM
1 Stck. Apfelkuchen: 25 – 35 FIM
1kg Weißbrot: 15 – 20 FIM
500 g Knäckebrot: 15 – 20 FIM
1 l Milch: 4 – 5 FIM
1 kg Käse: ab 45 FIM
1 kg Schnitzel: 65 – 85 FIM
1 kg Tomaten: je nach Jahreszeit ab 12 FIM
Museumseintritt: 10 – 30 FIM
Busticket Stadtverkehr: 8 – 12 FIM

Zahlungsmittel

Währungseinheit in Finnland ist die *Finnmark* (Markka). Eine Finnmark sind 100 *Pennis* (Penniä). Bis zu 5 Finnmark gibt es Münzen, ab 10 Finnmark Scheine. Gegenwärtig wird die Einführung einer 10-Finnmark-Münze diskutiert.

Bargeldwechsel sowie das Eintauschen von **Euroschecks** (gegen Gebühr) ist vor Ort bei allen Banken möglich (Mo – Fr 9.15 – 16.15 Uhr). Am Flughafen in Vantaa/Helsinki täglich 6.30 – 23 Uhr und am Katajanokka-Hafen in Helsinki Mo – Fr 9 – 18 Uhr sowie am Wochenende vor Abfahrt und nach Ankunft der Schwedenfähren. Im Hafen von Turku ist die Bank täglich 8 – 10.30, 19.30 – 21 Uhr geöffnet.

Die Ein- und Ausfuhr von fremder Währung und Finnmark ist für Touristen in unbeschränkter Höhe gestattet.

Der Gebrauch von **Kreditkarten** ist am sichersten und weiter verbreitet als in Deutschland. Einigen der unzähligen finnischen Geldautomaten lassen sich auch mit Eurocheck- und Kreditkarten Geld entlocken (Geheimzahl nicht vergessen!). Allerdings kostet dieser Service erhebliche Gebühren und sollte deshalb nur im Notfall benutzt werden.

Auch die Verwendung des **Postsparbuches** ist in Finnland bei allen Hauptpostämtern möglich.

Wechselkurs im Mai 1994:
100 FIM = 31,70 DM.

Sicherheit und Gesundheit

Finnland galt lange Zeit als eines der sichersten Länder in Europa. Trotzdem sollte man potentielle Diebe nicht durch allzu sorglosen Umgang mit Bargeld (beispielsweise vorm Geldautomaten) und Wertsachen (teurer Schmuck, Uhren, Kameras etc.) animieren.

Tip: Es ist sinnvoll, Kopien aller Dokumente, besonders des Personalausweises, Führerscheins und der Kaufbescheinigung von Reiseschecks an einem getrennten Ort aufzubewahren oder sie mit dem Reisepartner auszutauschen. Das erleichtert bei Verlust die Wiederbeschaffung.

Diebe brechen vorzugsweise Autos auf, wo der Rekorder noch eingebaut, das Handschuhfach geschlossen ist, die Geldbörse auf dem Beifahrersitz liegt und die Spiegelreflexkamera auf der Hutablage blinkt.

A propos *Fotoapparat:* überlegen Sie sich bei einer teuren Ausrüstung eine Zusatzversicherung vor der Reise. Eine Reisegepäckversicherung kommt in der Regel nicht voll für den Diebstahl auf. Es lohnt sich, die Nummern an Objektiven und Gehäusen schon zu Hause zu notieren. Eine Kopie der Nummern im Reisegepäck kann der Polizei bei Diebstahl vorgelegt werden. So haben Sie eine kleine Chance, die Ausrüstung wiederzubekommen.

Besonders in Helsinki haben in den letzten Jahren Fahrraddiebstähle (Mountainbikes!) stark zugenommen. Daher auch hier der Tip: Hausrat- und Reisegepäckversicherung abschließen, Rahmennummer notieren und Farbfotos vom Rad (einzeln) und der Ausrüstung mitnehmen (siehe dazu auch Literaturtip auf Seite 72).

Um seine körperliche Unversehrtheit muß man sich in Finnland zu keiner Zeit und an keinem Ort Sorgen machen.

Reiseapotheke

Für einen Ferienaufenthalt in Finnland sind keine Impfungen notwendig. Auch ohne Reiseabsicht empfiehlt sich jedoch eine Auffrischung der *Tetanus-* (Wundstarrkrampf) und der *Polioschutzimpfung* (Kinderlähmung), die jeweils alle zehn Jahre durchgeführt werden müssen. Darüber informiert der *Hausarzt,* der auch die persönlich notwendigen Medikamente in ausreichender Menge verschreibt. Ebenfalls sinnvoll ist es, einige Zeit vor der Reise prophylaktisch den *Zahnarzt* zu konsultieren.

Als Reiseapotheke genügt eine *Erste-Hilfe-Ausrüstung* (z.B. aus dem Auto) mit Wunddesinfektion, Pflaster, Verbandsmaterial, Fieberthermometer. Besonders wer eine Wanderung durch die finnische Wildnis plant, sollte damit ausgerüstet sein. Ergänzen kann man folgende Mittel:
Sonnenbrand: Brand- und Wundgel wie Tavegil oder Systral
Insektenstich: zur Linderung z.B. Systral
Übelkeit: MCP-ratio-Tropfen
Durchfall: Kohlekompretten zur Wasserbindung, Tannacomp
Schmerz- und Fiebermittel: Aspirin oder billiger ASS-ratiopharm
Fußpilz: Schwitzen, Wasser und Gemeinschaftsduschen begünstigen die

Bildung der juckenden Bläschen; Canesten hilft. Wer anfällig für *Hautpilz* ist, sollte ebenfalls vorsorgen.

Wohnmobilisten entkeimen ihre Wasserreserven am besten mit »Micropur« (Tabletten, Pulver oder Flüssigkeit, letztere ist am billigsten) oder »Romin« (beides in Apotheken und Ausrüstungsläden). Prinzipiell ist jedes Leitungswasser trinkbar.

Wenig originell, aber trotzdem notwendig, ist der Hinweis auf die Mitnahme eines *Mückenschutzmittels,* zum Beispiel Autanlotion (kein Spray) oder besser ein auf ätherischen Ölen basierendes biologisches Mittel wie Jaico-Mückenmilch, Zedan oder Djungle Deo (nicht »Olja«, das Schädlingsbekämpfungsmittel enthalten soll). Moskitospiralen (z.B. Kilmos) sollte man wirklich nur in offenen oder halboffenen Räumen verglühen lassen.

Nicht verschreibungspflichtige Medikamente erhält man vor Ort in Apotheken *(apteeki)*. Sollten Sie während Ihres Urlaubs unerwartet krank werden, machen Sie sich auf den Weg zum nächsten *terveyskeskus,* dem Gesundheitszentrum. Dies sind regionale Ärztezentren, die für Erstversorgung und Diagnose zuständig sind.

Reisen als Behinderter

Informationen für Behinderte im Zusammenhang mit einer Reise nach Finnland hält *Rullaten Ry,* Vartiokyläntie 9 in 00950 Helsinki (© 90/ 322069), bereit. Der Finnische Fremdenverkehrsverband hat eine Informationsbroschüre über touristische Dienstleistungen für Behinderte herausgegeben.

Die nachfolgenden Informationsstellen und -quellen wurden von Ingeborg Baier, selbst gehbehindert und

Es ist ja nicht nötig, daß Sie sich gleich so abhetzen ...

weitgereist, zusammengestellt. Weitere Tips, speziell zu Finnland, sind willkommen.

Mobility International Schweiz (MIS), Hard 4, 8408 Winterthur, ℡ (0041) 052/2226825. Gibt jährlich den »Ferienkatalog« heraus, zum Beispiel Behindertenreisen, Diabetikerreisen, Angebote für Sehbehinderte.

Bundesarbeitsgemeinschaft der Clubs Behinderter und ihrer Freunde e.V., Eupener Straße. 5, 55131 Mainz, ℡ 06131/225514. Ansprechpartner für Begleitpersonen, praktische Hilfsmittel, Campingwagen, Finanzierungshilfen, rollstuhlgerechte Unterkünfte weltweit vom Nobelhotel bis zur Jugendherberge, Segeltörns …

Bundesverband Selbsthilfe Körperbehinderter e.V., Reisedienst, Altkrautheimer Straße 17, 74238 Krautheim, ℡ 06294/68112. Behinderte und Nichtbehinderte verbringen den Urlaub gemeinsam.

Bundesarbeitsgemeinschaft »Hilfe für Behinderte«, Kirchfeldstraße 149, 40215 Düsseldorf, ℡ 0211/340085. Ferienführer und eine Liste der Mitgliedsverbände.

Reise- und Freizeitdienst für Behinderte und Nichtbehinderte, Peter Grabowski, Tannenstraße 1, 63939 Wörth am Rhein, ℡ 07271/8575. Veranstaltet Bus- und Flugreisen in alle Welt. Alle Angebote testet der Rollstuhlfahrer Peter Grabowski selbst.

Reiseagentur für Behinderte, Brigitte Zellmer, Am Anker 2, 40668 Meerbusch, ℡ 02150/1861. Per Auto, Bus, Flugzeug, allein oder mit Gruppe.

Studenteninitiative Behinderte e.V., Luitpoldstraße 42, 91054 Erlangen, ℡ 09131/205313. Vermietung rollstuhlgerechter Wohnmobile.

Grimm Wohnmobile und Wohnwagen GmbH, Untere Hauptstr. 23, 76887 Oberhausen, ℡ 06343/7122. Vermietet rollstuhlgerechte Womos.

Verlag FMG GmbH, Postfach 1547, 53121 Bonn, ℡ 0228/616133. Reiseratgeber »Handicapped-Reisen« mit Anbietern und Organisationen (zwei Bände zu je 34 DM).

Einreise- und Zollbestimmungen

Für die Einreise nach Finnland benötigt man kein Visum, der Reisepaß oder Personalausweis genügt. Alte DDR-Reisepässe werden bis zum 31. Dezember 1995 ebenfalls als gültige Reisedokumente anerkannt.

Wenn Finnland der EU voll angeschlossen ist, werden sich die Bestimmungen wahrscheinlich ändern, die Fremdenverkehrsämter und Zollämter informieren Sie über den aktuellen Stand. Solange gilt jedoch:

Die Einfuhr folgender Mengen *alkoholischer Getränke* ist zollfrei möglich: 2 l Bier, 1 l leicht alkoholisches Getränk unter 22 Volumenprozent (Wein, Aperitif) und 1 l stark alkoholisches Getränk. Dies gilt aber nur für Personen über 20 Jahre. Finnlandreisende zwischen 18 und 20 müssen sich mit der Einfuhr von 2 Liter Bier und 2 Liter Wein/Aperitif begnügen. Die Strafe für Alkoholschmuggel ist ziemlich hoch.

Das *Rauchen* wollten Sie sich doch schon lange abgewöhnen, oder? Wer auch während seines Urlaubs nicht ohne Glimmstengel auskommt, sollte beachten: Reisende ab 16 Jahren dürfen zollfrei 200 Zigaretten bzw. 250 g Tabak einführen.

Lebensmittel: Eigentlich nicht eingeführt werden dürfen Milch- und Eiprodukte, sowie Frischfleisch. Konserven sind bis zu einer Höchstgrenze von 15 Kilogramm erlaubt. Keine Angst: Campingtouristen, die mit dem Kofferraum voller Lebensmittel nach Finnland anreisen, haben nichts zu befürchten.

Einfuhr von Tieren

Die Mitnahme von Hunden und Katzen nach Finnland ist relativ problemlos möglich. Die Bestätigung eines Tierarztes, daß eine Impfung gegen Tollwut (mindestens 30 Tage und höchstens 1 Jahr vor Reiseantritt) durchgeführt wurde, genügt. Ein Transit via Schweden ist jedoch nicht möglich. Würden Sie diesen Anreiseweg wählen, müßte Ihr Liebling für 4 Monate in Quarantäne.

Was mitnehmen?

Nach dem Blick auf das, was man nicht (bzw. nicht zuviel) mitnehmen sollte, jetzt Empfehlungen zu dem, was man mitnehmen sollte.

Kleidung, Toilettenartikel & Filme

Wenn Sie es den Finnen gleichtun wollen, packen Sie einen Trainingsanzug in möglichst auffallenden Farben ein – Paare müssen im Partnerlook auftreten! So gekleidet werden Sie während Ihres Urlaubs nicht als Ausländer auffallen.

Finnen kleiden sich im Alltagsleben zwar lässiger, aber am Abend wesentlich förmlicher als Deutsche. In manchen Lokalen und Discos wird man als Herr nur mit Krawatte eingelassen. Jeans und Turnschuhe sind auf finnischen Tanzflächen sowieso tabu!

Daß man im finnischen Winter besonders warme Kleidung mitnehmen sollte, braucht man wohl nicht extra zu erwähnen ... Aber auch im Herbst und Frühling sind warme Pullover und winddichte Jacken angesagt.

Sommerurlauber wählen statt des ökologisch bedenklichen Sonnenöls eine Sonnenmilch (mit hohem Lichtschutzfaktor) und cremen sich erst nach dem Baden ein – sonst schillern die Seen bald in allen Blautönen.

Elektrische Anschlüsse: 220 Volt. Es gibt keine Probleme bei der Verwendung von in Deutschland produzierten Geräten.

Filme sind in Finnland wesentlich teurer als in Deutschland. Schwarz-Weiß-Filme sind in kleineren Ortschaften oft nicht zu bekommen.

Mitbringsel

Auch »Nicht-Trinker« sollten sich nicht ohne Alkohol Richtung Finnland aufmachen. Durch die absonderliche Politik der finnischen Regierung ist Alkohol nahezu unerschwinglich und deswegen ein gern gesehenes Mitbringsel aus »Europa«. Eine kleine Flasche Hochprozentiges zum Abschied schmiedet die neugeschlossenen Freundschaften mit finnischen Bekannten fester zusammen.

Aber wie immer gibt es auch zu dieser Regel eine Ausnahme: Nirgends wird Alkohol (leider auch im Übermaß) so geschätzt wie in Finnland, nirgends aber auch gibt es so eingefleischte Anti-Alkoholiker.

Lebensmittel

Ob Sie Lebensmittel mit an Ihren Urlaubsort nach Finnland nehmen wollen, hängt einzig und allein von Ihrem Geldbeutel ab. Kaufen können Sie auch in Finnland (fast) alle Leckereien, die Sie von zu Hause gewohnt sind.

Camping- & Wanderausrüstung

Das meiste was der Camper braucht, bekommt er auch in Finnland – allerdings teurer. Ausnahme: Butangas. Das gibt es in Finnland nicht und muß mitgebracht werden. Es empfiehlt sich daher ein Benzinkocher, denn Benzin gibt's praktisch überall.

Isomatte, ein warmer Schlafsack und ein regendichtes Zelt mit Überzelt und Mückennetz sind unbedingt zu empfehlen.

Wanderer benötigen knöchelhohe Wanderschuhe mit trittsicherem Profil, eine Rettungsdecke und eine laute Trillerpfeife, um sich zur Not bemerkbar machen zu können, eventuell Fernglas und Kompaß.

Karten

Die besten Straßenkarten für einen Finnlandurlaub werden vom *Maanmittaushallitus* (finn. Vermessungsamt) herausgegeben. Zu beziehen sind die Autokarten (z.B. *Autoilijan Tiekartta,* ganz Finnland, 1:800.000 mit Angaben über Straßenbelag, Campingplätze etc., 16,80 DM) beim *Karttakeskus,* PL 85, 00521 Helsinki, oder gegen Scheck plus 3 DM Versandko-

sten über die Landkarten- und Reiseführerhandlung *Schwarz KG,* 60318 Frankfurt a.M. Eckenheimer Landstraße 36, © 069/553869, Fax 5975166.

Suomen Tiekartta (GT-Karte), 1:200.000, 19 Blatt, je 19,80 DM. Sehr gut für Radler, klassifizierte Straßenkarte mit Infos über Straßenbeschaffenheit, Höhenlinien, Fähren, Campingplätze etc.; zu beziehen über Nordis, Monheim. Gleicher Herausgeber.

K+F Straßenkarte, 1:400.000, 3 Bl. à 16,80 DM, *RV,* 1:800.000; 14,80 DM, und die *Große Shellkarte* 1:750.000, 12,80 DM, sind zu Hause in jeder Buch- oder Landkartenhandlung erhältlich und für die Planung ebenfalls brauchbar.

Beliebtes Souvenir bei Wildnis-Campern

Literatur

Für Kunstfreunde ist *Reclams Kunstführer* von Henrik Lilius und Rudolf Zeitler empfehlenswert. Das kleine, nicht billige Büchlein informiert detailliert über fast alle Bauwerke im Land. Ebenfalls ziemlich teuer ist der *Apa Guide Finnland.* Wegen der schönen Bilder wird man ihn aber immer wieder zur Hand nehmen. Von Finnlandkenner Reinhold Dey ist DuMonts *Richtig reisen Finnland.* Das Buch ist mit viel Sachkunde geschrieben. Die Liebe des Autors zu Finnland führt manchmal zu einem recht unkritischen Blickwinkel. Niemand kann so perfekt sein, wie die von Dey beschriebenen Finnen. Ebenfalls bei DuMont erschienen ist in der Reihe *Richtig wandern* ein Band über Lappland. Michael Möbius und Annette Ster beschreiben in diesem Buch 30 unterschiedlich schwere Wanderungen – 7 davon auf finnischem Gebiet. Ein hervorragender Führer, der ins Gepäck eines jeden Wandertouristen gehört.

Ein Klassiker bei Finnlandfans ist die im Kröner-Verlag erschienene *Geschichte Finnlands* von Eino Jutikkala. Die neueren Entwicklungen finnischer Geschichte sind in diesem Band allerdings nicht berücksichtigt. Über *Finnlands Neutralitätspolitik zwischen Ost und West* erfährt man einiges bei dem im Geschichtskapitel zitierten Politiker Max Jacobson, vorausgesetzt die heimische Bibliothek hat sein Buch von 1972 vorrätig.

An schöner Literatur sind die ins Deutsche übersetzten Romane von *Märta Tikkanen* (bei Rowohlt), die

Bücher *Antti Tuuris* (u.a. sein bei Kiepenheuer erschienener Roman über den Winterkrieg) und die Kurzgeschichten von *Rosa Liksom* (bei Rowohlt) zu empfehlen, siehe auch das Literaturkapitel, Seite 37.

Wer mehr über die Tradition der Samen erfahren will, sollte sich das im Eichborn Verlag erschienene Buch *Erzählungen vom Leben der Lappen* von Johan Turi zulegen. In ihm beschreibt der 1854 geborene Rentierhirte Turi das Leben seines Volkes.

Leider haben nur wenige moderne finnische Schriftsteller den Sprung zu internationaler Bekanntheit geschafft – entsprechend dürftig ist die Auswahl an finnischer Literatur in den Regalen deutscher Buchhandlungen.

Regelmäßige Informationen über Finnland erhält man in der *Deutsch-Finnischen Rundschau,* der Mitgliedszeitung der Deutsch-Finnischen Gesellschaft. Wer gerne bei den Finnlandfreunden mitmachen will, der wende sich an die Geschäftsstelle der *DFG,* Kleiststraße 37, 70736 Fellbach.

Die mit Abstand beste Informationsquelle über Nordeuropa, die in Deutschland erhältlich ist, ist das in Berlin herausgegebene *Nordeuropa Forum.* 4 mal im Jahr informiert dieses Heft über Kultur, Politik und aktuelles Zeitgeschehen in den nordischen Ländern. Einziger Nachteil des Heftes ist sein Preis: 24 DM für das Einzelheft und 88 DM für das Jahresabo werden nur eingefleischte Nordlandfans aufbringen wollen. Bestellungen an: *Nomos Verlagsgesellschaft,* Waldseestraße 3 – 5, 76530 Baden-Baden.

ANREISE NACH FINNLAND

*Statistisch gesehen reisen die meisten deutschen
Finnlandtouristen mit dem eigenen Auto an. Daß es mehr Wege und
Möglichkeiten gibt, die vor allem für Süddeutsche, Österreicher und Schweizer
in Frage kommen, zeigt Ihnen das folgende Kapitel.*

Mit dem Auto

Prinzipiell kommen als Anreiseroute drei Alternativen in Frage. Auf dem bequemsten Weg ist die Anfahrt mit dem Auto schon in Travemünde oder Lübeck zu Ende. Von dort geht es dann mit dem Schiff weiter.

Auch bei der zweiten Variante, der Anreise über Schweden, muß man sich mit seinem Auto verschiffen lassen. Zunächst einmal von Deutschland nach Schweden und dann ein zweites Mal zwischen Schweden und Finnland. Die Straßen in Südschweden sind relativ stark befahren und diese Anfahrtsalternative ist nur zu empfehlen, wenn man nicht nur Finnland, sondern auch Schweden kennenlernen oder aber Geld sparen will. Die Fährpreise zwischen Schweden und Finnland sind nämlich die absoluten Preisbrecher.

Die dritte Alternative steht erst seit wenigen Jahren wieder offen und ist vorerst nur Abenteurern zu empfehlen: via Polen, die baltischen Staaten und Rußland auf dem Landweg. Da sich die Einreisebedingungen in die ehemaligen Ostblockländern immer noch oft ändern, muß man sich vor einer solchen Reise bei den zuständigen Botschaften genauestens erkundigen. Diese Route läßt sich durch eine Fährüberfahrt von Gdansk bzw. Tallinn nach Helsinki etwas abkürzen.

Mit dem Schiff

(Fast) jeder Finnlandtourist muß sich und/oder sein Fahrzeug früher oder später auf ein Schiff verfrachten. Hier die verschiedenen Möglichkeiten in der Übersicht, die Sie in der Übersichtskarte auf der vorderen Umschlagklappe eingezeichnet finden:

Deutschland – Finnland direkt

❶ Von Travemünde nach Helsinki mit der »Finnjet«. Dies ist die einfachste und teuerste Möglichkeit, ins Land der tausend Seen zu gelangen. Leider gibt es auf dieser Linie kaum Konkurrenz, so daß die *Silja Line,* die Betreiberin dieser Route, den Reisenden recht schamlos in die Tasche greifen kann. Die Überfahrt pro Person kostet in der einfachsten Kategorie um 200 DM, eine Doppelkabine innen ist ab 385 DM zu haben, und für eine Doppelkabine außen muß man mindestens 545 DM hinblättern, für einen Pkw werden je nach Größe zwischen 150 und 215 DM berechnet. Besitzer eines Jugendherbergsausweises des DJH (Adresse siehe Seite 112) bekommen eine Ermäßigung. Nicht inbegriffen in den Preisen ist die Verpflegung. Die Finnjet ist das schnellste Passagierschiff der Welt und kann sowohl mit Gasturbinenmotor als auch mit einem normalen Dieselmotor betrieben werden. Wird mit den Gasturbinen gefahren (meist in der Hochsaison im Sommer), kann eine theoretische Höchstgeschwindigkeit von über 30 Knoten, das sind ungefähr 56 Stundenkilometer, erreicht werden. Dann beträgt die Überfahrtszeit zwischen 21 und 30 Stunden, ansonsten dauert die Reise knapp 40 Stunden. Nähere Informationen bei: *Finnjet*, Zeißstraße 6, 23560 Lübeck, ✆ 0451/5899-0

➋ Nicht viel billiger, aber viel bequemer ist die Überfahrt mit den Frachtschiffen der *Poseidon Line* von Lübeck nach Helsinki. Je nach Saison liegen die Preise zwischen 410 und 500 DM. (Nebensaison 390 – 440 DM). Die Pkw-Passage kostet in der Hauptsaison 130 DM. Allerdings wird man für diesen Preis auf den Frachtschiffen wirklich verwöhnt. Die höchstens 90 Passagiere werden dreimal täglich zu einem ausgiebigen Buffet gebeten, am Nachmittag stehen zusätzlich dazu Kaffee und Kuchen bereit – alles kostenlos versteht sich. Die Benutzung der Sauna ist ebenfalls im Preis inbegriffen und die Kabinen (alle mit Seeblick) ähneln Luxussuiten in guten Hotels. Bei so viel Service wundert es nicht, daß Frachtschiffe der Poseidon-Linie in der Hauptsaison meist ausgebucht sind. Vorbestellung ist notwendig! Nähere Informationen bei: *Poseidon Schiffahrt*, Gr. Altefähre 24/26, 23552 Lübeck, ✆ 0451/150747.

Via Schweden nach Finnland

Für den Sprung über die Ostsee von *Deutschland nach Schweden* gibt es unzählige Möglichkeiten. Als Beispiele seien folgende Linien genannt: mit der *Stena Line* von Kiel nach Göteborg, mit *TT*- bzw. *TR-Line* von Travemünde nach Trelleborg oder von Rostock nach Trelleborg bzw. mit der *TS-Line* von Saßnitz nach Trelleborg. Die meisten dieser Schiffahrtslinien bieten häufig Sonderangebote für ihre Passagen an. Eine genaue Information vor der Abreise kann viel Geld sparen. In den letzten Jahren immer beliebter wurde ein Sondertarif, bei dem nur ein Pauschalpreis für die Autopassage und alle mitreisenden Passagiere zu bezahlen ist.

Natürlich kann man auch via Dänemark und sogar via Norwegen nach Schweden gelangen. Fahrtkosten, Autoabnutzung und die Anstrengung muß man dann mit den Fährkosten gegenrechnen.

Die Preise für die Fährpassagen zwischen *Schweden und Finnland* sind unglaublich niedrig. Dies hat seinen Grund darin, daß das größte Geschäft bei den Überfahrten zwischen diesen beiden Ländern für die Reedereien im Verkauf von Alkohol und Duty-free-Artikeln liegt. Mit billigen Kabinen- und Überfahrtspreisen sollen die potentiellen Schlemm- und Saufgäste erst mal angelockt werden.

Wer nur möglichst billig nach Finnland kommen will, dem sei die Fähre nach Turku empfohlen. Zwischen den roten Schiffen der Viking Line und den weißen von Silja tobt ein harter Konkurrenzkampf. Ständig versuchen sich die beiden Gesellschaften durch den Bau neuer und immer modernerer Schiffe zu übertrumpfen. Durch Sondertarife sollen

Preisbeispiele für die Fähren Schweden – Finnland

Stockholm → Helsinki

	Deckpassage	2 Bett innen	2 Bett außen	Pkw
Silja Line	nicht möglich	175 DM	228 DM	62 DM
Viking Line	30 – 53 DM	84 DM	192 DM	43 – 53 DM
	(Freitagnachts 103 DM)			

Stockholm → Turku

	Deckpassage	2 Bett innen	2 Bett außen	Pkw
Silja Line	31 – 55 DM	ab 113 DM	ab 159 DM	51 – 57 DM
Viking Line	23 – 53 DM	ab 60 DM	ab 108 DM	34 – 53 DM

Stockholm → Mariehamn (Åland-Insel)

	Deckpassage	2 Bett innen	2 Bett außen	Pkw
Viking Line	23 – 34 DM	ab 60 DM	ab 108 DM	17 DM

die Kunden von der Konkurrenz abgeworben werden. Als Grundregel gilt: Viking ist billiger und hat meist die attraktiveren Sonderangebote, Silja macht auf edel und versucht seine Gäste durch besonders viel Luxus zu verwöhnen – einen Luxus, den Viking übrigens, ohne speziell damit Werbung zu machen, ebenfalls bietet. Seit einigen Jahren verkehrt zwischen Turku und Stockholm auch ein Schiff der kleinen Reederei *SeaWind*. Von diesem Unternehmen werden Pauschalpreise für Auto und bis zu 4 Personen angeboten.

Tip: Wer das erste Mal mit dem Schiff von Schweden nach Finnland fährt, der sollte nach Möglichkeit Turku ansteuern. Die Fahrt durch den Schärengürtel vor der finnischen Küste ist ein unbeschreiblich schönes Erlebnis. Besonders reizvoll ist dies in einer der hellen Sommernächte.

Auch zwischen *Mittelschweden und Mittelfinnland* verkehren einige Schiffslinien: Sundsvall – Vaasa mit *Wasa-Line*, Umeå – Vaasa mit *Wasa-Line*, Skellefteå – Pietarsaari mit *Jakob Lines* bzw. *Wasa Line* und schließlich Skellefteå – Kokkola auch mit *Jakob Lines bzw. Wasa Line*. Je nach Strecke und Saison muß für diese Überfahrten zwischen 50 und 150 FIM (Deckpassage) gerechnet werden.

Wer von Schweden nur auf die finnischen **Ålandinseln** will, dem stehen neben *Viking* noch die folgenden Linien zur Verfügung: *Anedin, Birka* und *Eckerö*.

Adressen & weitere Informationen:
Viking Line, Mannerheimintie 14, SF-00100 Helsinki, sowie: Skandinavienkai, D-23570 Travemünde-Lübeck, ℗ 04502/5435, Fax 3649
Silja Line & Wasa Line, Zeissstr. 6, 23560 Lübeck, ℗ 0451/5899-0
Anedin Line, Vasagatan 4, S-11120 Stockholm
Birka Line, Östra Esplanadgatan 7, SF-22101 Mariehamn

Eckerö Linjen, SF-22270 Storby
Jakob Lines, Rådhusgatan 7, SF-68600
Pietarsaari, ℂ 867/235011.
   Buchungen können Sie auch in je-
dem Reisebüro vornehmen.

Via Polen/Estland nach Finnland

Der Vollständigkeit halber seien hier
auch Anfahrtsmöglichkeiten erwähnt,
die noch selten benutzt werden. *Pol-
ferries* verkehrt zweimal wöchentlich
zwischen Gdansk und Helsinki, Preis
zwischen 250 – 280 FIM/Person und
370 – 400 FIM/Auto. Eine ganze Reihe von Reedereien unterhalten einen
regelmäßigen Fährverkehr zwischen
der estnischen Hauptstadt Tallinn und
Helsinki, Preise um 120 FIM/Person
und 200 FIM/Auto.

Mit Bahn und Bus

Die Anfahrt mit der Bahn ist vor allem für junge Leute, Rentner, Gruppen und Familien interessant, die die
Vergünstigungen einer Interrail-Karte, Sonder- und Super-Spar-Angebote
in Anspruch nehmen können.
   Innerhalb Deutschlands (z.B. bis
Travemünde) kann man, statt den
normalen km-Fahrpreis von 24 Pf zu
zahlen, die *BahnCard* für 110 DM
(Jugendliche, Studenten bis 26, Senioren, Familien) oder 220 DM (für »normale« Erwachsene) benutzen und
fährt dafür ein ganzes Jahr 50 % billiger. Interessant ist für Menschen ab 60
Jahren das *Rail-Europ-S-Ticket,* das
zusätzliche 30 DM kostet, aber euro-
paweit ein Jahr lang 30 % Ersparnis
bringt. Gruppen und Familien reisen
mit der Deutschen Bahn AG besonders günstig: Kinder unter 4 Jahren

gratis, bis 12 Jahren die Hälfte, mit
dem kostenlosen »Karnickelpaß«
zahlen Ihre mindestens drei Kinder
bis 18 Jahre die Hälfte. Mit dem *Spar-
preis* bzw. *Super-Sparpreis* zahlt einer
220 bzw. 170 DM, viereinhalb weitere
Personen die Hälfte, was unter Um-
ständen günstiger als die BahnCard
sein kann.
   Die Struktur des *Interrail-Tickets*
hat sich verändert: Schweden, Norwegen und Finnland liegen nun in der
Länderzone B (380 DM), zusätzlich
mit Deutschland und Dänemark aus
der Länderzone C ergibt das für den
2-Zonen-Paß (6 – 10 Länder) 500
DM, gültig ein Monat.
   Tarifauskünfte (auch über Sparan-
gebote), Ticketreservierung etc. bei
der Deutsche Bundesbahn AG unter
ℂ 19419. Am Fahrkartenschalter sowie bei allen DB-Vertretungen wie die
DER-Reisebüros erhält man ebenfalls
Infos und Tickets.
   Hier einige **Preis-Beispiele** für die
Bahnfahrt 2. Klasse nach Helsinki:

von	Preis	Fahrzeit
Hamburg	274 DM	31 Std.
Berlin	263 DM	35 Std.
Leipzig	318 DM	37 Std.
Köln	384 DM	37 Std.
Frankfurt a.M.	397 DM	37 Std.
München	467 DM	40 Std.

Öffentliche Busse

Der *Europabus* der Deutschen Tou-
ring fährt von mehreren deutschen Städ-
ten bis Hamburg und von dort nach
Kopenhagen und Stockholm. Ab
München via Nürnberg und Ham-
burg auch direkt nach Kopenhagen.
   Von Hamburg nach Kopenhagen:
Di, Fr und Sa 6 Uhr, Mi, Fr und So

14.45 Uhr, Ankunft 12.20 bzw. 21.30 Uhr. Zurück ab Kopenhagen Mi, Do, Fr und So um 17.45 Uhr, Fr und Sa auch um 8.30 Uhr; Ankunft 23.30 bzw. 14.30 Uhr in Hamburg. Kostet für die Hin- und Rückfahrt 100 DM.

Von Hamburg nach Stockholm: Fr und So jeweils ab 6, Nykoping an 20.50 Uhr, Stockholm an 22 Uhr. Zurück Mi und Fr ab Stockholm um 7.45 Uhr, Hamburg an 24 Uhr (nach dem Plan der Touring: genau 23.59 Uhr!). Kostet für die Hin- und Rückfahrt 220 DM.

Kinder bis 4 Jahren frei, zwischen 4 – 12 Jahren 25 % Ermäßigung, Jugendliche und Studenten bis 25 und Senioren ab 60 Jahren 10 % Ermäßigung. Preise gelten inklusive Handgepäck und 2 Gepäckstücken. Für zusätzliche Gepäckstücke kassiert der Fahrer 5 DM Aufschlag.

Buchung und Informationen zu Skandinavien bei: *Deutsche Touring Gesellschaft*, Stadtbüro Hamburg, Adenauerallee 94, 20097 Hamburg, ℗ Fax 2804838. Reservierungsstellen für Anschlußverbindungen: *Kopenhagen:* Eurolines Skandinavien, Reventlowsgade 8, ℗ 033/259511. *Stockholm:* Swebus, Cityterminalen, ℗ 08/237190.

Informationen auch bei: *Deutsche Touring Gesellschaft*, Am Römerhof 17, 60486 Frankfurt a.M., ℗ 069/7903-242, Fax 706059.

Per Flugzeug

Am schnellsten geht die Anreise natürlich mit dem Flugzeug (von Hamburg nach Helsinki 1 Std. 50 Min., von Berlin gut 2 Std. von Frankfurt am Main 2 Std. 30 Min., von München 2 Std. 45 Min.). Offensichtlicher Nachteil dabei ist, daß man bei der Mitnahme seines Gepäcks beschränkt ist.

Finnair fliegt von folgenden Flughäfen im deutschsprachigen Raum zum Teil mehrmals täglich nach Helsinki: Berlin, Düsseldorf, Frankfurt am Main (4 x täglich), Hamburg, München, Stuttgart (via Hamburg), Wien, Zürich.

Die *Lufthansa* fliegt von: Berlin, Düsseldorf, Frankfurt am Main, Hamburg, München, Stuttgart.

Austrian Airlines fliegt einmal täglich von Wien nach Helsinki und *Swissair* einmal täglich von Zürich.

Die regulären Preise sind *Wahnsinn* mit einem großen W. Für ein Ticket München – Helsinki muß man bei Lufthansa rund 2550 DM auf den Counter legen! Ab Hamburg berechnen die Kranichflieger 1780 DM. Die Preise bei Finnair sind vergleichbar.

Wer unbedingt mit dem Flieger ins Land der tausend Seen will, für den heißt das Motto: *Flieg&Spar* bzw. *Super-Flieg&Spar* (Bedingungen dafür nennt aktuell jedes Lufthansabüro oder der *Lufthansa Holiday Service* ℗ 0130/4443). Hier einige Preisbeispiele mit Super-Flieg&Spar für einen Hin- und Rückflug nach Helsinki: ab Berlin etwa 600 DM, ab Düsseldorf oder Frankfurt a.M. etwa 800 DM, ab Hamburg um 600 und ab München um 900 DM. Sie sehen, trotz Ermäßigung kommen Sie immer noch billiger nach New York als nach Helsinki!

PRAKTISCHES IM LAND

Wieviel Uhr ist es vor Ort? Wo sind die Botschaften?
Was muß ich bei der Etikette in Finnland beachten? Was für Souvenirs
gibt es? Wie telefoniere ich? Wo schlafe ich? Und wie komme ich weiter? –
Lauter banale und alltägliche Fragen. Doch die Antworten zu
kennen, erleichtert einen streßfreien Urlaub.

Zeitunterschied und Öffnungszeiten

Zeitunterschied: MEZ plus eine Stunde. Das heißt, in Helsinki ist es immer eine Stunde später als in Berlin oder Frankfurt am Main. Das gilt auch im Sommer, denn auch die Finnen stellen ihre Uhren auf »Sommerzeit« um. Seit einigen Jahren wird in Finnland über eine Anpassung an die MEZ diskutiert, bisher ohne Ergebnis.

Öffnungszeiten: Die großen Warenhäuser in Helsinki sind unter der Woche zwischen 9 und 20 Uhr und Samstag zwischen 9 und 18 Uhr geöffnet. Die Einkaufspassage unter dem Bahnhof *(Asematunneli)* ist täglich bis 22 Uhr geöffnet.

Auf dem Land schließen die Geschäfte während der Woche meist um 18 Uhr und am Samstag um 15 Uhr.

Post und Telefon

Postämter sind von Montag bis Freitag zwischen 9 und 17 Uhr geöffnet.

Die Gebühren für Postkarten innerhalb der Nordländer betragen 2,30 FIM, innerhalb Europas 2,90 FIM, Briefe kosten 2,70 FIM bzw. 4,20 FIM.

Postlagernde Briefe landen auf der Hauptpost, wenn sie wie folgt beschriftet waren: Poste Restante, Hauptpostamt Helsinki, Mannerheimintie 11 F, SF-00100 Helsinki.

Telefon: Ruft man vom Ausland aus in Finnland an, fällt die erste 9 der Inlandsvorwahl weg. Aus der 90 für Helsinki wird 00-358/0, aus der 989 für Kuusamo wird 00-358/89 usw.

Ein R-Gespräch kann man sich über folgende Telekom-Nummer vermitteln lassen: *Deutschland-Direkt ©️ 9/800/10/490.* Die Kosten übernimmt dann der Angerufene oder sie werden von der eigenen Telekarte abgebucht. Die ersten drei Minuten kosten innerhalb Europas 15 – 17 DM, jede weitere Minute 1,15 – 1,38 DM.

Ein einminütiges Auslandsgespräch nach Mittel- und Westeuropa kostet 3,50 FIM. Zwischen 22 und 8 Uhr, sowie am Wochenende kann man schon für 2,60 FIM pro Minute mit den Zuhausegebliebenen plaudern.

Vorwahlen

Deutschland – Finnland: 00-358
Schweiz – Finnland: 00-358
Österreich – Finnland: 00-358
Finnland – Deutschland: 990-49
Finnland – Schweiz: 990-41
Finnland – Österreich: 990-43
Erste Ziffer der Ortskennzahl jeweils weglassen, dann Teilnehmernummer wählen.

REISEPRAXIS

Daß man sich in Japan anders verhält als in Deutschland, wird allgemein akzeptiert, daß man sich vor einer Indienreise über die dortigen Benimmregeln informiert, findet jeder o.k. – aber in Finnland kann man doch sicher alles so machen wie zu Hause? Kann man – wenn man unbedingt auffallen will.

In Finnland wird weniger gesprochen als bei uns. Wenn Sie mit einem finnischen Bekannten im Restaurant sitzen und der auf Ihre Frage nicht sofort antwortet, besteht kein Grund zur Panik. Es ist auch nicht nötig (und sogar unhöflich), daß Sie – um die peinliche Pause zu füllen – Small talk machen. Machen Sie es einfach wie Ihr Gegenüber. Starren Sie in Ihr Bierglas und warten Sie geduldig, bis der andere antwortet.

Findet die ganze Szene bei Ihrem Freund zu Hause statt, sollten Sie jetzt in Socken am Tisch sitzen. Wer eine finnische Wohnung betritt, zieht nämlich unaufgefordert seine Schuhe aus.

Ich hoffe, Sie haben Ihrer Gastgeberin Blumen mitgebracht. In Deutschland ist dies zwar auch ein gern gesehenes Kann, in Finnland aber ein (fast) unbedingtes Muß.

Bevor man zu essen beginnt, hält man sich nicht erst lange mit Höflichkeitsfloskeln auf. Einen »Guten Appetit« wünscht man sich nur selten. Dafür – und das ist wichtig – bedankt man sich nach Abschluß des Mahles beim Koch oder der Köchin für die

Der gute Gast: Etikette im Suomenland

exzellente Zubereitung der Speisen: *Kiitos ruosta!* Diesen Dank wiederholt man übrigens, wenn man seinem Gastgeber ein paar Tage später wieder begegnet. Der perfekte Gast greift einige Zeit nach der Einladung zum Telefonhörer und spricht fernmündlich nochmals sein Lob aus.

Haben Sie selbst die Einladung ausgesprochen, vergessen Sie nicht, Ihren Gästen eine Tasse Kaffee anzubieten. Kein Volk der Welt trinkt soviel Kaffee wie die Finnen, und eine Mahlzeit ohne das braune Getränk anschließend ist nicht vorstellbar.

Unangebracht sind allzu heftige Umarmungen bei der Begrüßung. Körperliche Berührungen gelten (besonders bei Männern) nicht unbedingt als Zeichen der Zuneigung, sondern sind oftmals nur peinlich. Auch das Händeschütteln wird wesentlich weniger praktiziert als in Deutschland.

An öffentlichen Orten versucht man, so wenig wie möglich aufzufallen. So wird in Restaurants leise und in öffentlichen Verkehrsmitteln fast nie gesprochen. Achten Sie mal darauf: in einem Linienbus in Helsinki herrscht der gleiche Lärmpegel wie in Ihrer Stadtbibliothek zu Hause. Natürlich nur, wenn keine Ausländer oder Betrunkene mitfahren.

Obwohl (oder weil!) Sie in Helsinki ziemlich viele Alkoholiker sehen werden, ist Trinken in der Öffentlichkeit mega-out. Selbst wenn Sie nur Ihre leeren Fruchtsaftflaschen zum

Recycling-Container tragen, werden Sie interessierte Blicke auf sich ziehen. Das Klappern in der Tüte bringt der Finne mit Flaschen, diese mit Alkohol und den wiederum mit Betrunkenen in Zusammenhang. Anstatt Ihr Umweltbewußtsein zu würdigen, vermutet er in Ihnen einen verkappten Alkoholiker.

Bevor man finnische Freunde und Bekannte besucht, unbedingt zum Telefonhörer greifen! Nur mal »so vorbeischauen«, gilt als sehr unhöflich – außerdem gibt es an vielen finnischen Miethäusern keine Klingeln (bzw. sie werden abends abgeschaltet), so daß man ohne vorherigen Warnanruf nicht in die Wohnung seiner Bekannten kommt.

Während der Deutsche im Anzug zur Arbeit und in Jeans in die Kneipe geht, ist es in Finnland umgekehrt. Locker und lässig ins Büro ist (meistens) möglich, in Jeans und Turnschuhen in die Disco dagegen nicht (langsam ändern sich aber auch in Finnland die Zeiten).

Apropos Kneipe. Wer nur trinkt und nichts dazu ißt, wird sofort zur Kasse gebeten. Auch wenn Sie vorhaben, den ganzen Abend in der Kneipe Ihrer Wahl zu bleiben und nach dem ersten Bier noch ein zweites zu trinken und dann ein drittes ... bezahlt wird für jedes Bier einzeln.

Der Besuch eines traditionellen finnischen Tanzlokals ist ein Erlebnis, das Sie nicht versäumen sollten. Besonders die mittlere und ältere Generation knüpft hier zu *Humppa-* (eine Art Polka) und Tangoklängen erste Kontakte. Wenn Sie eine Ihnen unbekannte finnische Schönheit aufs Parkett führen, sollten Sie sich nicht wundern, wenn die Dame ihrer Wahl nach zwei Tänzen unruhig wird und nervös zu ihrem Tisch hinüberschielt. Das hat nichts mit Ihnen zu tun! Mehr als zwei Tänze hintereinander mit derselben Partnerin läßt die finnische Tanzetikette nicht zu. Nicht ärgern, Sie können die Dame ja später nochmals auffordern.

Banken

Geldwechsel sowie das Eintauschen von Euroschecks ist bei allen Banken möglich: Mo – Fr 9.15 – 16.15 Uhr. Am Flughafen in Vantaa/Helsinki täglich 6.30 – 23 Uhr und am Katajanokka-Hafen in Helsinki Mo – Fr 9 – 18 Uhr, sowie am Wochenende vor Abfahrt und nach Ankunft der Schwedenfähren. Im Hafen von Turku ist die Bank täglich 8 – 10.30 Uhr und 19.30 – 21 Uhr geöffnet.

Wichtige & nützliche Adressen

Botschaften: Sollten Reisepaß oder Bargeld abhanden kommen, helfen die Botschaften der jeweiligen Länder:

Deutsche Botschaft, Krogiuksentie 4, 00140 Helsinki, ✆ 90/4582355.

Schweizer Botschaft, Uudenmaankatu 16 A, 00120 Helsinki, ✆ 90/ 649422.

Österreichische Botschaft, Etelä Esplanandi 18, 00130 Helsinki, ✆ 90/ 171322.

Visa für die Weiterreise ins Baltikum bzw. nach Rußland bekommt man bei den jeweiligen Botschaften:

Russische Botschaft, Tehtaankatu 1B, 00140 Helsinki, ✆ 90/661876.

Estnische Botschaft, Fabianinkatu 13A 2, 00130 Helsinki, ✆ 90/179528.

Gemeinsame Botschaft von Litauen und Lettland, Bulveradi 5a 18, 00120 Helsinki, ✆ 90/605640.

Informationen: Die Adressen der städtischen Fremdenverkehrsämter sind bei den jeweiligen Ortsbeschreibungen angegeben. Die örtlichen Fremdenverkehrsämter heißen *Matkailutoimisto.*

Informationen über ganz Finnland erhält man bei der Finnischen Zentrale für Tourismus im jeweiligen Land (siehe »Reisevorbereitung«) oder im Land unter: PL 625, 00101 Helsinki, ✆ 90/403011, Fax: 90/40301333.

Fundsachen: In den meisten Städten gibt es ein Fundbüro, aber verlieren Sie besser nichts, denn die finnische Bezeichnung für Fundbüro ist unaussprechlich: *löytötavaratoimisto.* In Helsinki lautet die Adresse: Päijänteentie 12 a, ✆ 90-1893180.

Notfall: Die Telefonnummer für jeden Notfall lautet 112.

Verständigung und Sprachkurse

Wem es nicht ausreicht , sich mit Englisch, eventuell Deutsch (siehe auch »Bildungswesen« Seite 48) oder Händen und Füßen zu verständigen, sondern wer sich lieber richtig ins Abenteuer Finnisch stürzen will, kann sich bei folgenden Veranstaltern zu einem Sprachkurs anmelden:

Kesäyliopisto, Liisankatu 16 A 8, 00170 Helsinki.

Council for Instruction of Finnish for Foreigner, Pohjoisranta 4A 4, 00171 Helsinki.

Nur für Studenten: *Suomen kielen ulkomaalaisopetus,* Universität, Fabianinkatu 33, 00170 Helsinki.

Einkaufen

Souvenirs: Finnland war bisher als ausgesprochen teures Urlaubsland bekannt. Zwei De-facto-Abwertungen der Finnmark in den Jahren 1991 und 92 haben das Preisniveau aber auf ein erträgliches Maß gesenkt. Typische finnische Souvenirs sind unter anderem der schon fast legendäre Finnendolch, *Puukko*, Glaswaren und Lederkleidung. Fischliebhaber sollten nicht versäumen, geräucherten Lachs mit nach Hause zu bringen. Er ist besser und billiger als der, den Sie in Deutschland im Kaufhaus bekommen. Finnland ist zwar auch für seine Schnäpse weltbekannt, allerdings sollte man nur solche Spirituosen in Finnland kaufen, die es zu Hause nicht gibt. Finnischer Wodka ist in Deutschland wesentlich billiger als im Herstellungsland!

Alkohol: Teuer und nur in *ALKO-Geschäften* zu kaufen (daran zu erkennen, daß sie aussehen wie Apotheken). Öffnungszeiten der ALKO-Läden: Mo – Do 10 – 17 Uhr, Fr 10 – 18 Uhr, Sa 9 – 14 Uhr. Leichtes und mittelstarkes Bier (Klasse 1 und 3) kann in den meisten Lebensmittelgeschäften gekauft werden.

Tax-Free: Viel Geld beim Einkauf können Sie durch das Tax-free-System sparen. In allen Läden, die mit dem Zeichen »Tax-free for tourists« werben, besteht die Möglichkeit, Einkäufe unter Abzug der Mehrwertsteuer zu tätigen. Das bedeutet eine Ersparnis von zwischen 12 und 16 Prozent. Allerdings muß man, wie überall im Leben, auch beim Tax-free-Einkauf einige Spielregeln beachten. 1.: Nachweis eines Wohnsitzes außerhalb Nordeuropas. 2.: Einkaufswert über 100 FIM – in einigen Geschäften auch höher. 3.: Die Waren werden versiegelt und müssen ungeöffnet ausgeführt werden. Sind diese Bedingun-

Noch bekommt man auf Helsinkis Märkten wohlduftende Äpfel, die nicht diesen unseligen EG-Normgrößen und -farben entsprechen müssen

Shopping auf dem Markt: Die ländliche Idylle – vorzugsweise mit Elch, statt mit Hirsch – ist in finnischen Wohnzimmern mindestens genauso beliebt wie in hiesigen

gen erfüllt, stellt Ihnen der Verkäufer einen Tax-free-Scheck aus, den Sie dann bei der Ausreise an der Grenze in Bargeld umtauschen können. Diese

---

In Finnland darf man ohne schlechtes Gewissen knausrig sein. **Trinkgeld** wird nur in Ausnahmefällen gegeben.

Möglichkeit besteht nicht für Bürger der Schweiz. Ein Tax-free-Einkauf von Lebensmitteln ist nicht möglich.

Ausreisesteuer: Um die ärgsten Löcher im Staatsbudget zu stopfen, hat die finnische Regierung zu Beginn der neunziger Jahre eine Ausreise-steuer eingeführt. Auf Protest der Tourismusindustrie wurde die Steuer inzwischen aber weitgehend wieder zurückgenommen, lediglich für in Finnland gebuchte Charterflugreisen müssen zusätzlich 200 FIM Steuer bezahlt werden.

Presse und Rundfunk

Die finnischen **Tageszeitungen** werden für den Normaltouristen unverständlich bleiben. Die größte Tageszeitung ist mit einer Auflage von 480.000 Exemplaren *Helsingin Sanomat*. Viel gelesen werden auch die beiden Boulevardblätter *Ilta-Lehti* und *Ilta-Sanomat*. In der schwedischsprachigen Tageszeitung *Hufvudstadtsbladet* wird während der Saison im Sommer eine halbe Seite mit Nachrichten in englischer Sprache abgedruckt.

Deutsche Tageszeitungen finden Sie in Helsinki und Tampere zum Beispiel im Hauptbahnhof oder in der Akademischen Buchhandlung (siehe Ortsbeschreibung). Ansonsten können Sie Ihr Glück nur auf den internationalen Flughäfen und in großen Bahnhöfen versuchen.

Nachrichten auf Deutsch bekommen Sie zwar beim finnischen **Fernsehen** nicht, da aber in Finnland ausländische Filme nicht synchronisiert werden, können Sie alle Streifen in Originalversion sehen. Hin und wieder stößt man auch auf einen deutschen Krimi. Es gibt landesweit zwei staatliche Fernsehstationen (1. und 2. Kanal, ähnlich ARD und ZDF strukturiert), an die regionale Sender angeschlossen sind, sowie zwei private Sender (MTV und Kolmos-TV), die sich auf Unterhaltungssendungen spezialisiert haben und mit den in

Deutschland bekannten Privatsendern wie RTL und ähnlichen vergleichbar sind.

Im **Radio** werden jeden Abend 5 Minuten deutsche Nachrichten ausgestrahlt. Zusätzlich ist das Auslandsprogramm des *Finnischen Rundfunks* im Großraum Helsinki ganztägig über UKW auf 103,7 MHz zu hören. Der Auslandssender aus Helsinki sendet sein ziemlich biederes Programm auf englisch, französisch, russisch und deutsch. In den Sendepausen des eigenen Programms werden aber Sendungen der *Deutschen Welle,* der *BBC* und der *Voice of America* übernommen. Wenn Sie bei Ihrem Helsinkiurlaub lange genug auf der Frequenz 103,7 bleiben, werden Sie früher oder später Nachrichten der Deutschen Welle in UKW-Qualität hören können. Auf Kurzwelle finden Sie rund um die Uhr die Deutsche Welle auf der Frequenz 6075 kHz.

Von Ort zu Ort

Finnland verfügt über ein sehr gut ausgebautes Netz an öffentlichen Verkehrsmitteln. Fast jeder Ort ist mit dem Bus erreichbar. Wer trotzdem mit dem eigenen Auto fahren möchte, findet ein gut ausgebautes Fernstraßennetz vor, viele Nebenstraßen sind allerdings ungeteert.

Öffentliche Verkehrsmittel
Mit dem Bus
Auf 90 % der finnischen Straßen verkehren Busse – nahezu jeder Ort des Landes ist mit ihnen erreichbar. Das Finnische Fremdenverkehrsamt behauptet zwar, daß die Buspreise im Vergleich zu anderen europäischen Ländern niedrig seien, doch das stimmt leider nur bedingt. Für 100 Kilometer zahlt man etwa 50 FIM. Allerdings gibt es viele Möglichkeiten, Geld zu sparen. Rückfahrkarten werden zu einem um 10 % ermäßigten Preis verkauft, Gruppentickets sind im Vergleich zum Normalpreis 20 % billiger, Senioren reisen, so sie im Besitz einer Seniorenkarte (kostet 30 FIM) sind, um 30 % billiger und auch Studenten mit Studentenpaß (ebenfalls 30 FIM) erhalten einen Nachlaß von 30 %. Eine neue Art von Buspaß ist das *1000-Kilometer-Urlaubsticket:* Für einen Preis von 300 FIM kann man in einem Zeitraum von 2 Wochen 1000 Kilometer mit finnischen Bussen zurücklegen. Weitere Informationen zu den Buspässen erteilt: *Oy Matkahuolto Ab*, Lauttasaarentie 8, 00200 Helsinki.

Die Tickets kauft man in großen Städten im Busbahnhof oder man zahlt direkt beim Fahrer. Gepäck- und Fahrradmitnahme ist in den Überlandbussen meist möglich. Das Fahrtziel wird stets vorne an den Bussen angezeigt.

Mit der Bahn
Bahnfahren ist etwas billiger, als mit dem Bus auf Reisen zu gehen. Allerdings ist das Streckennetz nicht besonders dicht und endet auf der Höhe von Rovaniemi/Kolari, so daß ein Lapplandurlaub mit der Bahn nicht möglich ist. Außer der altbekannten und bewährten *Interrail-Karte* gibt es folgende Möglichkeiten, um Bahnfah-

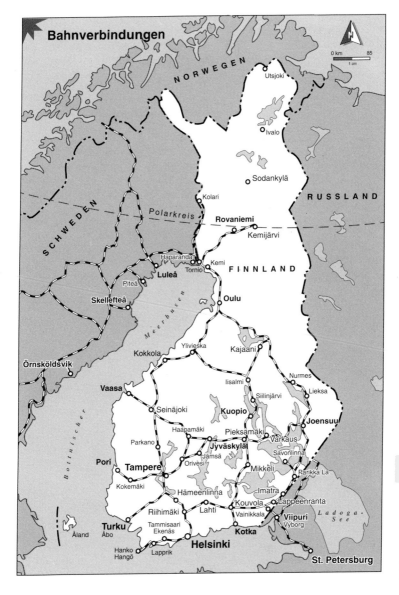

Bahnverbindungen

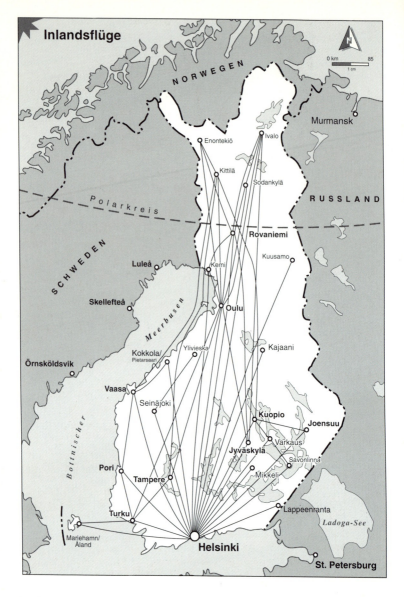

Inlandsflüge

0 km 85

NORWEGEN

Murmansk

Enontekiö

Ivalo

Kittilä

Sodankylä

Polarkreis

RUSSLAND

Rovaniemi

Kuusamo

Luleå

Kemi

SCHWEDEN

Skellefteå

Meerbusen

Oulu

Kajaani

Örnsköldsvik

Kokkola/
Pietarsaari

Ylivieska

Vaasa

Seinäjoki

Kuopio

Joensuu

Bottnischer

Varkaus

Jyväskylä

Savonlinna

Mikkeli

Pori

Tampere

Turku

Lappeenranta

Ladoga-See

Mariehamn/
Åland

Helsinki

St. Petersburg

ren in Finnland billiger zu gestalten: Senioren mit Paß (50 FIM), erhalten 50 % Ermäßigung, die Gruppenermäßigung (ab 3 Personen) beträgt 20 %. Der sogenannte *Finnrailpaß* gewährt an 3, 5 oder 10 Tagen eines Monats freie Fahrt auf allen Strecken der Finnischen Staatsbahnen: für 3 Tage kostet er 480 FIM, für 5 Tage 650 FIM und für 10 Tage 900 FIM. Man bekommt ihn an jedem Fahrkartenschalter (auch in Deutschland).

Wer neben Finnland auch die anderen nordischen Länder bereisen will, kann sich die *Nordische Touristenkarte* kaufen. Für 1460 FIM (Jugendliche bis 26 Jahre: 1100 FIM) kann man 3 Wochen lang durch Finnland, Schweden, Norwegen und Dänemark reisen.

Von Deutschland aus Tickets für die finnische Bahn buchen: VR Matkapalvelu, Rautatieasema, 00100 Helsinki, ✆ 90-0100127.

Mit dem Flugzeug

Das Inlandsflugnetz der staatlichen *Finnair* ist hervorragend ausgebaut. Beinahe jeder Ort ist mit dem Flugzeug zu erreichen. Neben der Umweltbelastung schrecken vor allem die hohen Preise ab. Die einzige günstige Möglichkeit, Finnland aus der Luft zu erleben, bietet das *Holiday Ticket*. Für 475 DM (Kinder bis 11 Jahre 230 DM) kann man dann während 15 Tagen beliebig viele Flüge auf dem Inlandsnetz von Finnair durchführen.

Mit Schiffen und Fähren

Mit dem Schiff kann man zwar nicht ganz Finnland kennenlernen. Auf vielen Binnenseen bestehen aber im Sommer regelmäßige Bootsverbindungen. Autofähren sind selten, Umwege muß man in Kauf nehmen. Die Dampfschiffe befördern nur Personen und – oft gratis – Fahrräder. Ein Tag auf einem alten Dampfschiff wird sicher einer der Höhepunkte Ihres Finnlandurlaubs sein! Einige Preisbeispiele:

Preisbeispiele Fährverbindungen		
Strecke	**Fahrzeit/Std.**	**FIM**
Tampere – Hämeenlinna	8	182
Lahti – Jyväskylä	10	190
Savonlinna – Punkaharju	2 ½	80
Lieksa – Koli	1 ½	50

Mit dem Auto

Finnlands Straßen sind gut ausgebaut und außerhalb des Großstadtbereichs wenig befahren. Die Verkehrsregeln sind ähnlich denen in Deutschland. Einziger wesentlicher Unterschied: außerhalb geschlossener Ortschaften ist das Fahren mit (wenigstens) Abblendlicht Pflicht. Die Warnschilder vor Elchen (laufen seltener über die Straße) und vor Rentieren stehen nicht nur zum Fotografieren am Wegesrand: Rentiere auf den Straßen Nordfinnlands (südliche Rentiergrenze ist Kajaani) werden Ihnen fast täglich begegnen! Vor allem in den Morgen- und Abendstunden im Herbst muß man ständig auf der Hut sein. Dann nämlich sind die Elche besonders aktiv.

Achtung: Im Unterschied zu Deutschland beträgt die höchste

Das typische Fortbewegungsmittel im winterlichen Nordeuropa ist der »Sparken« – seit den olympischen Winterspielen in Lillehammer auch in »Südeuropa« bekannt

zulässige Alkoholmenge im Blut lediglich 0,5 %, und Alkohol am Steuer ist in Finnland kein Kavaliersdelikt!

Mit dem Mietwagen

In allen größeren Städten werden Autos vermietet (Adressen siehe in den Ortsbeschreibungen). Die Preise sind hoch, und aufgepaßt: in Finnland wird neben dem Mietpreis meist ein Kilometerpreis berechnet. Wenn man lange Touren plant, kann das ziemlich teuer werden. Für einen Kleinwagen sind etwa 160 – 200 FIM zu kalkulieren, dazu kommt noch ein Kilometerpreis von etwa 2 FIM pro gefahrenem Kilometer.

Tip: Wer mit dem Mietwagen Finnland erobern will, für den hat das Finnische Jugendherbergswerk ein wirklich interessantes Angebot parat: Für 2440 FIM können zwei Personen eine Woche lang durch Finnland fahren. Mit diesem Preis ist nicht nur die Fahrzeugmiete, sondern auch die Übernachtung in Jugendherbergen abgedeckt. Nähere Informationen dazu: *Suomen Retkeilymajajärjestö*, Yrjönkatu 38B 15, 00100 Helsinki.

Um einen Wagen mieten zu dürfen, muß man den Führerschein seit einem Jahr besitzen und man selbst muß je nach Firma mindestens 19 bis 23 Jahre alt sein.

Benzin

In Finnland gibt es ein sehr dichtes Tankstellennetz. Das ist für die Einheimischen äußerst wichtig, da Tankstellen (fin. *huoltoasema*) populäre Treffpunkte sind. Eine Autofahrt ohne Kaffeepause an einer Tankstelle ist für einen Finnen nicht vorstellbar. Die Preise für bleifreies Benzin (fin. *bensiini*) entsprechen etwa denen in Deutschland, verbleiter Superkraftstoff ist ebenfalls noch überall zu haben, Dieseltreibstoff (fin. *dieseli*) ist billiger. Große Tankstellen in entlegenen Gebieten besitzen eine Zapfsäule für Heizöl *(polttoölji)*, das von Touristen zollfrei getankt werden darf (außer Lkw's, Autobusse, Transporter) und noch billiger als Diesel ist.

Trampen

Trampen ist in Finnland eine kaum bekannte Fortbewegungsart. Das zurückhaltende Temperament der Finnen macht diese nicht gerade zu willigen »Opfern« für Autostop. Wer Geld sparen will und viel Zeit hat, kann's zwar versuchen, aber wenn Sie mich fragen: nein, danke.

Unterkunft
Hütten & Ferienwohnungen

Die eigene Hütte am See ist wahrscheinlich der Traum der meisten Finnlandtouristen. Ein paar Wochen so richtig ausspannen, von keinen Nachbarn gestört werden und, außer die abendliche Sauna anschüren zu müssen, keine Verpflichten haben – so sieht für viele der perfekte Urlaub aus. Insgesamt werden etwa 10.000 *Mökki* in allen Gebieten des Landes zur Vermietung angeboten. Es gibt fünf Kategorien: die 1. ist die einfachste (Gemeinschaftsschlafraum, Wasser aus der Quelle, Kochen mit Holz), die 5. ist die luxuriöseste (Strom, Kühlschrank, fließendes warmes Wasser), eine Sauna haben fast alle. Einfache Hütten kann man schon für etwa 150 bis 200 DM pro Woche bekommen (alles inklusive), für mehr Luxus muß natürlich auch mehr bezahlt werden: 1000 DM pro Woche sind noch nicht die Obergrenze.

Wanderhütten entlang der Wanderpfade in den Nationalparks sind sehr einfach ausgestattet (Gemeinschaftsschlafraum), dafür aber zum Teil sogar kostenlos zu benutzen.

In Finnland und Deutschland haben sich einige Anbieter auf das Vermieten von Ferienhütten spezialisiert. Der größte davon ist: *Lomarengas, Malminkaari 23 C, 00700 Helsinki*. Ein Verzeichnis aller Anbieter kann man beim Finnischen Fremdenverkehrsverband anfordern. Wer nicht eine bestimmte Hütte an einem bestimmten See buchen will, findet (mit Ausnahme von Juni) auch ohne Vorausbuchung seine Traumhütte am See

– folgen Sie einfach den meist dreisprachigen Hinweisschildern. Auch die Touristenbüros helfen weiter. Vor Ort zu buchen ist meist 20 – 30 % billiger.

Ferien auf dem Bauernhof

Finnlands Bauernstand ist in der Krise, viele Landwirte sind zur Aufgabe ihrer Höfe gezwungen. Um zumindest im Sommer ein – oft zum Überleben notwendiges – Zubrot zu verdienen, beherbergen einige Bauern zahlende Gäste. Für Preise zwischen 150 und 250 FIM pro Tag und Person für Halbpension bzw. 185 – 300 FIM pro Tag und Person für Vollpension hat man als Tourist die Möglichkeit, den Alltag eines finnischen Bauern mitzuerleben.

Nähere Informationen und Katalogversand: *Suomen 4H-liito*, Abrahaminkatu 7, 00180 Helsinki, ℗ 90/642233. und *Lomaliiton Myyntipalvelu*, Toinen Linja 17, 00530 Helsinki, ℗ 90/716422.

Camping

Auf Grund der klimatischen Bedingungen ist die Campingsaison auf die Monate Mai bis September beschränkt. In ganz Finnland gibt es rund 360 Campingplätze von unterschiedlichster Qualität. Sie sind in drei nicht aussagekräftige Kategorien unterteilt. Die meisten von ihnen haben jedoch eine solide Grundausstattung, und bei rund 300 Plätzen gibt es Stromanschlüsse. Caravaning ist außer in den Nationalparks (dort nur mit Zelt) auf allen Plätzen möglich. Die Übernachtungspreise variieren

Wer im Winter in Lappland »wild« zeltet, wird bestimmt von niemandem vertrieben – wer geht bei der Kälte schon weiter als bis zur Saunahütte?

beträchtlich. Mit Preisen von 30 – 80 FIM pro Tag und Stellplatz muß gerechnet werden. Viele Campingplätze vermieten auch Hütten.

Wildes Campen ist in großen Teilen des Landes problemlos möglich. In bevölkerten Regionen gebietet es allerdings der Anstand, zuerst den Landbesitzer um Erlaubnis zu bitten. Und nicht vergessen: Hinterlassen Sie Ihren Campingplatz so, wie Sie ihn vorgefunden haben ... sauber.

Hotels

Die meisten Finnlandtouristen machen einen weiten Bogen um Hotels. Im Laufe der siebziger und achtziger Jahre hatten sich diese nämlich bei ausländischen Gästen – zu Recht – einen schlechten Ruf erworben. Sie waren auf Touristen als zahlende Gäste nicht angewiesen und hatten ihr Angebot und ihre Preise nur auf den mit der Firmenkreditkarte reisenden Geschäftsmann abgestellt. Zu Beginn der neunziger Jahre rutschte Finnland in eine schwere Rezession und die zahlenden Geschäftsleute blieben aus. Heute versuchen die Hotels, mit allen Mitteln Gäste anzulocken. Dies hat zur Folge, daß die Preise deutlich gesenkt wurden und im Sommer (das ist für die Hotels außerhalb der Feriengebiete Nebensaison) zusätzlich mit Sonderpreisen gelockt wird. Als Tourist kommen Sie heute nicht mehr als unterwürfiger Bittsteller, sondern sind endlich auch an der finnischen Hotelrezeption König. Außer bei den großen Ketten, die feste Preise haben, können Sie deshalb ruhig um den Preis feilschen. Der Preis wird häufig pro Zimmer und nicht pro Person angegeben und die Übernachtung in einem Einzelzimmer ist oft ebenso teuer wie in einem Doppelzimmer. Für ein normales »DZ« in einem guten Mittelklasse-Hotel liegt der Durchschnittspreis um 300 FIM. In Helsinki sind die Preise allerdings bedeutend höher. Achten Sie auf Gruppen-, Wochenend- und sogenannte Sommerdiscount-Sonderangebote. Kinder bis 15 Jahren schlafen gratis sofern sie kein Extra-Bett benötigen, was 50 FIM zusätzlich kostet.

Noch einen Vorteil hat die Flaute im Hotelgewerbe für die Touristen. Vorausbuchungen sind nicht notwendig. In Finnland gibt es kaum kleine Familienhotels, wie Sie es aus Mittel- oder Südeuropa gewohnt sind. Der Großteil des Marktes wird von Ketten beherrscht. Dementsprechend ungemütlich sehen die Hotelbunker von außen aus. Lassen Sie sich aber nicht abschrecken, die finnischen Hotels gehören wahrscheinlich zu den best ausgestattetsten in Europa! Das Sterne- bzw. Schlüssel-System ist hier als Klassifizierung aber nicht sehr aussagekräftig, weshalb ich in den Ortsbeschreibungen auf diese Angabe verzichtet habe.

Als Tip für billiges Wohnen im Hotel wird in Deutschland oft der *Finncheque* angepriesen. Dies ist jedoch nur noch bedingt wahr. Da der Finncheque immer noch mit Preisen pro Person rechnet (170 FIM plus 50 FIM für Einzelzimmerbenutzung. Weitere Zuschläge für Übernachtung in Hotels höherer Kategorie), schneiden Sie in der Regel wesentlich besser ab, wenn Sie vor Ort die Sommerspezialpreise nutzen.

Jugendherbergen

In den 154 Jugendherbergen in Finnland sind Gäste jeden Alters willkommen. Viele JH's sind nur in der Sommerreisezeit geöffnet, immerhin 70 Häuser stehen den Reisenden aber ganzjährig zur Verfügung. In den Urlaubsgebieten in Mittel- und Ostfinnland findet man an vielen Orten Herbergen. In Lappland ist ein nur auf Übernachtungen in Jugendherbergen gestützter Urlaub dagegen nur schwer möglich. Zu groß sind die Abstände zwischen den einzelnen Häusern. Die Übernachtungspreise hängen von der Ausstattung der Herbergen ab und liegen zwischen 60 und 200 FIM pro Person. Außer bei den teuersten Herbergen ist die Benutzung von Bettwäsche nicht im Preis inbegriffen, Leihwäsche gibt es für etwa 20 FIM. Bei der Vorlage eines *Jugendherbergsausweises* wird eine Ermäßigung von 15 FIM gewährt. Das Übernachten in Jugendherbergen wird übrigens noch billiger, wenn man sich *Übernachtungsschecks* des Jugendherbergsverbandes besorgt. In 2- und 3-Sterne-Herbergen kostet eine Übernachtung dann 50 FIM. Aber: Dieses Angebot gilt nur für Jugendherbergsmitglieder, und: nicht verbrauchte Schecks können nicht zurückgegeben werden.

Wer seinen Jugendherbergsaufenthalt bereits vor der Abfahrt buchen möchte, wende sich an: *Zentrale Buchungsstelle des Finnischen Jugendherbergsverbandes,* Yrjönkatu 38B 15, SF-00100 Helsinki. Im Winter ist Vorausbuchung obligatorisch!

Den internationalen JH-Ausweis (mit Lichtbild; Jugendliche 15, Familien und Senioren 24 DM) und weitere Informationen zu Mitgliedschaft etc. gibt es bei den örtlichen Jugendherbergen oder beim *Deutschen Jugendherbergswerk* (Bülowstraße 26), Postfach 1455, 32704 Detmold.

HELSINKI

HELSINKI – STADT DES SOMMERS

Mit knapp 500.000 Einwohnern ist Helsinki die größte oder, wie böse Zungen behaupten, einzige Stadt Finnlands. In der Tat ist Helsinki nicht nur das politische, sondern auch das kulturelle und gesellschaftliche Zentrum des Landes. Keine andere Stadt hat auch nur annähernd soviele Museen, nämlich mehr als 50, oder Theater, nämlich 17. In kaum einem anderen Land Europas hat die Hauptstadt eine so dominierende Stellung wie in Finnland.

Trotzdem wäre es gelogen, wollte man Helsinki deswegen zu einer Metropole hochstilisieren. Vor 10 oder 20 Jahren soll zwar noch weniger los gewesen sein, aber auch heute noch entflieht die Jugend im Sommer Richtung »Europa«, um mal so richtig was zu erleben. Dabei ist das genau die Jahreszeit, in der auch Helsinki zum Leben erwacht. Straßenmusikanten geben auf dem Marktplatz ihre neuesten Werke zum Besten, Jongleure führen mehr oder weniger geschickt ihre Kunststücke vor, und die Einwohner Helsinkis lachen. Dies mag dem Sommertouristen als nichts besonderes erscheinen, wer aber einen oder mehrere Winter hier verbracht hat, der kann den Sommer-Helsinkier vom Winter-Helsinkier unterscheiden … letzterem ist im wahrsten Sinne des Wortes die gute Laune eingefroren.

Stadtgeschichte

Helsinki wurde 1550 auf Befehl des schwedischen Königs *Gustav Vasa* gegründet. Über Jahrhunderte hinweg blieb die Stadt ein kleines Nest am Ende der Welt und wäre das vielleicht heute noch, wenn nicht 1809 Schweden seine finnischen Besitzungen an Rußland verloren hätte. Dem russischen Zaren *Alexander I.* lag die alte Hauptstadt Turku zu weit »ab vom Schuß« bzw. zu nahe am feindlichen Schweden – und deswegen ernannte er 1812 Helsinki zur neuen Hauptstadt. Da kam es ihm gerade recht, daß vier Jahre zuvor ein großes Feuer fast die ganze Stadt in Schutt und Asche gelegt hatte. So konnte er Helsinki nach seinen Vorstellungen wieder aufbauen lassen. Unter der Leitung des deutsch-finnischen Architekten *Carl Ludvig Engel* wurde in den folgenden Jahrzehnten das neue Helsinki errichtet. Erst 1840 war das riesige Bauvorhaben beendet, und aus einem Provinznest die wichtigste Stadt des autonomen Großfürstentums Finnland geworden. Den russischen Einfluß sieht man Helsinki noch heute an. Vor einigen Jahren, als St. Petersburg noch Leningrad hieß und westliche Kamerateams nicht so einfach eine Dreherlaubnis von Leonid und seinen Freunden erhielten, mußte Helsinki für unzählige Filme als Double für Leningrad herhalten.

Als Finnland am 6.11.1917 die Unabhängigkeit von Rußland erlangte, wurde Helsinki die Hauptstadt der Republik Finnland. Im Bürgerkrieg

Zar Alexander II.: steinerne Zeugen berichten vom russischen Einfluß verstaubter Zeiten

von 1918 fiel die Stadt zunächst in die Hände der von Moskau unterstützten bolschewistischen Roten. Schon nach wenigen Monaten aber wurde Helsinki von den bürgerlichen Weißen zurückerobert. Mit gnadenloser Härte gingen die Sieger gegen die Verlierer vor, und 1918 wurde zum blutigsten Jahr in der Geschichte der Stadt. Weiß und Rot – Bürger und Arbeiter – diese Gegensätze bestanden noch lange fort, und selbst Jahrzehnte später waren die Wunden des Bürgerkrieges noch nicht verheilt.

Im Zweiten Weltkrieg blieb Helsinki, trotz einiger sowjetischer Bombenangriffe, weitgehend von Zerstörungen verschont. Danach begann zunächst eine Zeit schwerer Entsagungen und dann die des unaufhaltsamen Aufstiegs. Helsinki wurde zur Hauptstadt eines der reichsten Länder der Welt.

Und heute? Zu Beginn der neunziger Jahre wurde Finnland von der schlimmsten Rezession seiner Geschichte heimgesucht, diesem wirtschaftlichen Niedergang konnte sich auch die Hauptstadt nicht entziehen. Noch Ende der achtziger Jahre diskutierte man darüber, Arbeitskräfte aus Estland anzuwerben – wenige Jahre später war bereits fast jeder fünfte arbeitswillige Einwohner der Hauptstadt ohne feste Beschäftigung.

6 Stadtrundgänge

Helsinki ist die größte und sehenswerteste Stadt in Finnland und läßt sich nicht an einem Nachmittag kennenlernen. Deswegen möchte ich Ihnen im folgenden 6 Stadtspaziergänge

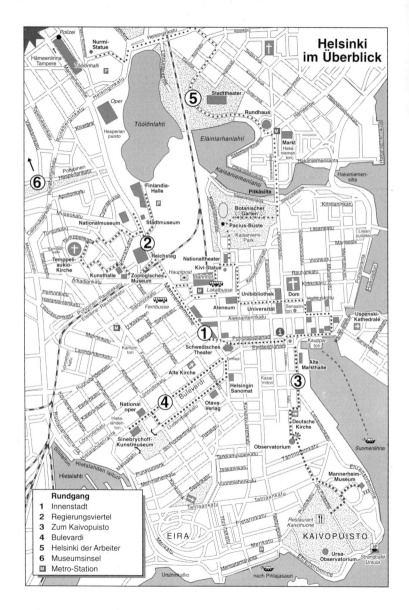

Helsinki
im Überblick

Rundgang

1 Innenstadt
2 Regierungsviertel
3 Zum Kaivopuisto
4 Bulevardi
5 Helsinki der Arbeiter
6 Museumsinsel
M Metro-Station

vorschlagen, auf denen Sie an den interessantesten Punkten vorbeikommen werden. Besuchern mit wenig Zeit möchte ich vor allem den Spaziergang Nummer ① ans Herz legen. Auf diesem Rundgang durch das Zentrum gewinnen Sie einen guten ersten Überblick über Finnlands Hauptstadt.

①

Durch die Innenstadt

Der Ausgangspunkt für diesen ersten Spaziergang ist der **Hauptbahnhof**. In den meisten Städten ist dies lediglich der Punkt, wo Züge ankommen und abfahren, in Helsinki ist er aber zugleich eine Sehenswürdigkeit. Das stilistisch strenge Granitgebäude gilt als das Hauptwerk des bekannten finnischen Architekten *Eliel Saarinen* und markiert den Übergang von der Nationalromantik zum neuen sachlichen Stil, der eine Variante des Jugendstils darstellt. Es vergingen 8 Jahre zwischen dem Baubeginn im Jahre 1906 und der Fertigstellung des Gebäudes aus granitplattenverkleidetem Stahlbeton. Beim Bau des 48 Meter hohen *Uhrenturms* an der Ostseite der Eingangshalle orientierte sich Saarinen an amerikanischer Architektur. Die finster dreinschauenden Herren aus Stein, die links und rechts neben dem Haupteingang stehen und große Lampen halten, stammen von *Emil Wikström*.

Helsinki ist eine sichere Stadt, in der es im Vergleich zu anderen europäischen Hauptstädten wenig Kriminalität gibt. Trotzdem kann es nicht schaden, Freitag nachts in der Nähe des Hauptbahnhofes besondere Vorsicht walten zu lassen. Dann kann

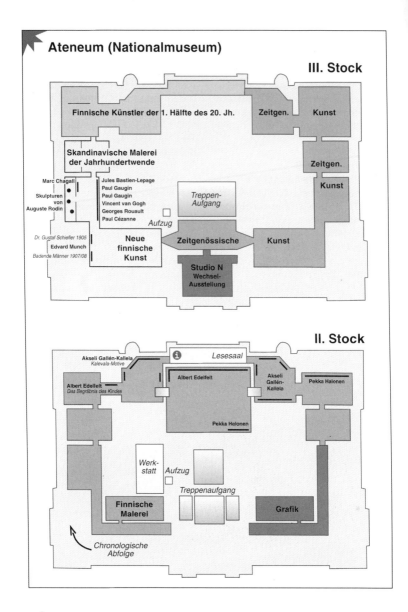

Ateneum (Nationalmuseum)

III. Stock

Finnische Künstler der 1. Hälfte des 20. Jh.

Zeitgen.

Kunst

Skandinavische Malerei der Jahrhundertwende

Zeitgen.

Kunst

Marc Chagall

Skulpturen von Auguste Rodin

Jules Bastien-Lepage
Paul Gaugin
Paul Gaugin
Vincent van Gogh
Georges Rouault
Paul Cézanne

Treppen-Aufgang

Aufzug

Dr. Gustaf Schiefler 1905

Edvard Munch

Badende Männer 1907/08

Neue finnische Kunst

Zeitgenössische

Kunst

Studio N
Wechsel-Ausstellung

II. Stock

Akseli Gallén-Kallela
Kalevala-Motive

Lesesaal

Albert Edelfelt

Akseli Gallén-Kallela

Pekka Halonen

Albert Edelfelt
Das Begräbnis des Kindes

Albert Edelfelt

Pekka Halonen

Werk-statt

Aufzug

Treppenaufgang

Finnische Malerei

Grafik

Chronologische Abfolge

man hier traurige Fallstudien über die schädlichen Auswirkungen von zuviel Alkohol machen.

Auf dem **Bahnhofsplatz** steht die *Statue* des finnischen Nationalschriftstellers *Aleksis Kivi* (1834–72), die von Wäinö Aaltonen errichtet wurde. An der Nordseite des Platzes sieht man das **Nationaltheater** aus dem Jahre 1902.

Kunstliebhaber sollten für die nächste Sehenswürdigkeit etwas mehr Zeit einplanen: Im **Ateneum**, der *Finnischen Nationalgalerie*, hängen die wichtigsten Werke der finnischen Malerei. Das Gebäude aus dem Jahre 1887 wurde zu Beginn der neunziger Jahre des 20. Jahrhunderts umfassend renoviert und gehört jetzt zu den schönsten der ganzen Stadt. Das Museum besteht aus 3 Stockwerken. Im Erdgeschoß befinden sich unter anderem ein Café und ein Buchladen. Die eigentliche Ausstellung befindet sich im 1. und 2. Stock. Im 1. Stock sind nur finnische Maler ausgestellt: Akseli Gallén-Kallela, Albert Edelfeldt, Pekka Halonen und Eero Järnefeldt sind nur einige der Künstler, deren Bilder hier zu bewundern sind. Im 2. Stock sind neben Bildern finnischer und skandinavischer Künstler auch Werke mitteleuropäischer Maler zu sehen. Paul Cézannes *Das Viadukt von L'Estaque* (1882–85) ist ebenso ausgestellt wie Werke von van Gogh, Gauguin, Chagall oder des Expressionisten Georges Rouault. Athenäum: Di, Fr 9 – 17, Mi, Do 9 – 21 Uhr, Sa, So 11 – 17 Uhr, Mo geschlossen, Eintritt 15 FIM.

Halten Sie sich nach dem Verlassen des Ateneums rechts und biegen Sie in die Mikonkatu ein, danach sofort links, und am Ende der Hallituskatu sehen Sie bereits den Dom. Die

Foyer des Ateneums

neueren Gebäude in dieser Straße gehören übrigens zur Universität der Stadt.

Der weiße **Dom**, *Senatin Toori*,, der stolz über dem *Senatsplatz* thront, ist die bekannteste Sehenswürdigkeit der Stadt. Mit seinem Bau wurde 1830 nach Plänen von Carl Ludwig Engel begonnen, nach dem Tod des aus Berlin stammenden Architekten im Jahre 1840 wurde der Bau unter Aufsicht von Ernst Bernhard Lohrmann fortgeführt und 1852 fertiggestellt. Die vier kleinen Kuppeln an den Ecken des Gebäudes waren ursprünglich von Engel nicht vorgesehen, sondern wurden auf ausdrücklichen Wunsch des Zaren hinzugefügt. Das Innere des protestantischen Domes, nach dem Zar auch *Nikolaikirche* genannt, ist sehr einfach gehalten. Lediglich 3 Statuen, die Luther, Melanchthon und Agricola darstellen, zieren das Innere.

Von den Stufen des Doms hat man einen guten Blick über das Zentrum der Stadt. In der Mitte des **Senatsplatzes** steht eine 1894 von Walter Runeberg geschaffene *Statue von Zar Alexander II.*. Alexander II. war ein sehr volksnaher Zar und wird auch heute noch von vielen Finnen, teilweise zu Unrecht, als besonders menschlicher Herrscher gerühmt (siehe dazu auch das Geschichts-Kapitel). Auf der rechten Seite des Platzes (vom Dom aus gesehen) befindet sich das Hauptgebäude der **Universität** – dieses Bauwerk aus dem Jahre 1832 stammt ebenfalls von Carl Ludwig Engel. Die Universität war übrigens eines der wenigen Gebäude der Stadt, das während des Fortsetzungskrieges 1944 zerstört wurde. Direkt gegenüber, auf der Ostseite des Senatsplatzes, liegt das **Regierungspalais**. In ihm hat heute die finnische Regierung

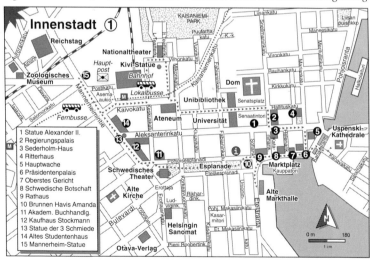

Gehören zum bunten Markttreiben unbedingt dazu: Bohnen. Man ißt sie roh aus der Tüte.

ihre Sitzungs- und Arbeitsräume. Auch dieses Gebäude wurde – nicht schwer zu erraten – von Engel erbaut.

An der Kreuzung Alexanterinkatu/Katariinankatu, an der Südostecke des Domplatzes, liegt das **Sederholm-Haus**. Es wurde 1757 errichtet und ist damit das älteste noch erhaltene Steingebäude Helsinkis. Das rotbraune Haus daneben hat zwar keinen historischen Wert, interessant ist es aber trotzdem. Hier befindet sich nämlich die Dienstwohnung des Bürgermeisters der Stadt. 50 Meter weiter die Alexanterinkatu entlang, etwas zurückversetzt und hinter Bäumen verborgen, liegt das **Ritterhaus**. In seinem Festsaal im ersten Stock hängen die Wappen der alten finnischen Adelshäuser. Für die Öffentlichkeit ist das Gebäude im Sommer norma-

lerweise leider nicht zugänglich. Zwischen Anfang September und Ende Mai ist die Hausverwaltung unter der Woche zwischen 10 und 13 Uhr geöffnet. In diesem Zeitraum können auf Wunsch auch Führungen durchgeführt werden.

Hungrig? Dann nichts wie auf in Richtung Marktplatz, dem *Kauppatori*. Halten Sie sich an der nächsten Kreuzung rechts (Mariankatu) und an der *Hauptwache* (Wachwechsel um 13 Uhr) vorbei, kommen Sie zum **Marktplatz** (Marktbetrieb werktags 6.30 – 14 Uhr, im Sommer auch 15.30 – 20 Uhr). Wenn man den Schilderungen in den Touristenbroschüren des Helsinkier Fremdenverkehrsvereins Glauben schenken will, befinden Sie sich jetzt auf dem schönsten Marktplatz der Welt. Im Sommer tummeln sich hier vor allem Touristen. Wer den Markt sehen will, auf dem die meisten Einheimischen einkaufen, der muß allerdings zum Marktplatz in Hakaniemi gehen (siehe Spaziergang ⑤).

Machen Sie es wie die Finnen, kaufen Sie sich eine Tüte Erbsen (jawohl!) und setzen sich damit auf die Kaimauer. Während Sie genüßlich eine Erbse nach der anderen verzehren, können Sie den herrlichen Ausblick auf die Ostsee genießen. Rechterhand sieht man den Anlegeplatz der Fähren Richtung Estland und der Silja Line nach Stockholm. Auf der linken Seite des Hafenbeckens legen die roten Schiffe der Viking Line und die riesige Finnjet an. Die erste Insel, die man im Hafenbecken sieht, gehört dem ältesten finnischen Yachtklub, dem der Provinz Uusimaa. Ganz weit hinten am Horizont erkennt man die Spitze der Kirche auf der Festungsinsel *Suomenlinna*. Überhaupt Suomenlinna – diese Meeresfestung sollten Sie unbedingt besuchen. Wie Sie hinkommen? In der Mitte des Marktplatzes legen die Boote der städtischen Verkehrsbetriebe ab. Für den Preis eines normalen Bustickets bringen sie Sie nach Suomenlinna. Wer mehr Geld für den gleichen Service ausgeben will, kann auch die Boote privater Betreiberfirmen benutzen. Aber ein Urlaub ist teuer genug, warum also Geld aus dem Fenster – oder in diesem Fall in die Ostsee- werfen? Die Beschreibung von Suomenlinna finden Sie auf Seite 135.

Kein Marktplatzbummel ist komplett ohne den Besuch der **Alten Markthalle** (Mo – Fr 8 – 17 Uhr, Sa 8 – 14 Uhr). Die alte Halle, die zu ihrem hundertjährigen Jubiläum im Jahre 1989 renoviert wurde, ist eine der schönsten ihrer Art in Finnland.

Genug geshoppt? Na, dann weiter mit dem Stadtrundgang. Vom Marktplatz aus ist die mit vielen Kuppeln verzierte orthodoxe **Uspenski-Kathedrale** zu sehen, die 1868 von Alexej Maximowitsch Gornostajew erbaut wurde. Sie ist die größte orthodoxe Kirche im Norden (Mo geschlossen).

Zur Landseite hin ist der Marktplatz von einer Reihe von alten Herrenhäusern eingegrenzt. Im Osten (also ganz rechts, wenn Sie mit dem Rücken zum Meer stehen) der *Pohjois Esplanadi* liegt das **Präsidentenpalais**, daneben der **Oberste Gerichtshof** und die **Schwedische Botschaft**. Das ist das Haus mit den vielen Antennen auf dem Dach. Während der achtziger Jahre gab es dazu einen großen Skandal, weil die Sowjets die Schweden beschuldigten, sie würden mit Hilfe dieser Antennen geheimen sowjetischen Funkverkehr abhören. Ob der Vorwurf stimmte …? Ein paar Schritte weiter liegt das **Rathaus**, das Gebäude mit den Säulen am Eingang. Auch dieses Bauwerk wurde von C.L. Engel entworfen, und es diente früher als Hotel. Heute befinden sich darin einige städtische Behörden, außerdem wird das Gebäude häufig für offizielle Empfänge benutzt. Für die Öffentlichkeit ist es leider nicht zugänglich.

An der Ecke zum nun folgenden Esplanade-Park liegt das **Touristeninformationsbüro** der Stadt. Wer sich mit Broschüren versorgen will, ist hier richtig.

Der **Springbrunnen** der Kleinen Meerjungfrau, *Havis Amanda*, hat jedes Jahr am Vorabend des 1. Mai seinen großen Auftritt. Dann nämlich wird der kleinen Dame als Auftakt zum 1.-Mai-Fest vor Tausenden von gröhlenden Zuschauern eine riesige Studentenmütze aufgesetzt.

Die **Esplanade,** der kleine Park inmitten der Stadt, ist während des ganzen Jahres eine Begegnungsstätte für die Bürger Helsinkis. Wenn Sie Zeit haben, setzen Sie sich auf eine der Bänke am Rande des Weges und schauen einfach zu. Im Esplanadepark steht eine kleine Bühne, auf der im Sommer jeden Nachmittag mehrere Musikgruppen spielen. Rock, Pop, Jazz, Klassik oder Volksmusik – alles

wird geboten. Ein paar Schritte weiter steht die Statue von *Johan Ludvig Runeberg* (1804–77), dem Dichter der finnischen Nationalhymne – geschaffen von seinem Sohn Walter. Es folgt ein Monument zum Gedenken an den Lyriker *Eino Leino* (1878 – 1929), und schließlich eine Plastik mit dem Titel »Dichtung und Wahrheit«, die zu Ehren des romantischen Dichters *Zacharias Topelius* (1818–98) aufgestellt wurde. Damit sind Sie eigentlich am Ende des Esplanade-Parks angekommen. Der gewissenhafte Tourist wird jetzt aber nochmals die *Pohjoisesplanadi* (das ist die Straße, die am Nordrand des Parks entlangführt) zurücklaufen, um auch wirklich alles Sehenswerte mitzubekommen. Diese Straße ist die teuerste Einkaufsstraße der Stadt, und wer zuviel Geld hat, kann

Die mit goldenen Zwiebeltürmchen und orthodoxen Kreuzen verzierte Uspenski-Kathedrale

es hier einfach und schnell loswerden … allerdings sind die Geschäfte hier nicht nur teuer, sondern bieten auch Qualitätsware.

Am Westende des Esplanade-Parks befindet sich das **Schwedische Theater** (von hier aus Anschlußmöglichkeit an Spaziergang ⑤). Ganz richtig: das schwedische! 6 % der finnischen Bevölkerung haben nämlich Schwedisch als Muttersprache. Der Durchschnittsfinne weigert sich zwar konsequent, schwedisch zu sprechen (auch wenn er die Sprache beherrscht), doch die Zweisprachigkeit des Landes kommt dem Touristen zumindest bei der Orientierung zu Gute. Auf den Straßenschildern finden Sie nämlich sowohl die finnischen als auch die schwedischen Bezeichnungen. Während ein Hinweisschild nach »Keskusta« dem deutschsprachigen Touristen nicht sehr viel weiterhilft, verrät das schwedische Schild, auf dem dann »Centrum« steht, schon einiges mehr.

Gegenüber dem Schwedischen Theater liegt die **Akademische Buchhandlung**, *Akateeminen Kirjakauppa*, die aus zwei Gründen bemerkenswert ist: zum einen, weil sie von dem weltberühmten Architekten *Alvar Aalto* (1898 – 1976) entworfen wurde und zum anderen, weil man hier Zeitungen und Zeitschriften aus aller Welt bekommt.

Mit genügend Lesestoff versorgt, geht es jetzt weiter die Mannerheimintie hinauf. Am **Kaufhaus Stockmann** vorbei kommt man zum *Monument der Drei Schmiede*. Diese 1932 von Felix Nylund errichtete Skulptur ist der traditionelle Treffpunkt der Helsinkier. Wenn Sie einen Bekannten in der Hauptstadt Finnlands haben, der Sie am Abend ausführen will, wird er Sie wahrscheinlich zu den Drei Schmieden bestellen. Ein paar Schritte weiter liegt das **Alte Studentenhaus** von 1870. Heute befindet sich darin eine Studentenkneipe, die (für finnische Verhältnisse) billiges Bier serviert.

Anders als in anderen Uni-Städten muß die Studentenvertretung Helsinkis nicht um Zuschüsse betteln. Sie hat nämlich selbst genügend Geld: Die Helsinkier Studenten bekamen vor Jahrhunderten ein paar Grundstücke geschenkt, die damals weit außerhalb der Stadt lagen und nichts wert waren. Heute sind diese einstmals billigen Grundstücke die teuersten im ganzen Land … und Helsinkis Studentenvertretung schwimmt im Geld. Der einzelne Student hat davon freilich nichts und deswegen müssen die finnischen Studenten, wie ihre Kommilitonen in anderen Ländern, mit wenig Geld ihr Leben bestreiten.

Wer nach dem Einkaufsbummel auf dem Marktplatz, der Akademischen Buchhandlung und bei Stockmann immer noch nicht genug vom Trubel hat, findet auf der *Mannerheimintie* weitere Shopping-Oasen (z.B. das *Forum*). Ansonsten können Sie jetzt diesen Stadtrundgang beenden. Vor der **Hauptpost** (von dort aus geht es rechts weg zum Hauptbahnhof und damit zurück zum Ausgangspunkt dieses Spaziergangs) sieht man bereits die *Mannerheimstatue*, die an den finnischen Marschall und Nachkriegspräsidenten Carl Gustav Mannerheim (1867 – 1951) erinnert. Eine ganz andere Art von Denkmal sehen Sie, wenn Sie die Straße überqueren. Dort steht eine Skulptur aus dem Jahre 1980, die aus einem langen dünnen und einem kurzen dicken Stein besteht. Was das ist? Ein Monument zu Ehren des zweiten Nachkriegspräsidenten *Juho Kusti Paasikivi* (1870 – 1956) (das ist der lange dünne Stein) und seiner Frau (sie wird durch den kleinen dicken Stein dargestellt).

Zum Abschluß dieser Rundwanderung empfehle ich Ihnen eine gemütliche Tasse finnischen Kaffees (Wußten Sie übrigens, daß die Finnen die Weltrekordhalter im Kaffeetrinken sind?) im stimmungsvollen **Kaffeehaus Socis** (Kaivokatu 12), schräg gegenüber dem Hauptbahnhof.

❷
Das Parlamentsviertel

Auch dieser Spaziergang beginnt an dem nach Plänen von Eliel Saarinen erbauten **Hauptbahnhof** (1906–14). Wir verlassen den Bahnhof an der Westseite und gehen die Postikatu entlang. *Posti* ist eines der wenigen finnischen Worte, die man auch als Deutscher verstehen kann … und deshalb sind Sie sicher nicht verwundert, wenn Sie an der Kreuzung zur Mannerheimintie auf die *Hauptpost* aus dem Jahre 1937 stoßen. Vor dem Gebäude steht das Denkmal von C.G. Mannerheim, und hier können Sie nahtlos an Spaziergang ① anschließen.

Gehen Sie die Mannerheimstraße einige Meter stadtauswärts und Sie werden auf der linken Seite einen ziemlich häßlichen, großen »Bunker« sehen. Dieses Gebäude ist nicht zum Schutz der finnischen Bevölkerung im Kriegsfall, sondern für die finnischen Volksvertreter erbaut worden – es handelt sich um das **Reichstagsgebäude**. Das monumentale Bauwerk wurde in den Jahren 1925 bis 1930 im klassizistischen Stil errichtet. Wer Lust hat, sich das Ganze von Innen anzusehen, der kann das samstags und sonntags jeweils um 11 und 12 Uhr tun, wenn Führungen durch das Gebäude stattfinden. In der Sommersaison von Anfang Juli bis Ende August werden diese Besichtigungstouren auch wochentags um 14 Uhr durchgeführt. Obwohl alles im Leben seinen Preis hat, diese Führungen sind gratis.

Vor dem Reichstag stehen die Denkmäler von 3 finnischen Präsidenten: *Kaarlo Juho Ståhlberg* (1865 – 1952), der erste Präsident des Landes, ist dort ebenso verewigt wie *Pehr Evind Svinhufvud* (1861 – 1944), der das Amt des Staatspräsidenten zwischen 1931 und 1937 innehatte. Svinhufvud ist ein schwedischer Name und bedeutet soviel wie »Schweinekopf«. Der Name des dritten vor dem Reichstag geehrten Präsidenten ist *Kyösti Kallio* (1873 – 1940), er übte das höchste Staatsamt von 1937 bis zu seinem Tod aus.

Das Gebäude mit Turm neben dem Reichstag ist keine Kirche, sondern das **Nationalmuseum**, *Kansallismuseo*. Es wurde zwischen 1904 und 1912 im Stil der Nationalromantik erbaut und beherbergt prähistorische, historische und volkskundliche

Parlamentsviertel ②

Töölönlahti

0 m 180
1 cm

Pohjolen
Hesperiankatu
Eteläinen Hesperiankatu
Runeberginkatu
Apollonkatu

Finlandia-
Halle

P

Museokatu
Cajanuksenkatu

Nationalmuseum

Stadtmuseum

Mannerheimintie

Karamzininkatu

Mechelininkatu
Temppelikatu
Tunturikatu

Reichstag

Sammon-
katu

Temppel-
aukio-
Kirche

Mannerheim-
Statue

*Haupt-
post*

Döbelninkatu

Fredrikinkatu

Arkadiankatu

Kunsthalle

Zoologisches
Museum

Perhonkatu

Hietaniemenkatu

Pohjoinen Rautatienkatu
Eteläinen Rautatienkatu

Salomonkatu

Postikatu

Metro

Fernbusse

digkeit, die man nicht unbedingt gesehen haben muß.

Neben dem Stadtmuseum steht das berühmteste moderne Gebäude Finnlands, die **Finlandia-Halle**, deren Säle für Konzerte, Konferenzen und Großveranstaltungen genutzt werden. In der *Finlandia-Talo*, so die finnische Bezeichnung, wurden im Juli 1973 die KSZE-Menschenrechtskonferenzen eröffnet, die in den »Gesetzen von Helsinki«, die in zehn Prinzipien gegenseitige humanitäre Hilfe und Kontrolle vereinbaren, 1975 einen vorläufigen Höhepunkt fanden, auch wenn es den über 35 europäischen Staaten hauptsächlich um den guten Willen ging bzw. geht. Der Welt »größte Tankstelle« wurde zwischen 1967 und '75 nach Plänen von Alvar Aalto erbaut. Sie tragen übrigens das Abbild dieses berühmten Architekten die meiste Zeit bei sich, öffnen Sie einfach einmal Ihren Geldbeutel: Zusammen mit seinem Hauptwerk, der Finlandia-Halle, ist der Baumeister auf dem 50-Finnmarkschein zu sehen.

Um zur nächsten Sehenswürdigkeit auf diesem Spaziergang zu kommen, gehen Sie am besten zum Nationalmuseum zurück. Hinter dem Museum biegen Sie in die Museokatu ein und nach einer gewagten links-rechts-links-Kombination stehen Sie vor der **Temppeliaukio-Kirche**, erbaut nach

Sammlungen. Wer die Geschichte Finnlands von A bis Z kennenlernen will und wem es nichts ausmacht, dies auf manchmal recht trockene Art tun zu müssen, der ist hier richtig. Familien mit Kindern werden in dem großen Gebäude aber bald mit der Unlust ihres Anhangs zu kämpfen haben. Nicht versäumen sollten Sie jedoch die Abteilung, die sich mit der Kultur der Samen befaßt. (Im Sommer tgl. 11 – 16 Uhr, Di auch 18 – 21 Uhr. In der übrigen Jahreszeit Mo – Sa 11 – 15 Uhr, So 11 – 16 Uhr, Di auch 18 – 21 Uhr. Eintritt 10 FIM.)

Dem Nationalmuseum direkt gegenüber befindet sich in einer rosafarbenen ehemaligen Privatvilla das **Stadtmuseum**, *Kaupunginmuseo* (Mi, Fr 10 – 16 Uhr, Do 12 – 20 Uhr, Sa, So 11 – 16 Uhr, Mo, Di geschl. Eintritt 10 FIM.). Nicht schwer zu erraten – hier erfährt man alles über die Geschichte Helsinks. Eine Sehenswür-

Plänen des Architektenbrüderpaares Timo und Tuomo Suomalainen im Jahre 1969. Passen Sie aber auf, daß Sie das Gebäude nicht verpassen. Anders als andere Kirchen wurde die evangelische Temppeliaukio nicht in die Höhe gebaut, sondern in die Tiefe »gesprengt«. Die roh belassenen Granitwände, die die künstliche Felsenhöhle umschließen, sorgen für eine schier unglaubliche Akustik. Hier finden mehrmals monatlich klassische Konzerte statt. Sollte dies auch während Ihres Helsinkiaufenthaltes der Fall sein, gehen Sie hin! Die lokalen Kirchenmusikanten, die hier in die Tasten greifen, sind zwar nicht gerade Weltspitze, doch die Akustik ist überwältigend; die Konzerte sind außerdem oft kostenlos. (Die Kirche ist Mo – Fr 10 – 20 Uhr, Sa 10 – 18 und So 12 – 20 Uhr geöffnet.)

Auf dem Weg zurück zum Bahnhof kommt man in der Nervanderinkatu 3 an der **Kunsthalle** der Stadt vorbei (im Sommer Mo – Fr 11 – 17 Uhr, So 12 – 16 Uhr, Sa geschl. In der

Die moderne Finlandia-Halle und ihr Entwerfer Alvar Aalto

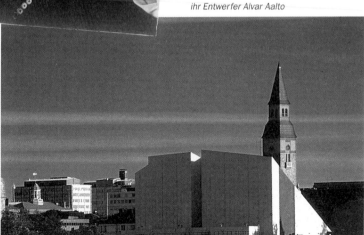

übrigen Zeit Di – Sa 11 – 18 Uhr, So 12 – 17 Uhr. Eintritt 15 FIM.). Hier finden während des ganzen Jahres wechselnde Kunst- und Kunstgewerbeausstellungen statt. Vielleicht ist ja etwas Interessantes für Sie dabei.

Ebenfalls auf dem Weg zum Bahnhof liegt in der Kreuzung Pohjoinen Rautatiekatu/Arkadiankatu, der nördlichen Bahnhofsstraße, das **Zoologische Museum** (im Sommer Mo – Fr 9 – 14 Uhr, während der übrigen Jahreszeit 9 – 15 Uhr, dann auch So 12 – 16 Uhr geöffnet; Eintritt 10 FIM). Ausgestopfte Tiere und Skelette sind sicher nicht jedermanns Sache, aber wenn Sie in Ihrem Finnlandurlaub noch keinen Elch fotografiert haben, dann können Sie das hier in aller Ruhe nachholen – vor dem Eingang des Museums steht nämlich ein *Elchdenkmal.*

❸
Zum Kaivopuisto-Park

Dieser Rundgang führt an relativ wenig »typischen« Reiseführersehenswürdigkeiten vorbei. Trotzdem ist der Spaziergang ins *Botschaftsviertel* mit seinen Villen und zum *Kaivopuisto,* dem Brunnenpark, durchaus reizvoll. Ausgangspunkt für die kleine Wanderung ist der **Marktplatz** *(Kauppatori)* direkt am Hafen. An der Alten Markthalle vorbei gehen Sie in Richtung Süden. Nach etwa einem halben Kilometer sehen Sie rechterhand am Fuße des Observatoriumberges die neugotische **Deutsche Kirche** von 1863. Das **Observatorium**, auf dem Hügel vor Ihnen, stammt aus den dreißiger Jahren des 19. Jahrhunderts

und wurde, wie so viele Bauwerke Helsinkis, nach Plänen Carl Ludwig Engels errichtet.

Südlich der *Puistokatu,* der Parkstraße, beginnt das **Botschaftsviertel.** Hier liegen die meisten der diplomatischen Vertretungen in der finnischen Hauptstadt. Sehenswert sind unter anderem die in der Itäinen Puistotie liegenden *Botschaften Frankreichs* und *Großbritanniens.*

Wenn Sie sich für finnische Geschichte interessieren, werden Sie immer wieder auf den Namen C.G.E. Mannerheim stoßen. Er hat wie kaum ein anderer die Geschichte Finnlands im 20. Jahrhundert bestimmt. Im Bürgerkrieg von 1918 zwischen den Kommunisten und den Bürgerlichen führte er die Truppen der bürgerlichen Weißen Armee, im Zweiten Weltkrieg leitete er den finnischen Verteidigungskampf gegen die anrückenden Sowjets und schließlich war er von 1944 bis '46 finnischer Staatspräsident. Warum ich Ihnen das alles an dieser Stelle erzähle? Hier im Botschaftsviertel, genauer gesagt in der Kalliolinnantie 14, steht das ehemalige Wohnhaus des Kriegshelden, das **Mannerheim-Museum**. Hier können Sie sehen, in welcher Umgebung eine der berühmtesten Persönlichkeiten der finnischen Geschichte gelebt hat. Allerdings nur am Freitag, Samstag und Sonntag (jeweils 11 – 16 Uhr, Eintritt 20 FIM). An den übrigen Tagen der Woche ist das Museum geschlossen.

Wenn Sie vom Mannerheim-Museum aus immer in Richtung Westen (also vom Hafen weg) spazieren, landen Sie früher oder später am **Kaivopuisto**, dem *Brunnenpark,* mit dem Wahrzeichen und Orientierungspunkt *Ursa-Obervatorium.* Im Brunnenpark finden an den Sommerwochenenden Open-air-Konzerte mit den bekanntesten finnischen Bands statt – gratis! In den Morgenstunden des 1. Mai trifft man sich hier, um mit einem Glas Sekt in der Hand auf den Feiertag der Studenten anzustoßen.

An diesem Tag versinkt der Park in einem Meer von weißen Studentenmützen, denn selbst alte Herren kramen zu diesem Festtag ihre Mütze aus dem Schrank. Aber auch an normalen Sommertagen lohnt sich ein Spaziergang zum Kaivopuisto. Packen Sie Ihren Picknickkorb aus und genießen Sie einen finnischen Sommertag in diesem schönen Park am Meer. Falls Sie Ihr Picknick vergessen haben, können Sie sich auch ins *Café Ursula* setzen und von dort aus den vorbeifahrenden Schiffen zusehen.

❹
Bulevardi

Auf diesem kurzen Rundgang, der am **Schwedischen Theater** beginnt, lernen Sie den *Bulevardi,* eine Allee mit stattlichen Wohnhäusern des späten 19. Jahrhunderts, kennen.

Gleich am Anfang, in einem Park etwas zurückversetzt, die **Alte Kirche** *(Vanha Kirkko)* aus dem Jahre 1826 – erbaut nach Plänen von C.L. Engel. Die **Alte Nationaloper** (Bulevardi 23 – 27) ist die nächste Sehenswürdigkeit. Sie war ursprünglich in den siebziger Jahren des 19. Jahrhunderts als Theater für die in Helsinki stationierte russische Armee erbaut worden.

Schräg gegenüber befindet sich das **Sinebrychoff-Kunstmuseum** (Mo, Do, Fr 9 – 17, Mi 9 – 20 Uhr. Sa, So 11 – 17 Uhr, Eintritt 10 FIM). In dem Gebäude im Empirestil sind Gemälde alter europäischer Meister ausgestellt: niederländische, italienische und französische Werke des 17. Jahrhunderts, schwedische Portraitgalerie des 17. und 18. Jahrhunderts, Miniaturen und

Ikonen. Selbst wenn Sie keinen Gefallen an den dicken Schenkeln blasser Damen, einem ausgestopften Fasan zwischen Äpfeln oder dem Porträt eines dümmlich schauenden Königs finden, sollten Sie dieses Museum nicht versäumen. Die Räumlichkeiten allein sind einen Besuch wert.

Neben dem Museum liegt die gleichnamige **Brauerei.** Hier wird das in Finnland berühmte *Koff* gebraut. Koff ist übrigens nur die Kurzform des Namens Sinebrychoff. Als die aus Rußland stammende Familie ihr Bier auf den finnischen Markt bringen wollte, stellte sich heraus, daß die Finnen Schwierigkeiten hatten, das Bier mit dem absonderlich klingenden Namen zu bestellen. Um dieses Marketingproblem zu lösen, strichen die Bierbrauer einfach ihren Namen zusammen und als Koff verkaufte sich

das Bier der Sinebrychoffs hervorragend.

Gegenüber der Brauerei liegt der schönste und lebhafteste Markt Helsinkis. Auf dem **Hietalahdentori-Markt** kann man nicht nur Gemüse oder Fische kaufen, sondern auf dem *Flohmarkt* auch auf Schnäppchenjagd gehen (Flohmarktbetrieb im Sommer 8 – 14 und 15.30 – 20 Uhr, die Markthalle ist Mo – Fr 8 – 17 Uhr, Sa 8 – 14 Uhr geöffnet).

Um zum Ausgangspunkt dieses kurzen Spaziergangs zurückzugelangen, nehmen Sie am besten die Parallelstraße zum Bulevardi, die Uudenmaankatu. Sehenswert das im nationalromantischen Stil gehaltene Haus des **Otava-Verlages.** Es liegt in der Nähe der Kreuzung Annankatu/Uudenmaankatu und ist an dem kleinen Türmchen zu erkennen. Das Gebäude

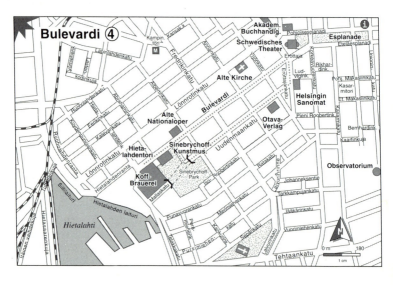

entstand in den Jahren 1906 – 1908 und wurde dem Geschmack der damaligen Zeit entsprechend einer Burg nachempfunden. Am Ende der Straße steht das **Redaktionsgebäude** der größten Tageszeitung in Nordeuropa, dem *Helsingin Sanomat*. Die Finnen sind übrigens begeisterte Zeitungsleser. Der »Hesari«, so nennt man den Helsingin Sanomat vor Ort, kommt bei 5 Millionen Einwohnern auf eine Auflage von fast 480.000. Eine gigantische Zahl, vergleichbar mit der Auflagenhöhe der Süddeutschen Zeitung oder der FAZ, die jedoch eine potentielle Leserschaft von 80 Millionen erreichen wollen. Doch auch an der finnischen Presse ist die Rezession der neunziger Jahre nicht spurlos vorübergegangen. Mehrere bekannte Zeitungen mußten ihr Erscheinen einstellen, da die Anzeigenkunden oder im Falle der parteinahen Zeitungen – wie beispielsweise die *Dämari* der Sozialdemokraten – die Parteigelder ausblieben. – Vom Redaktionsgebäude des Hesari aus noch 50 m nach links, und Sie stehen wieder vor dem Schwedischen Theater.

❺

Das Helsinki der Arbeiter

Dieser Spaziergang, der am **Hauptbahnhof** beginnt, führt zunächst in das Arbeiterviertel *Hakaniemi*, dann zum Vergnügungspark *Linnanmäki* und schließlich zum *Olympiastadion*.

Verlassen Sie den Hauptbahnhof Richtung Osten. Am Nationaltheater vorbei gelangen Sie in den **Kaisaniemi-Park**. Neben dem *Pesäpallo*- (ein Art finnisches Baseball) Feld steht die kleine Büste des deutschen Komponisten *Frederik Pacius* (1809–91), der 1835 als Musiklehrer an die Universität von Helsinki berufen wurde. Er wird aber hier geehrt, weil er die Musik zur finnischen Nationalhymne komponierte. Halten Sie sich jetzt rechts, dann gelangen Sie nach wenigen Metern zum **Botanischen Garten der Universität**. Der Besuch der Freianlagen (im Sommer zwischen 7 – 20 Uhr geöffnet, sonst 7 – 18 Uhr, Eintritt 10 FIM) ist kostenlos, nur wenn man die Palmen, Orchideen und Kakteen in den Gewächshäusern sehen will, muß man Eintritt bezahlen.

Nach dem Bummel durch den Botanischen Garten geht es weiter zur **Pitkäsilta-Brücke** aus dem Jahre 1912. Die Brücke an sich ist nicht der Erwähnung wert, und trotzdem ist sie etwas Besonderes: Sie bildet nämlich die Trennungslinie zwischen dem bürgerlichen Helsinki und dem der Arbeiter. Während im Stadtzentrum und in den südlichen Vororten Bürger, Beamte und Adelige wohnten, waren im **Hakaniemi-Viertel** die Arbeiter zu Hause. Eine Trennung die, natürlich in sehr eingeschränkter Weise, auch heute noch gilt.

Etwa 100 m nach der Brücke erreicht man den **Hakaniemi-Marktplatz** (Marktzeit Mo – Sa 7 – 14 Uhr). Während am Markt am Hafen vor allem die Touristen einkaufen, kaufen hier die Einheimischen – kein Wunder, daß Gemüse, Obst und Fisch billiger sind als auf dem Hauptmarkt! Am **Rundhaus**, dem *Ympyrätalo*, links vorbei, geht es weiter zum neuen **Stadttheater** (erbaut 1967). Folgen

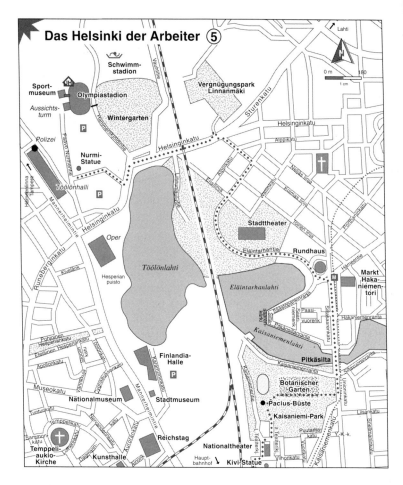

Das Helsinki der Arbeiter ⑤

Map labels:

Lahti

Schwimm-stadion

Sport-museum

Olympiastadion

Aussichts-turm

Vergnügungspark Linnanmäki

Sturenkatu

Helsinginkatu

Wintergarten

0 m   180

1 cm

Polizei

Nurmi-Statue

Helsinginkatu

Alppikatu

Pääsky Nummentie

Helsinginkatu

Ensitie

Alppikatu

Neljäs linja

Wammn

Kolmas linja

Pohjoinkatu

Töölönhalli

Mannerheimintie

Helsinginkatu

Stadttheater

Oper

Eläintarhantie

Rundhaus

Runeberginkatu

Kivelänk.

Hesperian puisto

Töölönlahti

Eläintarhanlahti

Markt Haka-niemen-tori

Hameentie

Porvoonkatu

M

Saattoparvonranta

Siltavuorenranta

Paasi-vuorenk.

Siltasaarenkatu

Pääskuläisranta

Hakaniemenranta

Pohjoinen Hesperiankatu

Eteläinen Hesperiankatu

Kaisantemenlahti

Pitkänsillanranta

Kaisanementie

Pitkäsilta

Apollonkatu

Finlandia-Halle

Kaisaniemenranta

Museokatu

Nationalmuseum

Stadtmuseum

Botanischer Garten

Unioninkatu

Siltavuorenranta

Pacius-Büste

Kaisaniemi-Park

Liisankatu

Temppeli-aukio-Kirche

Sammon-katu

Temppelikatu

Reichstag

Nationaltheater

Puutarha-katu

Y.-k.-k.

Snellmaninkatu

Kunsthalle

Haupt-bahnhof

Kivi-Statue

Vilhonkatu

II Teatteri

Kaisaniemenkuja

Sie der Hauptstraße bis hinauf zur Kolmas Linja, dort schwenken Sie nach links und nach 2–300 m stehen Sie vor den Eingangstoren von Helsinkis **Vergnügungspark Linnanmäki** (Eintritt 10 FIM). Verglichen mit ähnlichen Parks in Mitteleuropa, macht Linnanmäki mit seinem Riesenrad und Autoscooter etc. einen eher provinziellen Eindruck. Zwischen Sonntag und Donnerstag werden die Besucher bereits um 21 Uhr nach Hause geschickt, freitags und samstags dürfen sie eine Stunde länger bleiben. Wer Bierhallenstimmung und wilde Achterbahnen sucht, für den ist Helsinkis Vergnügungspark zu langweilig. Familien mit Kindern werden aber einen schönen Nachmittag verleben.

Wenn Sie sich genügend amüsiert haben, folgen Sie weiter der Hauptstraße *Helsinginkatu* Richtung Westen. Nach einigen hundert Metern geht es unter einer Eisenbahnbrücke durch. Danach stoßen Sie auf den **Wintergarten** der Stadt (Mo – Sa 12 – 15, So 11 – 15). Nicht nur, aber auch im Winter, kann man sich hier am Grün exotischer Pflanzen erfreuen.

Wenn Sie der Hauptstraße weiter folgen, nach etwa 50 m rechts abbiegen und dann noch etwa 100 m geradeaus gehen, treffen Sie auf *Paavo Nurmi*: Am Parkplatz des Olympiastadions steht die von Wäinö Aaltonen geschaffene Statue des finnischen Wunderläufers der zwanziger Jahre. Von hier aus sehen Sie schon das **Olympiastadion**. Es wurde für die Olympiade 1940 erbaut. Da die Spiele aber dem Zweiten Weltkrieg zum Opfer fielen, kam es erst 12 Jahre später, 1952, zu olympischen Ehren. Von der 72 m hohen Aussichtsplattform des *Stadionturms* (Mo – Fr 9 – 20 Uhr, Sa, So 9 – 18 Uhr geöffnet) hat man einen sehr guten Blick über Helsinki. Sportfans sollten nicht versäumen, sich das im Olympiastadion untergebrachte *Sportmuseum* (fin. *Urheilumuseo*. Geöffnet Mo, Di, Mi, Fr 11 – 17, Do 11 – 19 Uhr, Sa, So 12 – 16 Uhr, Eintritt 10 FIM) anzuschauen. Hier kann man unter anderem die berühmten Laufschuhe Paavo Nurmis bestaunen.

Wer will, kann über die Mannerheimstraße, am neuen **Opernhaus** vorbei, zurück zum Bahnhof gelangen bzw. gleich mit dem Spaziergang ② weitermachen.

❻
Zur Museumsinsel Seurasaari

Dieser Spaziergang führt Sie zu den Sehenswürdigkeiten, die außerhalb des Zentrums liegen. Ausgangspunkt ist das **Sibelius-Monument** an der Mechelinkatu. Dorthin gelangen Sie am besten mit dem Bus Nummer 24 vom Schwedischen Theater aus.

Das abstrakte *Stahldenkmal*, das die Bildhauerin Eila Hiltunen zwischen 1962 und '67 zu Ehren des Komponisten *Jean Sibelius* (1865 – 1957) schuf, erregte zu seiner Zeit sehr viel Aufsehen und stieß teilweise auf großes Unverständnis. Mit den symbolisierten Orgelpfeifen (oder stellen die silbernen Stahlrohre vielleicht das Nordlicht, den finnischen Wald oder einen Wasserfall dar?) wußten viele Finnen nichts anzufangen. Um sie zu beruhigen, wurde schließlich noch ein realistisches Relief des Kopfes des Künstlers hinzugefügt – damit bot das Monument für jeden Geschmack etwas. Besonders am späten Nachmittag, wenn sich die Sonne in den Stahlrohren spiegelt, ist das monumentale Sibelius-Denkmal ein beliebtes Motiv für Fotografen.

Verlassen Sie den Sibelius-Park in Richtung Meer (Norden) und folgen Sie dann einfach der Küstenlinie stadtauswärts. Nach etwa 700 m sehen Sie linkerhand die Halbinsel *Kesäranta* – zu deutsch Sommerstrand.

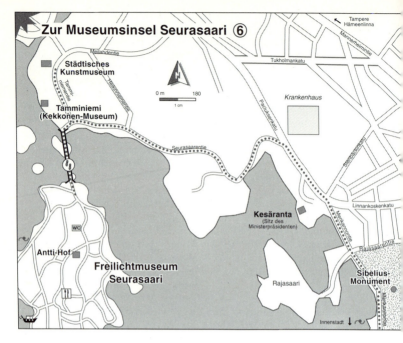

Zur Museumsinsel Seurasaari ⑥

In der *Villa* aus dem Jahre 1904 befindet sich der Amtssitz des finnischen Ministerpräsidenten. Biegen Sie nun zunächst in die Paciuksenkatu ab, die später Seurasaarentie heißt, und folgen Sie der Beschilderung zur Insel *Seurasaari*. Der Weg führt durch ein parkähnliches Gebiet. Gehen Sie weiter, bis nach etwa 2 km der Weg endet. Rechterhand liegt nun **Tamminiemi,** das Kekkonen-Museum, vor Ihnen. Hier haben zwischen 1940 und 1987 alle finnischen Präsidenten (mit Ausnahme von J.K. Paasikivi) gewohnt. Heute ist Tamminiemi ein Museum zur Erinnerung an den Präsidenten *Urho Kaleva Kekkonen* (1900–86). Er

bekleidete das höchste Staatsamt von 1956 bis 1981. Das Haus wurde bereits ein Jahr nach Kekkonens Tod als *Museum* eröffnet und ermöglicht Besuchern heute einen Einblick in das Leben des wichtigsten finnischen Nachkriegspolitikers (Anfang Mai bis Mitte September tgl. 11 – 16 Uhr, Do auch 18 – 20 Uhr, sonst tgl. 11 – 15 Uhr, Do auch 18 – 20 Uhr, Führungen alle halbe Stunde. Eintritt 10 FIM).

Direkt hinter Tamminiemi befindet sich am Ende der Meilahdentie das **Städtische Kunstmuseum.** Hier finden wechselnde Ausstellungen zu unterschiedlichen Themen statt (Mi – So 11 – 18.30 Uhr. Eintritt 15 FIM).

Nach soviel Museen wird es aber wieder Zeit für etwas frische Luft. Das auf der **Insel Seurasaari** gelegene **Freilichtmuseum** der Stadt ist über eine Fußgängerbrücke (direkt gegenüber des Tamminiemi-Museums) zu erreichen. Mehrere alte *Bauernhäuser,* eine *Holzkirche* aus dem 17. Jahrhundert, eine *Rauchsauna* und ein *Herrenhaus* aus dem 18. Jahrhundert wurden hier originalgetreu wieder aufgebaut. Der Museumspark ist jederzeit zugänglich, die Häuser haben unterschiedliche Öffnungszeiten. Im Sommer finden auf dem *Festplatz* und im *Antti-Hof* regelmäßig Volkstanzvorführungen statt. Wer an Mittsommer in Helsinki ist und nicht weiß, wo er diesen besonderen Abend verbringen soll, sollte sich nach Seurasaari aufmachen. Das dortige Mittsommerfest hat landesweite Berühmtheit erlangt.

Festungs-Insel Suomenlinna

Für die Fahrt zur Insel Suomenlinna sollten Sie sich mindestens einen halben Tag Zeit nehmen. Die Festung wurde in der Mitte des 18. Jahrhunderts während der Zeit der schwedischen Herrschaft erbaut. Damals hieß sie aber noch nicht Suomenlinna, Finnenburg, sondern *Sveaborg,* das ist Schwedisch und heißt Schwedenburg. 1808 eroberten die Armeen des russischen Zaren Finnland und von da an, bis zur Unabhängigkeit des Landes, war auf Suomenlinna eine russische Garnison stationiert. Die Festung hat riesige Ausmaße und erstreckt sich über mehrere Inseln. Heute ist Suomenlinna eine Erholungs- und Museumsinsel, auf der man ohne weiteres einen ganzen Tag verbringen kann, ohne sich zu langweilen. Die Eintrittspreise der einzelnen Museen liegen bei 5 bis 10 FIM.

Zu erreichen ist die Insel mit der Fähre vom *Marktplatz* aus (siehe auch Seite 122). Achten Sie darauf, daß Sie ein Boot der städtischen Verkehrsbetriebe erwischen (Abfahrt in der Mitte des Platzes, dort Ticketverkauf am Kiosk), bei den privaten Anbietern kostet die Überfahrt wesentlich

Abenteuerspielplatz Sibeliusmonument

HELSINKI

mehr. Die Boote legen alle 30 Minuten ab und fahren bis in die Nacht, da auf Suomenlinna ja auch Leute leben.

Die Fähre legt nach etwa 30 Minuten Fahrt auf **Iso Mustasaari** an, einer der 6 Inseln, auf denen die Festung liegt. Schon vom Schiff aus sehen Sie die **Strandkaserne** aus dem Jahre 1870, in der sich heute die *Galerie Rantakasarmi* befindet. Hier sind Ausstellungen zur nordischen Gegenwartskunst zu sehen (im Sommer 11 – 18 Uhr, in der übrigen Jahreszeit 11 – 17 Uhr geöffnet). Direkt hinter der Strandkaserne steht die **Kirche** von 1854, deren Turm Sie wahrscheinlich schon vom Festland aus gesehen haben.

Am Ostende der Insel Iso Mustasaari ist in einer alten russischen Villa das **Puppen- und Spielzeugmuseum** untergebracht (Juni – August tgl. 11 – 17 Uhr, Mai tgl. 10 – 15 Uhr, September Sa, So 11 – 15 Uhr geöfnet).

Die nächste Insel erreichen Sie über eine kleine Brücke. **Susisaari,** die *Wolfeninsel,* bildet das eigentliche Zentrum der Festungsanlage. Wenn Sie dem Hauptweg (nach der Brücke links) folgen, sehen Sie nach etwa 200 m ein *U-Boot* am Mee-

resufer liegen. Das ist kein gestrandetes sowjetisches Spionageboot, sondern ein Kampfschiff der finnischen Flotte aus dem Zweiten Weltkrieg. Es ist von Mitte Mai bis Ende August tgl. 10 – 17 Uhr, im September tgl. 11 – 15 Uhr zu besichtigen. Ein paar Schritte weiter, am *Sommertheater* vorbei, stehen Sie schon wieder vor einem Museum: Im **Ehrensvärd-Museum** erfährt man mehr über die Geschichte der Seefestung und kann zudem die Wohnung von *Augustin Ehrensvärd,*

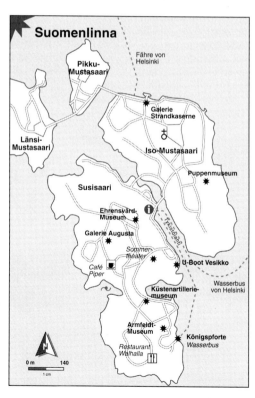

Suomenlinna

Pikku-Mustasaari

Fähre von Helsinki

Galerie Strandkaserne

Länsi-Mustasaari

Iso-Mustasaari

Puppenmuseum

Susisaari

Ehrensvärd-Museum

Galerie Augusta

Sommer-theater

Café Piper

U-Boot Vesikko

Küstenartillerie-museum

Wasserbus von Helsinki

Armfeldt-Museum

Königspforte
Wasserbus

Restaurant Walhalla

N

0 m   140
1 cm

dem Erbauer der Festung besuchen (Mitte Mai bis Ende August tgl. 10 – 17 Uhr, im September tgl. 10 – 16.30, sonst Sa, So 11 – 16.30 Uhr, im Dezember und Januar ist das Museum geschlossen). Im Hof des Museums befindet sich Ehrenvärds Grabmal.

Folgen Sie nun wieder dem Hauptweg. An der *Galerie Augusta* vorbei erreichen Sie das beliebte **Ausflugscafé Piper**. Es liegt auf einem kleinen Hügel und ist von saftig grünen Liegewiesen umgeben. Wer genug Museen gesehen hat, kann sich hier in die Sonne legen oder sich in die (meist kalte) Ostsee stürzen. Für Museumsfreunde geht der Rundgang weiter. Als nächstes steht das **Küstenartilleriemuseum** auf dem Besuchsprogramm (Öffnungszeiten von Mitte Mai bis Ende August 10 – 17 Uhr, im September 11 – 15 Uhr). Einige Meter weiter liegt das **Armfeldt-Museum,** in dem Sie sich über die Reichtümer und Schätze des schwedischen Armfeldt-Geschlechts informieren können. General Armfeldt, ein eiserner Kämpfer, ließ die Stadt zerstören bevor er sie den feindlichen Russen übergab. – Das Museum ist für die meisten wahrscheinlich weniger interessant. Wenn Sie sich aber inzwischen mit Suomenlinna angefreundet haben und sehen wollen, wie die Festung zur Zeit der russischen Besatzung ausgesehen hat, sollten Sie das Museum doch besuchen. Dort wird nämlich ein Modell der Festung ausgestellt, das deren Aussehen im Jahre 1808 zeigt (Öffnungszeiten im Sommer 11 – 17.30 Uhr, September Sa, So 11 – 17.30 Uhr).

Altes Segelboot vor Suomenlinna

Sollten Sie kein Museumsfan sein, als Pazifist Militäranlagen furchtbar finden und außerdem schon Hunderte von alten Burgen gesehen haben ... fahren Sie trotzdem nach Suomenlinna. Sie werden den Ausflug sicherlich nicht bereuen. Nicht umsonst wurde Suomenlinna zu Beginn der neunziger Jahre auf die *World Heritage List* der UNESCO aufgenommen. Damit befindet sich die Festungsanlage vor Helsinki in geschützter Gesellschaft mit der Chinesischen Mauer und den ägyptischen Pyramiden.

Vantaa und Espoo

Obwohl Vantaa und Espoo eigenständige Gemeinden sind und mit 140.00 bzw. 165.000 Einwohnern sogar zu den größten Orten des Landes zählen, sind sie nichts anderes als Trabantenstädte der Hauptstadt. Sie sind mit Helsinki zusammengewachsen und weisen kein harmonisch-urbanes Stadtbild auf. Einige Sehenswürdigkeiten in den beiden Städten sind aber besuchenswert.

Gallén-Kallela-Museum: Direkt an der Stadtgrenze zwischen Espoo und Helsinki liegt *Tarvaspää*, das nach den eigenen Entwürfen erbaute Heim und Atelier des Malers *Akseli Gallén-Kallela* (1865 – 1931). Der Künstler, der in Paris unter dem Einfluß von Bastien-Lepage studierte, gilt mit seinen Genrebildern aus dem finnischen Volksleben als der Hauptvertreter der nationalen Kunst, besonders auch, weil er das Nationalepos »Kalevala« zu seinem Hauptthema machte. Von Mitte Mai bis Ende August Mo – Do 10 – 20 Uhr, Fr – So 10 – 17 Uhr, sonst Di – Sa 10 – 16 Uhr, So 10 – 17 Uhr. Eintritt 30 FIM. Das Museum liegt in der Gallen-Kallelantie 27 und ist mit dem Bus Nr. 33 vom Helsinkier Stadtteil *Munkkiniemi* aus zu erreichen. Von der Endhaltestelle der Straßenbahn Nr. 4 sind es noch 2 km Fußmarsch bis zum Museum.

Tapiola: Dieser Stadtteil Espoos wird gern mit dem Beinamen »Gartenstadt« versehen und gilt als ein Beispiel für vorbildliche moderne Architektur. Meiner Meinung nach unterscheiden sich die Bauten von Tapiola nicht sehr von denen anderer Vorstädte – für Architekten und Freunde moderner Stadtplanung ist aber ein Besuch sicher aufschlußreich (Nr. 104, 105, 106, 109 vom Bushof).

Eigentlich schon nicht mehr zu Espoo, sondern zu deren Nachbargemeinde *Kirkkonummi* gehört **Hvitträsk,** das Atelier und Heim der drei Architekten *Eliel Saarinen, Armas Lindgren* und *Herman Gesellius.* Das Haus liegt in unberührter Natur auf einer Anhöhe über einem See und ist schon allein wegen seiner Lage besuchenswert. Es wurde 1902 errichtet und war über mehrere Jahrzehnte hinweg ein Zentrum finnischen Kulturlebens. Beinahe alle berühmten Künstler der damaligen Zeit waren in dem Haus zu Gast. Innenarchitektonisch ist es sehr interessant, denn jedes Zimmer hat einen eigenen Charakter. Es ist von Juni bis Ende August tgl. 10 – 19 Uhr, sonst tgl. 11 – 18 Uhr geöffnet. Eintritt 15 FIM. Zu erreichen ist Hvitträsk mit dem Nahverkehrszug L, von der Haltestelle *Luoma* sind es noch 2 km Fußmarsch. Oder man fährt mit dem Zug S nach *Masala* und läßt sich vom Bahnhof mit dem Taxi nach Hvitträsk kutschieren.

Vantaa ist vor allem wegen des **Wissenschaftszentrums Heureka** bekannt. »Spaß für jedermann«, so macht Heureka für sich Werbung. Und wirklich, für verspielte Typen ist dieses neuartige Museum ein Paradies. Bei über 100 Experimenten, die man alle selbst ausprobieren kann, lernt man die Welt der Technik kennen und (endlich) verstehen. Einziger Nachteil dieses wirklich ausgezeichnet gemachten Aktiv-Museums ist: die Bedienungsanweisungen sind bisher nur in finnisch, schwedisch und englisch

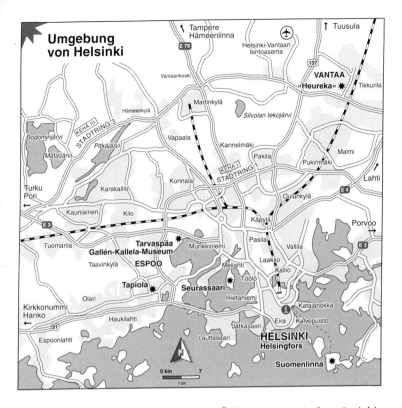

Umgebung von Helsinki

angebracht. Da die Computer und Simulationsapparate aber nur dann mit Spaß ausprobiert werden können, wenn man auch weiß, was man tun soll, werden Besucher, die keine der genannten Sprachen beherrschen, nur bedingt Freude haben. Mehr Streß als Freude hat man auch, wenn man sich am Wochenende nach Heureka aufmacht. Dann bilden sich nämlich vor den einzelnen Geräten lange Warteschlangen, und man verbringt die meiste Zeit mit Anstehen.

Öffnungszeiten: Anfang Juni bis Ende September Mo – Mi und Fr – So 10 – 18 Uhr, Do 10 – 20 Uhr. In den übrigen Monaten ist am Montag geschlossen. Der Eintrittspreis liegt je nach Art der Ermäßigung zwischen 55 und 75 FIM. Zu erreichen ist das Wissenschaftszentrum ganz einfach mit den Nahverkehrszügen K, P, R und H vom Hauptbahnhof aus bis zur Haltestelle *Tikkurila*. Heureka ist bereits vom dortigen Bahnhof aus zu sehen.

Weitere Museen in Helsinki

In Helsinki gibt es über 50 Museen. Hier eine Auswahl:

Amos-Anderson-Museum, Yrjönkatu 27. Finnische Kunst des 20. Jahrhunderts und europäische Kunst des 15. – 18. Jahrhunderts. Mo – Fr 11 – 18 Uhr, Sa, So 11 – 16 Uhr, im Sommer unter der Woche nur 11 – 17 Uhr geöffnet. Eintritt 20 FIM

Fotografisches Museum, Keskuskatu 6. Kleines Museum mit wechselnden Ausstellungen. Mo – Fr 11 – 17 Uhr, Sa, So 11 – 16 Uhr geöffnet. Eintritt 10 FIM.

Arabia-Museum, Hämeentie 135. Porzellanausstellung der Arabia-Fabrik. Mo 10 – 20 Uhr, Di – Fr 10 – 17 Uhr, Sa, So 9 – 15 Uhr geöffnet. Eintritt 3 FIM. Zu erreichen mit Straßenbahn Nr. 6, Bus Nr. 71, 74, 76 vom Bahnhofsplatz.

Arbeiterwohnungsmuseum, Kirstinkuja 4. Die Wohnverhältnisse von Arbeitern in Helsinki in diesem Jahrhundert werden gezeigt. Öffnungszeiten im Mai – September Mi – So 11 – 17 Uhr. Eintritt 10 FIM. Straßenbahn 3B, 3T.

Wachsmuseum, Katajanokanlaituri 5. Ein sehr interessantes Museum für Touristen, die die Ebenbilder berühmter Finnen sehen wollen. Geöffnet Di – Fr 10 – 19 Uhr, Sa, So 10 – 18 Uhr. Straßenbahn Nr. 2 und 4.

Verbindungen

Von Helsinki aus kommt man überall hin – irgendwie. Jeder Flughafen des Landes wird von hier aus angeflogen und alle großen Städte haben direkten Bahnanschluß an die Hauptstadt.

Flug

Flugverbindungen zu allen Flugplätzen im Inland. Beispiele:

Ziel	Flugzeit	Circa-Preis
Tampere	35 Min.	370 FIM
Turku	30 Min.	370 FIM
Jyväskylä	35 Min.	440 FIM
Kuopio	.45 Min.	530 FIM
Oulu	55 Min.	660 FIM
Rovaniemi	70 Min.	740 FIM
Ivalo	95 Min.	810 FIM

Mit *Flieg&Spar-* und *SuperFlieg&-Spar-Tickets* kann man Ermäßigungen zwischen 40 und 60 % erhalten. Informationen über die aktuellen Bedingungen für den Kauf solcher Tickets bei *Finnair.* Ein *Finnair-Holiday-Ticket*, das zu unbegrenztem Fliegen innerhalb von Finnlands während eines Zeitraums von 15 Tagen berechtigt, kostet 475 DM.

Finnair-Buchungsbüros in Helsinki: Mannerheimintie 102, ℗ 8188360, Alexanderinkatu 12, ℗ 8187750, Asemaaukio 3, ℗ 8187980, Töölönkatu 21, ℗ 8187670.

Verbindungen zum Flughafen Helsinki/Vantaa: Mit dem *Finnair-Flughafenbus* vom Bahnhofsvorplatz (vor dem Westausgang) oder vom Finnair City Terminal in der Töölönkatu; Fahrpreis: 20 FIM. Billiger mit dem *Stadtbus Nr. 61* vom Bahnhof Tikkurila, *Bus Nr. 615* vom Hauptbahnhof (Busplattform 12, Ostausgang des Bahnhofs), *Bus Nr. 614* oder *616* von der Busstation, *Bus Nr. 519* von Itäkeskus, *Bus Nr. 513* von Tapiola. Einige Hotels (z.B. Klaus Kurki, Torni) bieten ihren Gästen einen *Busshuttle* zum Flughafen an.

Airport-Taxi ℗ 22002500.

Bahn

Anschluß an alle großen finnischen Städte. Nachteil: Das finnische Bahnnetz endet in Rovaniemi. Bahnfahren ist im Vergleich zum Busfahren etwas billiger, dafür sind mit dem Bus auch die kleinen Ortschaften zu erreichen. Einige Beispiele:

Ziel	kürzeste Fahrzeit	Circa-Preis
Tampere	1 Std. 40	75 FIM
Turku	2 Std. 10	75 FIM
Jyväskylä	3 Std. 30	130 FIM
Kuopio	4 Std. 45	160 FIM
Oulu	6 Std. 20	210 FIM
Rovaniemi	9 Std. 40	250 FIM

Autoreisezüge nach *Oulu, Kontiomäki* (bei Kajaani) und *Rovaniemi*. Preise je nach Strecke 400 – 500 FIM für das Auto.

Auslandszugverbindungen: Nach *St. Petersburg* (Fahrzeit etwa 6 ½ Stunden, Preis etwa 250 FIM), nach *Moskau* (Fahrzeit 14 ½ Stunden, etwa 440 FIM). Platzreservierung ist in den Zügen nach Rußland Pflicht. Visabestimmungen beachten!

Fernbus

Abfahrt der Überlandbusse vom *Busbahnhof* Ecke Mannerheimintie/ Salomonkatu bzw. Simonkatu. Von hier aus fahren mehrmals täglich Busse in alle größeren Städte des Landes. Zum Beispiel nach:

Ziel	Frequenz	Fahrzeit	FIM
Tampere	19 x tgl.	3 Std.	80
Turku	32 x tgl.	2 ½ Std.	80
Jyväskylä	14 x tgl.	4 ½ Std.	135
Kuopio	7 x tgl.	6 ½ Std.	180
Oulu	2 x tgl.	10 Std.	295
Rovaniemi	1 x tgl.	15 Std.	365

Das beliebte Ausflugsboot »Runeberg«

Schiff: Siehe dazu das einleitende Kapitel zur Anreise nach Finnland.

Von Helsinki aus bestehen preisgünstige Möglichkeiten für *Ausflugsfahrten* nach Tallinn, Viipuri, und St. Petersburg. »Tallink« bietet beispielsweise eine visafreie Eintagesfahrt nach Tallinn zum Spottpreis von 95 FIM an.

Eine Extra-*Hafenrundfahrt* kann sich sparen, wer nach Suomenlinna übersetzt. Auf der Fahrt dorthin sieht man alles sehr schön.

Öffentlicher Nahverkehr

In Helsinki gibt es ein perfekt ausgebautes Bus- und Straßenbahnnetz.

Städtische Busverbindungen

Nachfolgend eine Aufstellung von für Touristen wichtigen Punkten mit Hinweisen, wie man dorthin gelangt:

Eisstadion: Straßenbahn 3, 7

Espoo: Bus Nr. 101 bis 110, Abfahrt vom Busbahnhof (westlich der Mannerheiminkatu, Kreuzung Simonkatu)

Heureka: Lokalzüge K, P, R, H vom Hauptbahnhof

Kaivopuisto: Straßenbahn 3

Linnanmäki Vergnügungspark: Straßenbahn 3, 8. Bus 23 vom Bahnhofsplatz

Olympiastadion, Jugendherberge, Sportmuseum: Straßenbahn 3,4,7,10

Freilichtmuseum Seurasaari, Urho Kekkonen Museum: Bus Nr. 24 vom Schwedischen Theater

Silja-Fähren nach Schweden, Estlandfähren: Straßenbahn 3

Viking-Fähren nach Schweden, Finnjet nach Travemünde: Straßenbahn 2, 4, Bus 13

Außerdem nennt Helsinki das kürzeste U-Bahnnetz der Welt sein eigen. Nahezu jeder Punkt im Stadtgebiet ist mit öffentlichen Verkehrsmitteln problemlos zu erreichen. Die meisten Busse fahren entweder vom *Bahnhofsplatz* (wenn Sie mit dem Rücken zu den Gleisen stehen, den Ausgang nach links benutzen), dem Halteplatz in der *Postikatu* (Ausgang rechts) oder dem *Schwedischen Theater* ab. Die meisten Straßenbahnen haben eine Haltestelle vor dem Haupteingang des Bahnhofs.

Der Einzelfahrpreis beträgt 8 FIM, für Fahrten nach Espoo oder Vantaa müßen 14 FIM bezahlt werden.

Tickets kann man beim Fahrer im Bus, im Hauptbahnhof oder an den U-Bahn-Automaten kaufen.

Tip: *Helsinki-Karte:* Wer sich hauptsächlich mit öffentlichen Verkehrsmitteln fortbewegen und das eine oder andere Museum besichtigen will, sollte sich die Anschaffung der Helsinki-Karte überlegen. Man bezahlt einmal und kann dann mit seiner Karte unbeschränkt die öffentlichen Verkehrsmittel benutzen (auch Boote), Museen besuchen und erhält zudem noch eine Menge anderer Ermäßigungen und Vergünstigungen. Die Karte kostet für einen Tag 80 FIM, für 2 Tage 105 FIM und für 3 Tage 125 FIM. Informationen und Verkauf beim Fremdenverkehrsamt der Stadt.

Fahrradverleih: An der Jugendherberge im Olympiastadion. Ein Wort zur Warnung: in Helsinki gibt es nur ein schlecht ausgebautes Fahrradwegenetz, was das Radeln sehr »spannend« macht.

Mietwagen: Alle bekannten Anbieter haben am Flughafen Büros. Zusätzlich sind im Stadtzentrum vertreten: *Avis*, Pohjoinen Rautatiekatu 19, ✆ 441155, *Hertz*, Hernesaarenranta 11, ✆ 6221100, *Interrent/Europcar*, Hitsaajankatu 7c, ✆ 7556133.

Taxi: Teuer und nachts nur schwer zu bekommen. Man kann sie auch per Telefon bestellen: ✆ 651766, 651634.

Unterkunft

Helsinki ist eine der wenigen europäischen Großstädte, in denen es zu viele Hotels gibt (über 12.000 Hotelbetten). Sollten nicht gerade große internationale Kongresse stattfinden, ist eine Vorausbuchung nicht notwendig. Im Vergleich zum übrigen Finnland sind die Hotelpreise in Helsinki etwa um 1/5 höher.

Anna, nördlich vom Zentrum, Annankatu 1, ✆ 648011, DZ um 450 FIM, zentrale Lage.

Aurora, Helsinginkatu 50, ✆ 717400, DZ um 450 FIM.

Fenno, Franzeninkatu 26, ✆ 7731661, DZ um 300 FIM. Preisgünstiges Appartementhotel, etwa 4 km vom Stadtzentrum gelegen, mit Bus Nr. 17 erreichbar.

Finn, Kalevankatu 3, ✆ 640904, DZ um 300 FIM. Einfach und preiswert in zentraler Lage.

Helka, Pohjoinen Rautatiekatu 23, ✆ 440581, DZ um 500 FIM. Gutes Business-Hotel am Rande des Zentrums, sehr gutes Frühstücksbuffet.

Kalastajatorppa, Kalastajatorpantie 1, ✆ 45811, DZ ab 400 FIM. 5-Sterne-Hotel am Rande der Stadt. Hier quartiert die Regierung ihre Staatsgäste ein.

SAS Royal, Runeberginkatu 2, ✆ 69580, DZ um 800 FIM. Neues Business-Hotel.

Torni, Yrjönkatu 26, ✆ 131131, DZ ab 500 FIM. Ein Haus mit Tradition und Atmosphäre im Stadtzentrum.

Ursula, Paasivuorenkatu 1, ✆ 750311, DZ um 450 FIM. Ruhiges Hotel in Hakaniemi, etwa 2 km nördlich vom Zentrum. Kein Alkoholausschank.

Hostels & Jugendherbergen

Hostel Academica, Hietaniemenkatu 14, ✆ 4020206, 55 – 95 FIM, geöffnet 1.6. – 1.9., 1 km vom Bahnhof in Richtung Westen.

Eurohostel, Linnankatu 9, ✆ 664452, 110 – 160 FIM, ganzjährig geöffnet, 2 km vom Stadtzentrum. In unmittelbarer Nähe der Anlegestelle der Viking Line und der Finnjet gelegen.

Satakuntatalo, Lapinrinne 1 A, ✆ 695851, 60 – 175 FIM, geöffnet 24.5. – 2.9. Zentrale Lage, hotelähnliche Ausstattung.

Jugendherberge am Stadion, Pohjoinen Stadiontie 3B, ✆ 496071, 60 – 130 FIM, ganzjährig geöffnet. Im Olympiastadion, typische Jugendherberge. Erreichbar mit Straßenbahn Nr. 4, 7 und 10.

Camping

▲ *Rastila*, Vuosaari, ✆ 316551, geöffnet von Mitte Mai bis Mitte September.

Weitere Campingmöglichkeiten an der Südküste Richtung Osten zum Beispiel in Porvoo (auch Jugendherberge) oder Hamina, siehe dort.

Essen & Trinken

Helsinkis »Nachtleben« läßt sich zwar noch immer nicht mit mitteleuropäischen Standards messen, Sperrstunde ist um 1 Uhr, aber immerhin: es geht aufwärts.

Restaurants

Brasserie Coq Au Vin, im Hotel Helka, Pohjoinen Rautatiekatu 23, ℃ 494440. Gemütliches französisches Restaurant.

Cantina West, Kasarminkatu 23, ℃ 6221500. Originell eingerichtetes mexikanisches Restaurant.

Kappeli, Itä Esplanadi 1, ℃ 179242. Restaurant in der Mitte des Esplana-de-Parks. Im Sommer hat man von hier einen guten Überblick über das Treiben im Park. Nachmittags auch gut für einen Kaffee.

Klaus Kurki, Bulevardi 2. ℃ 618911. Restaurant der höheren Preisklasse. Internationale Küche, aber auch Lachs und Ren auf finnische Art.

Kynsilaukka Garlic, Frederikinkatu 22, ℃ 651939. Hier ist alles mit Knoblauch gemacht – sogar das Bier.

Zinnkeller, nordöstlich des Zentrums, Meritullinkatu 25, ℃ 626148. Für den, der auch im Urlaub »deutsch« essen will. Hier trifft sich die deutsche Exilgemeinde.

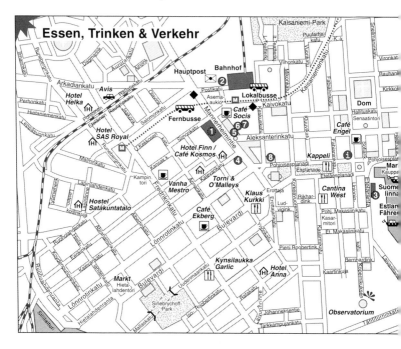

Essen, Trinken & Verkehr

Cafés

Café Engel, Aleksanterinkatu 26, ✆ 652776. Kaffeehaus mit herrlichem Blick auf den Dom. Relativ teuer. Untertags Touristen, am Abend vor allem junge Gäste.

Café Ursula, Ehrenströmintie, ✆ 652817. Beliebtes Ausflugslokal mit Terrassen am Ostseestrand, siehe Plan und Rundgang ③. Abends geschlossen.

Ekberg, Bulevardi 9, ✆ 605269. Gemütliches Café, wird vor allem von älteren Damen und Herren besucht.

Piper, ✆ 668447, Ausflugs- und Tagescafé auf der Insel Suomenlinna, siehe entsprechenden Plan.

Socis, Kaivokatu 12, ✆ 170441. In diesem gemütlichen Kaffeehaus trifft man sich in Helsinki zum Plausch. Kleine und mittelgroße Gerichte von der Selbstbedienungstheke.

Kneipen

Berlin, nördlich vom Zentrum im Stadtteil Hakaniemi, Töölönkatu 3, ✆ 499002. Kleines Speiseangebot. In-Kneipe, everything goes.

Kosmos, Kalevankatu 3, ✆ 647255. Treff der Bohèmes und Intellektuellen. Es gibt Kleinigkeiten zu essen.

O'Malleys, Yrjönkatu 28, ✆ 131131. Irisches Pub.

Vanhan Kellari, Mannerheimintie 3. ✆ 654646. Traditionelle, gemütliche finnische Kneipe.

William K., Mannerheimintie 18, nahe Töölö-Halle stadtauswärts, ✆ 6942164. Finnische Bierkneipe, außer Ihnen garantiert touristenfrei.

Zetor, Kaivopiha, ✆ 666966. Die etwas andere Kneipe. Oder kennen Sie sonst ein Lokal, dessen Innenausstattung aus Traktoren besteht? Muß man gesehen haben.

Bars & Tanzlokale

Atelier Bar im Hotel Torni, Yrjönkatu 26. ✆ 131131. Liegt im 13. Stock des Hotels und bietet vor allem den absolut schönsten Blick über Helsinki. Weiblichen Gästen sei der Besuch der Toilette empfohlen – Sie werden schon sehen!

The Old Bakers, Mannerheimintie 12. ✆ 605607. Nette Mischung aus Kneipe und Disco. Auf jeden Fall ein beliebtes Tanzlokal der Helsinkier Jugend.

HELSINKI

Vanha Mestro, Frederikinkatu 51, © 644303. Tanzpalast, in dem die mittlere Generation das Tanzbein schwingt. So typisch finnisch, daß man es zumindest einmal gesehen haben sollte.

Einkaufen

Lebensmittel: Am billigsten bei der *Aleppa-Kette*. Fisch kauft man am besten auf einem der *Märkte* (Hauptmarkt, Hakaniemi oder Hietalahti, siehe Stadtbeschreibung).

Bücher, internationale Zeitungen: Bei *Akateeminen Kirjakauppa,* Keskuskatu 1, oder *Suomalainen Kirjakauppa,* Alexanterinkatu 23.

Schallplatten, CDs: *Fazer Music,* Alexanterinkatu 11.

Kleidung: Echt finnische (und teure) Kleidung gibt's bei *Marimekko* (z.B. Keskuskatu 3). Preisgünstige Kleidung gibt's bei der *Seppälä-Kette.*

Glas, Porzellan: *Arabia* wurde zum Inbegriff für finnisches Porzellan. Wer echtes »Arabia« mit nach Hause nehmen möchte, für den die folgende Adresse: *Hackmann Shop Arabia,* Pohjoisesplanadi 25. Hier gibt es auch finnisches Glas. Oder Sie kaufen Ihr Porzellan gleich ab Fabrik: Hämeentie 135. Siehe auch »Museen«.

Sauna-Artikel: Gibt's teuer und stilecht im *Sauna Soppi-Shopp* am Se-natsplatz oder weniger teuer im Supermarkt.

Souvenirs: In allen Kaufhäusern. *Stockmann* hat eine eigene große Abteilung nur mit Souvenirs. Am meisten Spaß macht der Andenkenkauf aber auf dem *Hauptmarkt.*

Badestrände & Sport

Auf dem Weg zum »uimaranta« – **Strände** in Helsinki:

Hietanniemi, der bekannteste und zentrumsnaheste Strand in Helsinki (etwa 2 km westlich vom Bahnhof). Freitag nachts wird der Strand regelmäßig von alkoholisierten finnischen Jugendlichen heimgesucht. Die Überreste dieses Treibens, Scherben im Wasser und am Strand, findet man leider auch unter der Woche. Erreichbar mit dem Bus 55 A.

Summertime: Eisschlecken beim Open-air-Konzert im Esplanade-Park und Erholung am Meer

Seurasaari, auf der Insel des Freilichtmuseums, gibt es einen »normalen« und einen Nacktbadestrand. Letzterer ist streng nach Geschlechtern getrennt, und der Blickkontakt zwischen (nacktem!) Mann und (nackter!) Frau wird durch eine Bretterwand verhindert.

Pihlajasaari, schöner, im Sommer recht voller Badestrand auf einer Insel vor Helsinki. Erreichbar mit dem Boot vom Merisatama, am Ende der Neitsytpolku.

Uunisaari, Badestrand auf einer Insel. Verbindung: siehe Pihlajasaari

Lautasaari, kleiner Badestrand am Ende der Kuikkarinne (kleineNebenstraße der Isokaari-Hauptstraße). Dort geht's flach ins Meer hinein, sehr gut geeignet für Familien mit Kindern. Ein Spielplatz ist ebenfalls vorhanden.

Suomenlinna, Strand auf der Museumsinsel, schöne Sonnenfelsen. Bootsverbindung vom Marktplatz.

Freiluftschwimmstadion, Hammerskjöldintie (direkt hinter dem Olympiastadion). Hier wurden die olympischen Schwimmwettkämpfe bei den Spielen 1952 ausgetragen. Geöffnet Mo – Sa 7 – 20 Uhr, So 9 – 20 Uhr.

Sport: Helsinki bietet Fans jeder Sportart die Möglichkeit, diese auch auszuüben. Es gibt in der Stadt 270 Sportplätze, 10 Hallenbäder, 17 Badestrände bzw. Freibäder, 34 Trimm-Dich-Pfade, 4 Eishallen und ein ausgedehntes Loipen- und Spazierwegenetz. In der *Tölöhalli,* in der Nähe des Olympiastadions, hat man die Möglichkeit, sich für nur 1 FIM einen ganzen Tag lang sportlich zu betätigen.

Weitere Informationen

Städtisches Fremdenverkehrsbüro Helsinki, Pohjoisesplanadi 19, © 1693757. *Städtisches Informationsbüro Espoo,* Itätuulenkuja 11, 02100 Espoo. *Städtisches Informationsbüro Vantaa,* Unikkotie 2, 01300 Vantaa.

Goetheinstitut, Mannerheimintie 20A, 00100 Helsinki, © 641614.

Geldwechsel: So viele Banken wie in Helsinki werden Sie in kaum einer anderen europäischen Großstadt finden. Direkt gegenüber dem Hauptbahnhof und in der Mannerheimintie befinden sich mehrere Banken. Wer außerhalb der Geschäftszeiten (Mo – Fr 9.15 – 16.15 Uhr) Geld wechseln will, kann dies nur am Flughafen oder am Fährhafen tun (immer, wenn Flieger bzw. Schiffe ankommen).

Tips für den Notfall: In der Hauptpost werden am Poste-restante-Schalter bis 21 Uhr kleinere Beträge der gängigen Währungen gewechselt. Im Einkaufszentrum *Kluuvi* (Kluuvikatu 5) und im Einkaufszentrum *Forum* (Mannerheimintie 20) stehen Wechselautomaten, wo man bis 20 Uhr umtauschen kann. Allerdings akzeptieren diese Maschinen nur DM, Dollar, Pfund und Schwedische Kronen.

Hauptpost: auf der Mannerheimintie direkt neben dem Hauptbahnhof. Mo – Fr 9 – 17 Uhr, Notschalter bis 21 Uhr.

Veranstaltungen: Ende August/ Anfang September: *Helsinki Festival:* Großes internationales Kunstfestival mit Musik, Tanz und Theater. Anfang Oktober: *Heringsmarkt.*

Telefonvorwahl: einheitlich für ganz Helsinki 90.

ÅLAND-INSELN & SÜDKÜSTE

KLEINSCHWEDEN: DIE ÅLANDINSELN

*Ganz egal, ob man vom finnischen Festland oder von Schweden aus nach
Åland kommt, die Anreise mit dem Schiff ist immer ein Erlebnis.
Die großen Fährboote passieren auf ihrem Weg zur Inselgruppe den
Schärengürtel vor Stockholm bzw. den vor Turku. Mit oft nur wenigen
Metern Abstand werden die riesigen Schiffe durch das Inselgewirr gesteuert.
Hier ein Ferienhaus, da eine Sauna, dann wieder ein Segelboot oder
ein einsamer Angler … Vorbei an Leuchttürmen,
kleinen Bootshäfen und Vogelkolonien
nähert man sich Åland.*

Natur

Åland besteht aus Tausenden von Inseln, Felsen und Klippen, von denen allerdings die wenigsten bewohnt sind. Die Inselgruppe erfreut sich eines sehr milden Klimas und deswegen wachsen hier Laubwälder, in denen man unter anderem Eichen, Eschen und Ulmen findet. Auch Ahorn und Linde sind auf der Insel heimisch. Bekannt ist Åland aber vor allem für seinen Reichtum an Orchideen.

Wanderungen und Spaziergänge durch Ålands Wälder führen immer wieder ans Meer. Einsame Buchten mit den so typischen, von den eiszeitlichen Gletschern rund abgeschliffenen Felsen oder flache Strände, besonders geeignet für Familien mit Kindern, machen die Inselgruppe zwischen Finnland und Schweden zu dem perfekten Ort für einen Badeurlaub. Von der Nähe zum Meer ist auch die Tierwelt geprägt. Von den 52 Tierarten, die es auf Åland gibt, sind die meisten Vögel und Fische. Aber auch Rotwild

Das kleinwüchsige Silberwurz

und sogar der König der nordischen Wälder, der Elch, sind hier zu Hause.

Geschichte

Obwohl die Inselgruppe zu Finnland gehört, hat sie doch ihre eigene Geschichte. Etwa 8000 Jahre vor unserer Zeitrechnung erhoben sich die ersten Inseln in der Gegend des heutigen Åland aus dem Meer. Danach dauerte es noch einmal 4000 Jahre, bevor die ersten Menschen hierher kamen. Permanente, größere Ansiedlungen können erst ab 400 v. Chr. nachgewiesen werden. Im 12. Jahrhundert wurden die ersten Kirchen erbaut. Einige dieser alten Gotteshäuser, wie die in *Jomala* und *Saltvik*, sind auch heute noch erhalten.

Eine einschneidende Veränderung erfolgte in der Mitte des 17. Jahrhunderts. Zu dieser Zeit wurde eine regelmäßige Postverbindung zwischen Finnland und Schweden eingerichtet, die via Åland führte. Damit wurde die entlegene Inselgruppe mit der »großen weiten Welt« verbunden. 1714 suchte der Nordische Krieg auch die Fischerdörfer auf Åland heim. Die russische Armee eroberte die Inseln, und der größte Teil der Bevölkerung floh nach Schweden. Wie das übrige Finnland gehörten damals auch die Ålandinseln zum Schwedenreich. Anders aber als auf dem finnischen Festland waren hier schon immer die schwedische Kultur und die schwedische Sprache vorherrschend. Nach der Niederlage von 1714 konnte der schwedische König die Inseln zwar weiterhin unter seiner Herrschaft behalten, doch knapp hundert Jahre später, 1809, ging zusammen mit der Provinz Finnland auch Åland an Rußland verloren. Als Symbol seiner Macht ließ der Zar 1828 in *Eckerö*, der Gemeinde, die dem schwedischen Festland am nächsten liegt, von Carl Ludvig Engel, dem Architekten, der auch die Helsinkier Innenstadt plante, ein imposantes Zoll- und Posthaus im klassizistischen Stil erbauen.

Doch auch die Herrschaft der Russen blieb nicht lange unangefochten. 1854 mußten sie sich im Krimkrieg den zahlenmäßig weit überlegenen französischen und englischen Heeren geschlagen geben. Im Laufe des Gefechtes wurde die Festung *Bomarsund,* die sich als völlige Fehlkonstruktion erwiesen hatte – die Kanonen zeigten in die falsche Richtung -, innerhalb nur weniger Stunden erobert. Rußland durfte zwar nach Beendigung des Krieges die Inselgruppe behalten, doch wurde im Friedensvertrag von 1856 Åland zur demilitarisierten Zone erklärt. Dies hatte zur Folge, daß sich weder Truppen noch Befestigungsanlagen auf den Inseln befinden durften. Dieses Datum ist auch für das heutige Åland noch von

Bedeutung, denn der demilitarisierte Status besteht immer noch.

Als Finnland 1917 in der Folge der russischen Revolution seine Unabhängigkeit erklärte, sahen die Åländer die Möglichkeit, endlich zurück zu Schweden zu kommen. Eine überwiegende Mehrheit der Inselbewohner sprach sich für den Wechsel aus, doch Finnland war lediglich zur Gewährung weitgehender Autonomie bereit. Auf Åland lehnte man dies zunächst ab. Auf Betreiben Englands wurde deshalb die Ålandfrage 1921 vom Völkerbund entschieden. Der sprach zwar Finnland die Hoheitsrechte über die Inseln zu, doch mußte sich Helsinki dazu verpflichten, den Schutz der Sprache, Kultur und Traditionen Ålands zu garantieren – die Inseln bekamen in wichtigen Fragen das Recht zur Selbstverwaltung. Im Laufe unseres Jahrhunderts wurde dieses Recht immer weiter ausgebaut. 1954 erhielt Åland eine eigene Flagge, seit 1970 ist es durch Abgeordnete im Nordischen Rat vertreten und seit 1984 gibt es sogar åländische Briefmarken.

Åland heute

Das Parlament in der Landeshauptstadt Mariehamn entscheidet selbständig über Gesetze in den Bereichen Bildung, Kultur, Gesundheit, Wirtschaft und Verkehrswesen. Auch die Polizei untersteht der Kontrolle der Inselregierung. Das sogenannte Heimatrecht, eine Art åländischer Staatsbürgerschaft, verhindert, daß Inselfremde hier Grundbesitz erwerben können. Will sich beispielsweise ein Festlandsfinne trotzdem Haus und

Hof kaufen, muß er zunächst 5 Jahre lang auf der Inselgruppe leben. Danach kann er, sofern er ausreichende Schwedischkenntnisse nachweisen kann, das Heimatrecht beantragen. Während Finnland ein Land mit zwei offiziellen Landessprachen, Finnisch und Schwedisch, ist, ist Åland streng einsprachig. Man spricht Schwedisch.

Heute leben etwa 24.000 Menschen auf Åland, allein 10.000 davon in der Inselhauptstadt *Mariehamn.* Auf die Bewahrung der åländischen Kultur wird großer Wert gelegt. Aber auch für das aktuelle Geschehen interessiert man sich auf dem Archipel. Die Einwohner haben die Auswahl zwischen zwei Tageszeitungen und einem Radiokanal. Außerdem gibt es mehrere Fachschulen. Der Tourismus hat heute die traditionellen Erwerbszweige Landwirtschaft und Fischerei in der Bedeutung überholt. Da es zwischen Schweden und Åland keine Sprachbarrieren gibt und innerhalb des Nordens das Recht auf freie Arbeitsplatzwahl besteht, konnten bisher all diejenigen, die auf der Inselgruppe keine Arbeit fanden, nach Schweden auswandern. Aus diesem Grund hatte Åland lange Zeit nur eine geringe Arbeitslosenquote. Als zu Beginn der neunziger Jahre die Rezession in Finnland zu Massenentlassungen führte, blieb Åland zunächst davon verschont. Erst als etwa drei Jahre nach Finnland auch Schweden in eine schwere Wirtschaftskrise geriet, zeigte dies Auswirkungen auf die åländische Wirtschaft. So ist Åland heute gezwungen, den Weg aus der Rezession aus eigenen Kräften zu schaffen.

Auf den Schären entdeckt man die Liebe zum Detail

Mariehamn

Mit etwa 10.000 Einwohnern ist Mariehamn die einzige Stadt auf Åland. Sie wurde 1861 auf Befehl Alexander II. gegründet und erhielt ihren Namen nach der Gattin des Zaren – *Maria Alexandrowa*. Böse Zungen spotteten damals, der Herrscher hätte seiner Gemahlin die Stadt zum Geschenk gemacht, um ihren Zorn über seine außerehelichen Affären zu besänftigen.

Die Ost-West-Achse der Stadt bildet eine etwa ein km lange Lindenallee, weswegen sich Mariehamn stolz »Stadt der tausend Linden« nennt. Hauptsehenswürdigkeit ist das im Westhafen für immer vor Anker gegangene **Viermastsegelschiff Pommern** (April – Juni, August/September 9 – 17 Uhr, im Juli 9 – 19 Uhr). Das Schiff wurde 1903 in Glasgow gebaut, ist 95 Meter lang, 13 Meter breit und hat einen Tiefgang von 7,5 Metern. In früheren Zeiten verkehrte es vor allem als Getreidefrachter zwischen Australien und England. Etwa 70.000 Besucher steigen jedes Jahr über die steile Schiffstreppe an Bord. In den zwanziger und dreißiger Jahren unseres Jahrhunderts war Mariehamn Heimathafen der größten Segelschiffflotte der Welt. Dies lag aber nicht daran, daß man auf der Inselgruppe besonders reich gewesen wäre. In jenen Jahren wurde die Dampfschiffahrt immer wichtiger, und immer mehr Reeder verkauften für billiges Geld ihre ausgedienten Segelschiffe. In Åland schlug man bei diesem Ausverkauf zu, so daß sich zu Beginn der dreißiger Jahre etwa zwanzig Großsegler in åländischem Besitz befanden. Heute kann man die Geschichte der åländischen Segelschifffahrt auf eindrucksvolle Weise im **Seefahrtsmuseum** – direkt neben der Pommern gelegen – nacherleben. Das Museum ist täglich von

Nachbau von 1988 der »Albanus«, einem åländischen Segelboot von 1904

10 bis 16 Uhr geöffnet. Im Mai, Juni und August bis 17 Uhr und im Juli sogar zwischen 9 und 19 Uhr. Eintritt 20 FIM.

Weitere Museen in Mariehamn sind das **Ålandmuseum** (Eintritt 10 FIM), das über die Kulturgeschichte der Inselgruppe informiert und das **Kunstmuseum** mit Werken åländischer Künstler (beide Museen liegen in einem Haus an der Kreuzung Storagatan/Parkgatan. Öffnungszeiten: Mai – August tgl. 10 – 16 Uhr, Di 10 – 20 Uhr. In der übrigen Zeit: Di – So 11 – 16, Di auch 18 – 20 Uhr).

Wer sich für die åländische Politik interessiert, sollte seinen Mariehamnbesuch auf einen Freitag legen. Dann kann man um 10 Uhr an einer Führung durch das **Parlamentsgebäude** (neben den Museen in der Storagatan gelegen) teilnehmen.

ÅLAND-INSELN & SÜDKÜSTE

Entdeckung Ålands per Rad

Åland eignet sich hervorragend für eine Erkundung mit dem Fahrrad. Ein gut ausgebautes Fahrradwegenetz ist vorhanden, das Touristenbüro hält eine eigene Fahrradwanderbroschüre bereit, und zudem verkehren zwischen einigen Meeresarmen nur Personen- und Fahrradfähren – richtige Rundtouren sind daher nur mit dem Rad zu machen. Für Autotouristen und Benutzer von öffentlichen Verkehrsmitteln bietet sich als Standort das zentral gelegene Mariehamn an, von wo aus man dann zu Ausflugsfahrten über die Insel aufbrechen kann.

Im Folgenden sind alle Gemeinden **Festlandsålands,** also die Orte, die Sie ohne eine Fähre zu benutzen, erreichen können, in alphabetischer Reihenfolge aufgeführt und deren Sehenswürdigkeiten erklärt.

Eckerö ist diejenige Gemeinde Ålands, die am weitesten im Westen und damit am nähesten an Schweden liegt. Von hier aus verkehrt eine Fährlinie zum schwedischen *Grisslehamn*. Sehenswert sind in Eckerö vor allem die dem Heiligen Lars geweihte *Kirche* aus dem 12. Jahrhundert und das *Zoll- und Posthaus*. Es wurde zu Beginn des 19. Jahrhunderts im Auftrag des russischen Zaren vom Architekten Carl Ludwig Engel geplant. Heute beheimatet das repräsentative Gebäude neben einem Erholungsheim für Postangestellte auch ein *Restaurant* und ein *Postmuseum* (geöffnet 1.6. – 15.8. tgl. 10 – 16 Uhr).

Finström liegt inmitten der Hauptinsel. Über den Zeitpunkt, an dem die dortige *Kirche* gebaut wurde, streiten sich die Experten. Während die einen das Bauwerk auf die Mitte des 12. Jahrhunderts datieren – damit wäre sie eine der ältesten der Inselgruppe – glauben andere, daß sie erst zu Beginn des 15. Jahrhunderts entstanden sei.

Die Gemeinde **Geta** befindet sich im äußersten Norden Ålands. Lohnend ist hier ein Abstecher zum 98 Meter hohen Hügel *Geta Bergen*. Von hier hat man einen guten Ausblick über die Inselgruppe und die Ostsee. Die *Kirche* des Ortes wurde in der Mitte des 15. Jahrhunderts errichtet; der Altar stammt aus dem 17. Jahrhundert.

Hammarland schließt sich im Westen an die Hauptstadt Mariehamn an. Die *Kirche* des Ortes sieht äußerlich zwar ziemlich unscheinbar aus, gehört aber zu den ältesten der Insel. Sie wurde im 12. Jahrhundert erbaut und ist der Heiligen Katharina geweiht.

Auch in **Jomala,** der einwohnerreichsten Landgemeinde Ålands, lohnt ein Besuch der *Kirche,* die ebenfalls aus dem 12. Jahrhundert stammt. Jeden Juli findet in der Schule von *Björsby* die *Bauernhochzeit* statt. Von Mitgliedern des Traditionsvereins wird dann eine åländische Bauernhochzeit, wie sie in früheren Jahrhunderten durchgeführt wurde, nachgestellt. Sollten Sie das Glück haben, zu diesem Zeitpunkt auf Åland zu sein, gehen Sie hin. Wie bei einer richtigen Hochzeit wird bis in die Nacht hinein mit dem Brautpaar gefeiert und schon bald vergißt man, daß das Ganze nur ein Spiel ist.

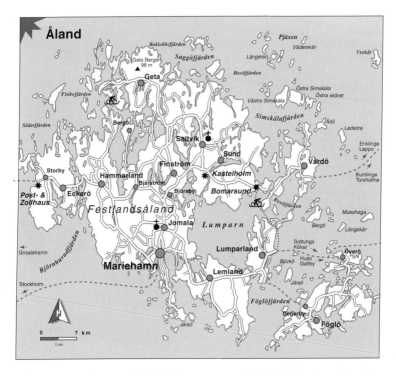

Åland

| Geta Bergen 98 m ▲ · Geta · Bergö · Saltvik · Sund · Finström · Kastelholm · Bomarsund · Vårdö · Hammarland · Bjärström · Björsby · Storby · Eckerö · Post- & Zollhaus · Jomala · Lumparn · Lumparland · Mariehamn · Lemland · Överö · Degerby · Föglö · Festlandsåland |

Boklobbsfjärden · Saggöfjärden · Pjäxen · Väderskär · Långersö · Yxskär · Boxäfjärden · Finbofjärden · Östra Simskäla · Västra Simskäla · Östra skäret · Simskälafjärden · Ådö · Ledsöra · Söderfjärden · Enklinge · Lappo · Kumlinge · Torsholma · Boxöffjärden · Mosshaga · Bergö · Långskär · Grisslehamn · Björnhuvudfjärden · Stockholm · Sottunga · Kökar · Björkö · Huso · Galtby · Järsö · Föglöfjärden · Järsö

0 — 7 km
1 cm

Lemland und **Lumparland** schließen sich im Osten an Mariehamn an. Die beiden Gemeinden passiert, wer sich auf dem Weg zu den äußeren Schären befindet. Von Lumparland legt die Autofähre nach *Föglö* ab.

Ein Schloß, ein Hof, eine Festung
Im Norden Ålands, auf dem Gebiet der Gemeinden **Saltvik** und **Sund** liegen die größten Sehenswürdigkeiten der Insel – das *Schloß Kastelholm*, das *Freilichtmuseum Jan-Karlsgården* und die *Festungsruinen von Bomarsund*.

Kastelholm: Hinter dem Alter des Schlosses steht ein großes Fragezeichen. Trotz aller Bemühungen ist es bisher nicht gelungen, herauszufinden, wann dieses Wahrzeichen Ålands erbaut wurde. Man weiß bisher nur, daß es das erste Mal 1388 erwähnt wurde. Ein Brand im Jahre 1745 zerstörte das Jagdschloß. Im 19. Jahrhundert baute man zwar einen der Türme wieder auf, doch danach blieb die Ruine lange Zeit unbeachtet. Erst in den achtziger Jahren unseres Jahrhunderts wurde eine umfassende Restaurierung begonnen, und seit kurzem

ÅLAND-INSELN & SÜDKÜSTE

Zwei der beliebtesten Touristenattraktionen auf Åland:
Eine traditionelle Bauernhochzeit – den Trauschein gibt's nur zum Schein –
und das Freilichtmuseum Jan Karlsgården, hier das Interieur des alten Gutshofs

können Teile des Schlosses im Rahmen einer Führung wieder besichtigt werden (Mai – September tgl. zwischen 10 und 16 Uhr, Eintritt 20 FIM). Im 16. und 17. Jahrhundert besuchten die schwedischen Könige das Schloß, um in ihren »Sommerferien« hier auf Rotwildjagd zu gehen. Damit den königlichen Hoheiten auch garantiert ein kapitaler Hirsch vor die Flinte lief, war die Hirschjagd für das normale Volk bei Todesstrafe verboten.

Neben dem Schloß liegt das **Freilichtmuseum Jan Karlsgården**. Ein ganzes Gehöft wurde hierher versetzt und ist heute der Öffentlichkeit zugänglich (Anfang Mai bis Ende September 10 - 17 Uhr, Eintritt 10 FIM). Ebenfalls besucht werden kann das daneben liegende *Gefängnismuseum Vita Björn* (gleiche Öffnungszeiten).

Ganz in der Nähe von Kastelholm liegen die Ruinen der größten Fehlkonstruktion in der Geschichte des Festungsbaus: **Bomarsund**. 1809 verlor Schweden Finnland und Åland an Rußland. Wegen der alten Feindschaft, die zwischen dem schwedischen König und dem russischen Zaren bestand, wollte letzterer auf jede Gemeinheit seines Lieblingsfeindes vorbereitet sein. Dies war der Grund dafür, daß nach Friedensschluß eine 2000 Mann starke russische Garnison auf der Insel verblieb und man mit der Befestigung strategisch wichtiger Punkte begann. 1830 wurden schließlich die Bauarbeiten an der Festung Bomarsund in Angriff genommen. Aus ganz Rußland wurden Bauarbeiter auf die Inseln gebracht. Man plante schließlich Großes: Bomarsund sollte nach dem Willen des russischen Zaren Nikolaus I. die beste und schönste Festung aller Zeiten werden. 14 Verteidigungstürme sollte sie bekommen, ein jeder von ihnen sollte mit 20 Kanonen bestückt und mit 125 Soldaten bemannt werden. Noch bevor die Festung fertig war, es standen gerade drei der geplanten 14 Türme, zeigte der Krimkrieg zwischen Rußland und der Türkei auch im Norden seine Auswirkungen. England und Frankreich schlugen sich auf die Seite der Türken und errichteten in Nordeuropa eine zweite Front. Im August landete ein zahlenmäßig weit überlegenes Heer der Engländer und Franzosen auf Åland. Bomarsund liegt zwischen zwei Meeresarmen, einem tieferen im Süden und einem relativ flachen im Norden. Die russischen Festungskonstrukteure hatten nun angenommen, daß ein Feind immer den tieferen Einfahrtsweg benutzen würde, und die Kanonentürme Richtung Süden ausgerichtet. Genau das machte aber die vereinte englischfranzösische Flotte nicht. Man fand einen Fahrweg durch den im Norden der Festung gelegenen flacheren Sund und überraschte die Verteidiger. Die riesigen Kanonen zielten in die falsche Richtung und Bomarsund war eine leichte Beute für die Angreifer. Da sich die Russen kaum zur Wehr setzen konnten, wurde die glücklose Festung bei dem Angriff nur wenig beschädigt.

Wer allerdings heute die Ruinen besucht, wird außer einigen Mauerresten nur noch wenig sehen. Was ist mit Bomarsund geschehen? Nach dem Ende des Krimkrieges erhielten die Russen Åland zwar zurück, mußten aber den demilitarisierten Status der Inselgruppe anerkennen, und die Festung mußte geschleift werden. Gut für den Frieden, schlecht für die heutigen Touristen.

Um die Gemeinde **Vårdö** zu erreichen, muß man genau genommen eine Fähre benutzen, da es sich dabei aber nur um eine kurze, kostenlose Überfahrt handelt, wird Vårdö zu Festlandsåland gerechnet. Die Gemeinde liegt im Nordosten der Insel, wohin sich nur wenige Touristen verirren. Wer keinen Besuch der äußeren Inseln Ålands einplant, aber doch eine vom Tourismus unberührte Gemeinde besuchen will, der sollte hierher kommen. Aber auch Vårdö hat sich seinen Platz in der Geschichte gesichert. Im Jahre 1718 trafen hier am Ende der Welt der schwedische König Karl XII. und der russische Zar zusammen, um über einen möglichen Frieden im Großen Nordischen Krieg zu verhandeln. Der Krieg hatte bereits 18 Jahre lang gewütet und da die beiden Herrscher zu keiner Übereinkunft kamen, ging das Blutvergießen noch einige Zeit weiter, bevor man 1721 in Uusikaupunki den Friedensvertrag unterzeichnete. Offenbar wollten die schwedischen Gastgeber durch nichts an den unerfreulichen Besuch aus Rußland erinnert werden, denn nach Beendigung des Treffens ließ man die Verhandlungsgebäude abreißen. Deshalb findet man auch heute nichts, was auf das Treffen der beiden Hoheiten hinweisen würde. Wer sich trotz-dem ansehen will, wo die Friedensverhandlungen stattgefunden haben, der muß sich in der Nähe einer Häuseransammlung mit dem Namen *Lövö* auf die Suche machen.

Die äußeren **Inseln Föglö, Sottunga, Kumlinge, Brändö** und **Kökar** sind nur mit einer Fähre zu erreichen. Früher waren diese Überfahrten gratis, doch auch auf Åland muß gespart werden. Seit Mai 1993 muß man für diesen Service bezahlen. Da man will, daß die Touristen länger auf den Inseln verweilen – und dort ihr Geld ausgeben – gilt ein billigerer Tarif für diejenigen, die mindestens 24 Stunden auf den Inseln bleiben. Wohnwagen- und Wohnmobilfahrer müssen sogar für drei Tage ihre Fahrt in Ålands Schärengebiet unterbrechen, wollen sie in den Genuß des Spartarifs kommen.

Die größte Sehenswürdigkeit der äußeren Inseln ist wahrscheinlich die *Kirche von Kumlinge* mit ihren gut erhaltenen Wandmalereien. Aber wer hierher fährt, der interessiert sich mehr für die Natur. Auf Kökar, der südlichsten und zugleich äußersten der zu Åland gehörenden Inseln, unterscheidet sich die Vegetation deutlich von der der Nachbarinseln. Hohe Bäume findet man auf dieser Insel des Windes kaum mehr. Blanker Fels und von den Herbst- und Frühjahrsstürmen zerfetzte Sträucher bestimmen das Bild.

Verbindungen

Flug: Bis zu 2 x tgl. nach Stockholm, bis zu 5 x tgl. nach Helsinki, bis zu 4 x tgl. nach Turku.

Finnland, insbesondere Åland mit seinem milden Klima, ist ein Paradies für Wassersportler

Schiff: Täglich mehrere Verbindungen von Mariehamn nach Stockholm, Kappelskär und Turku. Von Eckerö aus fährt ein Schiff in 2 Stunden nach Grisslehamn in Schweden.

Zu den äußeren Inseln des Ålandarchipels verkehren mehrmals täglich Fähren. Die Abfahrtshäfen sind: *Hummelvik* auf Vårdö, *Svinö* auf Lumparland und *Långnäs* ebenfalls auf Lumparland. Für Personen sind die Überfahrten, sofern sie länger als 24 Stunden auf der jeweiligen Insel bleiben, gratis. Bei einem Aufenthalt von weniger als einem Tag werden 42 FIM berechnet. Autos kosten zwischen 15 und 40 FIM bei mehrtägigem und 105 FIM bei nur eintägigem Aufenthalt. Für Wohnwagen und Wohnmobile sind die entsprechenden Preise 45 – 120 FIM oder aber satte 840 FIM!

Da man vermutet, daß Wohnwagentouristen keine Hotels benutzen und zudem ihre eigenen Vorräte mitbringen, sind sie als Gäste weniger gern gesehen.

Bus: Stadtbus in Mariehamn. Mehrmals tgl. Busverbindungen zwischen Mariehamn und Eckerö bzw. Godby, Geta, Saltvik, Sund, Vårdö, Lemland, Lumparland. Am Wochenende fahren nur wenige Busse. Preisbeispiele: Mariehamn–Geta 24 FIM, Mariehamn–Eckerö 20 FIM.

Taxi: Bestellung unter ✆ 066.

Fahrradverleih: *Ro-No Rent* mit je einem Laden am Ost- und Westhafen (✆ 12821) in Mariehamn, sowie am Hafen von Eckerö. Wochenmietpreise ab 125 FIM.

Autovermietung: *Esso Biluthyrning*, Strandgatan 1B, ✆ 15222.

Hertz/Bimo am alten Godbyweg, ✆ 23866.

Unterkunft

Die Ålandinseln sind ein beliebtes Ferienziel für schwedische und finnische Urlauber. Ein breites Angebot an Hotels und Campingplätzen steht bereit.

Hotels in Mariehamn

Arkipelag, Strandgatan 31, ✆ 24020, DZ ab 480 FIM. Gutes Hotel am Osthafen. Schwimmbad vor dem Haus.

Adlon, Hamngatan 7, ✆ 15300, DZ ab 350 FIM. Im Adlon gibt es einige Low-Budget-Zimmer, die für circa 250 FIM vermietet werden und »fast« Hotelstandard bieten.

Cikada, Hamngatan 1, ✆ 16333, DZ ab 350 FIM.

Park Ålandia, Norra Esplanadgatan 3, ✆ 14130, DZ ab 500 FIM.

Pommern, Norragatan 8 – 10, ✆ 15555, DZ 300 – 550 FIM.

Savoy, Nygatan 12, ✆ 15400, DZ um 500 FIM.

Hotels in den Landgemeinden

Eckerö Hotell, Storby, ✆ 38447, DZ um 400 FIM.

Havsbandet, Storby, ✆ 38300, DZ um 400 FIM.

Bastö Hotell, Finnström/Pålsböle, ✆ 42382, DZ um 400 FIM.

Godby Kongresshotell, Godby, ✆ 41170, DZ um 400 FIM.

Auf Åland gibt es eine Reihe von kleinen privaten Gästehäusern, die oft günstig Zimmer vermieten. Information darüber beim Touristenbüro.

Camping

Große Auswahl. Auf der Insel gibt es über ein Dutzend Campingplätze unterschiedlichster Qualität. In folgenden Orten ist mindestens ein Campingplatz zu finden: Mariehamn, Eckerö, Sund, Hammarland, Kumlinge, Kökar und Vårdö.

Essen, Trinken & Feiern

Unbedingt versuchen sollten Sie die nach einem speziellen Rezept zubereiteten åländischen Pfannkuchen.

Feste: Im Juli *Bauernhochzeit* in Björsby. Anfang Oktober *Herbstmarkt* im Freilichtmuseum Jan Karlsgården.

Weitere Informationen

Ålands Turistinformation, Storagatan, 22100 Mariehamn, ✆ 27300. Wer schwedisch versteht, kann sich bei »Fräulein Frida«, einem automatischen Telefonbeantworter, über die aktuellen Ereignisse auf der Insel informieren. *Fröken Frida* ist unter ✆ 15140 zu erreichen.

Sport: Åland ist ein Paradies für Freunde aller Wassersportarten. In zwölf Gemeinden sind für Segler Gästehäfen eingerichtet worden. Bootsvermietung an den meisten Orten. Gut ausgebautes Fahrradwegenetz. Golf-, und für bescheidenere Gäste Minigolfplatz. Schwimmbad.

Telefonvorwahl: Ortskennzahl für ganz Åland 928

TURKU

Wenn man mit dem Fährschiff
von Schweden in Turku ankommt, hat man nicht den Eindruck,
als komme man in die älteste Stadt des Landes. Zwar wird man von
der 1280 erbauten Burg begrüßt, doch man muß schon
genau hinsehen, um das alte Gebäude inmitten der Industrieanlagen
im Hafengebiet auszumachen.

1229 wurde Turku gegründet. Dies ist jedenfalls die Zahl, die man in allen Büchern und Broschüren nachlesen kann. Wann genau Turku oder richtiger *Åbo* gegründet wurde, weiß aber niemand, denn eine Gründungsurkunde gibt es nicht.

Åbo ist auch heute noch der schwedische Name der Stadt, und da sich im 13. Jahrhundert niemand um die paar finnischen »Eingeborenen« gekümmert hat, wurde die Stadt unter ihrem schwedischen Namen gegründet. Die Nähe zu Schweden war es auch, die den Aufstieg der Stadt begünstigte. Bereits im Jahre 1300 wurde der Dom eingeweiht, und 1623 wurde der Gerichtshof für Finnland hierher verlegt. 1640 gründete der schwedische Generalgouverneur *Per Brahe der Jüngere* die Universität von Turku. Nur zum Vergleich: Helsinki erhielt erst 200 Jahre später eine Universität.

Während der Zeit der Schwedenherrschaft war Turku die klare Nummer eins unter den finnischen Städten – Hauptstadt, Sitz der Universität und Zentrum des kulturellen Lebens.

Der Abstieg der Stadt begann mit dem Jahr 1809, als Schweden die Provinz Finnland an Rußland verlor. Dem Zaren lag die Hauptstadt jedoch zu weit von St. Petersburg entfernt, und deshalb ernannte er 1812 Helsinki zur neuen Hauptstadt des autonomen Großfürstentums Finnland.

Als Turku 1827 durch einen verheerenden Großbrand zerstört wurde, wurde auch die Universität nach Helsinki verlegt. Danach versank Turku in einen Dornröschenschlaf, von dem manche behaupten, er sei noch immer nicht beendet. Doch wenn Sie einen der 160.000 Einwohner der Stadt fragen, dann wird er Ihnen ganz etwas anderes erzählen. Er wird davon sprechen, daß es seit 1918 wieder eine schwedischsprachige und seit 1920 eine finnischsprachige Universität gibt. Vielleicht wird er Ihnen auch stolz vom modernen Hafen erzählen und davon, daß Turku heute eine wichtige Industriestadt ist. Oder er nimmt Sie mit in sein Sommerhaus auf eine der einsamen Inseln vor der Küste. Dann werden auch Sie von Turku schwärmen, denn von hier aus ist es nicht mehr weit zum Paradies.

Stadtrundgang

Die »natürliche« Route einer Stadtbesichtigung führt in Turku am Fluß, dem *Aurajoki*, entlang. An seiner Mündung liegt *Turun Linna*, die **Burg von Turku**. Der Grundstein zu diesem Bau wurde bereits 1280 gelegt. Im Laufe der folgenden Jahrhunderte wurde ständig an der Burg »herumgebastelt«, die nächste größere Veränderung erfuhr sie aber erst im 16. Jahrhundert, als im Ostteil des Gebäudes die sogenannte *Vorburg* angebaut wurde. Als im Jahre 1614 der ältere Teil des Schlosses durch einen Brand zerstört wurde, war plötzlich die Vorburg die *Hauptburg*. Zwischen 1637 und '51 erlebte die Burg eine Glanzzeit, als der schwedische Generalgouverneur Per Brahe zweimal für längere Zeit hier seinen Amtssitz nahm.

Mit dem Niedergang der schwedischen Herrschaft 1809 nahm auch die Bedeutung der Burg ab. Im 19. Jahrhundert fristete sie zunächst als königliche Brennerei und später als Gefängnis ihr Dasein. Während des Zweiten Weltkrieges wurde sie durch Bombenangriffe stark zerstört. Von 1946–71 sowie von 1977–87 wurden zweimal große Restaurierungsarbeiten durchgeführt, und heute steht sie in schönster Pracht – und in schlechter Nachbarschaft da. Die Industrie- und Hafenanlagen in unmittelbarer Umgebung lassen leider kein romantisches Mittelaltergefühl aufkommen.

Heute beheimatet die alte Burg das *Historische Museum* der Stadt Turku. Hier kann man die Besiedlungsgeschichte der Region Turku von der Steinzeit bis ins Mittelalter nachverfolgen. Beachtenswert ist ein kleines bescheidenes Zimmer im zweiten Stock, in dem König Erik XIV. in den Jahren 1570–71 gefangen gehalten wurde. Öffnungszeiten: Von Mitte April bis Mitte September tgl. 10 – 18 Uhr, in der übrigen Jahreszeit 10 – 15 Uhr, dann Mo geschlossen.

Das Schloß liegt etwas außerhalb der Stadt und deshalb muß man erst ungefähr eineinhalb Kilometer laufen, bevor man auf die nächsten Sehenswürdigkeiten stößt. Nach einem Spa-

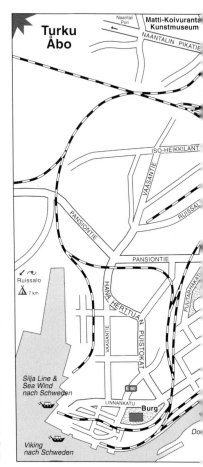

ziergang durch ein Industrieviertel gelangt man schließlich zur *Martinsilta,* der **Martinsbrücke**. Von hier fährt der Dampfer *Ukko Pekka* zu Rundfahrten ab. Obwohl das Schiff eisverstärkt ist, läuft es nur während der Saison im Sommer zu Fahrten ins benachbarte Naantali aus. Für alle, die nicht mit dem Schiff in Turku angekommen sind, ist eine Rundfahrt Pflicht! Eine Bootstour durch das Schärengebiet vor der finnischen Küste gehört garantiert zu den Höhepunkten eines Finnlandurlaubes.

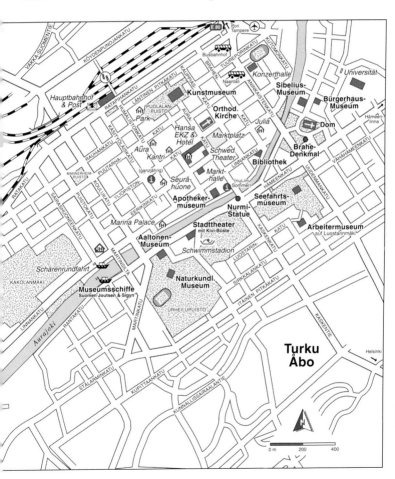

Paavo Nurmi, neunfacher Olympiasieger und einer der erfolgreichsten Weltrekordläufer im Langlauf, ist nicht nur in seiner Geburtsstadt Turku ein immer noch verehrter Nationalheld

Auf der anderen Seite der Martinsilta liegen die beiden **Segelschiffe** *Suomen Joutsen,* zu deutsch »Finnischer Schwan«, und *Sigyn.* Der »Finnische Schwan« wurde – anders als sein Name vermuten läßt – 1902 in Frankreich erbaut und segelte als Frachter zwischen Südamerika und Europa hin und her. Für ein paar Jahre, zwischen 1922 und 1928, lief das Schiff unter deutscher Flagge und sehr deutschem Namen: »Oldenburg« hieß es damals. Älter als die »Suomen Joutsen« ist die »Sigyn«, die 1887 in Schweden gebaut wurde. Beide Schiffe kann man während der Sommerzeit auch von innen besichtigen. Schiff ah-

oi! (*Suomen Joutsen:* Mitte Mai bis Mitte August 10 – 18 Uhr. *Sigyn:* Mitte Mai bis Ende August 10 – 15 Uhr, Mo und am Wochenende bis 18 Uhr.)

Ein paar Schritte weiter liegt das **Wäinö-Aaltonen-Museum,** *Wäinö Aaltosen museo.* Aaltonen (1894 – 1966) war einer der bekanntesten Bildhauer des Landes. Um seine Arbeiten zu sehen, braucht man in kein Museum zu gehen. Er war nämlich äußerst produktiv, und wenn Sie in Finnland ein Monument sehen und sagen: »Ahh, ein echter Aaltonen«, haben Sie gute Chancen, richtig getippt zu haben. Das bekannteste Werk Aaltonens ist die Statue des finnischen

Läufers und Nationalhelden *Paavo Nurmi*. Ein Exemplar der Statue steht vor dem Olympiastadion in Helsinki, ein anderes in der Straße, in der Sie sich jetzt gerade befinden. Warten Sie ab. Direkt vor dem Museum können Sie Duplikate von *Statuen* sehen, deren Originale im Finnischen Reichstag stehen. Passenderweise tragen sie den Titel »Arbeit und Zukunft«.

Um Aaltonens Werke – der Meister war auch als Maler tätig – zu sehen, braucht man also nicht ins Aaltonen-Museum zu gehen. Doch das Museum veranstaltet regelmäßig Sonderausstellungen, bei denen zum Teil Werke weltbekannter Künstler gezeigt werden. Es lohnt sich auf jeden Fall, einen Blick auf die Veranstaltungsplakate am Eingang zu werfen (außer Mo 11 – 19 Uhr geöffnet).

Es folgt etwas weiter das moderne **Stadttheater**. Direkt davor steht eine Bronzebüste des finnischen Nationalschriftstellers Aleksis Kivi, Autor des bekannten Romans »Die sieben Brüder«. Raten Sie mal von wem? Ganz richtig, von Wäinö Aaltonen.

Das interessanteste, was es über das Stadttheater Turkus zu sagen gibt, ist, daß es zu Beginn der neunziger Jahre von einem Eishockeyspieler und -trainer geleitet wurde. Als der dann in die besser zahlende Nordamerikanische Profiliga abwanderte, stand das »schöne« Haus erstmal für einige Zeit führungslos da.

Der Rundgang geht weiter am Fluß entlang. Zur Landseite hin steht der ziemlich häßliche **Unabhängigkeitsstein** von Antti Louhisto – schauen Sie lieber aufs Wasser und sehen Sie den Schwänen, Enten und Booten zu. Die nächste Brücke, die Sie erreichen, ist die *Aurasilta* und dort steht die schon vorher erwähnte **Nurmi-Statue** von Wäinö Aaltonen. Gegenüber auf der anderen Seite des Flusses liegt das **Apothekermuseum**, das im ältesten Bürgerhaus der Stadt untergebracht ist (im Sommer 10 – 18 Uhr, im Winter 10 – 15 Uhr, Mo geschl.). Neben dem Museum finden Sie eine Zweigstelle der *Touristeninformation* (nur im Sommer geöffnet).

Wer durch die Segelschiffe »Suomen Joutsen« und »Sigyn« sein Interesse für die christliche Seefahrt entdeckt hat, der sollte jetzt einen Abstecher auf den **Observatoriumshügel** machen. Dort befindet sich das *Seefahrtsmuseum* der Stadt (geöffnet 10 – 18 Uhr). Aber auch für alle anderen lohnt sich der Umweg. Von hier hat man nämlich einen guten Blick auf den Turkuer Dom. Das Observatorium selbst wurde im Jahre 1819 von dem deutsch-finnischen Architekten Carl Ludwig Engel erbaut. Ein Name, den Sie auf Ihrer Finnlandreise noch öfter hören werden.

Das Arbeiter- & Handwerkermuseum auf Luostarinmäki

Noch etwas weiter stadtauswärts liegt auf dem *Luostarinmäki*, dem Klosterhügel, das Arbeitermuseum. In diesem Freilichtmuseum werden zwanzig Anwesen bewahrt, in denen früher die Handwerker des Ortes lebten. Die Häuser sind teilweise über 200 Jahre alt und stehen bis auf eine Ausnahme alle an dem Platz, an dem sie ursprünglich erbaut wurden. Vor weniger als 250 Jahren hatte die ganze Stadt so oder ähnlich ausgesehen. Der Großbrand von 1827 zerstörte aber alle Holzhäuser, ausgenommen jene am Klosterhügel. Dieses Viertel der armen Handwerker lag nämlich zur damaligen Zeit etwas außerhalb und wurde vom Feuer nicht erreicht. In späteren Jahren drohte dem Viertel erneut Gefahr. Immer wieder wandten sich die gierigen Augen der Investoren und Großstadtsanierer in Richtung Luostarinmäki. Zu Beginn unseres Jahrhunderts sollten die alten heruntergekommenen Häuser end-

gültig dem Erdboden gleich gemacht werden. Nur der Einsatz eines lokalen Künstlers rettete das Handwerkerdorf. Seit Juni 1940 ist es als Museum der Öffentlichkeit zugänglich: Mitte April bis Mitte Sept. außer Mo 10 – 18, in der übrigen Zeit 10 – 15 Uhr.

Wer nach dem Rundgang im Freilichtmuseum eine Pause benötigt, der kann sich direkt am Ausgang im **Café Kisälli** bei Kaffee und *Munkki*, einem finnischen Schmalzgebäck, erholen. Wer aber noch voller Energie ist, für den steht als nächstes der Besuch des Domes auf dem Programm.

Arbeitermuseum
von Luostarinmäki

① Uhrmacherwerkstatt (am Eingang); im Hof: **Kammmacherwerkstatt** und **Handschuhmacherei.**
② **Gerberei**: als einziges Museumsgebäude wurde die Gerberei von außerhalb den Klosterhügel gebracht. Dies geschah auf ausdrücklichen Wunsch und auf Kosten der Gerbereivereinigung Finnlands. Da man für das Gerberhandwerk viel Wasser benötigt, hätte sich eine solche Werkstatt nie auf einem Hügel befinden können.
③ **Wagenbauerwerkstatt** und **Wohnung eines Hauseigentümers.**
④ Eines der »vornehmsten« Gebäude des Klosterhügels. Seinerzeit hatte ein Maurer das Haus für sich selbst erbaut. Eine **Goldschmiede**, eine **Buchbinderei, Maler-, Korbmacher- und Schneiderwerkstätten** sind hier zu sehen.
⑤ **Tischler, Pfeifenmacher, Böttcher, Polsterer, Drechsler**

⑥ **Postamt**: hier können Sie Ihre Post abgeben, die dann mit einem Sonderstempel versehen wird. Im Hof eine **Bäckerei** und eine **Schnurmacherei.**
⑦ **Wohnhaus** von zwei Brüdern, die das Haus dem Museum vermachten. Selbst lebten sie bis zu ihrem Tod in den 40er Jahren unseres Jahrhunderts. Aus dieser Zeit stammt auch die Einrichtung des Gebäudes.
⑧ **Wohnung einer Offizierswitwe** und eines **Bretterträgers.** Bretterträger hatten den Status und den Lohn von Hilfsarbeitern. Deswegen ist diese Wohnung auch die ärmlichste am Klosterhügel.
⑨ **Café Kisälli** (»Zum Gesellen«)

Der Dom von Turku/Åbo, der Bischofsstadt des Reformators und »Sprachstifters« Mikael Agricola (siehe Geschichte Seite 13)

Rund um den Dom

Der **Dom von Turku** wurde im Jahre 1300 geweiht und ist heute die Hauptkirche für die Gläubigen der evangelisch-lutherischen Staatskirche, sowie der Sitz des Erzbischofes.

Während des gesamten Mittelalters wurde an dem Dom gebaut, im 14. Jahrhundert wurde ein neuer Chor errichtet, im 15. Jahrhundert wurde die Kirche seitlich durch Kapellen erweitert und im 17. Jahrhundert wurde der Altar verlegt. Außerdem wurde die Kirche bei einigen Bränden beschädigt und mußte teilweise wiederaufgebaut werden. Dem schlimmsten Feuer, dem von 1827, fiel beinahe die ganze Stadt zum Opfer. Auch der Turm des Domes überstand das Großfeuer nicht. Der heutige, 101 m hohe Turm wurde erst in den 30er Jahren des 19. Jahrhunderts errichtet. Aus dieser Zeit stammt auch der größte Teil der Inneneinrichtung. Carl Ludwig Engel, der eifrige deutsch-finnische Architekt, hatte auch beim Wiederaufbau des Turkuer Domes seine Finger mit im Spiel. Von ihm stammen die Entwürfe zur neoklassizistischen Altarkonstruktion und der Kanzel. Der Dom ist die letzte Ruhestätte vieler Bischöfe und anderer wichtiger Persönlichkeiten. Am bekanntesten ist der Granitsarkophag der schwedischen Königin Karin Månsdotter (1612 gestorben).

Im **Dommuseum,** das durch den Eingangsraum zugänglich ist, befinden sich liturgische Gegenstände aus der Geschichte des Doms. Der Besuch lohnt sich nur für »Spezialisten«. Öffnungzeit Dom/Museum: Mitte April – Mitte September Mo – Fr 10 – 18 Uhr, Sa 10 – 15 Uhr, So nach dem Gottesdienst bis 16.30 Uhr. In der übrigen Jahreszeit: tgl. 10 – 15 Uhr.

Wer noch einen Photoplatz für »sein« Dombild sucht, der kann in die Kosekenniemenkatu Richtung **Universität** weitergehen. Von den Stufen des modernen Universitätsgebäudes hat man einen schönen Blick zurück auf den Dom. Bei diesem Umweg werden Sie auf ein *Denkmal* zu Ehren eines gewissen Herrn Koskenniemi stoßen. Falls Sie wissen wollen, wer das war, hier kommt die Antwort: V.A. Koskenniemi lebte von 1885 bis 1962 und war ein in Finnland bekannter Schriftsteller und Universitätsprofessor.

Ein anderes *Denkmal,* zu Ehren des schwedischen Generalgouverneurs von Finnland Per Brahe, steht im kleinen **Brahepark** direkt neben dem Dom. Das Denkmal aus dem Jahre 1888 stammt von Walter Runeberg, einem Sohn von Johan Ludvig Runeberg, dem Dichter der finnischen Nationalhymne.

Ebenfalls in unmittelbarer Nachbarschaft des Domes, aber auf der anderen Seite des Domplatzes, liegt das **Bürgerhausmuseum**. Hier kann man das Heim eines Vizekonsuls zur Zeit der Jahrhundertwende besichtigen (12 – 15 Uhr, Mo geschlossen).

Musikfreunde werden noch ein paar Schritte weiter gehen und das **Sibelius-Museum** besuchen. Neben einer ständigen Ausstellung über Jean Sibelius, den bekanntesten finnischen Komponisten, beheimatet das Museum eine große Instrumentensammlung (Außer Mo 11 – 15 Uhr, Mi auch 18 – 20 Uhr).

Rundgang durch das Zentrum

Auf einem zweiten Spaziergang durch das eigentliche Zentrum Turkus lernen Sie das moderne, geschäftige Zentrum kennen.

Ausgangspunkt dieser Stadtwanderung ist das **Touristeninformationsbüro** in der Aurakatu 4 (geöffnet Anfang Mai – Mitte August: Mo – Fr 8.30 – 19.30 Uhr, Sa, So 10 – 17 Uhr). Einige Schritte weiter an der Kreuzung zur Eerikinkatu liegt das 1838 erbaute **Schwedische Theater**. Jetzt können Sie entweder gleich über die Straße zum **Marktplatz** gehen oder Sie machen erst noch einen kleinen Abstecher zur **Markthalle** in der Eerikinkatu 16 (geöffnet Mo – Do 8 – 17 Uhr, Fr 8 – 17.30 Uhr, Sa 8 – 14 Uhr). Die Ende des vergangenen Jahrhunderts erbaute Halle ist eine der schönsten ihrer Art in ganz Finnland und bietet eine große Auswahl an Fisch. Greifen Sie zu. Im »teuren« Finnland ist frischer Fisch wesentlich billiger als in Deutschland.

Falls Sie nach Ihrem Shoppingbummel über den Marktplatz Lust auf mehr Kultur haben, setzen Sie ihren Weg die Aurakatu hinauf fort. Am Rande des Marktplatzes steht die zwischen 1839 und 1846 von C.L. Engel erbaute **Orthodoxe Kirche**. Etwa einhundert Meter weiter liegt auf einer Anhöhe das Kunstmuseum. Auf dem Weg dorthin kommen Sie an einer *Leninbüste* vorbei. Dieses Bronzedenkmal von dem sowjetischen Künstler Anikushin ist weniger wegen seiner unwiderstehlichen Schönheit bemerkenswert, als wegen seiner Existenz. Wo sonst findet man heute noch ein unzerstörtes Lenindenkmal? Das Monument wurde Turku 1977 von seiner damals sowjetischen Patenstadt Leningrad (jetzt St. Petersburg) geschenkt.

Ein Besuch im **Kunstmuseum** (täglich 10 – 16, So 10 – 18 Uhr, Do auch 18 – 20 Uhr) mit seiner reichhaltigen Sammlung finnischer Kunst beendet den Stadtrundgang.

Weitere Museen

Matti-Koivurinta Kunstmuseum, Pitkämäenkatu (etwas außerhalb, Bus 20), geöffnet Mi und So jeweils 14 – 17 Uhr.

Villa Roma-Kunstmuseum, ca. 10 km vom Stadtzentrum auf der Insel *Ruissalo*. Busverbindung. Geöffnet nur im Sommer täglich 12 -18 Uhr. Mo geschlossen.

Naturkundliches Museum, Neitsytpolku, geöffnet Mitte April bis Mitte September 10 – 18 Uhr, sonst 10 – 15 Uhr, Mo geschlossen.

Pfadfindermuseum, fin. Partiomuseo, Kaarinan Kirkkoaukio, etwas außerhalb, Informationen über Öffnungszeiten und Anfahrt, ℰ 921/327421.

Verbindungen

Flug: Flughafen etwa 15 km vom Stadtzentrum. Bus Nr. 4 oder 40 (7 FIM). *Auslandsflüge* nach Paris, Kopenhagen (je 1 x tgl) und Stockholm (3 x tgl). Nach Hamburg und Stuttgart (via Helsinki, 5 x wöchentl). *Inlandsverbindungen* nach Helsinki, Mariehamn, Rovaniemi, Oulu, Vaasa und Pori.

Schiff: Fährverbindungen nach Stockholm und auf die Ålandinseln mit Viking (billiger) und Siljaline.

Bahn: Mehrmals tgl. direkt nach Tampere und Helsinki.

Bus: Im Sommer *Stadtrundfahrten*, Abfahrt Touristeninformation Aurakatu 4, tgl. 13 Uhr.

Die meisten *Stadtbusse* fahren am Marktplatz ab. Ein 24-Stunden-Touristenticket wird angeboten (Verkauf u.a. am Stand der Verkehrsbetriebe am Marktplatz und bei der Touristeninformation).

Abfahrt der *Überlandbusse* (u.a. nach Helsinki, Lahti, Tampere, Jyväskylä, Pori, Rauma, Vaasa) in der Nähe der Synagoge in der Läntinen Puistokatu. Abfahrt der Busse nach Naantali am Aninkaistentori.

Taxi: Ziemlich teuer. Viele Taxistände in der Stadt (u.a. Marktplatz). Freitag und Samstag Nacht ist es schwierig, ein Taxi zu bekommen.

Mietwagen: Mehr als 2 Dutzend Anbieter. Die wichtigsten sind: *Avis* Linnankatu 27, ℰ 311333, *Budget* Orikodonkatu 12, ℰ 539020, *Hertz* Sorsantie 8 ℰ 503200.

Ausflüge ins Schärengebiet: Mit dem Schärendampfer »Ukko Pekka«, doch nur in der Sommerzeit. Anlegeplatz der Wasserbusse bei der Aura- und Martinsilta.

Unterkunft

In Turku gibt es viele (ja, zu viele) Hotels. Der Kunde ist heute, nach dem Abflauen der Boomzeit, König. Vorbestellungen sind nicht nötig. Wer mehr als eine Nacht bleiben will, sollte ruhig um den Preis handeln. Die Hotels der Stadt sind hauptsächlich auf Geschäftsleute eingestellt und haben im Sommer Nebensaison!

Hotel Marina Palace, ✆ 651211,DZ ab 400 FIM, Linnankatu 32, Lage direkt am Aurajoki (Zimmer zum Fluß hin verlangen!), große Zimmer, von der Saunaabteilung im obersten Stockwerk hat man einen schönen Blick über die Stadt. Das beste Haus am Platz.

Park Hotel,✆ 519666, DZ 500 – 600 FIM, Rauhankatu 1. Kleines, erstklassiges Hotel in ruhiger Lage. Im Vergleich zu den übrigen Hotels dieser Klasse aber ziemlich teuer. Für die Benutzung der Sauna wird Ihnen zusätzlich Geld abgeknöpft.

Hotel Julia, ✆ 651311, DZ ab 330 FIM, Eerikinkatu 4. Gemütliches Stadthotel.

Hotel Aura, ✆ 651111, DZ 290 FIM, Humalistonkatu 7. Ein Stadthotel, das seinem Werbespruch »bequem und billig wohnen« durchaus gerecht wird.

Hansa Hotel, ✆ 617000, DZ ab 300 FIM, Kristiinankatu 9 (liegt in einer Einkaufspassage). Als besonderer »Reiz« bieten die Hälfte der Räume Blick auf die Passage. Wer's mag.

Hotel Kantri, ✆ 320921, DZ ab 250 FIM (sehr günstige Preise für längere Aufenthalte). Yliopistonkatu 29 a. Gutes, preisgünstiges Hotel.

Jugendherberge & Camping

Kaupungin retkeilymaja (städtische Jugendherberge), Linnankatu 39, ✆ 316578, 50 – 110 FIM. Gute Lage am Fluß und im Zentrum der Stadt. Busverbindung zum Hafen und zum Bahnhof. Ganzjährig geöffnet.

▲ *Camping:* Auf der Insel *Ruissalo,* etwa 10 km vom Stadtzentrum. ✆ 589249. Geöffnet vom 1.6. – 31.8, c.a. 50 FIM pro Stellplatz.

Essen, Trinken und Sport

Framer's Inn, Humaliston katu 7, ist ein gemütliches Pub im »englischen« Stil. Kleine Gerichte. Publikum: vor allem junge Leute.

In Turku gibt es etwa 400 Sportanlagen, darunter u.a.: das Schwimmstadion *Sampalinna* (zentrumsnah neben dem Stadttheater) und der *Sportpark* in der Nähe der Martinkatu.

Die **Insel Ruissalo** bietet vielfältige Möglichkeiten zum Joggen und im Winter zum Skilanglaufen. Auf Ruissalo gibt es auch gute Badestrände.

Weitere Informationen

Touristeninformationsbüro, Aurakautu 4, ✆ 315262. *City Tourist Office,* Käsityölaiskatu 3, ✆ 336366, Fax 336488.

Veranstaltungen: Juli: *Ruisrock.* Größtes Rockfestival in Finnland. August: *Musikfestspiele.* Qualitativ hochstehendes Festival mit internationalen Spitzenkünstlern aus dem Bereich der klassischen Musik. Nähere Information zu beiden Festivals: Uudenmaankatu 1, 20500 Turku, ✆ 511162, Fax 313316.

Telefonvorwahl: 921

DIE SÜDKÜSTE
VON TURKU RICHTUNG HAMINA

*Eine Fahrt entlang der finnischen Südküste führt
durch das am dichtesten besiedelte Gebiet des Landes. Doch
keine Angst, auch hier wohnen, außerhalb der Großstädte, nur 30 bis 35
Menschen auf einem Quadratkilometer.*

Zum südlichsten Punkt Finnlands

Ausgangspunkt für die Südküstentour ist **Turku.** Von dort erreicht man über die Hauptstraße Nummer 1, bei vermutlich dichtem Verkehr, nach 50 km die ziemlich häßliche Industriestadt *Salo.* Hier zweigt man von der Straße Richtung Helsinki nach Süden ab und kommt über *Perniö* nach weiteren 55 km nach **Ekenäs** (fin. *Tammisaari).* Wenn Sie hier mit Ihren unter Mühen erlernten finnischen Höflichkeitsfloskeln nach dem Weg fragen, werden Sie nur ein verständnisloses Kopfschütteln ernten. Hier spricht man Schwedisch! Die meisten Städtchen an der südwestfinnischen Küste sind auch heute noch fest in schwedischer Hand. Um herauszufinden, welche Sprachengruppe in der Gemeinde, in der Sie sich gerade befinden, die Mehrheit hat, brauchen Sie bloß einen Blick auf das jeweilige Ortsschild zu werfen. Ist der schwedische Name zuerst genannt, leben mehr Schwedisch sprechende Finnen in dem Ort, ist es umgekehrt, sind die Finnischsprachigen in der Überzahl. Wechseln die Mehrheitsverhältnisse, wird auch das Ortsschild ausgetauscht! In Ekenäs ist dies aber vermutlich noch lange nicht der Fall – 80 % der 11.000 Einwohner sprechen

Schwedisch. Der kleine Ort kann schon auf eine ziemlich lange Geschichte zurückblicken. 1546 wurden Ekenäs von Gustav Vasa als zweiter Gemeinde der Provinz die Stadtrechte zugesprochen. Ein Spaziergang durch die engen Straßen der Altstadt würde zu einem Gang zurück ins vergangene Jahrhundert, wenn man nicht hin und wieder durch den Motorenlärm eindeutig neuzeitlicher Gefährte in die Realität zurückgeholt würde. Sehenswert sind die *Stadtkirche* von 1672 und – zumindest für Architekten und solche, die es werden wollen – das Gebäude der *Sparkasse* von Ekenäs. Es wurde nämlich in den Jahren 1964 bis '67 nach Plänen von Alvar Aalto erbaut. Für Laien sieht das Gebäude aus wie ... eine völlig normale Sparkasse.

Ekenäs liegt malerisch an einer Bucht und deshalb lohnt es sich, die Stadt von oben anzusehen. Am besten tut man das von der Spitze des *Alten Wasserturms* aus. Den Schlüssel dafür erhält man bei der *Touristeninformation* am Rathausplatz (Öffnungszeiten 1.6.-15.8.: Mo – Fr 8 – 17 Uhr, Sa 10 – 16 , sonst Mo – Fr 8 – 16 Uhr).

Im Sommer fahren von Ekenäs Boote in den *Schären-Nationalpark.* Eine dreistündige Rundfahrt kostet etwa 50 FIM pro Person.

35 Kilometer weiter südlich liegt Finnlands »Lands End«: Weiter südlich als bis **Hangö** (fin. *Hanko*) geht es nicht mehr. Im vergangenen Jahrhundert war die Stadt als eisfreier Hafen für die Wirtschaft des Landes von großer Bedeutung. Außerdem vergnügten sich an den Sandstränden des Ortes die Erholungsuchenden der finnischen und russischen Oberschicht. Aus dieser Zeit stammt das *Casino* der Stadt, in dem allerdings nicht mehr dem Glücksspiel nachgegangen wird, sondern das heute als Ausflugsrestaurant dient.

Daß Hangö/Hanko aber nicht nur eine glückliche Vergangenheit als Bade- und Sommerurlaubsziel hat, daran erinnern zwei andere Orte: Ein *Landserunterstand* aus dem Zweiten Weltkrieg in **Lappvik** *(Lappohia,* zwischen Ekenäs und Hangö) und ein *Ehrendenkmal* für 400 gefallene sowjetische Soldaten in **Täktom** (ebenfalls einige km nördlich von Hangö). Nach dem verlorenen Winterkrieg von 1939/40 mußte Finnland Hangö/Hanko zwangsweise als Militärbasis an die Sowjetunion verpachten. Stalin wollte von dieser Landspitze aus der deutschen Marine den Zugang nach Leningrad verwehren. Als sich das Kriegsglück im Fortsetzungskrieg 1941 für einige Zeit gegen die Sowjets wandte, wurde Hanko von den eigenen finnischen Truppen belagert und die Rote Armee zum Abzug gezwungen.

Östlich von Ekenäs liegen die Ortschaften **Snappertuna** und **Fagervik**.

In den Küstengebieten von West- und Südfinnland ist man die Zweisprachigkeit gewohnt – sogar die Verbote sind auf Schwedisch und Finnisch

Trutzig auf Fels gebaut: Burg Raasepori

Eine Fahrt dorthin über die kurvenreiche, wenig befahrene Nebenstraße, durch die leicht gewellte Landschaft, ist ein Erlebnis. Doch damit nicht genug. In der Nähe von Snappertuna liegt – verwunschen am Rande eines Wäldchens – eine mittelalterliche Ruine. Die *Burg Raasepori* hatte ihre Blütezeit im 15. Jahrhundert, als von hier aus lebhafter Handel mit dem damaligen Reval (Tallinn) getrieben wurde. Bereits 1550 wurde die Burg verlassen und verfiel im Laufe der Jahrhunderte.

In der Nähe von Snappertuna und Raasepori liegen die ehemaligen *Eisenhüttenwerke* von **Fagervik.** Sehenswert auch die in der Nähe der alten Hütte an einem See gelegene *Kirche* (erbaut 1736/37).

Jenseits der Hauptstraße 53, knapp 20 km von Fagervik entfernt, steht der alte *Herrenhof Mustio* aus dem Ende des 18. Jahrhunderts; er ist bewohnt und nur von außen zu besichtigen. Ein paar km weiter ist in der Gemeinde **Lohja** die *St.-Laurentius-Kirche* aus dem 15. Jahrhundert sehenswert (1.-6. – 30.9. 10 – 18 Uhr, sonst 10 – 15 Uhr geöffnet). Besondere Beachtung verdienen ihre Wandmalereien im Innern. Bibelfeste Besucher können, beginnend am Südteil der Altarwand, anhand der Bilder eine »Wanderung« von der Schöpfung bis zum Jüngsten Gericht machen. – Das *Grubenmuseum* am Dorfrand informiert über die Tradition des Kalksteinabbaus in der Region. Im Sommer werden an Werktagen um 18 und 19 Uhr (Fr nur 18 Uhr) Führungen durch die Grube veranstaltet.

ÅLAND-INSELN & SÜDKÜSTE

Drei Museums-Städte nördlich von Helsinki

Der Ort **Järvenpää** bzw. der im Gebiet der Gemeinde liegende *Tuusula-See* sind für Kunstfreunde von großem Interesse. Ein Spaziergang um den See kommt einer Wanderung durch das finnische Kulturleben des ausgehenden 19. und des beginnenden 20. Jahrhunderts gleich. Am Tuusula-See hatte sich zu jener Zeit eine große Künstlergemeinde angesiedelt. Der Komponist Jean Sibelius (1865 – 1957) verbrachte hier die meiste Zeit seines Lebens in dem nach seiner Frau benannten Haus, *Ainola* (Öffnungszeiten Mai – August: Mi – So 11 – 17 Uhr). Die Maler Pekka Halonen (1865 – 1933) und Eero Järnefeldt (1863 – 1937), der Schriftsteller Juhani Aho (1861 – 1921) und seine Kollegin Maria Jotuni(1880 – 1934), der Dichter Eino Leino (1878 – 1926) und der Autor der »Sieben Brüder« Aleksis Kivi (1834–72) – sie alle wohnten für kürzere oder längere Zeit an diesem See in der Nähe von Helsinki. *Halosenniemi,* das Wohnhaus und Atelier Pekka Halonens, sowie die kleine Hütte, in der Aleksis Kivi gestorben ist, sind heute Museen und der Öffentlichkeit zugänglich. Halosenniemi ist von Mai bis Ende August Di – So 12 – 19 Uhr; September, Oktober Mo – Fr 12 – 18 Uhr, Sa, So 12 – 19 Uhr; November, April Sa, So 12 – 19 Uhr geöffnet. Die Kivi-Hütte ist von Mai bis Ende August täglich 12 – 19 Uhr, Sept. – Mitte Oktober 12 – 18 Uhr geöffnet.

Der Tuusula-See ist von Helsinki aus leicht mit öffentlichen Verkehrs-

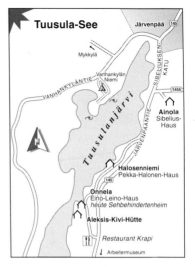

mitteln zu erreichen (Fahrpreis etwa 15 FIM). Die meisten Überlandbusse nach Mäntsälä, Hyvinkää, Riihimäki und Lahti halten auch in *Tuomala.* Von dort sind es nur noch wenige Minuten zu Fuß bis nach Halosenniemi.

Hyvinkää ist mit 38.000 Einwohnern die erste größere Stadt nördlich von Helsinki. Besuchenswert ist hier das *Eisenbahnmuseum* (Mai – Ende August Di – So 11 – 16 Uhr, sonst Di – Fr 12 – 15 Uhr, Sa, So 12 – 16 Uhr geöffnet).

Auch **Riihimäki** (25.000 Einwohner) ist wegen eines Museums bekannt. Das *Finnische Glasmuseum,* das seit 1975 in einer stillgelegten fin. Suomen Lasimuseo, Glashütte beheimatet ist, erzählt die Geschichte des finnischen Glases. Glashütten gibt es in Finnland schon seit dem 17. Jahrhundert. Doch noch bis in die Nach-

Glasmuseum Riihimäki

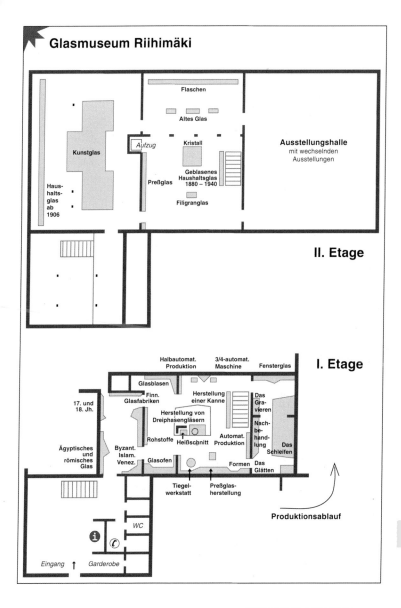

Flaschen

Altes Glas

Kristall

Kunstglas

Aufzug

Preßglas

Geblasenes
Haushaltsglas
1880 – 1940

Filigranglas

Haus-
halts-
glas
ab
1906

Ausstellungshalle
mit wechselnden
Ausstellungen

II. Etage

I. Etage

Halbautomat.
Produktion

3/4-automat.
Maschine

Fensterglas

Glasblasen

Finn.
Glasfabriken

17. und
18. Jh.

Herstellung
einer Kanne

Das
Gra-
vieren

Herstellung von
Dreiphasengläsern

Nach-
be-
hand-
lung

Ägyptisches
und
römisches
Glas

Rohstoffe

Heißschnitt

Automat.
Produktion

Das
Schleifen

Byzant.
Islam.
Venez.

Glasofen

Formen

Das
Glätten

Tiegel-
werkstatt

Preßglas-
herstellung

WC

Eingang ↑ Garderobe

Produktionsablauf

kriegszeit hinein wurde vor allem Gebrauchsglas hergestellt. Erst in den fünfziger Jahren unseres Jahrhunderts entdeckten die finnischen Designer Glas als Arbeitsmedium. Doch seit dem entwickelte sich das Glasdesign in beachtlicher Weise und durch die Werke von Oiva Toikka, Heikki Orvala und Tapio Wirkkala wurde »Glas aus Finnland« zu einem internationalen Begriff.

Im Museum in Riihimäki wird sowohl Gebrauchs- als auch Kunstglas ausgestellt. Täglich 10 – 18 Uhr, Oktober – März montags geschlossen. Im Januar kann das Museum nicht besucht werden.

Direkt daneben befindet sich das *Finnische Jagdmuseum* (fin. Suomen Metostysmuseo, täglich 10 – 18 Uhr, Oktober – März Di – Fr 10 – 18 Uhr, Sa 12 – 16 Uhr, So 12 – 18 Uhr, Mo geschlossen. Im Januar geschlossen.).

Von Porvoo nach Hamina

Etwa 50 km östlich von Helsinki liegt **Porvoo** (schwed. *Borgå),* eine der schönsten, ältesten und besterhaltensten Städte des Landes.

Weit mehr als 600 Jahre ist es her, seit Porvoo 1346 im Auftrag von König Magnus Eriksson gegründet wurde. Damit ist die Kleinstadt, die heute 20.000 Einwohner zählt, die zweitälteste Stadt Finnlands. Das 16. Jahrhundert war für die Bürger Porvoos ein Jahrhundert der Not und des Leidens. 1508 brannten die Dänen die

Finnisches Glasdesign ist nicht nur Kennern und Liebhabern ein Begriff

Der weißverputzte Dom von Porvoo mit seinem vorbildgebenden Blendschmuck

dieser Zeit sind auch heute noch erhalten. Ein geschichtlich wichtiges Datum ist das Jahr 1809. Damals leisteten die finnischen Adeligen auf dem *Landtag von Porvoo* den Treueschwur auf den neuen Herrscher, den russischen Zaren.

Stadtrundgang in Porvoo

Der Stadtspaziergang durch die schöne Altstadt beginnt an der **Alten Brücke** am *Porvoojoki*, dem Porvoofluß. Am Flußufer liegen die berühmten *Roten Speicher*. Diese viel fotografierten – und nur deshalb so bekannten – rotgestrichenen Holzhäuser, in denen vom Fluß aus Korn eingelagert wurde, stammen aus der zweiten Hälfte des 18. Jahrhunderts. Von historisch und architektonisch größerer Wichtigkeit ist der auf einer Anhöhe liegende **Dom** (Öffnungszeiten: Mai – August 10 – 18 Uhr, So 14 – 17 Uhr, sonst Di – Sa 12 – 16 Uhr, So 14 – 16 Uhr), der Anfang des 14. Jahrhunderts erbaut wurde. Die ornamentalen Malereien, die das mittelalterliche Gewölbe im Innern zieren, stammen aus der zweiten Hälfte des 15. Jahrhunderts. Ebenfalls im Innenraum ist eine Bronzestatue zu sehen, die Zar Alexander I. zeigt und von Walter Runeberg zu Beginn des 20. Jahrhunderts geschaffen wurde. Sie erinnert an den Treueschwur, den der russische Herrscher 1809 den finnischen Adeligen hier im Dom abnahm.

Schräg gegenüber dem Dom liegt in der Välikatu 13 der **Kaplans-Hof**, der heute ein *Kunstmuseum* beherbergt (Mo, Mi, Do, So 10 – 13 und 14 – 18 Uhr, Di 9 – 13 und 14 – 17 Uhr).

Stadt nieder, und als Gustav Vasa 1550 Helsinki gründen ließ, befahl er den Bürgern Porvoos kurzerhand die Übersiedlung in die neugegründete Stadt. Porvoo verödete und erst im Laufe des 17. Jahrhunderts nahm die Einwohnerzahl langsam wieder zu. Genau 200 Jahre nach der Brandschatzung durch die Dänen wurde Porvoo 1708 wieder von feindlichen Heeren dem Erdboden gleichgemacht. Diesmal fiel die russische Armee über die Stadt her. Ein weiteres Mal wurde Porvoo 1760, diesmal durch ein Großfeuer, zerstört. Nach diesem Brand ging man dazu über, nach Möglichkeit Steingebäude zu errichten. Die meisten Bauwerke aus

Einige Schritte weiter liegt das **Edelfelt-Vallgren-Museum,** in dem Werke des Malers Albert Edelfelt und des Bildhauers Ville Vallgren (1855 – 1940) zu sehen sind (geöffnet Mai – August tgl. 11 – 16 Uhr, sonst tgl. 12 – 15 Uhr, So bis 17 Uhr, Mo geschl.). Edelfelt, der am 21.7.1854 in Porvoo geboren wurde und am 18.8.1905 hier starb (sein Grab befindet sich auf dem Alten Friedhof), war einer der bedeutendsten Vertreter des finnischen Realismus. Seine Bilder zeigen Portraits und in der Landschaft stehende Bauerngruppen, Szenen aus Legenden und der Geschichte Finnlands.

Auf der Südseite des Rathausplatzes liegt das **Alte Rathaus,** das 1764 nach Plänen von Gotthard Flensborg erbaut wurde. Der achteckige Turm wurde erst später, 1771, hinzugefügt. Heute beherbergt das rote Gebäude das *Historische Museum* der Stadt (Mai – September tgl. 11 – 16 Uhr geöffnet, sonst Di – Sa 12 – 15 Uhr, So 12 – 17 Uhr).

Leider wird das mittelalterliche Gepräge der Stadt durch den Auto-

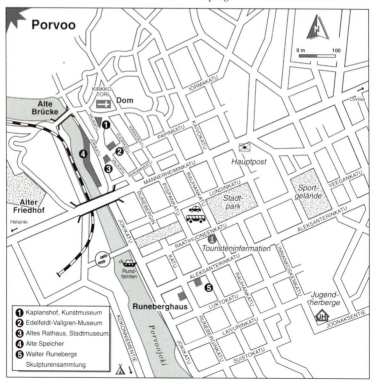

1 Kaplanshof, Kunstmuseum
2 Edelfeldt-Vallgren-Museum
3 Altes Rathaus, Stadtmuseum
4 Alte Speicher
5 Walter Runebergs
   Skulpturensammlung

verkehr gestört, der ungehindert durch die engen Gassen der Altstadt fließt. Auf dem Kopfsteinplaster geht es einige Schritte weiter bergab, bevor man endgültig von der Neuzeit eingeholt wird. An der stark befahrenen Mannerheiminkatu ist die eigentliche Altstadt zu Ende. Um zu den weiteren Sehenswürdigkeiten der Stadt, dem zum **Runeberg-Gedenkhaus** umgebauten Heim des Dichters Johan Ludvig Runeberg (1804–77) und der **Skulpturensammlung** seines Sohnes Walter (1838 – 1918) zu gelangen, überquert man die Mannerheiminstraße und geht in die Runebergstraße hinein, wo man 3 Querstraßen später rechterhand das Runeberghaus erreicht (keine Durchfahrt für Pkw. Öffnungszeiten Mai – August Mo – Sa 9.30 – 16 Uhr, So 10.30 – 17 Uhr. Sonst Mo – Sa 10 – 15, So 11 – 16 Uhr). Der große Nationaldichter Finnlands schrieb seine volkstümlich-realistischen Epen, die in klassischer Reimform vom bäuerlichen Leben erzählen, noch in Schwedisch, was die schwedischen Titel von »Die Elchjäger«, »Hanna«, »Weihnachtsabend« und anderen Erzählungen erklärt. Linkerhand liegt die Skulpturensammlung (Mai – August Di – Sa 9.30 – 16 Uhr, So 10.30 – 17 Uhr. Sonst Mi – Sa 10 – 16, So 11 – 17 Uhr).

Praktische Informationen
Jugendherberge: Linnankoskenkatu 1 – 3, © 915/130012, 55 – 120 FIM. Ganzjährig geöffnet.

Veranstaltungen: Ende Juni »Sommersound«: breitgefächertes Musikprogramm, von Barock bis Modern.

Fremdenverkehrsamt: Rauhankatu 20, 6100 Porvoo. © 915/70145.

Loviisa & Kotka
Wenige Kilometer östlich von Porvoo liegt die Kleinstadt Loviisa. Der Ort wurde 1745 als Grenzbefestigung des Königreichs Schweden zu Rußland errichtet, nachdem 1743 das noch weiter östlich gelegene Hamina an das Zarenreich verloren gegangen war. Von der im 19. Jahrhundert geschleiften Festung ist praktisch nichts mehr zu sehen. Besuchenswert sind heute die **Altstadt**, das im 1755 erbauten *Kommandantenhaus* gelegene **Stadtmuseum** (Puistokatu 2, nur während der Sommerzeit Di – So 12 – 16 Uhr geöffnet) und das **Sibelius-Haus** (Sibeliuksenkatu 10, geöffnet 1.6. – 30.8. Mo – Fr 11 – 19 Uhr, Sa, So 11 – 15 Uhr). Hier hat der Komponist Jean Sibelius als Jugendlicher seine Sommerferien verbracht. Heute sind dort während der Sommerzeit wechselnde Kunstausstellungen zu sehen.

Auf einer Insel etwa 13 km südlich von Loviisa kann man die Ruinen der **Festung Svartholm** besichtigen. Sie wurde zwischen 1748 und 1764 von Augustin Ehrensvärd, dem Bauherrn der vor Helsinki gelegenen Seefestung Suomenlinna, errichtet. Leider fahren auch im Sommer nur an zwei Tagen in der Woche Touristenboote nach Svartholm. Mittwochs legt das Boot um 12 Uhr und sonntags um 10.30 Uhr und 14 Uhr an der *Laivasilta-Brücke* ab. Die Führungen werden allerdings nur in finnisch und schwedisch durchgeführt.

In der Nähe von Loviisa betreibt der Energiekonzern *Imatran Voima* ein Kernkraftwerk. Auch in Finnland ist man bemüht, die Bürger von der Sicherheit der Kernenergie zu überzeugen. Deshalb findet jeden Sonntag um 12.30 Uhr eine »Informationsveranstaltung« über das Kraftwerk statt. Der Bus, der die Besucher kostenlos zu einer zweistündigen Rundtour zum Kernkraftwerk bringt, fährt am Busbahnhof in Loviisa ab. Nähere Informationen dazu und auch zu den Bootsfahrten nach Svartholm beim **Touristeninformationsbüro** in der Alexanterinkatu 1.

An der Mündung des Flusses *Kymijoki* in die Ostsee liegt die Industrie- und Hafenstadt **Kotka**. Die Tatsache, daß die 57.000-Einwohner-Stadt der größte Exporthafen des Landes ist, braucht die Besucher nicht abzuschrecken. Kotka erfreut sich einer schönen Lage und vieler Badestrände. Sehenswert ist die **Fischerhütte** des russischen Zaren Alexander III., die dieser 1889 an der *Langinkoski-Stromschnelle* als Feriendomizil erbauen ließ. Die Hütte ist im Sommer täglich von 10 bis 19 Uhr, nach dem 1.9. nur an den Wochenenden geöffnet.

Ende Juli findet jedes Jahr in Kotka ein großes Volksfest statt. Die *Meripäivät*, die Tage des Meeres, locken regelmäßig etwa 100.000 Besucher in die Stadt.

Unterkunft in Kotka

Hotelli Ankkuri, Merenkulkijankatu 6, ℂ 952/16051, DZ 350 FIM.

Cumulus Innotel Kotka, Tiilikuja 9, ℂ 952/693100, DZ 280 FIM, etwas außerhalb, 7 km zum Bahnhof.

Leikari, Rantahaka, ℂ 952/278111, DZ 350 – 640 FIM.

Seurahuone, Keskuskatu 21, ℂ 952/186090, DZ 350 – 590 FIM, zentrale Lage, mehrere Restaurants im Haus. Guter Service, aber wenig Atmosphäre.

Sommerhotels & Jugendherbergen

Koskisoppi, Sommerhotel, Keisarinmajantie 4, ℂ 952/285555, DZ ab 200 FIM. Vom 2.5. – 24.8. geöffnet.

Kotkanpooki, Sommerhotel, Urheilijankatu 2b, ℂ 952/181945, DZ ab 240 FIM, am Rande des Zentrums in der Nähe des Sportstadions. Vom 1.6. – 31.8. geöffnet.

Routsinsalmi, Sommerhotel, Kirkkokatu 14, ℂ 952/13440, DZ 200 FIM, zentrale Lage. Vom 1.6. – 31.8. geöffnet.

JH Koskisoppi, Keisarinmajantie 4, ℂ 952/285555, 55 – 90 FIM, 4 km außerhalb in einem Vorort. Geöffnet 2.5. – 24.8.

JH Kärkisaari, Mussalo, ℂ 952/604215, 70 – 140 FIM, 8 km außerhalb, direkt am Meer. Geöffnet 2.5. – 15.9.

JH Kotkansaari, Puistotie 9 – 11, ℂ 952/14455, 70 – 160 FIM, relativ zentrale Lage, 2 km vom Bahnhof.

▲ *Camping Santalahti*, ℂ 952/605055, direkt am Meer. Stellplatz 70 – 80 FIM.

Hamina

Klein aber fein – das ist die treffende Kurzbeschreibung für das 11.000-Einwohner-Städtchen Hamina, 150 km von Helsinki entfernt. Hamina wurde von den Schweden 1653 gegründet und 1722 zur Festung ausgebaut. Mit Hilfe der Befestigung sollte die Ostgrenze des schwedischen Königreiches gegen Rußland verteidigt werden. 1742 mußte die noch nicht fertiggestellte Anlage aber kampflos an den Zaren abgetreten werden. Bis 1809 blieb Hamina eine wichtige Grenzstadt im russischen Großreich. Als in jenem Jahr aber zwischen Rußland und Schweden Frieden geschlossen wurde, verloren Festung und Militärstützpunkt allmählich an Bedeutung … und Hamina wurde zu dem, was es noch heute ist: eine Kleinstadt am Ende der Welt.

Nichtsdestotrotz bietet Hamina etwas ganz Besonderes: Die Stadt ist über Finnlands Grenzen hinaus wegen ihrer kreisförmig angelegten Struktur und ihrer hervorragend erhaltenen Bauwerke bekannt. Erhalten geblieben ist auch der **Stadtwall**, eine 3 km lange, begehbare Wehranlage, die sich um das alte Stadtzentrum zieht und an die ursprüngliche Funktion Haminas als Grenzort erinnert.

Einen Rundgang beginnt man am besten am **Rathaus** in der Mitte der Stadt. Dieses Gebäude wurde in den letzten Jahren des 18. Jahrhunderts von Johan Brockmann im Stil des Barocks erbaut. 1840 brannte das Rathaus jedoch bis fast auf die Grundmauern ab und wurde dann nach Plänen von Carl Ludwig Engel im Empirestil wieder aufgebaut. Ebenfalls ein Bauwerk Engels ist die **Lu-**

Die orthodoxe Kirche Peter und Paul, 1832 für die russischen Einwanderer der Garnisonsstadt gebaut, hat nur von außen einen runden Grundriß, innen ist sie eine Kreuzkirche

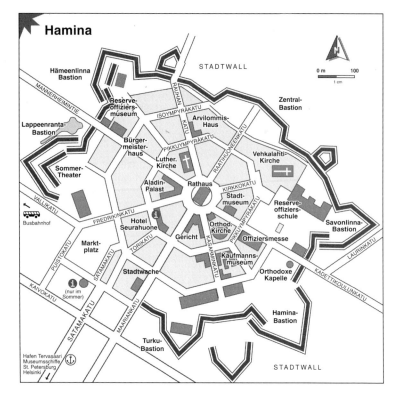

Hamina

STADTWALL

0 m   100
1 cm

Hämeenlinna
Bastion

Reserve-
offiziers-
museum

Zentral-
Bastion

Lappeenranta-
Bastion

Arvilommis-
Haus

MANNERHEIMINTIE

ISOYMPYRÄKATU

RAUHAN KATU

Bürger-
meister-
haus

Luther.
Kirche

PIKKUYMPYRÄKATU

RAATIHUONEENKATU

Vehkalahti-
Kirche

Sommer-
Theater

Aladin-
Palast

Rathaus

KIRKKOKATU

Stadt-
museum

Reserve-
offiziers-
schule

VALLIKATU

Busbahnhof

FREDRIKINKATU

Hotel
Seurahuone

Gericht

Orthod.
Kirche

PIKKUYMPYRÄKATU

Savonlinna-
Bastion

Offiziersmesse

LAURINKATU

Markt-
platz

PUISTOKATU

SATAMAKATU

TORIKATU

KASARMINKATU

Kaufmanns-
museum

Orthodoxe
Kapelle

KADETTIKOULUNKATU

KAIVOKATU

(nur im
Sommer)

Stadtwache

Hamina-
Bastion

SATAMAKATU

MAARIANKATU

Turku-
Bastion

Hafen Tervasaari
Museumsschiffe
St. Petersburg
Helsinki

STADTWALL

---

therische Kirche von 1838 (Juni – August tgl. 9 – 15 Uhr geöffnet). Das hellblaue, turmlose Gebäude gilt als eines der schönsten klassizistischen Bauwerke Finnlands. Direkt neben der Kirche steht der **Stadtpalast** des russischen Adelsgeschlechts *Aladin*. Wenn Sie auf dem Rathausplatz entgegen der Uhrzeigerrichtung weitergehen, kommen Sie an der Kreuzung zur Maariankatu zum **Gerichtshaus**, das 1984 von den Brüdern Timo und Tuomo Suomalainen erbaut und her-

vorragend in das Gesamtbild des Platzes eingepaßt wurde. Der einzeln stehende *Glockenturm,* der sich eine Kreuzung weiter erhebt, gehört zur **Orthodoxen Kirche** (geöffnet im Sommer Di – So 11 – 15 Uhr). Die den Heiligen Peter und Paul geweihte Kirche wurde in den Jahren 1832 bis 1837 für die hier stationierten Soldaten der russischen Garnison erbaut. Einige Meter zurückversetzt, in der Kadettikoulunkatu, liegt das älteste Gebäude der Stadt, in dem sich heute das **Stadtmuseum** befindet (geöffnet Di – Sa 11 – 15 Uhr, So 12 – 17 Uhr, Eintritt 5 FIM). Das Museum selbst ist weniger interessant als das 1760 erbaute Haus und kann deshalb bei Bedarf aus dem Besuchsprogramm gestrichen werden. Ebenfalls in der Kadettikoulunkatu liegt das Hauptgebäude der **Reserveoffiziersschule** von 1898. Wenn man auf dem Platz vor dem prächtigen Gebäude steht, wähnt man sich eher in St. Petersburg als in einer finnischen Kleinstadt. – Hinter der Offiziersschule liegt die mittelalterliche **Kirche von Vehkalahti** (Juni – August tgl. 8 – 18 Uhr geöffnet). An der Kreuzung der Kadettikoulunkatu zur Pikkuympyräkatu befindet sich die von Ernst Bernhard Lohrmann im nachempfundenen Stil der Backsteingotik, schnörkellos und ohne jede Ziegelornamentik, errichtete **Offiziersmesse.**

Weitere Museen

Kaufmannsmuseum, Kasarminkatu 6. Geöffnet Di – Sa 11 – 15 Uhr, So 12 – 17 Uhr, Eintritt 5 FIM.

Reserveoffiziersmuseum, Mannerheimintie 7B. Geöffnet Mitte Mai – Ende August Di – So 11 – 15 Uhr, Eintritt 5 FIM.

Museumsschiffe Hyöky und *Merikarhu* am Passagierhafen Tervasaari. Geöffnet April – Oktober 9 – 22 Uhr, Eintritt 10 FIM.

Verbindungen

Bus: 7 x tgl. nach Helsinki und Kotka
Schiff: Von Mai bis November 5 x in der Woche visafreie Kreuzfahrten nach Viipuri.

Die Reserveoffiziersschule: ihr strenger Klassizismus wirkt fast wie eine abstrakte Grafik

Taxi: Taxistation in der Rautatienkatu. ℃ 041 oder 45293.

Unterkunft

In Hamina gibt es keine Jugendherberge und nur 2 Hotels:

Hotel Seurahuone, Pikkuympyräkatu 5, ℃ 952/497263. DZ ab 320 FIM. Sauna wird extra berechnet. Dieses, 1890 erbaute Hotel gehört zu den ältesten in ganz Finnland. Sieht von außen sehr schön aus – leider nur von außen.

Hotel Gasthaus, Kaivokatu 4, ℃ 952/41434. DZ ab 300 FIM. Typisches, etwas schmuddliges Kleinstadthotel.

▲ **Camping:** *Pitkäthiekat* in Vilniemi circa 6 km östlich von Hamina, ℃ 952/41583. Stellplatz 45 – 55 FIM. Hüttenvermietung. Geöffnet von Anfang Mai bis Ende September.

Weitere Informationen

Fremdenverkehrsbüro Hamina, Pikkuympyräkatu 5. Im Sommer auch beim Flaggenturm auf dem Marktplatz.

Von Hamina aus gibt es die Möglichkeit, mit dem eigenen Fahrzeug über die Nebenstraße 61 zur östlichen Seenplatte nach Lappeenranta und Savonlinna abzubiegen (siehe ab Seite 213). Doch wer nicht Richtung Rußland weiterfahren will, für den gibt es eigentlich keinen Grund, auf der Straße Nummer 7 zur Grenzstation **Vaalimaa** zu fahren. Trotzdem kommen jedes Jahr mehrere tausend Touristen hierher, um die Grenze zum (immer noch) geheimnisvollen Rußland zu sehen. Ich versichere Ihnen, wenn Sie sich die 50 km von Hamina zur russischen Grenze schenken, versäumen Sie nichts – absolut nichts.

FINNISCHE SEENPLATTE

EIN MÖKKI AM WASSER UND 1001 URLAUBSTRÄUME

*99 von 100 Touristen, die man nach dem Grund fragt,
warum sie Finnland als ihr Urlaubsziel wählten, werden vermutlich
einen Antwortsatz bilden, in dem irgendwo das Wort »See« vorkommt. Die
Seengebiete in Mittel- und Ostfinnland gehören unbestritten zu den
beliebtesten Zielen für ausländische Besucher. Aber auch die Finnen lieben ihre
Seen und wer es sich leisten kann, hat irgendwo am Wasser
sein Mökki, seine Hütte, stehen.*

*Der Finnland-Traum par exellance: Bäume und Wasser, Wasser und Bäume. Der Blick aus
der Vogelpersepektive zeigt das Gebiet von Punkaharju, südöstlich von Savonlinna*

Hämeenlinna

Verläßt man Helsinki auf der neugebauten Autobahn Richtung Norden, erreicht man nach knapp einer Fahrstunde Hämeenlinna. In dieser 45.000-Einwohner-Stadt beginnt nach dem Verständnis der Finnen das Seengebiet. Die Stadt ist zwar von einigen kleineren Seen umgeben, doch zum großen *Vanajavesi* sind es immerhin noch etwa 15 km. Trotzdem wird die Stadt nicht zu Unrecht dem Seengebiet zugerechnet – hier endet nämlich die berühmte *Silberlinie,* die Schiffsverbindung die Hämeenlinna mit Tampere verbindet. Die 180 FIM, die man für die Fahrt zwischen den beiden Städten ausgeben muß, sind gut angelegtes Geld. Sonne vorausgesetzt, wird man auf den schönen alten Booten der Silberlinie viel Spaß haben.

Bevor man allerdings Hämeenlinna verläßt, gibt es dort noch eine Menge anzuschauen.

Die größte Sehenswürdigkeit des Ortes ist die alte **Burg** aus dem 13. Jahrhundert (Anfang Mai bis Mitte August 10 – 18 Uhr, sonst 10 – 16 Uhr geöffnet, Führungen im Sommer auch auf deutsch zur halben und ganzen Stunde, im Winter zur ganzen Stunde). Lange Zeit wurde angenommen, die Festung sei von dem alten Feldherrn *Birger Jarl,* dem Gründer von Stockholm, in Verbindung mit seiner Militärexpedition in die Provinz Häme gegründet worden. Neueste Forschungen ziehen dies aber in Zweifel. Ihr heutiges Aussehen erhielt die Burg in mehreren Bauphasen, deren letzte erst im 18. Jahrhundert abgeschlossen wurde. Militärische Abrü-

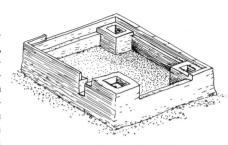

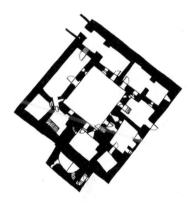

Die Burg von Hämeenlinna (ein Foto sehen Sie auf der Deckblattseite dieser Griffmarke) in einer Rekonstruktion der ersten Bauphase (oben) und einem Grundriß des Erdgeschosses der Hauptburg

stung gab es offenbar schon früher, denn um 1720 wurde das Gebäude zur Kornkammer umgebaut. Damit es diesen Zweck auch optimal erfüllen konnte, wurde damals ein weiteres Geschoß eingezogen. Von 1837 bis 1953 diente die Burg als Gefängnis und seit Ende der siebziger Jahre ist sie für die Öffentlichkeit zugänglich. Wer die Burg besucht, sollte unbedingt an einer Führung (mehrsprachig) teilnehmen. Wegen der

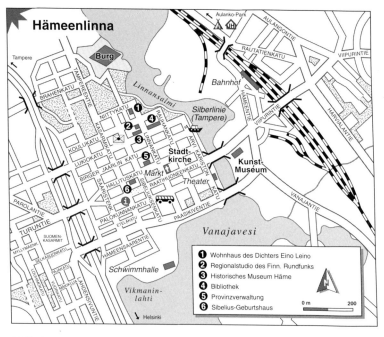

Hämeenlinna

Tampere · Burg

Linnansalmi

Bahnhof

Silberlinie (Tampere)

Stadt-kirche

Markt · Theater

Kunst-Museum

Schwimmhalle

Vikmanin-lahti

↓ Helsinki

Vanajavesi

Aulanko-Park

① Wohnhaus des Dichters Eino Leino
② Regionalstudio des Finn. Rundfunks
③ Historisches Museum Häme
④ Bibliothek
⑤ Provinzverwaltung
⑥ Sibelius-Geburtshaus

0 m   200

Nutzung als Gefängnis ist nichts von der originalen Inneneinrichtung erhalten geblieben und wenn man sich allein auf die Wanderung durch das kahle Gemäuer macht, wird man nur wenig Interessantes entdecken.

Das **Geburtshaus** des bekannten Komponisten **Jean Sibelius** (1865 – 1957), in dem man im wesentlichen den Flügel des Meisters und andere persönliche Gegen-

Ein typisches Holzhäuschen Finnlands: das Geburtshaus Sibelius

stände zu sehen bekommt, ist die zweite Attraktion des Ortes. Das unscheinbare, taubenblaue Haus sieht ziemlich verloren aus zwischen den modernen Gebäuden, von denen es umstellt ist (Hallituskatu 11, 1.5 – 31.8 10 – 16, sonst 12 – 16 Uhr).

Mit den Augen der heutigen Zeit gesehen, könnte man sagen, daß der 3 km östlich der Stadt gelegene **Aulanko-Park** mit »Blutgeld« bezahlt wurde: *Hugo Robert Standertskjöld* ließ den Park Ende des 19. Jahrhunderts mit dem Geld errichten, das er vorher in Rußland durch die Produktion und den Verkauf von Waffen verdient hatte. Als Standertskjöld nach Finnland zurückkehrte, erwarb er 1883 ein Herrenhaus auf dem Gelände des heutigen Parks. Die natürliche Umgebung, die er vorfand, schien ihm aber nicht gefallen zu haben. Mehr als 200

Arbeiter mußten Felsen an die Stellen, an denen sie der Gutsherr haben wollte, schleppen, an seinen Lieblingsplätzen Teiche und Tümpel ausheben, Grotten, Burgruinen und mehrere Lauben errichten. Bei allen Eigenheiten hatte der pensionierte Waffenhändler wenigstens einen guten Geschmack. Der nach seinen Anweisungen geschaffene Park ist wunderschön und die etwas kitschigen Pavillons sind heute bei Touristen beliebte Fotomotive.

Zwei weitere Sehenswürdigkeiten in Hämeenlinna sind das **Historische Museum der Provinz Häme** (Lukiokatu 6, Mo – Sa 12 – 16, So 12 – 18 Uhr) und das **Städtische Kunstmuseum** (Viipurintie 2, geöffnet Di – So 12 – 18 Uhr, Do bis 20 Uhr). Das Gebäude des Kunstmuseums wurde nach Plänen von Carl Ludvig Engel erbaut.

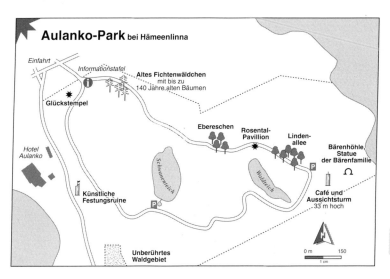

Aulanko-Park bei Hämeenlinna

Einfahrt

Informationstafel

Altes Fichtenwäldchen mit bis zu 140 Jahre alten Bäumen

Glückstempel

Hotel Aulanko

Ebereschen

Rosental-Pavillion

Lindenallee

Bärenhöhle, Statue der Bärenfamilie

Schwanenteich

Waldteich

Künstliche Festungsruine

Café und Aussichtsturm 33 m hoch

Unberührtes Waldgebiet

0 m   150

1 cm

Einige Werke bedeutender finnischer Maler (u.a. Gallen-Kallela) sind hier ausgestellt. Ansonsten ist das Museum nur von regionaler Bedeutung.

Kirche von Hattula: knapp 10 km nordöstlich von Hämeenlinna (Straße Nr. 57) liegt eine der schönsten mittelalterlichen Kirchen des Landes. Besonders sehenswert sind die bemalten Holzskulpturen und die überreichen Secco-Wandmalereien (um 1510) im Inneren, die die Heiligenfiguren und Christuslegenden mit viel Ornamentik umrahmen. In der Wallfahrtskirche aus der Zeit um 1320–50 wurde in der Hochzeit des Katholizismus in Finnland ein Splitter vom Kreuze Christi verehrt. Der Name, »Kirche zum Heiligen Kreuz«, und der für Finnland seltene kreuzförmige Grundriß nehmen darauf Bezug.

Auf der Fahrt Richtung Tampere lohnt es sich mindestens noch zweimal, aus seiner Blechschachtel auszusteigen:

In **Iitala** kann man die größte *Glasbläserei* des Landes besuchen (geöffnet tgl. 9 – 18 Uhr, Mai – August sogar bis 20 Uhr. Führungen finden Mo – Fr um 11, 13 und 15 Uhr statt.).

Vor der Gemeinde **Sääksmäki** liegt malerisch an einem See das ehemalige Wohnhaus des Bildhauers Emil Wikström (1864 – 1942), das heute als *Museum* eingerichtet ist (1.5. – 30.9. Mo 11 – 17 Uhr, Di – So 11 – 19, sonst

Tove Jansson hat das Lachen auf ihrer Seite: im Mumintal sind alle glücklich

Di – So 13 – 17 Uhr geöffnet). Wer es nicht eilig hat, kann sich in Sääksmäki noch eine prähistorische *Burgfestung* ansehen und das daneben gelegene *Kunstzentrum* besuchen.

Tampere

Etwa 173.000 Einwohner leben in Finnlands zweitgrößter Stadt. 1820 gründete hier der Schotte *James Finlayson* im Herzen der Stadt eine Baumwollfabrik und legte damit den Grundstein für die rasante industrielle Entwicklung der erst 1779 gegründeten Stadt. Tampere ist die älteste Industriestadt des Landes, und auch heute wird man in keiner finnischen Stadt so viele Fabrikschlote sehen wie hier. Obwohl Tampere nicht schön ist, ist es trotzdem besuchenswert. Wer sich mit dem Aufzug auf die Aussichtsplattform des *Näsinneula-Turmes* fahren läßt, wird feststellen, daß Tampere trotz aller Industrie eine grüne Stadt in selten schöner Lage ist.

Stadtrundgang

Ein guter Ausgangspunkt für einen Stadtrundgang ist der **Bahnhof** der Stadt. Wenn man ihn in Richtung Stadtmitte verläßt, kommt man direkt auf die *Hämeenkatu*, die Hauptverkehrsader der Innenstadt. Nach etwa 100 m überquert man eine **Brücke**, auf der sich vier *Statuen* befinden. Wäinö Aaltonen schuf sie im Jahre 1929. Eine der Figuren stellt einen Steuereintreiber dar. Damit könnte Tampere die einzige Stadt der Welt sein, die dieser Profession ein Denkmal gesetzt hat! Von der Brücke aus sieht man die *Tammerkoski,* eine

durch die Stadt fließende Stromschnelle. Nach der Brücke liegt rechterhand das 1913 von Kauno S. Kallio im klassizistischen Stil erbaute **Stadttheater.** Einige Schritte weiter sehen Sie die **Alte Kreuzkirche** von 1824, die ganz aus Holz im Empirestil errichtet wurde. Den freistehenden Glockenturm von 1828 werden auch Nicht-Experten unschwer als ein für den deutsch-finnischen Architekten Carl Ludwig Engel typisches Bauwerk identifizieren.

Gehen Sie nun weiter, bis der *Hämeenpuisto* – eine durch einen Grünstreifen in der Mitte geteilte Straße – die Hämeenkatu kreuzt. Hier schwenken Sie nach rechts. Nach wenigen Metern stehen Sie vor der **Stadtbibliothek.** Das 1986 erbaute Gebäude, das von oben betrachtet die Form eines Auerhahns hat, gilt als eines der bestgelungenen modernen finnischen Gebäude überhaupt. Für erwachsene Touristen reicht ein kurzer Spaziergang um das Gebäude. Jüngere und junggebliebene Besucher werden sich aber die in dem Gebäude befindliche **Mumintal-Ausstellung,** *Muumilaakso* (Mo – Fr 9 – 17 Uhr, Sa, So 10 – 18 Uhr, Eintritt 10 FIM) nicht entgehen lassen wollen. Die dickbäuchigen, traurig bis besorgt blickenden Muminfiguren, die an aufrecht gehende Flußpferde erinnern (was sie, die Mumins, gar nicht gerne hören), sind einer der größten Exportschlager Finnlands. Im Museum sind über 1000 Originalentwürfe der Schriftstellerin Tove Jansson für die Mumin-Bücher zu sehen. Noch mehr werden Kinder aber von den nachgestellten Szenen aus dem Leben der Muminfamilie begeistert sein.

Ganz in der Nähe, in der Makasiininkatu 12, liegt das **Arbeitermuseum Amuri**, *Amurin työläismuseo* (Mitte Mai bis Anfang September Di – Sa 9 – 17, So 11 – 17 Uhr geöffnet, Eintritt 10 FIM). Das Museum ist eigentlich nichts anderes als ein in unverändertem Zustand belassener Straßenzug, bestehend aus einem halben Dutzend Holzhäuser. Man erhält einen Eindruck von den Lebensverhältnissen, in denen finnische Arbeiter im vergangenen und in diesem Jahrhundert lebten. Die älteste der Wohnungen stammt von 1882, die jüngste aus dem Jahre 1973. Der Vollständigkeit halber sei vermerkt, daß sich zwei weitere Museen gleich um die Ecke befinden. Das **Kunstmuseum der Stadt** (Puutarhakatu 34, täglich 11 – 19 Uhr, Eintritt 10 FIM) und das **Hiekka-Museum** (Pirkankatu 6, Mi, So 12 – 15 Uhr, 10 FIM), das vor allem Kunsthandwerk ausstellt.

An der Kreuzung der Hallituskatu zum Hämeenpuisto befindet sich das **Lenin-Museum** (Mo – Fr 9 – 17 Uhr, Sa, So 11 – 16 Uhr, Eintritt 10 FIM). In den 2 Räumen des kleinen Museums erfährt man interessante Details aus Lenins Leben (1870 – 1924) und aus seiner Zeit in Finnland. Als

der russische Staatsgründer nach den Veränderungen in der Sowjetunion 1991 bei den Stalinisten in Ungnade fiel und man seinen Leichnam aus dem Mausoleum auf dem Roten Platz in Moskau entfernen wollte, bot man ihm hier im Museum »politisches Asyl« an. Er wäre dann an den Ort zurückgekommen, an dem der Revolutionär nach einem mißglückten Putsch-Versuch im Juli 1917 weitere Pläne für den Sturz des Zarenreiches geschmiedet hatte.

Ob sich der Besuch des kleinen Privatmuseums **Pyynikinlinna** (Mariankatu 40, Eintritt 10 FIM) lohnt, hängt ganz davon ab, welche Sonderausstellung dort gezeigt wird. Die Besitzerin des Museums hat sich einen Namen für ihre hervorragenden Ausstellungen über afrikanische Kunst bzw. afrikanisches Kunsthandwerk gemacht. Diese Sonderausstellungen finden meist im Winterhalbjahr statt (Öffnungszeiten bei Sonderausstellungen: Di – Fr. 12 – 17 Uhr, Sa, So 12 – 16 Uhr. Ansonsten nur So geöffnet). Direkt hinter dem kleinen Museum beginnt der *Pyynikki-Park,* der sich an den Hängen eines glaziären Moränenmassives ausbreitet. Auf der Anhöhe befindet sich ein **Aussichtsturm,** der im Sommer von 9 – 20 Uhr zu besteigen ist.

Einen ganzen Tag kann man auf der **Särkänniemi-Landspitze** auf der anderen Seite der Stadt verbringen (Buslinie Nr. 4 vom Bahnhof). Hier befin-

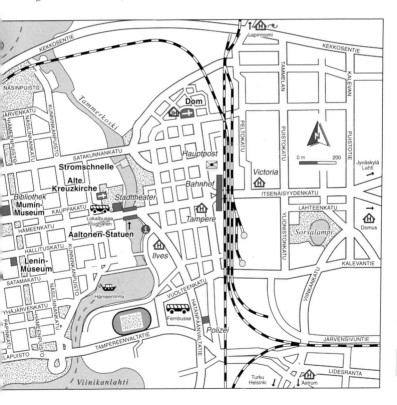

FINNISCHE SEENPLATTE

den sich der **Aussichtsturm Näsin-neula** – famoser Rundblick! (Eintritt 12 FIM) – ein **Aquarium** (Öffnungs-zeiten für beides: Juni/Juli 10 – 19 Uhr, August Mo – Fr 10 – 17 Uhr, Sa, So 10 – 20 Uhr, September – April Mo – Fr 10 – 16 Uhr, Sa, So 10 – 17 Uhr, Eintritt 10 FIM), ein **Delphinarium** mit bis zu 5 Shows täglich (Eintritt 10 FIM), ein **Planetarium** (20 FIM) und der **Vergnügungspark Särkänniemi.** Vergnügungssüchtige sollten beach-ten, daß der Park auch in der Hoch-saison bereits um 20 Uhr schließt. Einzige Ausnahme ist der Mittsom-merabend, dann darf man bis 22 Uhr einen »draufmachen«.

Äußerst sehenswert ist das **Sarah-Hildén-Kunstmuseum,** in dem mo-derne Kunst aus aller Welt ausgestellt wird (Di – So 11 – 18 Uhr, Eintritt 10 FIM). Werke finnischer Nachwuchs-künstler sind hier ebenso zu sehen, wie Bilder und Skulpturen von Picas-so, de Chirico, Rouault, Miró oder Klee.

Weitere Sehenswürdigkeiten

Die **Domkirche,** *Tuomiokirkko,* wur-de im finnischen Jugendstil in den Jahren zwischen 1902–07 erbaut und gilt als eins der schönsten Bauwerke dieses Stils. Der Innenraum unter dem weiten neugotischen Sterngewölbe und die Emporen sind so angelegt, daß der Altar vor der flachen Chor-wand von überall zu sehen ist. Geöff-net ist sie Mai – August 10 – 18 Uhr, sonst 10 – 15 Uhr.

Der Stadtteil **Pispala** ist mit seinen alten Häusern und engen Gassen et-was für Romantiker.

Puppenmuseum Haihara, außer-halb der Stadt. Zu erreichen mit den Linie 15 und 24 (bis zur Endhaltestel-le fahren). Geöffnet Mai – August Sa – Do 12 – 18 Uhr, März/April, Septem-ber/November nur So 12 – 16 Uh, Eintritt 15 FIM..

Zwei Museen für Sportfans sollen abschließend noch erwähnt werden: Das **Boxmuseum** (Aleksanterinkatu 26 B, ✆ 235235, Eintritt 5 FIM) und das **Eishockeymuseum** (im Eisstadi-on der Stadt, ✆ 124400, 145344, Ein-tritt 10 FIM). Beide können nur nach Vereinbarung besucht werden, daher die Angabe der Telefonnummer.

Verbindungen

Tampere ist neben Helsinki die größte Verkehrsdrehscheibe im Land. Von hier aus bekommt man überallhin ei-nen Anschluß.

Flug: nach Helsinki (bis zu 6 x tgl.), Oulu (2 x tgl.), Rovaniemi (bis zu 2 x tgl.), Turku (Mo), Stockholm (bis zu 2 x tgl.)

Busverbindung zum Flughafen: Bus Nr. 61. Abfahrt von Pyynikinto-ri, Keskustori und Koskipuisto Rich-tung Flughafen. Preis 11 FIM. Während der Woche 11 Abfahrten zwischen 6.20 Uhr und 18.25 Uhr. Am Samstag (13.50, 17.10 Uhr) und Sonntag (8.50 und 18.20 Uhr) je 2 Ab-fahrten. Fahrzeit etwa 40 Minuten.

Bahn: Mehrmals täglich in alle großen Städte des Landes. Auskunft im Bahnhof ✆ 931/0510.

Bus: Auch mit Bussen mehrmals täglich Verbindungen in alle Richtun-gen. Der Busbahnhof liegt in der Ha-tanpään valtatie 5 – 7, ✆ 97004000.

Blick vom Näsinneula-Aussichtsturm auf das moderne Tampere

Schiff: In Tampere beginnen zwei der berühmtesten finnischen Binnensee-Schiffahrtslinien – die nach Hämeenlinna führende *Silberlinie* und der *Dichterweg* (fin. Runoilijan tie) nach Ruovesi und Virrat. Beide Dampfergesellschaften wurden zu Beginn des Jahrhunderts gegründet.

Die Boote verkehren in der Zeit zwischen dem 4.6. und 16.8. Nach *Hämeenlinna* kann man täglich um 9.30 Uhr (vom Laukontori-Kai am Ende der Kirkkokatu) und um 9.45 Uhr (vom Hotel Rosendahl) fahren. Nach *Virrat* legt das Dampfschiff Di, Do und Sa jeweils um 10.45 Uhr ab (Bootsanlegestelle Mustalahti, in der Nähe der Landspitze Särkänniemi). Preisbeispiele: Die knapp 8-stündige Fahrt nach Virrat kostet 205 FIM, die Fahrt nach Hämeenlinna 180 FIM.

Auf dem Schaufelraddampfer (leider nur ein Nachbau) *MS Finlandia Queen* kann man in der Zeit vom 5.6. bis 15.8. eine 2-stündige **Rundfahrt** auf dem *Näsijärvi-See* unternehmen. Abfahrt am Särkänniemi-Kai Di – Sa um 12, 14, 16, und 18 Uhr, So um 14, 16 und 18 Uhr.

Taxi: Mehrere Taxistände im Stadtbereich, z.B. am Hauptbahnhof, Hämeenkatu/Aleksis Kivi Katu, Hämeenkatu/Näsilinnankatu, Hämeenkatu an der Brücke, Särkänniemi, Itsenäisyydenkatu/Kalevan puistotie, Zentralkrankenhaus.

Flughafentaxi ✆ 185331, 159041.

Fahrradverleih: Urheilu 10, Sammonkatu 13, ✆ 552600. *Nippeli*, Järvikatu 8 – 10, ✆ 632900.

Autoverleih: Vielfältige Möglichkeiten, aber teuer. *Budget*, Tehdaskatu

4, © 532588. *Esso/Kaleva,* Ilmarinkatu 49, © 532700. *Esso-Ratina,* Hatanpään valtatie 5, © 226283. *Hertz* im Hotel Rosendahl, Pyynikintie 13, © 143341. *InterRent,* Korjaamonkatu 2, © 651900. *Laurila Ky,* Näsilinnankatu 16, © 147147. *Reino Leppänen,* Suvantokatu 4, © 129505. *Timo Raiskio,* Tuohikorventie 15, © 433134. *Scandi Rent* im Hotel Ilves © 121212.

Unterkunft

Spa Hotel Lapinniemi, Lapinniemenranta 12, © 597111, DZ 490 – 720 FIM, inklusive Benutzung der Badeanstalt. Das vielleicht interessanteste Hotel in Finnland befindet sich in einer umgebauten Fabrik! Die Zimmer sind äußerst gemütlich und unterscheiden sich auf angenehme Weise von normalen Hotels.

Arctia Hotel Rosendahl, Pyynikintie 13, © 2441111, DZ ab 400 FIM. Großes Hotel mit eigenem Strand, wunderschön am Rande des Pyynikki-Parkes gelegen. Von außen erinnert der Bau verdächtig an ein »Intourist Hotel« in Moskau (keine Angst: nur von außen). Die Zimmer sind hell und gemütlich. Gute Aussicht über den Park oder den Pyhäjärvi-See.

Arctia Hotel Tampere, Hämeenkatu 1, © 2446111, DZ ab 390 FIM. Verkehrsgünstige Lage direkt am Bahnhof.

Hotel Tammer, Satakunnantie 13, © 228111, DZ ab 350 FIM. Stadthotel mit Tradition.

Hotel Ilves, Hatanpään valtatie 1, © 121212, DZ ab 450 FIM.

Hotel Villa, Sumeliuksenkatu 14, © 229111, DZ ab 350 FIM.

Hotel Kauppi, Kalevan Puistotie, © 535353, DZ ab 280 FIM. Neues Hotel direkt an der Stadtumgehungsstraße.

Hotel Victoria, Itsenäisyydenkatu 1, © 2425111, DZ ab 240 FIM.

Hostels und Jugendherbergen

Domus, Pellervonkatu 9, © 550000, 65 – 200 FIM. Eine der teuersten finnischen Jugendherbergen, 2 km vom Bahnhof entfernt. Geöffnet 1.6. – 31.8.

Uimahallin Maja, Pirkankatu 10 – 12, © 229460, 85 – 190 FIM. Am Rande der Innenstadt, in der Nähe des Mumin-Museums gelegen. Ganzjährig geöffnet.

NNKY Retkeilymaja, Tuomikirkonkatu 12 A, © 225446, 55 – 105 FIM. Nicht besonders schön, aber dafür zentral und billig. Geöffnet 1.6. – 25.8.

Interpoint, Hämeenpuisto 14, © 125046, Ausweichquartier mit nur 15 Betten. Nur von Mitte Juli bis Mitte August geöffnet.

Matkailijankoti Astrum, Viinikankatu 22, © 235317, 80 – 130 FIM. In der Nähe der Universität, 1 km vom Hauptbahnhof. Nur im Juli geöffnet.

Pinsiön Majat, © 406074. In Hämeenkyrö, etwa 25 km nordwestlich von Tampere an der Straße Richtung Parkano. 50 – 160 FIM. Schöne Lage am Seeufer. Ganzjährig geöffnet.

Camping

▲ *Camping Härmälä,* © 651250, 5 km südlich des Stadtzentrums. Mit der Buslinie 1 zu erreichen. Geöffnet 8.5. – 23.8. Auch Hüttenvermietung.

▲ *Camping Taulaniemi*, ✆ 785753, 32 km nördlich des Stadtzentrums. Geöffnet 15.5. – 15.9.

Essen & Trinken

Aus der Restaurant- oder Barszene in Tampere drängt sich kein Lokal als besonders empfehlenswert auf. Die zu den Hotels gehörenden Restaurants sind meist recht nett, aber ziemlich steril. Das Kneipenzentrum (ein etwas großes Wort) der Stadt befindet sich im Bereich Kauppakatu/Hämeenpuisto und in der Gegend um den Bahnhof. Viel Glück beim Suchen!

Sport

Im Stadtbereich Tampere gibt es 10 **Strandbäder**. Davon liegen *Onkiniemi* (in der Nähe der Landspitze Särkänniemi) und *Pyynikki* am nächsten zum Zentrum. Weiter gibt es 3 **Hallenbäder**: *Pyynikki*, Korthelahdenkatu 26. *Uintikeskus,* Joukahaisenkatu 7, sowie eine Schwimmhalle im Vorort *Hervanta*. Wem normale Schwimmhallen nicht mehr ausreichen, für den ist die Badeanstalt beim Hotel Lapinniemi das Richtige.

Sportfans, die im Winter nach Tampere kommen, sollten nicht versäumen, ein **Eishockeymatch** bei einem der beiden Erstligaclubs (Ilves oder Tappara) des Ortes zu besuchen.

Weitere Informationen

Fremdenverkehrsamt, Verkatehtaankatu 2, 33211 Tampere. ✆ 2126652. Öffnungszeiten Juni – August Mo – Fr 8.30 – 20 Uhr, Sa 8.30 – 18 Uhr, So 11.30 – 18 Uhr. September – Mai Mo – Fr 8.30 – 17 Uhr.

Veranstaltungen: im März *Internationales Kurzfilmfestival.* August *Internationales Theaterfestival.*

✆ **Telefonvorwahl:** im ganzen Bereich 931.

Feste und Wanderungen in der Umgebung von Tampere

Ikaalinen, Orivesi und *Ruovesi* sind kleine Ortschaften, die man die meiste Zeit des Jahres durchfahren wird, ohne anzuhalten. Ein paar Wochen im Sommer finden dort aber Heimat- und Kulturfeste statt, die die Städtchen mit Leben erfüllen.

In **Ikaalinen** könnte man als Tourist normalerweise nur das *Pesäpallo-Museum* des finnischen Baseballs besichtigen. Da diese Sportart einzig und allein in Finnland gespielt wird, würde man sich dort sicher wundern, wenn plötzlich deutsche Touristen auftauchen würden. Anfang Juni findet in Ikaalinen ein großes *Akkordeonfestival* statt, und dann ist 10 Tage lang die Hölle los. Das Akkordeon ist eines der wichtigsten Instrumente in der finnischen Volksmusik, es wird von Jung und Alt mit Begeisterung gespielt.

In **Orivesi** könnte ich Sie vielleicht ins *Steinemuseum* schicken. Und sonst? Im Juni findet hier ein *Musikfest* statt, das sich ausschließlich mit Chormusik beschäftigt.

Ein ganz andere Art von Fest gibt es in der Nachbargemeinde **Ruovesi.** Jeden Sommer wird hier beim *Hexenfest* an die Verbrennung des Hexenmeisters Antti Lieroinen erinnert. Er wurde im 17. Jahrhundert als »letzter Hexer« Finnlands auf dem Scheiterhaufen verbrannt. Heute wird dieses eigentlich traurige Ereignis mit einem großen Volksfest und einem Schauspiel gefeiert. Wenn Sie nicht das Glück haben, während des Hexenfestes nach Ruovesi zu kommen, können Sie immerhin das *Herrenhaus Rietonniemi* besichtigen, in dem Johan Ludvig Runeberg an seinem Buch »Fähnrich Stål« gearbeitet hat.

Sechs km vom Dorfzentrum entfernt liegt *Kalela*, das Landatelier des berühmten Malers und Grafikers Akseli Gallén-Kallela (Öffnungszeiten 1.7. – 8.8. 10 – 17 Uhr, Eintritt 30 FIM).

Auf dem Pirkan-Taival-Wanderpfad

In der Nähe von Ruovesi liegen zwei sehr besuchenswerte Nationalparks. Über die Straße von Kuru nach Parkano gelangt man zum **Seitseminen-Nationalpark** und eine Abzweigung der Straße Ruovesi–Virrat führt zum **Helventinjärvi-Park** (siehe auch Seite 64). Durch beide Nationalparks führt der *Wanderpfad Pirkan Taival*, von Kuru nach Ruovesi und dann weiter nach Virrat und Ähtäri. Insgesamt ist der Pfad 200 km lang. Das im folgenden beschriebene Teilstück von Kuru nach Ruovesi hat eine Länge von 50 Kilometern.

Ausgangspunkt für diese Wanderung ist der *Campingplatz Hevossaari*

Camping im Seitseminen-Nationalpark: so läßt sich das »freie« Leben gut genießen. Aber bitte seien Sie mit offenem Feuer vorsichtig.

in der Gemeinde Kuru. Die Wanderung führt durch typisch mittelfinnische Seenlandschaft. Größtenteils wandert man durch schattige Waldgebiete, immer wieder aufgelockert durch Seen, Teiche und Tümpel. Ein kurzer und lohnender Abstecher von der Hauptroute bringt die Wanderer im Helvetinjärvi-Nationalpark zur *Felsenspalte Helventinkolu*. (Alternativ – und sehr leicht – ist die Helventinkolu über einen 3 km langen Weg vom Autoparkplatz am Rande des Helvetinjärvi-Nationalparks zu erreichen).

Weitere Wanderrouten im mittelfinnischen Seengebiet um Tampere: *Keuruu – Ähtäri*, Gesamtlänge 35 km. Durch Waldgebiet und entlang mehrerer Seen.

Virrat – Ähtäri, Gesamtlänge 25 km. Führt am Schluchtensee *Toriseva* vorbei.

Parkano – Kuru, Gesamtlänge 34 km. Geht durch den Seitseminen-Nationalpark.

Ähtäri: Der Ort behauptet von sich, er habe den schönsten *Tierpark* in ganz Finnland. Nähere Auskünfte zu den erwähnten Wanderungen: *Fremdenverkehrsamt Ähtäri*, Ostolantie 4, 63700 Ähtäri.

Von Helsinki nach Kuopio

Verläßt man Helsinki auf der Autobahn Nummer 4 Richtung Norden, gelangt man nach etwa einer Fahrstunde nach *Lahti*. 100.000 Menschen leben heute in der Stadt, die sich stolz »Sporthauptstadt Finnlands« nennt.

Lahti, Hauptstadt des Sports

Aus Lahti kommen in der Tat überdurchschnittlich viele finnische Meister in allen Sportarten. In den meisten wichtigen Ballsportarten verfügt die Stadt über mindestens ein Erstligateam, und die in jedem Winter stattfindenden *Skispiele* von Lahti sind längst zu einem festen Begriff im internationalen Sportgeschehen geworden. Schon oft war das Skistadion

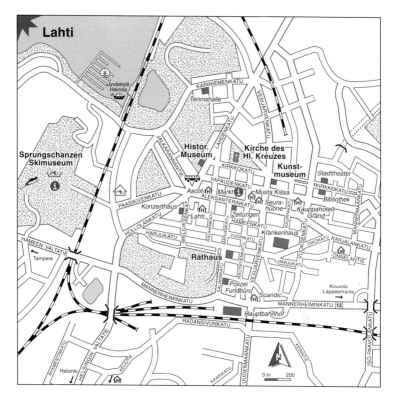

der Stadt Austragungsort von Weltmeisterschaften. Gerne hätten die Stadtväter von Lahti auch mal die Olympischen Winterspiele hierher geholt. Doch das scheitert daran, daß es in ganz Finnland keinen einzigen Berg gibt, der hoch und steil genug wäre, um als Austragungsort für die alpinen Skisportarten dienen zu können.

Die meisten Touristen durchqueren bzw. umfahren die Stadt auf ihrem Weg ins mittelfinnische Seengebiet.

Kaum ein Besucher bleibt länger hier … und das ist gut so. Lahti (übrigens »Lachti« ausgesprochen) gehört mit Sicherheit zu den weniger attraktiven Plätzen Finnlands. Das Fremdenverkehrsamt hat vielleicht Recht, wenn es in einer seiner Broschüren Lahti als die ideale Stadt zum Leben beschreibt – die ideale Stadt für Touristen ist es jedenfalls nicht.

Die meisten der wenigen Sehenswürdigkeiten liegen im Stadtzentrum und sind zu Fuß leicht zu erreichen.

Das **Historische Museum** (Lahdenkatu 4, geöffnet tgl. 11 – 16 Uhr, Eintritt 5 FIM) befindet sich in einem ehemaligen Herrenhaus aus dem Jahre 1897. Es beherbergt kulturhistorisch interessante Gegenstände aus der Region um den Päijänne-See. Das **Kunstmuseum** (Vesijärvenkatu 11, geöffnet tgl. 11 – 16 Uhr, Eintritt 10 FIM) ist eigentlich nur in allen ungeraden Jahren besuchenswert. Dann findet dort nämlich während der Monate Mai bis September die *Internationale Posterbiennale* statt, was nicht nur für Grafikdesigner interessant sein dürfte. Für Freunde moderner Kirchenbaukunst ist die **Kirche des Heiligen Kreuzes**, *Ristinkirkko* (Kirkkokatu 4, geöffnet tgl. 10 – 15 Uhr) von Bedeutung. Sie ist ein Spätwerk von Alvar Aalto und wurde 1978 fertiggestellt. Aus dem Jahre 1912 stammt das **Jugendstil-Rathaus** (Harjukatu 31, Besuchsmöglichkeit nur auf Anfrage) von Eliel Saarinen.

Etwas außerhalb liegen die drei *Sprungschanzen* des **Sportzentrums.** Die Plattform der größten von ihnen kann im Sommer besucht werden (1.6. – 31.7. Mo – Fr 11 – 18 Uhr, Sa, So 10 – 17 Uhr, Eintritt 10 FIM). Am Fuße der Schanze liegt das *Skimuseum.* (tgl. 11 – 16 Uhr). Dort kann man im Skisprungsimulator gefahrlos Matti Nykänen nacheifern.

Verbindungen

Sehr gute Bus- und Bahnverbindungen in alle Landesteile. Der *Busbahnhof* liegt in der Jalkarannantie 1, die Adresse des *Bahnhofs* lautet Mannerheiminkatu 15, ℂ 918/512881.

Lahti verfügt über keinen eigenen Flughafen. Es besteht jedoch eine regelmäßige Busverbindung zum Flughafen Helsinki-Vantaa. Vom Bahnsteig 14 am Busbahnhof fährt zu folgenden Zeiten ein Bus dorthin ab: 4.15 Uhr, sowie zwischen 5 und 19 Uhr jeweils zur vollen Stunde; Fahrzeit etwa 1 Stunde 20 Minuten. Der Preis beträgt circa 60 FIM.

Boote: Mitte Juni bis Mitte August Verbindungen nach *Jyväskylä* (Di – Sa) und *Heinola* (Di – Fr). Abfahrt jeweils um 10 Uhr vom Matkustaja Satama. Die Fahrt nach Jyväskylä kostet 190 FIM, die nach Heinola 90 FIM.

Unterkunft

Hotel Ascot, Rauhankatu 14, ℂ 918/89711, DZ ab 350 FIM, zentrale Lage am Marktplatz.

Hotel Lahti, Hämeenkatu 4, ℂ 918/89721, DZ ab 220 FIM.

Lahden Seurahuone, Aleksanterinkatu 14, ℂ 918/57711, DZ ab 330 FIM.

Hotel Musta Kissa, Rautatiekatu 21, ℂ 918/57722, DZ ab 290 FIM.

Kauppahotelli Grand, Vapaudenkatu 23, ℂ 525146, DZ ab 300 FIM.

Scandic Hotel Lahti, Vesijärvenkatu 1, ℂ 918/813411, DZ ab 380 FIM. Neues Hotel in Bahnhofsnähe.

Mukkula Gutshotel, ℂ 918/306554. DZ ab ca. 300 FIM. Altes Gutshotel 5 km außerhalb der Stadt.

Jugendherbergen: Kivikatu 1, ℂ 918/826324, 65 FIM, sehr einfaches, kleines Hostel. Von September bis Mai am Wochenende geschlossen, sonst geöffnet. 2 km vom Bahnhof.

Mukkulan Kesähotelli, Ritaniemenkatu 10, ℂ 918/306554, 170 FIM.

Teures Hostel, in einigen Hotels übernachtet man billiger. Sehr schöne Lage am Seeufer. Geöffnet von Anfang Mai bis Ende August.

Onnela, Onnelantie 10, © 918/511296, 50 – 80 FIM. Zentrale Lage in Bahnhofsnähe. Ganzjährig geöffnet.

Ausflüge am Päijenne-See

Lahti ist zwar nicht die schönste aller Städte, liegt dafür aber an einem der schönsten Seen des Landes. Wer kein eigenes Boot mitgebracht hat, sollte deswegen mit einem der Rundfahrtboote in See stechen.

Äußerst sehenswert ist die 15 km nordwestlich von Lahti gelegene **Kirche von Hollola** (geöffnet von Mitte Mai bis Mitte August tgl. 10 – 18 Uhr). Der Kirchenbau stammt aus dem 14. Jahrhundert; der separat stehende *Glockenturm* wurde erst 1848 nach Plänen von Carl Ludvig Engel hochgezogen. Gleich in der Nachbarschaft liegt das *Freilichtmuseum* der Gemeinde, in dem alte Farmgebäude bewahrt werden (Anfang Juni bis Mitte August tgl. 11 – 18 Uhr, Mitte bis Ende August Sa, So 11 – 18 Uhr).

Verläßt man Lahti auf der Hauptstraße Nummer 4 in Richtung Norden, gelangt man nach etwa 30 km in die Gemeinde **Vääksy.** Hier befindet sich der gleichnamige Kanal, der den kleinen *Vesijärvi* mit Finnlands zweitgrößtem See, dem *Päijänne,* verbindet. Der Kanal wurde 1871 fertiggestellt und gehört zu den meistbefahrenen Binnenseekanälen Europas. In der Nähe der Gemeinde **Kuhmoinen**

Der breite Feldsteinbau von Hollola mit einem Backsteinschmuck im Giebelfeld nach einem speziellen Muster dieser Landschaft

liegt der kleine *Isojärvi-Nationalpark,* in dem Wandermöglichkeiten bestehen.

Entscheidet man sich für die Tour am Ostufer des Päijänne-Sees entlang (Str.-Nr. 5), gelangt man zunächst nach **Heinola** (Aussprache Heenola). Sehenswert ist dort eine *Vogelstation* und ein ihr angeschlossenes *Vogelkrankenhaus* (!). Beides kann das ganze Jahr über besucht werden – und das Beste: es kostet nichts! Die Ostroute um den Päijänne führt in großem Abstand zum See. Wer es nicht eilig hat, sollte auf jeden Fall die Hauptstraße verlassen und über seenahe Nebenstraßen Richtung Jyväskylä weiterfahren, zum Beispiel über *Vehkasalo, Judinsalo* und *Puolakka.*

Jyväskylä

174 Straßenkilometer nördlich von Lahti liegt Jyväskylä. 67.000 Menschen leben in dem als Schul- und Universitätsstadt bekannten Ort. Jyväskylä wurde 1837 auf Geheiß des russischen Zaren Nikolaus I. gegründet. In der Mitte des 19. Jahrhunderts wurden hier die ersten finnischsprachigen Schulen des Landes eröffnet. In einer Zeit, in der von der Oberschicht ausschließlich Schwedisch gesprochen wurde und Finnisch als die Sprache der Barbaren betrachtet wurde, bedeutete die Gründung finnischsprachiger Schulen einen wichtigen Schritt für die Entwicklung des finnischen Selbstbewußtseins. Hier ging auch *Alvar Aalto* (1898 – 1976), der berühmteste finnische Architekt der Neuzeit, zur Schule. An keinem anderen Ort der Welt stehen so viele von ihm geplante Bauwerke wie hier. Für Freunde moderner Architektur ist Jyväskylä daher ein Ort, der bei einer Finnlandrundfahrt auf jeden Fall besucht werden muß.

Die wichtigsten Aalto-Gebäude

Wer auf den Spuren von Alvar Aalto wandeln will, der fängt seinen Rundgang am besten in der Alvar Aallon katu 7 an. Dort steht nämlich das **Alvar-Aalto-Museum** (geöffnet Di – So 12 – 18 Uhr), das vom Meister selbst geplant wurde. In dem Haus sind Entwürfe und Pläne zu Aaltos Bauwerken, sowie eine Designsammlung mit über 900 Objekten von Entwürfen zu Möbeln bis zu Gebrauchskunst wie Vasen und anderes zu sehen. Direkt neben dem Aalto-Museum liegt das **Museum von Zentralfinnland** (Di – So 11 – 18 Uhr). Es wurde 1961 nach Aaltos Plänen erbaut. Ganz in der Nähe, in der Oksalankuja 1, liegt die **Karpio-Residenz**, erbaut 1924. Heute ist das Gebäude ein normales Mietshaus. Auf dem Gebiet der **Universität** liegen drei von Aalto entworfene Gebäude. Besonders beachtenswert ist das in den siebziger Jahren errichtete *Hauptgebäude.* Auch die *Stadtverwaltung,* die *Polizei* und das *städtische Theater* sind in von Alvar Aalto geplanten Gebäuden untergebracht (Vapaudenkatu/ Kilpisenkatu). Sowohl das Haus der Stadtverwaltung als auch das Theater wurden allerdings erst nach Aaltos Tod im Jahre 1976 fertiggestellt. Wenn Sie Ihren Freunden zu Hause über Ihre Erlebnisse und Aalto-Erfahrungen in Jyväskylä schreiben wollen, können

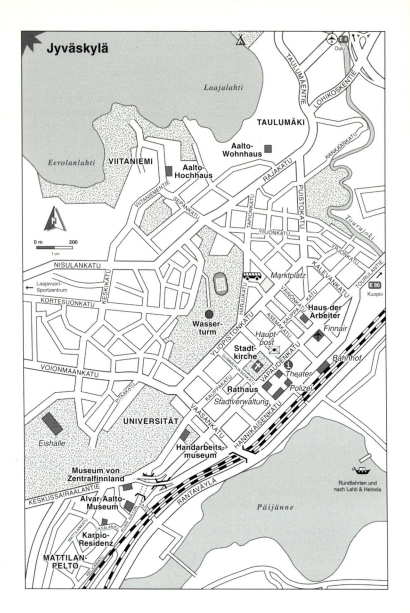

Jyväskylä

Laajalahti

TAULUMÄKI

Eerolanlahti   VIITANIEMI   Aalto-Wohnhaus

Aalto-Hochhaus

Tourujoki

0 m   200
1 cm

NISULANKATU

Laajavuori-Sportzentrum

KORTESUONKATU

Marktplatz

Haus der Arbeiter

Finnair

Wasser-turm

Haupt-post

Stadt-kirche

Bahnhof

VOIONMAANKATU

Theater

Rathaus
Stadtverwaltung

Polizei

UNIVERSITÄT

Eishalle

Handarbeits-museum

Museum von Zentralfinnland

Rundfahrten und
nach Lahti & Heinola

KESKUSSAIRAALANTIE

Alvar-Aalto-Museum

Päijänne

Karpio-Residenz

MATTILAN-PELTO

Sie Ihren Brief in der Kilpisenkatu 8 stilgerecht abgeben: Hier befindet sich das nach Aaltos Plänen zwischen 1926 und 1929 im Stile des frühen Funktionalismus erbaute **Hauptpostgebäude.** In der Väinönkatu 7 liegt das **Työväentalo,** das *Haus der Arbeiter* (1924/25 erbaut). Dieses Bauwerk war Aaltos erster größerer Auftrag und bedeutete den Durchbruch in seiner Karriere.

Wer seinen Rundgang auf den Spuren des bekannten Architekten wirklich ernst nimmt, der macht sich jetzt auf den Weg an den Stadtrand. In der Kirkkotie 2, im Stadtteil *Taulumäki,* befindet sich ein **Wohnhaus,** das Aalto in der Mitte der zwanziger Jahre erbaut hat. Auch der (man verzeihe mir) ziemlich unansehnliche **Hochhauswohnblock** im Stadtteil *Viitaniemi* (Viitaniementie 18) entstand auf dem Reißbrett Alvar Aaltos.

Weitere Sehenswürdigkeiten

Nicht jeder wird beim Anblick von Aalto-Bauwerken in Begeisterung ausbrechen. Für diese Gruppe hier ein Alternativprogramm: Einen Überblick über die Stadt gewinnt man vom **Wasserturm** auf dem *Harju* (dt. Bergrücken). Der Turm ist von Juni bis Mitte August zwischen 10 und 20 Uhr geöffnet. Im Mai und in den letzten Augustwochen kann man von ihm nur bis 18 Uhr auf Jyväskylä herabblicken. Etwas außerhalb, in der Kuokkanlantie 4 liegt des **Zentrum für Umweltfragen** (geöffnet Di – Do, So 12 – 18 Uhr, Fr, Sa 12 – 16 Uhr), mit einer Ausstellung über aktuelle Umweltprobleme.

Handarbeitsmuseum, Seminaarinkatu 32. Geöffnet Di – So 11 – 18 Uhr.

Luftfahrtsmuseum (fin. Ilmailu museo) in *Tikkakoski* (in der Nähe des Flughafens), 20 km nördlich von Jyväskylä. Öffnungszeiten 1.6. – 15.8.: tgl. 10 – 20 Uhr, sonst tgl. 11 – 17 Uhr.

Weitere Informationen

Fremdenverkehrsbüro, Vapaudenkatu 38, © 941/624903.

Veranstaltungen: Juni, *Musikfestival* mit einem jährlich wechselnden Hauptthema. Ende August die *1000 Seen Rallye* – die Rallye Monte Carlo des Nordens.

Bootstouren auf dem Päijänne-See: Im Sommer Di – Fr Richtung *Lahti* (Abfahrt 10 Uhr) und am Sa Richtung *Heinola* (Abfahrt ebenfalls 10 Uhr). Außerdem 2 – 3 stündige Seerundfahrten; Abfahrt am Hafen in der Nähe des Messezentrums.

Sehenswertes in der Umgebung von Jyväskylä

Etwa 50 km westlich liegt die Kleinstadt **Keuruu** (13.000 Einwohner). Sehenswert hier die *Alte Kirche* von 1758. Von Keuruu aus kann man auf dem *Wanderpfad Pirkkan-Taival* zu Fuß bis nach Ruovesi und Kuru gelangen (siehe dazu Ausflüge in der Umgebung von Tampere, Seite 198).

Die nördlich von Jyväskylä gelegenen Orte **Äänekoski, Viitasaari oder Pihtipudas** sind nur eine Ansammlung von Supermärkten und Tankstellen. Trotzdem sollte diese Kurzcharakteristik nicht vom Besuch dieser Gegend abschrecken. Es gibt zwar kaum das, was man landläufig unter den Begriff Sehenswürdigkeiten zusammenfaßt. Dafür gibt es aber Ruhe, weitgehend unberührte Natur und (natürlich!) Seen.

Fährt man von Jyväskylä weiter Richtung Osten, gelangt man auf Nebenstraßen via *Suonenjoki*, der Erdbeerhauptstadt des Landes, nach Kuopio.

Kuopio

Genau 80.640 Einwohner lebten am 1.1.91 in Finnlands achtgrößter Stadt. Beinahe viermal soviele Touristen übernachten jedes Jahr in einem der Gästebetten Kuopios. Die im Herzen des finnischen Seengebietes gelegene Stadt hat sowohl für Seh- als auch für Seetouristen ein reichhaltiges Angebot parat.

Den besten Überblick über die Stadt und die Umgebung hat man vom **Pujio-Turm** (Mai, Mitte August – Ende September tgl. 10 – 18 Uhr, Juni – Mitte August tgl. 9 – 22 Uhr geöffnet. In den übrigen Monaten kann man im benachbarten Sporthotel Pujio den Schlüssel für den Aufzug abholen. Eintritt 15 FIM.). Angeblich soll man nirgendwo in Finnland einen so weiten Rundblick genießen können, wie von hier oben. Ob es wirklich der weiteste Blick ist, läßt sich schwer überprüfen, einer der schönsten ist es auf jeden Fall. Es wird einige Zeit dauern, bevor Sie sich vom Anblick der tiefgrünen Inseln losreißen können, die wie Boote auf den blauen Seen liegen. Wenn Sie dann Ihren Blick über die Stadt schweifen lassen, werden Sie feststellen, daß sich

besonders amerikanische Touristen in Kuopio wohlfühlen werden: Der rechtwinklige Stadtplan dürfte sie an ihre Heimat erinnern.

Am Rande des Stadtzentrums befindet sich in einem modernen Bau das **Orthodoxe Kirchenmuseum** (Karjalankatu 1. Geöffnet Mai – Ende August Di – So 10 – 16 Uhr, sonst Mo – Fr 12 – 15 Uhr, Sa, So 12 – 17 Uhr, Eintritt 15 FIM). Im gleichen Haus befinden sich auch die *Residenz des Metropoliten,* so die Bezeichnung der Orthodoxen für »Erzbischof«, und die *Kanzlei der Kirchenverwaltung.* Man kann das Gebäude also ohne Übertreibung als das Zentrum der Orthodoxen Kirche Finnlands bezeichnen. Zwar gehören nur etwa 1,1 Prozent der finnischen Bevölkerung der Orthodoxen Kirche an, trotzdem ist sie neben der evangelisch-lutherischen die zweite Staatskirche im Land. Die Kirchenschätze, die im Orthodoxen Museum zu sehen sind, stammen zum größten Teil aus den ehemals finnischen Klöstern *Konevitsa* und *Valamo* im Ladogasee, sowie dem Kloster *Petsamo*, weit im Norden auf der Kolahalbinsel. Die erwähnten Gebiete gingen während des Zweiten Weltkriegs an die Sowjetunion verloren. Die Mönche flohen ins finnische Herzland und brachten auf ihrer Flucht die wichtigsten Kunstschätze mit in die neue Heimat. Bereits 1940 ließen sich die aus Valamo entkommenen Mönche in der Nähe von Heinävesi nieder und gründeten dort das Kloster *Neu-Valamo* (fin. Uusi-Valamo, siehe unter Heinävesi). Die meisten Kunstschätze blieben

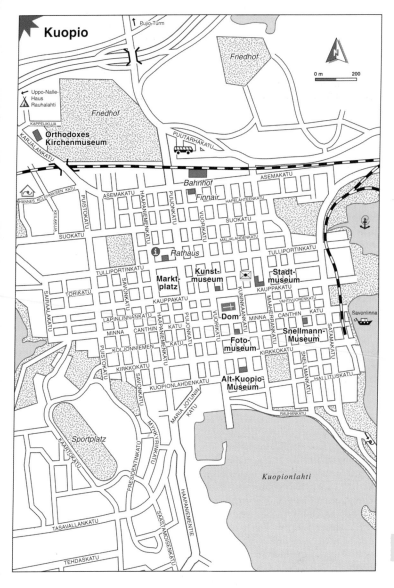

Kuopio

Pujio-Turm

Friedhof

0 m   200

Uppo-Nalle-
Haus
Rauhalahti

KAPPELIKUJA

**Orthodoxes
Kirchenmuseum**

Friedhof

PUUTARHAKATU

KARJALANKATU

JOHANNES KOLEHMAISEN KATU

KEILANKUJA

ASEMAKATU

ASEMAKATU

PUISTOKATU

HAAPANIEMENKATU

PUIJONKATU

VUORIKATU

HAPELAHTEENKATU

SUOKATU

SUOKATU

MALJALAHDENKATU

Bahnhof

Finnair

TULLIPORTINKATU

ⓘ *Rathaus*

**Markt-
platz**

**Kunst-
museum**

✉

**Stadt-
museum**

KAUPPAKATU

VAHTIVUORENKATU

Savonlinna

TULLIPORTINKATU

TORIKATU

SAIRAALAKATU

SAVONKATU

KAUPPAKATU

KUNINKAANKATU

MAAHERRANKATU

CANTHIN

KATU

SATAMAKATU

LAPINLINNANKATU

HAAPANIEMENKATU

PUIJONKATU

VUORIKATU

Dom

MINNA

**Snellmann-
Museum**

MINNA   CANTHIN   KATU

**Foto-
museum**

KOLJONNIEMENKATU

KIRKKOKATU

SNELLMANNKATU

HALLITUSKATU

PUISTOKATU

SAVONKATU

KIRKKOKATU

**Alt-Kuopio-
Museum**

Sportplatz

KAARTOKATU

MYLLYKYRINKATU

PRESIDENTINKATU

MARIA JOTUNIN KATU

KUOPIONLAHDENKATU

HAAPANIEMENTIE

RAUHANKATU

Kuopionlahti

TASAVALLANKATU

SÄÄSTÖMOISENKATU

TEHDASKATU

aber im Museum in Kuopio. Wer sich für Ikonen und reich bestickte orthodoxe Kirchengewänder interessiert, wird mehrere Stunden durch die Räume des Museums spazieren können. »Normaltouristen« sollten zumindest einen Blick in Raum Nummer 7 (erstes Zimmer links, neben der Zentralhalle) werfen. Er ist dem Kloster Valamo gewidmet und beherbergt die schönsten und ältesten Ikonen des Museums.

Wer zu Beginn der neunziger Jahre Kuopio besuchte, sah statt des **Marktplatzes** nur eine Baugrube. Damals war nämlich die halbe Innenstadt aufgerissen. Heute sind die Wunden verheilt und man kann unter dem Platz sein Auto in der neuerbauten Tiefgarage abstellen. Kuopios Marktplatz gilt als einer der schönsten des Landes. Besucher mit starken Mägen sollten nicht versäumen, eine kulinarische Spezialität der Stadt zu probieren: *Kalakukko* (auf dt. wörtl. Fischhahn) sind in Roggenteig eingebackene Fischstückchen, die beim Autor dieses Buches unmittelbaren Brechreiz hervorrufen. Aber seien Sie mutig – Wiener Schnitzel können Sie zu Hause wieder essen.

Wenn Sie vom Marktplatz die Kauppakatu in Richtung Hafen hinabgehen, passieren Sie zunächst linkerhand das **Kunstmuseum** (Öffnungszeiten Mo – Sa 9 – 16.30 Uhr, Mi zusätzlich bis 20 Uhr, So 11 – 18 Uhr), einige Schritte weiter liegt auf der rechten Seite der zwischen 1808 und 1815 erbaute **Dom** mit einem sehenswerten Altargemälde von Berndt

Abraham Godenhjelm (Juni / Juli 10 – 18 Uhr, August 10 – 15 Uhr) und schließlich auf der linken Seite das **Stadtmuseum** (Kauppakatu 23). Dieses interessante Regionalmuseum ist Mo – Fr 9 – 16 Uhr, So 11 – 18 Uhr, Mi zusätzlich 16 – 20 Uhr geöffnet. Im Sommer auch Sa 9 – 16 Uhr.

In der Snellmaninkatu, einer Nebenstraße der Kauppakatu, befindet sich das **J.V.-Snellmann-Museum** (Mo – So 10 – 17 Uhr, Mi bis 19 Uhr, Eintritt 10 FIM). Der Besuch der ehemaligen Wohnung des Staatsmannes, Philosophen und Bildungsreformers ist nur für Menschen mit besonderem Interesse an finnischer Geschichte empfehlenswert. Sonst wird man den Tischen und Stühlen, die in dem Haus herumstehen, nur wenig abgewinnen können. *Johan Vilhelm Snellmann* (1806 – 1891) war der bedeutendste finnische Politiker des 19. Jahrhunderts. Er trug durch seine Veröffentlichungen wesentlich zur Schaffung eines eigenen finnischen Nationalbewußtseins bei. Auf seine Anregung hin wurde 1858 in Jyväskylä die erste finnischsprachige Schule des Landes gegründet. Wie man sich denken kann, machte er sich mit seine Aktivitäten bei den Vertretern des russischen Zarenreiches nicht gerade beliebt. Snellmann wurde deshalb mehrmals strafversetzt – unter anderem auch hierher nach Kuopio, das damals eine kleine Provinzstadt weit abseits der Hauptstadt war.

Fotofreunde werden sich im **Viktor-Barsekevitsch-Fotomuseum** wohlfühlen, das sich in wechselnden Ausstellungen der Kunst des Fotografierens widmet (Kunikaankatu 14 – 16. Geöffnet vom 1.6. bis 1.9. Mo – Fr 10 – 18 Uhr, Sa, So 10 – 16 Uhr. In den übrigen Monaten öffnet das Museum erst um 12 Uhr. Eintritt 5 FIM). Das **Freilichtmuseum Alt Kuopio** (Kirkkokatu 22, geöffnet 15.5. – 15.9. Mo – So 10 – 17 Uhr, Mi bis 19 Uhr, sonst Di – So 10 – 15 Uhr, Eintritt 15 FIM), in dem einige alte Holzgebäude – Wohnhäuser, Läden – aus dem 19. Jahrhundert vor dem Zugriff der Stadtsanierer gerettet werden konnten, sieht inmitten der es umgebenden Wohnblocks wie ein unwirkliches Überbleibsel aus einer fremden Welt aus. Obwohl sicher nicht als solches geplant, wirkt das Museum heute wie ein Mahnmal gegen sinnlose Zerstörungswut fortschrittsgläubiger Stadtverwaltungen.

Besucher mit Kindern möchten vielleicht das **Uppo-Nalle-Haus** am Campingplatz in *Rauhalahti* (Richtung Südwesten, Abzweigung von der Straße nach Jyväskylä) in ihr Besuchsprogramm einschließen (etwa 4 km vom Zentrum). Uppo Nalle ist eine von der bekannten finnischen Kinderbuchautorin Elina Karjalainen geschaffene Bärenfigur und das Uppo-Nalle-Haus (im Sommer 12 – 20 Uhr geöffnet, Eintritt frei), in dem Hunderte von Teddybären eine Heimat gefunden haben, ist Kuopios Antwort auf das Mumin-Museum in Tampere.

Verbindungen

Flug: Verbindungen nach Helsinki (6x tgl.), Joensuu (nur am Wochenende) und während der Skisaison im Winter nach Kittilä. Busverbindung zum Flughafen: Abfahrt vom Finnairbüro, Asemakatu 22, 50 Min vor Flugabgang; 20 FIM. Flughafentaxi 🌀 97041, etwa 50 FIM.

Bahn: Regelmäßige Anschlüsse nach Helsinki, Oulu, Jyväskylä und Mikkeli.

Bus: Mehrfach tgl. in alle wichtigen Städte. Z.B. 7x nach Helsinki, 7x nach Joensuu, 5x nach Oulu. Häufige Verbindungen zu den Touristengebieten am Pielinen-See. Der Busbahnhof liegt in der Puijonkatu 45, am Rande der Stadt, hinter dem Bahnhof.

Schiff: Kuopio ist der ideale Ausgangspunkt für eine Rundfahrt auf den finnischen Binnenseen.

Mitte Juni bis Mitte August: Di, Do, Sa 10 Uhr Abfahrt Richtung *Savonlinna* (Ankunft 21.30 Uhr), Preis 250 FIM. Fahrtunterbrechungen u.a in Heinävesi möglich. Wer keine Unterkunft in Kuopio findet, kann übrigens schon am Abend vor der Abfahrt an Bord gehen. Kosten für eine Kabine je nach Standard 100 – 200 FIM. Eine 2-tägige Rundfahrt nach Savonlinna und zurück ist ab 430 FIM zu haben.

Bootsausflüge: Zusätzlich werden im Sommer täglich Seerundfahrten durchgeführt, sie kosten etwa 50 FIM für 2 Stunden.

Öffentlicher Nahverkehr: Zwischen dem 14.6. und dem 14.8. besteht eine Busverbindung vom Campingplatz Rauhalahti (Abfahrtszeiten zwischen 12 und 19 Uhr jeweils zur vollen Stunde) und dem Stadtzentrum (Abfahrtszeiten zwischen 12 und 19 Uhr jeweils 15 Minuten nach der vollen

Stunde) zum Puijo-Aussichtsturm; Preis etwa 15 FIM.

Taxi: Kuopio ist so klein, daß man eigentlich kein Taxi braucht (Ausnahme ist die Fahrt zum Puijo-Turm). ℂ 97041. Behinderte können sich unter den folgenden Nummern ihr Cab bestellen: 334420, 225747, 2621555.

Autovermietung: *Esso,* Tulliportinkatu 50, ℂ 125709, *Männistön Autovuokraamo,* Kullervonkatu 1, 2616796.

Unterkunft

Hotel Puijonsarvi, Minna Canthinkatu 16, ℂ 170111, DZ ab 400 FIM. Das größte Hotel am Platz, gut aber etwas steril.

Hotel Kuopio, Satamakatu 1, ℂ 195111, DZ ab 390 FIM.

Sporthotel Puijo, direkt neben dem Aussichtsturm, ℂ 114841, DZ ab 300 FIM. Sehr schöne und ruhige Lage, außerhalb des Stadtzentrums.

Hotel Savonia, Sammakkolammentie 2, ℂ 225707, DZ um 300 FIM. Etwas außerhalb gelegen.

Jugendherbergen & Camping

Finnhostel Rauhalahti, Katiskaniementie 8, ℂ 311700. 90 – 220 FIM. 6 km außerhalb der Stadt in südwestlicher Richtung, in schöner Lage auf einer Landspitze. Ganzjährig geöffnet.

Tekma, Taivaanpankontie 14 B, ℂ 222925, 65 – 95 FIM. 3 km vom Bahnhof. Geöffnet 1.6 – 10.8.

▲ *Camping Rauhalahti,* Kiviniementie, ℂ 312244. Stellplatz um 65 FIM. Hüttenvermietung ab 150 FIM. In der Nähe des Finnhostel und des Uppo-Nalle-Hauses.

Fremdenverkehrsbüro, Haapaniemenkatu 17, ℂ 181584.

Veranstaltungen: Ende Februar *Finnland-Eis-Marathon,* ein Langstreckenschlittschuhlauf auf dem zugefrorenen Kallavesi-See. Anfang Juni das *Kuopio-Tanzfestival,* ein internationales Großereignis, bei dem Stars aus aller Welt gastieren.

Telefonvorwahl: 971

Sehenswertes nördlich von Kuopio

Nach **Pielavesi,** einem kleinen Ort abseits der Hauptverbindungsstraße zwischen Kuopio und Iisalmi, verirren sich nur wenige Touristen. Zumindest eine Sehenswürdigkeit kann die 7000-Seelen-Gemeinde aber aufweisen. Hier wurde am 3.9.1900 Urho Kaleva Kekkonen geboren. *Lepikko Torp,* der Hof, auf dem der langjährige Präsident seine Kindheit verbrachte, kann von Mitte Juni bis Mitte August (10 – 18 Uhr) besichtigt werden.

Iisalmi (24.000 Ew.), 80 km nördlich von Kuopio gelegen, ist die nördlichste Stadt der finnischen Seenplatte. Der landschaftlich recht schön gelegene Ort ist für die meisten Touristen nur Durchfahrtsstation. Auf dem Weg von Helsinki zum Polarkreis hat man hier die Hälfte seines Weges zurückgelegt. – Für Literaturinteressierte empfehlenswert ist der Besuch des *Juhani-Aho-Museums.* Aho (d.i. Johan Brofeldt, 1861 – 1921) hat an herausragender Stelle zur Schaffung einer eigenen finnischen Literatursprache

Die orthodoxe Kirche von Lapeenranta

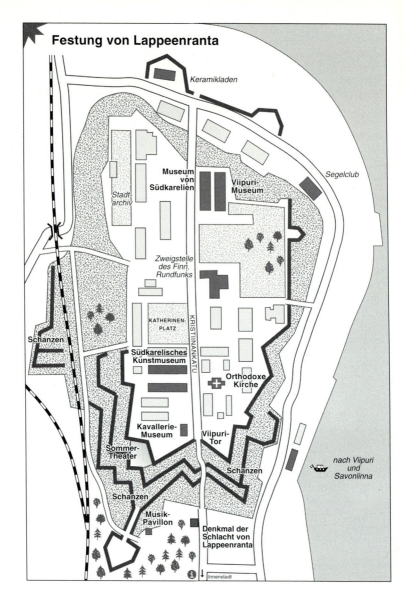

Festung von Lappeenranta

Keramikladen

Segelclub

Museum von Südkarelien

Viipuri-Museum

Stadt-archiv

Zweigstelle des Finn. Rundfunks

Schanzen

KATHERINEN-PLATZ

KRISTIINANKATU

Südkarelisches Kunstmuseum

Orthodoxe Kirche

Kavallerie-Museum

Viipuri-Tor

Sommer-Theater

Schanzen

nach Viipuri und Savonlinna

Schanzen

Musik-Pavillon

Denkmal der Schlacht von Lappeenranta

Innenstadt

beigetragen. Er gilt heute als der wichtigste Vertreter des finnischen Realismus; in seinen Werken befaßte er sich hauptsächlich mit der Schilderung der Lebensumstände und Schicksale einfacher Leute (so zum Beispiel in *Juha,* in deutscher Übersetzung »Das schwere Blut«).

Von Helsinki nach Ostfinnland

Lappeenranta und *Imatra* sind die beiden ersten größeren Städte, die man von Helsinki aus auf dem Weg zum ostfinnischen Seengebiet erreicht. Beide Orte werden von den meisten Touristen auf dem Weg Richtung Punkaharju und Savonlinna – im wahrsten Sinne des Wortes – links liegen gelassen. Dabei hat zumindest Lappeenranta (55.000 Ew.) seinen Besuchern einiges zu bieten.

Festungsstadt Lappeenranta

Die Stadt wurde 1649 auf Befehl der schwedischen Königin Christina gegründet und diente lange Zeit als wichtiger Marktplatz. Am 23. August 1741 war der Ort Schauplatz einer blutigen Schlacht zwischen dem schwedischen und dem russischen Heer. Bei dem Gemetzel wurde die ganze Stadt zerstört. Schweden verlor das Gefecht und wurde dadurch im Friedensvertrag von Turku gezwungen, Lappeenranta an Rußland abzutreten. Eine weniger blutige Karriere machte die Stadt, nachdem 1824 in ihrer Umgebung eine (schwach) radioaktive Quelle entdeckt wurde. Damals dachte man noch, alle Strahlen seien gesund und im Handumdrehen

war Lappeenranta zum beliebten Kurort für reiche russische Adelige geworden. So entstand die erste Badeanstalt auf der Insel *Halkosaari.*

Die größte Sehenswürdigkeit des Ortes ist die **Festungsanlage.** Dort findet man heute eine Reihe von Museen und Künstlerwerkstätten. Einige der alten Garnisonsgebäude wurden zu Wohnhäusern umgebaut. Diese Mischung aus Museum und normalem Alltagsleben macht den Besuch der Wallanlagen besonders reizvoll.

Sehenswerte Gebäude & Museen im Bereich der Festung

Kavallerie-Museum: Das Museum befindet sich in dem ältesten erhaltenen Gebäude der Stadt, dem Wachgebäude vor 1722. Waffen- und Uniformfreaks sind hier richtig.

Orthodoxe Kirche: Älteste orthodoxe Kirche des Landes. Der rechteckige Backsteinbau wurde 1785 im Stile des russischen Barock-Klassizismus erbaut.

Kunstmuseum von Südkarelien: Vor allem Kunst aus der Region. Daneben einige Werke bedeutender finnischer Künstler (wie z.B. von dem Maler Eero Järnefelt).

Museum von Südkarelien: Ausstellung zur Kulturgeschichte der Grenzregion zu Rußland.

Viipuri-Museum: Befaßt sich mit der Geschichte der ehemals finnischen Stadt Viipuri. Die Stadt, die in den zwanziger und dreißiger Jahren wegen ihrer Lage an der Ostsee und den Einflüssen aus St. Petersburg bzw. dem Baltikum als die internationalste und weltoffenste Stadt Finnlands galt, war im Laufe des Zweiten Weltkriegs an Rußland verloren gegangen.

Öffnungszeiten der Museen: Im Sommer Mo – Fr 10 – 18 Uhr. Sa, So 11 – 17 Uhr.

In der Stadtmitte (beim Busbahnhof) liegt die **Kirche von Lappee** (tgl. 10 – 17 Uhr), die 1794 nach Plänen von Juha Salonen errichtet wurde. Bemerkenswert ist sie vor allem wegen ihres kreuzförmigen Grundrisses. Der einzeln stehende *Glockenturm* wurde erst 1856 nach Plänen des Architekten Ernst Bernhard Lohrmann hinzugefügt. Auch in Lappeenranta hat Carl Ludwig Engel wieder »zugeschlagen«: Das hölzerne **Rathaus** von 1829 stammt aus der Zeichenfeder des eifrigen Baumeisters.

Lappeenranta ist der nördliche Endpunkt des **Saimaa-Kanals.** Seit der Kanal Anfang der neunziger Jahre wieder für den Privatverkehr geöffnet ist, kann man von hier aus bis zum russischen *Viipuri* (Visumspflicht!) am Finnischen Meerbusen fahren. Jeden Freitag um 18 Uhr legt das Boot am Passagierhafen ab. Visa erhält man in Helsinki (siehe dort) bei der Russischen Botschaft; visumsfreie Tagesfahrten sollen in den nächsten Jashren erlaubt werden.

Holzstadt Imatra

Knapp 40 km nördlich von Lappeenranta liegt die Industriestadt Imatra. Wenn Sie hier tief durchatmen, erfahren sie endlich, wie Geld riecht. »Es riecht nach Geld«, sagen die Einheimischen, wenn wieder einmal die Abgase der Holzfabrik über der Stadt liegen. Hauptarbeitgeber in der Stadt sind der Holzgigant *Enso Gutzeit,* das Stahlwerk *Ovako* und der Energieerzeuger *Imatran Voima.* Eine Krise in diesen Betrieben wäre eine Katastrophe für die ganze Stadt. Kein Wunder, daß man sich in Imatra an ein bißchen »Industrieduft« nicht stört. Die größte Sehenswürdigkeit des Ortes ist die **Stromschnelle** des *Voksi-Flusses.* Sie lockte schon in früheren Jahrhunderten die Besucher nach Imatra. Darunter auch so erlauchte Gäste wie Kaiserin Katharina II. von Rußland, die Imatra 1772 besuchte, oder der brasilianische Regent Pedro II., der sich 1876 auf den weiten Weg nach Finnland machte. Heute ist die Stromschnelle leider von einem Kraftwerk gebändigt und lediglich im Sommer wird ihr allabendlich um 19 Uhr (So 15 Uhr) für eine halbe Stunde freier Lauf gelassen.

Direkt unterhalb der Stromschnelle liegt das *Imatran Valtionhotelli* (dt. Das Staatshotel vom Imatra). In dem **Jugendstilschloß** aus dem Jahre 1903 haben schon viele illustre Besucher ihr Haupt zur Ruhe gebettet. Unter anderem waren hier Richard Wagner und Alexandre Dumas zu Gast. Richard Wagner soll es angeblich so gut gefallen haben, daß er eine »Imatra Oper« komponieren wollte. Ein Vorhaben, aus dem nichts geworden ist. Wenn auch Sie hier übernachten wollen, müssen Sie tief in die Tasche greifen. Mindestens 680 FIM kostet ein Doppelzimmer (Imatran Valtionhotelli, Torkkelinkatu 2, ℃ 954/68881). Anschauen kostet dagegen nichts. Wenn Sie durch die Gänge und Säle

Das Jugendstilschlößchen von Imatra ist genau das richtige für romantische Schwärmer

des 1987 restaurierten Hauses schlendern, werden Sie sehen, daß der alte, chronisch verschuldete Musiker – zumindest was Hotels betrifft – einen guten, wenn auch teuren Geschmack hatte. Das Valtionhotelli befindet sich übrigens im Besitz des krisensichersten Unternehmens des Landes, nämlich *Alko,* dem staatlichen Alkoholmonopol.

Von Imatra aus werden **Ausflugsfahrten** in den just jenseits der Grenze liegenden russischen Industrieort *Svetogorsk* durchgeführt. Es ist kaum vorstellbar, wie sehr sich die Lebensumstände von Menschen, die nur 10 km von einander entfernt wohnen, unterscheiden. Während man in Imatra alle nur vorstellbaren Konsumgüter erhält, sind wenige Kilometer weiter in Svetogorsk kaum die wichtigsten Grundnahrungsmittel zu bekommen. Gegenwärtig wird auch für die Tagesfahrten noch ein Visum benötigt.

Savonlinna

Typischer finnisch als Savonlinna geht es nicht. Die Stadt mit knapp 30.000 Einwohnern liegt im Herzen des finnischen Seengebietes, in der Nähe interessanter Ausflugsziele. Nein, diesen Satz habe ich nicht aus der Reklamebroschüre der Stadt abgeschrieben – Savonlinna ist tatsächlich der ideale Stützpunkt für einen Urlaub in Ostfinnland.

Gegründet wurde der Ort 1639 in der Nähe der **Burg Olavinlinna.** Zum Zeitpunkt, als die Burgherren Gesellschaft von eine paar Bauern be-

kamen, war Olavinlinna schon fast
150 Jahre alt – die Burg war 1475 von
den Schweden zur Verteidigung der
Ostgrenze des Landes erbaut worden.
1743 wurde sie von russischen Truppen erobert. Wie stabil das von ihnen
errichtete Bauwerk wirklich war, er-
fuhren die Schweden etwa 40 Jahre
später, als sie Olavinlinna zurücker-
obern wollten. Trotz dreijähriger Be-
lagerung gelang es ihnen nicht, die
Festung einzunehmen.

Im 19. Jahrhundert verlor Olavinlinna jede militärische Bedeutung. Einige Jahre wurde sie noch als Gefängnis genutzt, doch schon zu Ende des
19. Jahrhunderts entwickelte sie sich
zu einem beliebten Reiseziel – kein
Wunder, damals, in der romantischen
Epoche, standen Burgen und Ruinen
bei den Reisenden aus ganz Europa
hoch im Kurs.

*Ungewöhnlicher Anblick mitten im
nordischen Finnland: Ägypter hoch zu Roß –
doch nur während der Eröffnungsfeier zum
Internationalen Opernfestival*

Olavinlinna ist heute die besterhaltenste Burg in Finnland und eine der größten Sehenswürdigkeiten des Landes. Jeden Juli ist sie der Schauplatz eines riesigen *Opernfestivals*. Auch wer Fidelio für den Hund der Nachbarin hält und sich auf keinen Fall beim Barbier von Sevilla die Haare schneiden lassen würde, wird Spaß an der besonderen Atmosphäre dieser Opernaufführungen haben. Allerdings ist es kein billiger Spaß, in Savonlinna zum passionierten Opernbesucher zu werden. Die billigsten Tickets kosten um die 300 FIM – bei Generalproben kann man für einen Hunderter weniger dabei sein. Die teuersten Karten kosten rund 700 FIM. Wichtig: Die meisten Vorstellungen sind schon Wochen vorher ausverkauft. Vorausbuchungen sind also empfehlenswert. Informationen über das Opernfestival erhält man bei der folgenden Adresse: *Savonlinna Opernfestival*, Olavinkatu 35, 57319 Savonlinna, © 957/514700, Fax 957/21866. Wer die Burg für weniger Geld besuchen will, kann dies zu den normalen Öffnungszeiten tun: 1.1. – 31.5., sowie 16.8. – 31.12.: 10 – 15 Uhr. 1.6. – 15.8.: 10 – 17 Uhr.

Weitere Sehenswürdigkeiten

Dom: neugotische, dreischiffige Backsteinkirche mit Seitenemporen im Innern. Die Kirche aus der Mitte des 19. Jahrhunderts wurde im Krieg durch Bomben zerstört und mußte wieder aufgebaut werden. Geöffnet 1.6. – 31.8.: 10 – 18 Uhr.

Provinzmuseum: befindet sich in einem alten Kornspeicher in der Nähe der Burg. Ausstellung zur Kulturgeschichte der Provinz Savo. Zum Mu-

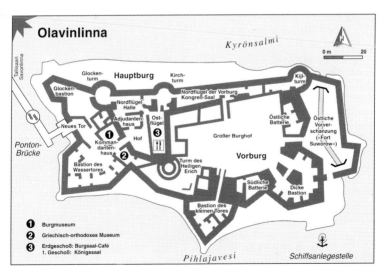

Olavinlinna

Kyrönsalmi

0 m   20

Tallisaari Savonlinna

Glockenturm   **Hauptburg**   Kirchturm

Kijlturm

Glockenbastion

Nordflügel der Vorburg Kongreß-Saal

Nordflügel Halle

Neues Tor

Adjudantenhaus

Ostflügel

❸

Östliche Batterie

Östliche Vorverschanzung (»Fort Suworow«)

Ponton-Brücke

Kommandantenhaus

Hof

Großer Burghof

❷

Bastion des Wassertores

Turm des Heiligen Erich

Vorburg

Südliche Batterie

Dicke Bastion

Bastion des kleinen Tores

❶ Burgmuseum
❷ Griechisch-orthodoxes Museum
❸ Erdgeschoß: Burgsaal-Café
1. Geschoß: Königssaal

Pihlajavesi   *Schiffsanlegestelle*

seum gehören auch die Museumsschiffe *Salama, Mikko* und *Savonlinna.* Im Juli außer Mo 10 – 18 Uhr
geöffnet, sonst 11 – 17 Uhr.

Hausmuseum, Linnankatu 13: Typisches Wohnhaus aus den 20er Jahren des 20. Jahrhunderts. Kleines Museum, das man im Vorbeigehen »mitnehmen« kann.

Kunstmuseum, Olavinkatu 20,
Regionale Kunst. Öffnungszeiten wie
Provinzmuseum. Hier gelten auch die
fürs Provinzmuseum gelösten Ein-
trittskarten.

Rauhalinna (dt. Friedensschloß):
Holzvilla aus dem Jahre 1900, heute
ein Hotel. Liegt 16 km außerhalb der
Stadt (Führungen nur auf Vorbestellung).

Verbindungen

Flug: 3 x tgl. nach Helsinki. Flughafenbus: Abfahrt 50 Min. vorm Flug
vom Busbahnhof. Weitere Stationen:
Hotel Tott, Hotel Seurahuone. Preis:
30 FIM.

Bahn: Bis zu 5 x tgl. Richtung Helsinki. Mehrmals täglich Verbindungen
nach Joensuu. Von dort Anschluß
nach Nordfinnland. 1 x tgl. Direkt-
verbindung nach Oulu.

Bus: 3 x tgl. (außer Sa) Expreßbus-
se nach Helsinki. Busbahnhof in der
Olavinkatu in der Nähe des Rathauses.

Binnenseeverbindungen in Savonlinna und Umgebung:

Bootsverbindungen zum *Linnan-
saari-Nationalpark:* 1.6. – 31.8. ab
Rantasalmi So, Mo, Mi ab 12.30 Uhr,
Di, Do ab 11, Sa ab 10 Uhr. Preis 70
FIM. Ab Oravi nur Sa ab 11.20 Uhr.

Bootsverbindungen nach *Punkaharju:* 5.6. – 15.8. tgl. ab Savonlinna 11
Uhr. Preis einfach 80 FIM, hin und
zurück: 120 FIM.

Schiffsverbindung nach *Heinävesi*
und *Kuopio:* 15.6. – 8.8. Mi, Fr, So
Abfahrt Savonlinna 10 Uhr (Ankunft
Heinävesi 16.30 Uhr, Kuopio 21.30
Uhr). Preis bis Heinävesi 155 FIM, bis
Kuopio 250 FIM.

Bootsverbindung nach *Kerimäki:*
15.6. – 17.8. nur Di ab Savonlinna
15.45 Uhr, an Kerimäki 20.45 Uhr.

Savonlinna

Nach *Lappeenranta* und dann weiter auf dem Saimaakanal nach *Viipuri* (Visa!): nur vom 3.6. – 31.7. Abfahrt in Savonlinna: Fr 10 Uhr.

Außerdem *Rundfahrten* ab Savonlinna und Punkaharju.

Autovermietung: *Hertz,* Tulliportinkatu 12, ℂ 514320. *Budget,* Tottintori, ℂ 24880. *Savonlinnan Autovuokramo,* Kirrkokatu 7, ℂ 514321. *Europcar-Inter Rent,* Mertajärventie 2, ℂ 28961.

Hausboot: Eine ganz besondere Art von Finnlandurlaub ist die Fahrt mit dem Hausboot über die Finnische Seenplatte. Für etwa 4000 FIM/Woche kann man sich diesen Urlaubstraum erfüllen. Nähere Informationen dazu beim Fremdenverkehrsbüro der Stadt.

Unterkunft

Was Hotelpreise angeht, ist Savonlinna (selbst für finnische Verhältnisse) ein teures Pflaster.

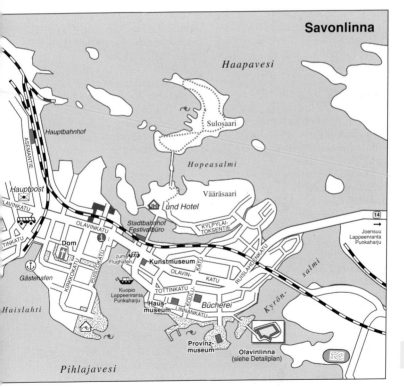

Savonlinna

Haapavesi

Sulosaari

Hauptbahnhof

Hopeasalmi

Hauptpost

Vääräsaari

Uhr und Hotel

Stadtbahnhof
Festivalbüro

OLAVINKATU

KYLPYLÄI-
TOKSENTIE

Dom

Kunstmuseum

zum
Flughafen

OLAVIN-

KATU

Gästehafen

Kuopio
Lappeenranta
Punkaharju

TOTTINKATU

RUSLAHDENKATU

Bücherei

Haislahti

Haus-
museum

LINNANKATU

Kyrön-

salmi

Provinz-
museum

Olavinlinna
(siehe Detailplan)

Pihlajavesi

14

Joensuu
Lappeenranta
Punkaharju

FINNISCHE SEENPLATTE

Casino Spa, Kasinosaari, ✆ 57500. DZ ab 610 FIM. Erstes und teuerstes Haus am Platz.

Pietari Kylläinen, Olavinkatu 15, ✆ 5750500, DZ ab 360 FIM.

Seurahuone, Kauppatori 4 – 6, ✆ 5731. DZ ab 490 FIM.

Jugendherbergen

Malakias, Pihlajavedenkuja 6, ✆ 23283, 70 – 200 FIM. 2 km vom Bahnhof. Geöffnet 28.6. – 8.8.

Vuorilinna, Kylpylaitoksentie, ✆ 57500. 70 – 200 FIM. Geöffnet: 1.6. – 29.8.

Korkeamäen Majatalo, 6 km südlich von Kerimäki, ✆ 4827, 60 – 115 FIM. Busverbindung ab Kerimäki. Geöffnet 1.6. – 31.8.

Camping

▲ *Vuohimäki*, ✆ 537353, 7 km vom Zentrum Savonlinnas entfernt. Gebühr für Stellplatz 35 FIM Person/70 FIM Familie. Hüttenvermietung ab 275 FIM (4 Personen).

▲ *Loma-Lohi*, ✆ 541771. In Kerimäki. Stellplatz ab 30 FIM/Person, 65 FIM/Familie. Hüttenvermietung 90 FIM (2 Personen).

▲ *Retretti*, ✆ 957/311761. In Punkaharju. Stellplatz ab 35 FIM/Person, 70 FIM/Familie.

▲ *Kultakivi*, ✆ 957/315151. In Punkaharju. Stellplatz ab 40 FIM/Person, 79 FIM/Familie. Riesiger Campingplatz mit allen Extras. Eigener Nacktbadestrand.

Weitere Informationen

Fremdenverkehrsamt, Puistokatu 1, 57100 Savonlinna. ✆ 273492.

Telefonvorwahl: für die ganze Umgebung einheitlich 957.

Drei Rundfahrten ab Savonlinna

Da viele Sehenswürdigkeiten nicht in Savonlinna selbst liegen, gebe ich hier drei Vorschläge für empfehlenswerte Ausflüge in die Umgebung:

❶ *Savonlinna – Punkaharju – Parikkala – Ruokolahti – Sulkava – Savonlinna*

Verläßt man Savonlinna auf der Hauptstraße Nummer 14 Richtung Süden, kommt man nach etwa 20 km nach **Punkaharju,** einem Höhepunkt jeder Finnlandreise. Der 7 km lange Landrücken, der die Seen *Puruvesi* und *Pihlajavesi* trennt, ist an einigen Stellen nur wenige Meter breit. Land und Wasser verschmelzen hier zu einer selten erlebten Einheit. Punkaharju ist ein Ort, den Sie auf ihrer Finnlandkarte dick unterstreichen und für Ihren Urlaub vormerken müssen!

Verlassen Sie bei Punkaharju die neue Straße und fahren Sie auf der engen, alten Straße weiter (Wegweiser Richtung *Harjualue,* zu deutsch: Gebiet des Landrückens). Von hier bieten sich Ihnen die wesentlich schöneren Blicke. Im alten *Bahnhof* von Punkaharju befinden sich das Studio und die Ausstellungsräume des Bildhauers Niilo Lehikoinen. Besuchenswert wegen des Künstlers und seiner Kunstwerke (geöffnet von 9 – 17 Uhr, Fr bis 15 Uhr).

In der Nähe von Punkaharju liegt **Retretti,** das größte *Kunstzentrum* Nordeuropas. Das besondere an diesem Museum ist, daß der größte Teil der Ausstellungsfläche in die Erde gehauen wurde. Die Gänge führen in 25 Meter Tiefe an künstlichen Teichen und Wasserfällen vorbei. Jeden Sommer finden hier große Sonderausstellungen statt. Von Ende Mai bis Ende Juni und im August ist Retretti zwischen 10 und 18 Uhr und im Juli bis 19 Uhr geöffnet. Eine kleine Warnung zum Schluß: Nicht nur die Ausstellung hat internationales Format, dies trifft auch für die Eintrittspreise zu. 60 FIM pro Person müssen Kunstfreunde hier anlegen. – Gleich in der Nachbarschaft von Retretti befindet sich ein *Vergnügungspark* für Kinder (Ende Mai bis Mitte August geöffnet).

Auch in **Särkisalmi** befindet sich ein Museum, das vom Gewöhnlichen abweicht. Leider ist das *Milchmuseum* aber nur auf Vorbestellung zu besichtigen: ✆ 957/62201. Für Ornithologen ist der Besuch des *Siikalahti-Sees,* einem Vogelparadies in der Nähe von **Parikkala,** zu empfehlen.

Einige Kilometer nördlich von Imatra biegt die Straße Richtung **Ruokolahti** ab. Interessant ist hier die *Holzkirche* von 1854, die durch Albert Edelfelts Gemälde »Die Frauen von Ruokolahti« (das Bild hängt im Ateneum in Helsinki) in ganz Finnland bekannt wurde. Das Bild stellt Marktfrauen bei einem Plausch vor der Kirche dar. In *Virmutjoki* biegt die Nebenstraße nach **Sulkava** ab. Kurz vor dem Ort überquert man den *Vilkaharju,* den kleinen Bruder des Punkaharjulandrückens. Zurück nach Savonlinna sind es von hier aus noch knapp 40 km.

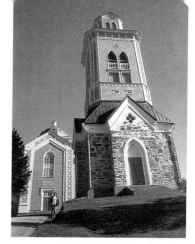

Der imposante Glockenturm der größten Holzkirche der Welt in Kerimäki

❷ *Savonlinna – Kerimäki – Enonkoski – Kolovesi – Savonlinna*
Knapp 25 km östlich von Savonlinna liegt die Gemeinde **Kerimäki.** Der Ort ist zwar klein, die *Holzkirche,* die dort steht, dafür aber ziemlich groß. Der Innenraum ist 45 Meter lang und 42 Meter breit, 3500 Personen finden in dem Gotteshaus Platz! Damit ist die Kirche von Kerimäki die größte Holzkirche der Welt. Warum sich die Bauern des Ortes eine so große Kirche leisteten, ist nicht bekannt. Eine Geschichte, die zwar höchstwahrscheinlich falsch ist, aber trotzdem gerne verbreitet wird, erzählt, daß die Kirche von einem Auswanderer bezahlt wurde. Der Bauer war als junger Mann nach Amerika emigriert und hatte es dort zu beachtlichem Reichtum gebracht. Seine Heimatgemeinde konnte er aber auch in der Fremde nicht vergessen, und deshalb stiftete er ihr eine Kirche. Die Maße,

die er für das Bauwerk vorsah, gab er in »Fuß« an. Den finnischen Bauern war aber diese amerikanische Maßeinheit unbekannt und deshalb nahmen sie an, es handele sich um Meterangaben. Zwar wunderten sich die Dörfler über die riesigen Ausmaße, doch schon damals galt: wer zahlt bestimmt ... und deswegen bestellten sie beim Baumeister eine Kirche, die viel zu groß für die Gemeinde war. Voll ist die Kirche heute nur im Sommer, wenn hier einige Veranstaltungen des Opernfestivals von Savonlinna stattfinden. Die Kirche ist vom 1.6. bis 22.8. von 9 bis 20 Uhr geöffnet, am Samstag wird schon 2 Stunden früher geschlossen. In der letzten Augustwoche steht sie täglich von 10 bis 18 Uhr für Besucher offen.

Freunde des Angelsports können nicht nur im bei Kerimäki gelegenen *Puruvesi-See* aktiv werden, sondern sich auch im *Museum der Binnenseefischerei* (Öffnungszeiten Anfang bis Mitte Juni und August tgl. 12 – 15 Uhr, ab Mitte Juni bis Ende Juli 11 – 18 Uhr) mit theoretischen Hintergrundinformationen versorgen.

Vierzig km nördlich von Kerimäki, in der Nähe der Gemeinde *Enonkoski*, liegt der **Kolovesi-See**. Auf einigen Felseninseln im See findet man Felsritzungen aus der Steinzeit. Östlich von Enonkoski ist der **Linnansaari-Nationalpark** besuchenswert, der für seine Saimaarobbenkolonie bekannt ist. Im Sommer fährt jeden Samstag um 11.20 Uhr ein Ausflugsboot von *Oravi* zum Nationalpark ab. (Weitere Touren nach Linnansaari ab Rantasalmi.) Sportliche Typen können auch mit einem gemieteten Boot zum Nationalpark rudern.

Über die Nebenstraße via *Varparanta* kehrt man wieder nach Savonlinna zurück.

❸ *Mikkeli, Varkaus & Pieksämäki*

Westlich von Savonlinna befinden sich drei erwähnenswerte Städtchen. **Mikkeli** ist mit 32.000 Einwohnern die größte von ihnen. Die Stadt war im Zweiten Weltkrieg das Hauptquartier der finnischen Truppen und bekam deshalb als einzige Stadt neben Vaasa (Vaasa war während des Bürgerkrieges 1918 für kurze Zeit Hauptstadt der bürgerlichen Regierung) die Erlaubnis, das Freiheitskreuz in ihrem Stadtwappen zu tragen. Zwei Museen befassen sich ausführlich mit der Kriegszeit. Das *Infanteriemuseum* (Jääkärinkatu 6 – 8) und das *Hauptquartiermuseum* (Päämajakuja 1 – 3, geöffnet Mai – August tgl. 10 – 17 Uhr) erinnern an den Widerstand der finnischen Armee gegen die sowjetischen Truppen.

Nördlich von Mikkeli liegt die ziemlich häßliche Industriestadt **Varkaus** (25.000 Einwohner, hauptsächlich Holz verarbeitende Industrie). Sehenswert ist hier lediglich das *Museum für mechanische Musik* (Pelimannikatu 8, Mitte Februar bis Mitte Dezember 11 – 19 Uhr, im Juli 10 – 20 Uhr geöffnet), das 1988 mit dem Preis »Touristenattraktion des Jahres« ausgezeichnet wurde. Das Museum befindet sich in Privatbesitz und wird von einem deutschen Einwanderer und seiner Frau betrieben.

Pieksämäki ist in Finnland eher als Eisenbahnknotenpunkt denn als Touristenstadt bekannt. Wenn Sie hier auf einen Anschlußzug warten müssen, besuchen Sie doch das *Puppenheim – Museum* und Puppentheater in einem (Hiekanpäänniemi, geöffnet Juni – Mitte August tgl. 10 – 18 Uhr).

Joensuu und Nordkarelien

Mit 47.000 Einwohnern ist Joensuu die größte Stadt Nordkareliens. Sie wurde 1848 auf Befehl des Zaren Nikolaus I. an der Mündung des *Pielis-Flusses,* der in den *Pyhäselkä-See* abfließt, gegründet. Der Name Joensuu bedeutet übrigens nichts anderes als Flußmündung. Besonders viel hat die Stadt für Touristen nicht zu bieten. Jeder Stadtspaziergang sollte aber an dem 1914 von Eliel Saarinen entworfenen **Stadthaus** und der **Lutherischen Kirche** von 1903 vorbeiführen (1.6. – 15.8. Di – So 10 – 18 Uhr, Mo 10 – 13 und 14 – 18 Uhr geöffnet).

Wer sich für die Geschichte und die Kulturgeschichte Kareliens interessiert, wird auch das **Karelien-Haus** *(Karjalan talo)* besuchen wollen (Di, Do, Fr 12 – 16 Uhr, Mi 12 – 20 Uhr, Sa 10 – 16 Uhr, So 10 – 18 Uhr).

51 Wochen im Jahr ist Joensuu nur eine Stadt unter vielen. Mitte Juni, wenn hier das **Sängerfest** stattfindet, steht für eine Woche ganz Joensuu Kopf. 24 Stunden am Tag wird gefeiert, und die sonst so ruhigen Finnen sind nicht wiederzuerkennen. Informationen zum Sängerfest gibt's unter folgender Adresse: Koskikatu 1, 80100 Joensuu.

Etwa 70 km östlich von Joensuu liegt die Gemeinde **Ilomantsi,** die Hochburg des orthodoxen Glaubens in Finnland. Hier wurden die karelischen Traditionen am besten bewahrt. Besuchenswert ist das *Haus der Runensänger* (geöffnet ab letzter Maiwoche tgl. 11 – 17 Uhr, Anfang Juni bis Mitte August tgl. 9 – 20 Uhr, Mitte bis Ende August tgl. 10 – 18 Uhr, September Sa, So 11 – 17 Uhr), in dem man mehr über das finnische Nationalepos Kalevala erfährt.

Setzt man seine Reise weiter Richtung Osten fort, gelangt man über eine Nebenstraße Richtung *Möhkö* zum kleinen **Petkeljärvi-National-**

Schneeweiß und spitz ragt das Dach der Kirche von Joensuu in den Himmel

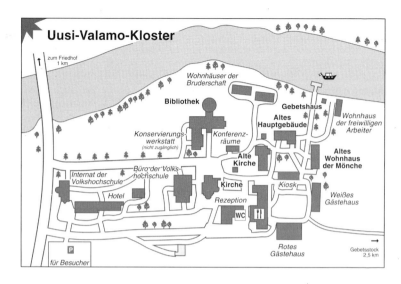

Uusi-Valamo-Kloster

zum Friedhof 1 km

Wohnhäuser der Bruderschaft

Bibliothek

Konservierungswerkstatt (nicht zugänglich)

Konferenzräume

Gebetshaus

Altes Hauptgebäude

Wohnhaus der freiwilligen Arbeiter

Alte Kirche

Altes Wohnhaus der Mönche

Büro der Volkshochschule

Internat der Volkshochschule

Hotel

Kirche

Rezeption

Kiosk

Weißes Gästehaus

WC

P für Besucher

Rotes Gästehaus

Gebetsstock 2,5 km

Ernste Sache das: Weihrauchschwenken bei einem Fest der Orthodoxen von Uusi-Valamo

park. Die Gegend von Ilomantsi war im Zweiten Weltkrieg stark umkämpft und im Petkeljärvi-Nationalpark kann man noch heute Überreste von Gräben und Unterständen aus der damaligen Zeit sehen. Auf dem 26 km langen *Taitajan taival,* dem Expertenpfad, kann man vom Petkeljärvi-Nationalpark bis nach Ilomantsi wandern. Der 90 km lange *Susitaival,* Wolfenpfad, führt von Möhkö in den weiter nördlich gelegenen **Patvinsuo-Nationalpark.** Das Gebiet um Ilomantsi ist aber nicht nur zum Wandern hervorragend geeignet, auch Anhänger des Kanusports kommen hier auf ihre Kosten. Die längste Kanuroute ist 56 km lang und verbindet Ilomantsi via den Koitajoki mit dem Koitere-See.

Vierzig km nördlich von Ilomantsi liegt der kleine Ort **Hattuvaara** (Achtung: Nicht zu verwechseln mit dem Ort gleichen Namens in der Nähe von Lieksa, etwa 80 km weiter nördlich), in dem sich die sehenswerte orthodoxe *Peter-und-Paul-Kapelle* befindet. Im Innern des um 1720 erbauten Gotteshauses werden schöne alte Ikonen aufbewahrt.

Klosterbesuch bei den »Un-Orthodoxen« von Uusi-Valamo

Westlich bzw. südwestlich von Joensuu sind vor allem zwei Orte erwähnenswert. Im Industrieort **Outukumpu** (10.000 Ew) kann man unter die Erde gehen und die *Alte Kupfermine* besuchen (Mitte Mai bis Mitte August tgl. 10 – 18 Uhr). Erst 1989 wurde dort der Betrieb eingestellt, und seitdem ist sie die größte Touristenattraktion des Ortes. Besonders für Kinder ist die »Abfahrt« eine spannende Sache.

Auf dem Gebiet der Gemeinde **Heinävesi** liegen die beiden orthodoxen *Kloster Lintula* (Besuchszeiten von 1.6. – 31.8. 8.30 Uhr bis 18 Uhr) und *Uusi-Valamo,* Neu-Valamo (empfohlene Besuchszeiten für Tagesgäste 10 – 18 Uhr. Auch außerhalb dieser Zeit ist der Besuch möglich.). Während man sich den Besuch des Frauenklosters Lintula getrost sparen kann, ist Uusi-Valamo einen Abstecher wert. Uusi-Valamo wurde im Sommer 1940 von den Mönchen gegründet, die ihr Stammkloster Alt-Valamo im Ladogasee auf der Flucht vor den sowjetischen Truppen verlassen mußten. Damals gehörten etwa 150 Mönche zur Bruderschaft, und in den siebziger Jahren lebten nur noch wenige Klosterbrüder in Uusi-Valamo. Es schien, als müsse dieses letzte orthodoxe Männerkloster in Finnland aus Nachwuchsmangel seine Pforten schließen. Doch durch die Selbstfindungswelle der siebziger Jahre erlebte der orthodoxe Glauben eine Renaissance. Manch junger finnischer Mann wandte sich auf der Suche nach dem Seelenheil lieber der Orthodoxie, als einer der fernöstlichen Religionen zu.

Heute haben die geschäftstüchtigen Mönche ihr Kloster zu einem Glaubenszentrum für jedermann ausgebaut. Im riesigen *Andenkenladen* kann man geweihte Ikonen kaufen, in der *Herberge* billig und im *Hotel* teuer übernachten, im *Konferenzsaal* seine Firmentreffen abhalten, im *Restaurant* traditionelles Klosteressen einnehmen und bei der *Diaschau* das Kloster mit Hilfe bunter Bilder kennenlernen. Im Sommer schippern einen die Mönche auf ihrem Boot, der MS Sergej, sogar zum Frauenkloster Lintula. Der Kommerz macht also auch vor Klostermauern nicht halt.

Sehenswert sind die neue *Klosterkirche* aus dem Jahre 1977 und das *Klostermuseum*. Eigentlich sind es aber nicht die Bauwerke und Ikonen, die die Touristen nach Uusi-Valamo bringen, sondern die Faszination, die der orthodoxe Glaube ausübt. An Ostern und anderen kirchlichen Hochfesten ist die Kirche von Uusi-Valamo beliebtes Ausflugsziel, und auch an normalen Tagen nutzen Neugierige die Gelegenheit, am Gottesdienst teilzunehmen. Dort wird nämlich mehr für Auge und Ohr (übrigens auch für die Nase) »geboten«, als bei einem normalen evangelisch-lutherischen und sogar mehr als bei einem katholischen Gottesdienst. Dies führt – vermutlich zum Leidwesen der Mönche – aber nicht dazu, daß sich die Finnen in riesigen Scharen dem orthodoxen Glauben zuwenden – nur 1,1 % der finnischen Bevölkerung bekennt sich dazu.

Rund um den Pielinen-See

Etwa 50 km nördlich von Joensuu liegt der *Pielinen*, Finnlands schönster See. Da sich die sehenswerten Stellen gleichermaßen auf der Ost- und Westseite befinden, sollte man sich nach Möglichkeit die Zeit zu einer Rundtour um den See nehmen. Man kann die Tour auch mit dem Fahrrad in Angriff nehmen, nur sollte man dann die Hauptstraßen vermeiden, was am Westufer oft nicht möglich ist, und von Nurmes aus starten.

Der Pielinen-See hat beträchtliche Ausmaße. Die folgende Rundfahrt kann nur von Schnellfahrern an einem Tag bewältigt werden. Kurz nach dem Industrieort *Eno* kreuzt man die Hauptstraße Nr. 73. Obwohl das erste Ziel *Lieksa* ist, folgt man zunächst nicht dem Wegweiser dorthin, sondern bleibt weiter auf der Nebenstraße. Nach etwa 15 km erreicht man den Ort **Ahveninen**. Hier können Sie schon mal einen neuen Film in ihre Kamera einlegen. Auf den jetzt folgenden Brückenüberfahrten bieten sich Ihnen erste spektakuläre Blicke auf den Pielinen.

Auf der Ostseite folgt man der am See entlangführenden Straße nach **Vuonislahti.** Sehenswert hier das Atelier der Bildhauerin *Eva Ryynänen*. Die geschäftstüchtige Künstlerin fertigt nicht nur Skulpturen aus Holz an, sondern läßt sich auch bei ihrer Arbeit gegen Eintrittsgebühr zusehen. Außerdem kann man eine von ihr errichtete *Holz-Kirche* (neben dem Atelier) besichtigen. Da die Öffnungszeiten des Ateliers natürlich von den aktuellen Tagesplänen der Künstlerin abhängen, können sich hier kurzfristig Änderungen ergeben: 1.5. – 30.6.: 11 – 18 Uhr, 1. – 31.7.: 10 – 20 Uhr, 1.8. – 30.9.: 11 – 18 Uhr.

In Vuonislahti befindet sich übrigens eine der schönstgelegenen *Jugendherbergen* Finnlands. Wer auf

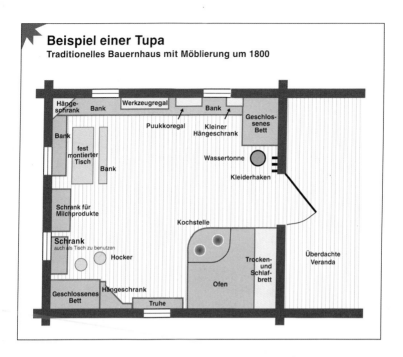

Beispiel einer Tupa
Traditionelles Bauernhaus mit Möblierung um 1800

Hängeschrank
Bank
Werkzeugregal
Bank
Geschlossenes Bett
Bank
Puukkoregal
Kleiner Hängeschrank
fest montierter Tisch
Bank
Wassertonne
Kleiderhaken
Schrank für Milchprodukte
Kochstelle
Schrank
auch als Tisch zu benutzen
Hocker
Trocken- und Schlafbrett
Überdachte Veranda
Ofen
Geschlossenes Bett
Hängeschrank
Truhe

Beispiel eines traditionellen Bauernhauses wie es in Lieksa zu sehen ist

Luxus verzichten kann, wird hier einen herrlichen Urlaub verleben.

Die Hauptsehenswürdigkeit von **Lieksa** (17.500 Ew) ist das große, im ganzen Land bekannte *Freilichtmuseum* (geöffnet: 15.5. – 15.8. tgl. 9 – 18 Uhr, 16.8. – 15.9.: 10 – 18 Uhr). Knapp einhundert Gebäude, die von alten Bauernhöfen stammen, wurden hier zusammengetragen.

30 km östlich von Lieksa beginnt das sehr schöne **Wandergebiet von Ruunaa.** Die Stromschnellen des *Lieksanjoki* sind darin der größte Anziehungspunkt. Ebenfalls östlich von Lieksa erstreckt sich der 100 km² große *Patvinsuo-Nationalpark,* mit dem urwüchsig schönen See *Suomunjärvi* im Zentrum. Beides sind Vogelschutzgebiete und besitzen ein sehr gut ausgebautes Wanderwegenetz.

Ausflüge & Wanderungen in der Nähe von Nurmes

Mit 11.200 Einwohnern ist **Nurmes** die zweitgrößte Stadt am PielinenSee. Die einzig erwähnenswerte Sehenswürdigkeit des Ortes ist der Nachbau eines riesigen karelischen Holzhauses. Das *Bomba-Haus* (fin:

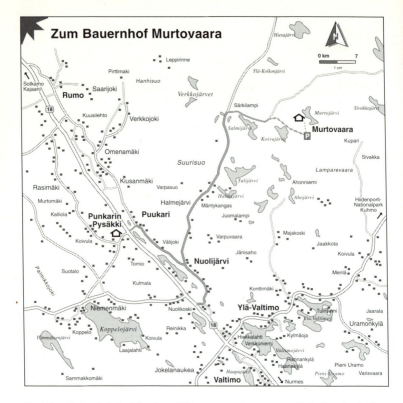

Zum Bauernhof Murtovaara

Hietajärvi

0 km — 7

1 cm

Leppirinne

Pirttimaki

Ylä-Kolkonjärvi

Hanhisuo

Sotkamo
Kajaani

Rumo

Saarijoki

Verkkojärvet

Särkilampi

Murtojärvi

Sivakkajärvi

18

Kuusilehto

Verkkojoki

Salmijärvi

Murtovaara

Koivujärvi

P

Kupari

Omenamäki

Suurisuo

Sivakka

Lamparevaara

Klusanmäki

Rasimäki

Varpasuo

Tulijärvi

Ahonniemi

Murtomäki

Halmejärvi

Halmejärvi

Ahojärvi

Hiidenporti-
Nationalpark
Kuhmo

Kalliola

Punkarin
Pysäkki

Puukari

Mäntykangas

Juomalampi

Koivula

Välijoki

Varpuvaara

Majakoski

Jaakkota

Suotalo

Tornio

Jänisaho

Nuolijärvi

Koivula

Palmikkojoki

Kulmala

Menlä

Konttimäki

Niemenmäki

Nuolikoski

Ylä-Valtimo

Ylä-Valtimo

Tuliniemi

Jaarala

Uramonkylä

Ylimmäisenjärvi

Koppelo

Koppelojärvi

Reinikka

Koivula

18

Hiekkalahti
Verkkoniemi

Kylmäoja

Valtimojärvi

Pieni Uramo

Laajalahti

Rannankylä
Haanakylä

Jokelanaukea

Haapajärvi

Valtimo

Nurmes

Pieni Uramo

Varisvaara

Sammakkomäki

Bomba talo) wird als Hotel und Restaurant genutzt, und wer echt karelische Küche kennenlernen will, der sollte sich über die Spezialitäten des Hauses hermachen.

In der Nähe der Gemeinde *Valtimo,* nördlich von Nurmes, liegt eines der schönsten **Freilichtmuseen** Finnlands: **Murtovaara.** Die einzelnen Gebäude sind zwar nur im Sommer zugänglich (Mo – Sa 11 – 19 Uhr, So 9 – 19 Uhr), doch lohnt sich der Besuch auch außerhalb dieser Zeiten. Das al-

te, sehenswerte Gehöft mit Ställen, Sauna- und Nebengebäuden Murtovaara, in dem seit dem 18. Jahrhundert karelische Bauern wohnten, liegt versteckt in einer Waldlichtung. Die Anfahrt dorthin ist nur teilweise beschildert (folgen Sie den Hinweisen zum »Hausmuseum«, *Talomuseo)* und führt über Feldwege an einsam gelegenen Seen vorbei. Bald werden Sie glauben, Sie hätten sich verfahren – doch Sie sind schon auf dem richtigen Weg. Nach einigen Abbiegungen endet die Straße unerwartet auf einem Parkplatz. Von hier aus führt ein 300 Meter langer Fußweg zum Museum. In dem Hof, den Sie jetzt betreten, hat 200 Jahre lang die Bauernfamilie Lipponen gewohnt, und erst in den siebziger Jahren dieses Jahrhunderts verstarb die letzte Bewohnerin des Gehöfts. In anderen Freilichtmuseen mögen mehr und interessantere Gebäude stehen, aber in keinem anderen kann man besser die Atmosphäre eines alten Bauernhofes nacherleben.

Das Gebiet nördlich von Nurmes eignet sich hervorragend für einen **Wanderurlaub.** Im kleinen *Tiilikka-Nationalpark* (zu erreichen über die Straße Nr. 585 zwischen Rautavaara und Valtimo) wurden eine Reihe von leichten Wanderwegen angelegt. Die ausgeschilderten Touren beginnen am Parkplatz an der Nationalparkgrenze. Auch im *Hiidenportti-Nationalpark* (nordöstlich Valtimos) kann man gut wandern. Als Ziel kurzer Touren bietet sich die *Hiidenportti-Schlucht* an.

Ebenfalls an der Verbindungsstraße Valtimo–Kuhmo liegt das Wandergebiet von *Peurajärvi*. Ein etwa 8 km langer Rundwanderweg führt zu den fischreichen Seen *Peurajärvi*, *Mäntyjärvi* und *Iso Valkeinen*. An letzterem befindet sich eine kleine Wildmarkkapelle. An mehreren Stellen des Pfades wurden Feuerstellen errichtet. Der *Peurajoki* eignet sich speziell für Kanutouren. Allerdings ist eine gründliche Vorinformation unabdingbar, denn der zunächst leicht befahrbare Fluß weist in seinem Verlauf einige tückische Strudel auf!

Lauschige Seen erwarten die Wanderer im Tiilikka-Nationalpark

Der Pielinen-See bietet im Sommer viele individuelle Badestellen ...

Etwa 35 km nordöstlich von Nurmes liegt das Wandergebiet am *Mujejärvi.* Ausgangspunkt der markierten Wanderwege ist der Laden am Ortseingang von **Mujejärvi.**

Um die Rundfahrt um den Pielinen-See fortzusetzen, verläßt man Nurmes auf der Hauptstraße Nummer 75 Richtung Kuopio. Schon nach wenigen Kilometern biegt man Richtung Süden nach *Juuka* und *Joensuu* ab. Vor Juuka zweigt eine Seitenstraße zu den **Inseln von Paalasmaa** ab. Bei diesem Abstecher erreicht man nach wenigen Kilometern eine kostenlose Fähre, die Personen und Kraftfahrzeuge auf die Inseln übersetzt. Die einzelnen Eilande sind durch Brücken miteinander verbunden. Hier wird der Blick frei auf den tiefblauen See,

die grünen Inseln und das Glitzern der Sonne auf der Wasseroberfläche. Paalasmaa ist eine der schönsten Stellen am schönsten See Finnlands!

Doch wieder zurück zur Hauptstraße. Die Gemeinde **Nunnanlahti** südlich von Juuka stellt das Zentrum des Specksteinabbaus in Finnland dar. Immer wieder werden Ihnen große Steinhaufen, bestehend aus riesigen grauen Specksteinquadern, auffallen. Speckstein ist ein leicht zu bearbeitender weicher Talk-Stein, der zu Puder zermahlen unter anderem für die Papiererzeugung gebraucht wird. Hier werden unter anderem (kleine) kunsthandwerkliche Souvenir-Figuren geschnitzt.

Im Dorf *Ahmovaara* zweigt eine Seitenstraße zu den **Koli-Bergen** ab. 347 Meter hoch ist die höchste Erhebung – der Begriff Berg ist also eigentlich etwas übertrieben. Trotzdem erwartet den Besucher eine hervorragende Aussicht über den Pielinen-See. 1991 wurde das Gebiet zum *Nationalpark* erklärt. Über gut ausgebaute Wanderwege (Ausgehend vom Hotel Koli) erreicht man den *Ukko-Koli* und seine Nebengipfel. Von hier oben hat man den besten Blick, den Finnland überhaupt zu bieten hat. Kaum ein Ort des Landes dürfte so oft fotografiert, gezeichnet und gemalt worden sein wie der Pielinen-See – gesehen vom Gipfel des Ukko-Koli. Die kurzen Rundwanderungen im Nationalpark sind samt und sonders zu empfehlen – vergessen Sie nicht, außer Picknick auch genügend Filme einzupacken!

Verbindungen

Bahn: Nurmes, Lieksa und Eno sind an das Netz der Finnischen Staatsbahnen angeschlossen.

Bus: Unter der Woche *nach Koli* von: Kuopio (13.20 Uhr), Joensuu (7.10,14.10 Uhr), Nurmes (7.40 Uhr) Juuka (8.45, 15.55 Uhr), Lieksa (14.10 Uhr). Wochentags, 3 x tgl. Verbindung zwischen *Nurmes* und *Joensuu* via Lieksa. Mehrmals täglich Verbindung zwischen *Lieksa* und *Nurmes.*

Binnenseeverbindungen: *Lieksa –Koli* (Autofähre): Ende Mai bis Ende August tgl. 9 und 15 Uhr. Zurück 11 und 17 Uhr. Preis: 50, Auto 30 FIM.

Nurmes–Koli: Mitte Juni bis Anfang August Mi 7.20 Uhr (Weiterfahrt bis Joensuu.), Mo, Di, So 12 Uhr, 14.30 Uhr, 18 Uhr. Preise: Nurmes–Koli 70, Nurmes–Joensuu 130 FIM.

... und nicht nur im Winter einen phantastischen Blick von den Koli-Bergen

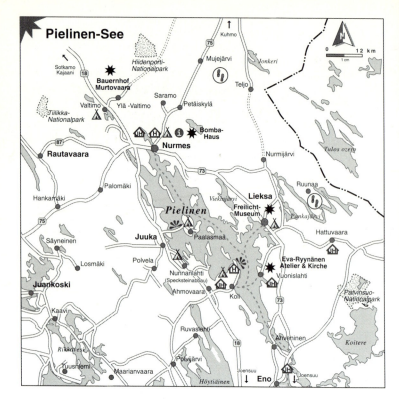

Vuonislahti–Koli: Nur im Juli 9.30 Uhr, 15.30 Uhr, 16 Uhr.

Koli–Joensuu: Mi, Fr 10.45 Uhr. Preis 100 FIM.

Seerundfahrten ab Nurmes: So, Mo, Di ab 12 Uhr, 14.30 Uhr, 18 Uhr. Preis: 50 FIM.

Unterkunft im Pielinen-Gebiet

Nurmes: *Hotel Sirmakka*, Ritoniemi, ✆ 976/482540. Trotz der Bezeichnung »Hotel« handelt es sich hier eigentlich um Ferienappartements. Ab 350 FIM können sich 2 Personen eine kleine Wohnung mieten. Größere Appartements mit Sauna kosten für 2 Personen 450 FIM. Für eine Woche muß man zwischen 1300 und 2000 FIM bezahlen. Sowohl Ausstattung als auch Lage der Häuser sind hervorragend.

Aleksis Kivi wurde am 10.10.1834 in Nurmijärvi, östlich des Pielinen-Sees, als Sohn eines Dorfschneiders geboren. Der bedeutende Schriftsteller starb 1872 in Tuusula (siehe Seite 174) verarmt und in geistiger Umnachtung.

Bomba talo, Suojärvenkatu 1, ℂ 976/482260, DZ ab 470 FIM. Wohnen im karelischen Stil – ein besonderes Erlebnis. (Siehe auch Beschreibung Nurmes auf den Vorseiten).
Sotka Bomba Spa, Tuulentie 10. ℂ 976/482520. DZ ab 580 FIM. Anspruchsvolle Unterkunft in der Badeanstalt des Ortes. Eigener Strand.
Koli: *Hotel Koli,* Ylä Kolintie 39, ℂ 973/672221, DZ um 460 FIM. Hotel mit Blick!

Jugendherbergen

Vuonislahti: Herranniemi, ℂ 975/42110. 55 – 135 FIM. Es werden auch Ferienhütten vermietet: für 2 – 4 Personen ab 125 FIM. Eine der am schönsten gelegenen Jugendherbergen in Finnland – direkt am See mit Blick auf die Koliberge. Bootsvermietung. Geöffnet: 20.5. – 30.9.
Hattuvaara: Kitsintie 86 A, ℂ 975/39114. 50 – 60 FIM. Einfache Jugendherberge in Seenähe. Geöffnet: 15.5. – 15.10.
Nurmes: *Hyvärilän Matkailukeskus,* Lomatie, ℂ 976/481770. 55 – 220 FIM. 5 km außerhalb der Stadt, am See gelegen. Bestehend aus 2 Häusern, einer typischen Jugendherberge und einem wesentlich teureren Hostel. Ganzjährig geöffnet.
Pompannappi, Koulukatu 16, ℂ 976/481770. 120 – 170 FIM. Im Stadtzentrum. Geöffnet: 1.6. – 10.8.
Koli: Niinilahdentie 47, ℂ 973/673131. 55 – 65 FIM. 7 km nach Ukko-Koli.
Paukkaja bei Eno, *Jokipirtin Majatalo,* ℂ 973/77607. 60 – 90 FIM. Geöffnet vom 1.2. – 30.11.

Ferien auf dem Bauernhof

Puukarin Pysäkki, Anita und Heikki Ovaskainen, Kajaanintie 844, 75700 Valtimo, ℂ 976/54002. Übernachtungsmöglichkeit für den etwas anderen Urlaub. Familienanschluß im Übernachtungspreis inbegriffen. Anita und Heikki Ovaskainen betreiben ihren Hof nach Grundsätzen des biologischen Anbaus. Vollpension ab 200 FIM pro Person, Übernachtung mit Frühstück ab 120 FIM.

Camping

▲ *Nurmes:* Hyvärilä, ℂ 976/481770. Großer Campingplatz am See, 5 km vom Stadtzentrum in der Nähe der Jugendherberge. Hüttenvermietung. Ganzjährig geöffnet.
▲ *Lieksa:* Neitikosken leirintäalue. ℂ 975/21816. Auch Hüttenvermietung. Geöffnet 1.6. – 30.9.
▲ *Koli:* 2 Campingplätze bei den Kolibergen. Einer davon ganzjährig geöffnet. Beide vermieten Ferienhütten.
▲ *Juuka:* 3 Campingplätze auf dem Gebiet der Gemeinde Juuka. Einer davon auf *Paalasmaa.* Hüttenvermietung. Öffnungszeiten 1.6. – 31.8.
▲ *Valtimo:* Lokkiharju, ℂ 976/50444. Kleiner Campingplatz . Geöffnet vom 1.6. – 31.8.

Weitere Informationen

Loma Nurmes OY, Lomatie 7, 75500 Nurmes, ℂ 976/481770. Vom 1.6. – 10.8. Informationskiosk am Bahnhof.
Lieksan Matkailu OY, Pielisentie 7, 81700 Lieksa, ℂ 975/5201500.
Veranstaltungen: Ende Juli/Anfang August: *Bläserwoche* in Lieksa.

DIE WESTKÜSTE

SONNE, STRAND UND MEER

Der Westen Finnlands bleibt für viele Touristen »terra incognita«.
Nur wenige ausländische Besucher wählen – ganz im
Gegensatz zu den einheimischen Erholungsuchenden – die Badeorte
der Westküste als Urlaubsziel.
Obwohl es der Westen landschaftlich mit dem Osten und Norden
Finnlands nicht aufnehmen kann – hier bestimmt die Agrarwirtschaft das Bild
der Landschaft bis hinauf ins nordfinnische Oulu – hat er durchaus auch
seine Reize. Stimmungsvolle hübsche Städte wie Naantali oder Rauma,
lange Sandstrände und das sonnenreichste Klima des Landes
sind nur einige der westfinnischen Trümpfe.

Naantali

Nur etwa 15 km von der Hafenstadt Turku entfernt (siehe Seite 161) liegt eine der schönsten Städte Finnlands. Naantali zählt zwar nur 11.000 Einwohner, doch zumindest im Sommer kann der beliebte Ferienort der großen Nachbarstadt in Sachen Stimmung und Atmosphäre einiges vormachen.

Im Jahre 1443 wurde hier das Birgittinerkloster *Vallis Gratie* gegründet, und um dieses Kloster herum entstand der heutige Ort. Aus der schwedischen Übersetzung des lateinischen Namens Vallis Gratie (»Gnadental«) *Nahdendal* entwickelte sich schließlich der heutige finnische Name Naantali. Die größte Sehenswürdigkeit des Ortes ist die 1462 fertiggestellte **Klosterkirche,** die als einziges Bauwerk noch an die Zeit des Birgittinerklosters erinnert. Die Geschichte der Stadt ist im **Stadtmuseum,** Katinhäntä 1, dargestellt (geöffnet von Mitte Mai bis Ende August täglich 12 – 18 Uhr).

Naantali ist keine Stadt, in der Sie von Sehenswürdigkeit zu Sehenswürdigkeit hetzen müssen. Schlendern Sie einfach durch die Altstadt, setzen Sie sich in eines der vielen Cafés und genießen Sie einen finnischen Sommertag. Naantali im Sommer ist ein Stück Südeuropa in Finnland.

Auch die finnischen Staatspräsidenten haben offenbar erkannt, wie schön die finnische Westküste hier ist. Vor den Toren der Stadt liegt der Sommersitz des Staatsoberhauptes. **Kultaranta,** Goldstrand, heißt der Besitz, auf dem ein Granitgebäude steht, das zu Beginn unseres Jahrhunderts erbaut wurde. Seit es 1922 in den Besitz des finnischen Staates überging, haben hier alle Staatspräsidenten ihre Sommerferien verbracht. Der Park, der das Feriendomizil des Präsidenten umgibt, ist einmal in der

Die Beschreibung der großen »südwestfinnischen Hafenstadt«, wie Turku/Åbo standardmäßig in den finnischen Nachrichten genannt wird, finden Sie unter der Griffmarke »ÅLAND & DIE SÜDKÜSTE« ab Seite 161.

Woche für zwei Stunden für Besucher zugänglich (Fr 18 – 20 Uhr, Eintritt frei). Viele finnische Touristen nützen die Gelegenheit und sehen sich den Park und das Sommerschloß (nur von außen) einmal näher an. Sollten Sie nicht zur richtigen Zeit in Kultaranta sein, grämen Sie sich nicht. Ich versichere Ihnen, viel haben Sie nicht versäumt.

Veranstaltungen

Kammermusikfestival im Juni. Nähere Auskünfte dazu bei: *Musikfestspiele Naantali*, Pl. 46, 21101 Naantali, ✆ 921/755363.

Siebenschläfertag am 27. Juli: Verkleidungen, Umzüge – Naantali ist in Karnevalsstimmung.

Verbindungen

Nächster Flughafen und nächster Bahnhof befinden sich in Turku, siehe dort. Nach Schweden (Kappelskär) besteht keine Fährverbindung mehr.
Bus: Busbahnhof an der Kreuzung Tuulensuunkatu/Aurinkotie.
Taxi: gegenüber Busbahnhof.
Schärenrundfahrten: Mit dem Dampfer »Ukko Pekka« durch die Schäreninseln nach Turku.

Unterkunft

Reiche Auswahl an Hotels, u.a.:
Tammiston tila, ✆ 921/757316, DZ ab 350 FIM, Tammistontie, altes Herrenhaus.
Naantalin Kylpylä, ✆ 921/857711, DZ 600 – 700 FIM, Matkailijantie 2, teuer, doch immerhin ist im Preis der

Die alte Klosterkirche von Naantali steht nah am Hafen, wo Segel- und Sportboote in der Sonne dümpeln

Besuch des hoteleigenen tropischen Schwimmbades eingeschlossen.

Hotel Unikeko, © 921/852852, Luostarinkatu 20, DZ 350 FIM.

Wahva Paroni, © 921/853722, Mannerheiminkatu 7, DZ 350 FIM. Allein schon die Lage in der stimmungsvollen Mannerheimstraße ist ein Pluspunkt für dieses Hotel.

Camping

▲ *Naantali Camping,* © 921/850855, 35 FIM/Person. Hütten-Vermietung.

Essen und Trinken

Merisali, Nunnakatu 1, altes Holzhaus direkt am Meer, Fischgerichte.

Kala-Trapi, Nunnakatu 3, altes Holzhaus am Meer.

Zwei weitere Strandrestaurants sind *Tavastin Kilta* in Mannerheiminkatu 1 und *Rantaravintola* (zu deutsch »Strandrestaurant«) in der Mannerheiminkatu 2.

Über die Saab-Stadt Uusikaupunki nach Rauma

Zwischen Naantali und Uusikaupunki liegen zwei Sehenswürdigkeiten, die kurze Abstecher lohnen. In **Nousiainen** (etwa 20 km nördlich von Naantali, Abzweigung von der Straße Nummer 8 bei *Nummi*) steht die *Grabkirche von Bischof Henrik,* dem ersten Bischof Finnlands. Die Kirche wurde um 1300 erbaut, die schönen, primitiven Wandmalereien stammen aus dem 14. und 15. Jahrhundert.

Biegt man bei *Nummi* Richtung Westen ab, erreicht man nach einigen km **Askainen.** Sehenswert sind hier eine *Kirche* aus dem 17. Jahrhundert

und vor allem der *Herrenhof Louhisaari* (Abbiegung direkt an der Kirche). Louhisaari wurde 1655 für Admiral Herman Fleming erbaut und gilt als eines der schönsten Herrschaftsgebäude aus der Schwedenzeit. Zwischen 1792 und 1903 befand sich das Gut im Besitz der Familie Mannerheim; hier wurde der finnische Marschall und Präsident Carl Gustav Emil Mannerheim (1867 – 1951) geboren. Gedenkstein im Park. Öffnungszeiten Mitte Mai bis Ende August tgl. 11 – 17 Uhr, im September Sa, So 11 – 19 Uhr.

Im Vergleich zu ihren Nachbarstädten Naantali im Süden und Rauma im Norden, wirkt **Uusikaupunki** (schwed. *Nystad)* wie eine häßliche graue Maus. Trotzdem hat das Städtchen von 15.000 Einwohnern für den Besucher einiges zu bieten. Für Automobilfans ist es sogar geradezu ein Muß! Die Fabrik von *Saab-Valmet* ist nicht nur Uusikaupunkis größter Arbeitgeber, sondern auch eines der beliebtesten Touristenziele. An einigen Tagen der Woche kann man das Werk besichtigen. Auf den geführten Rundgängen erfährt man, wie die rollenden Blechkisten produziert werden. Pech haben allerdings alle Sommertouristen – im Juli und August schickt Saab seine Arbeiter in Urlaub und dann ist natürlich auch die Fabrik geschlossen (Di, Mi, Do 12 – 20 Uhr, Juli und August geschlossen. Um Anmeldung wird gebeten, © 922/1522401).

Ganzjährig geöffnet ist dagegen das *Automuseum,* das sich direkt ans Werksgelände anschließt. Hier kann man nicht nur eine komplette Sammlung von Saab-Fahrzeugen bewundern, sondern auch eine ganze Reihe weiterer interessanter Automobile (12 – 18 Uhr).

Im Stadtzentrum liegt die *Alte Kirche* aus dem Jahre 1629. Sehenswert ist vor allem der Innenraum (geöffnet von Anfang Juni bis Mitte August: Mo – Sa 11 – 15 Uhr, So 12 – 16 Uhr). Ganz in der Nähe die neugotische *Neue Kirche* (1863), in der allein das Altargemälde von R.W. Ekman Beachtung verdient (Anfang Juni bis Mitte August. Mo – Sa 10 – 16 Uhr, So 12 – 16 Uhr).

Am *Myllymäki*, dem Mühlenhügel, stehen vier Mühlen. Sie waren nicht schon immer hier, sondern wurden erst in den 30er Jahren des 20. Jahrhunderts hierher versetzt. Der ebenfalls am Myllymäki stehende *Wasserturm* dient im Sommer als Aussichtsturm.

Weitere Museen in Uusikaupunki sind das *Lotsenmuseum,* Vallimäki (geöffnet von Anfang Juni bis Mitte August Di – Fr 11 – 15 Uhr, Sa, So 12 – 15 Uhr. Im Mai und von Mitte bis Ende August nur Sa, So geöffnet), und das *Kulturhistorische Museum* (Ylinenkatu 11, Öffnungszeiten: 1.6. – 31.8. Mo – Fr 10 – 17 Uhr, Sa, So 12 – 15 Uhr. Übrige Jahreszeit: Di – So 12 – 15 Uhr). Das *Bauernhofmuseum Heikkala* liegt 10 km südlich von Uusikaupunki.

Unterkunft & Restaurant

Zwei Hotels, ein Gasthaus und ein Campingplatz (2 km vom Stadtzentrum, am Meer) bietet die Saab-Stadt

Als ein Beispiel traditioneller finnischer Architektur steht diese Zeichnung einer Windmühle aus Holz. Auf dem Sockel läßt sich die Mühle in den Wind drehen, der Eingang liegt auf der Rückseite und ist über eine Leiter zu erreichen.

Der Namen des Restaurants *Uudenkaupungin Panimoravintola* (Vakka-Suomenkatu 19) ist selbst den Finnen zu lang, weshalb das Lokal auch kurz »Pryki« genannt wird. Gemütliches Restaurant in einem renovierten Brauereigebäude, interessante Inneneinrichtung, im Sommer Terrassenbetrieb, am Wochenende Tanz.

Weitere Informationen

Touristeninformation, Levysepänkatu 4A (Mo – Fr 8 – 15 Uhr), ✆ 922/1551 Im Sommer auch ein Infokiosk in der Alinenkatu 34.

DIE WESTKÜSTE

Veranstaltungen: Anfang August: *Crusell-Woche,* Musikfestival zu Ehren des in Uusikaupunki geborenen Komponisten B.H. Crusell.

Anfang Oktober: traditioneller *Herbstmarkt,* auf dem außer Lebensmittel, Fisch und Süßigkeiten auch Kunsthandwerk verkauft wird.

Rauma

Rauma ist zweifellos eine der schönsten Städte Finnlands. Sie wurde 1991 von der UNESCO in die Liste besonders erhaltenswerter Kulturdenkmäler aufgenommen. Damit konnte sich die Altstadt von Rauma in die Gesellschaft solch berühmter Bauwerke wie der Chinesischen Mauer oder des indischen Taj Mahal einreihen.

Nach Turku und Porvoo ist Rauma die drittälteste Stadt des Landes. Schon Anfang des 14. Jahrhunderts ließen sich hier Franziskanermönche nieder, gründeten ein Kloster und erbauten die heute noch stehende *Kirche des Heiligen Kreuzes.* 1442 erhielt Rauma Stadtrechte. Im Jahre 1550 befahl Gustav Vasa den Bürgern von Rauma den Umzug in das neugegründete Helsinki – zwecks »Belebung« der östlich gelegenen Schweden-Bastion. Daraufhin wurde Rauma für einige Jahre zur Geisterstadt, doch dann belebte sich die wichtige Hafenstadt von neuem. Wie die meisten finnischen Städte, zum größten Teil aus Holzhäusern bestehend, wurde auch Rauma von mehreren großen Bränden heimgesucht, seit 1682 blieb die Stadt allerdings von Feuersbrünsten verschont, und die schöne Altstadt wurde seitdem nur wenig verändert.

Heute ist Rauma, das eine lange Tradition als Schiffahrts- und Handelsstadt hat, einer der größten Häfen des Landes und der Standort einer großen Werft. Deswegen wurde die Stadt von der großen Werftenkrise zu Beginn der neunziger Jahre auch besonders hart betroffen. Neben der Schiffahrt ist Rauma in Finnland besonders wegen seines eigenartigen Dialektes und wegen der Spitzenklöppelei bekannt.

Stadtbesichtigung

Ein guter Ausgangspunkt für einen Stadtspaziergang in Rauma ist der *Salutorget,* der **Marktplatz.** Am Südrand des Platzes steht das **Alte Rathaus** aus dem Jahre 1776. Heute ist in dem kleinen gelben Gebäude das *Stadtmuseum* untergebracht. Dort kann man sich unter anderem über die beiden Dinge informieren, die Rauma vor allem bekannt gemacht haben: die Spitzenklöppelei und die Schiffahrt. Knapp 100 Meter weiter, die Kauppakatu entlag, liegt das **Bürgerhaus Marela** (geöffnet im Sommer tgl. 10 – 17 Uhr). Dieses Gebäude, das nach seinem ehemaligen Besitzer Abraham Marelin benannt ist, steht heute für Besucher offen. Wer in Eile ist, sich ein paar Finnmark sparen will oder einfach keine Lust auf ein Museum hat, der kann auf Marela getrost verzichten. Das Haus, das in der Mitte des 19. Jahrhunderts erbaut wurde, ist für finnische Besucher zwar durchaus sehenswert, für Mitteleuropäer, die zu Hause schönere und ältere Herrenhäuser besichtigen können, aber nicht unbedingt ein Muß. Dies, zumal die

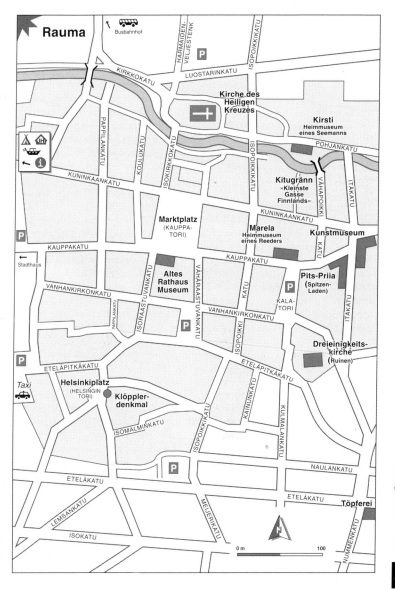

Rauma

Busbahnhof

HARMAIDEN-VELJESTENK

ISOPOIKKIKATU

KIRKKOKATU

LUOSTARINKATU

Kirche des Heiligen Kreuzes

Kirsti
Heimmuseum eines Seemanns

POHJANKATU

PAPPILANKATU

KOULUKATU

ISOKIRKKOKATU

ISOPOIKKIKATU

KUNINKAANKATU

Kitugränn
»Kleinste Gasse Finnlands«

VÄHÄPOIKKI

ITÄKATU

KUNINKAANKATU

Marktplatz
(KAUPPA-TORI)

Marela
Heimmuseum eines Reeders

Kunstmuseum

KATU

KAUPPAKATU

KAUPPAKATU

Stadthaus

ISORAASTUVANKATU

Altes Rathaus Museum

VÄHÄRAASTUVANKATU

Pits-Priia
(Spitzen-Laden)

VANHANKIRKONKATU

PAPPILANKATU

VANHANKIRKONKATU

ISOPOIKKI

KATU

KALA-TORI

ITÄKATU

ETELÄPITKÄKATU

ETELÄPITKÄKATU

Dreieinigkeits-kirche
(Ruinen)

Taxi

Helsinkiplatz
(HELSINGIN TORI)

Klöppler-denkmal

KAINUNKATU

KUMALANKATU

ISOMALMINKATU

ISOPOIKKIKATU

NAULANKATU

ETELÄKATU

ETELÄKATU

MEIJERIKATU

Töpferei

LEMSANKATU

ISOKATU

NUMMENKATU

0 m   100

N

Möbel im Haus nicht die Originalausstattung darstellen, sondern erst nachträglich ins Museum geschafft wurden.

Wer will, kann einen ganz kurzen Abstecher zu den Ruinen der **Dreifaltigkeits-Kirche** machen. Die Kirche wurde im 14. Jahrhundert erbaut und fiel im Jahre 1640 einem Großbrand zum Opfer.

Unbedingt besuchen sollten Sie das Eckhaus in der Kauppakatu 29. Hier ist aber nicht das Haus interessant, sondern seine Besitzerinnen. In der **Pits-Priia** wird man von älteren und sehr freundlichen Damen in die Kunst des Klöppelns eingeweiht. Auf Nachfrage zeigen Ihnen die Damen gerne, wie die Handarbeiten entstehen, die sie zum Verkauf anbieten. Fragen Sie ruhig, wie lange es dauert, ein kleines geklöppeltes Deckchen zu fertigen. Sie werden überrascht sein. (Geöffnet Juni – August So – Fr 11 – 15 Uhr, Sa 10 – 14 Uhr, im Mai So geschlossen. Während der Spitzenwoche Anfang August täglich 10 – 18 Uhr geöffnet. In der übrigen Zeit nur Sa 10 – 13 Uhr oder nach Vereinbarung, ✆ 220087).

Gleich über der Straße in der Kuninkaankatu 37, liegt das **Kunstmuseum** der Stadt. Hier wird vor allem Kunst aus Westfinnland ausgestellt (Juni – August Mo – Fr So 10 – 18 Uhr, Sa 10 – 16 Uhr).

Biegen Sie nach einigen Metern auf der Kunikaankatu nach rechts in die **Kitugränn** ab. Dies soll angeblich die engste Straße in ganz Finnland sein. Bald kommen Sie zu einem Fußweg, der Sie am Fluß entlang zur Heilig-Kreuz-Kirche führt. Rechterhand

liegt der **Handwerkerhof »Kirsti«** aus dem 18. Jahrhundert.

Die **Heilig-Kreuz-Kirche** wurde in der Mitte des 15. Jahrhunderts von den seit 1400 (bis 1538) ansässigen Franziskanermönchen erbaut und ist besonders wegen ihrer Wandmalereien im Chorgewölbe beachtenswert. Sie zeigen unter anderem die Symbole der vier Evangelisten nebst vier großen Engeln, Szenen aus dem Leben Marias sowie diverse Kirchenväter. (Juni bis August Mo – Fr 10 – 18, Sa 9 – 13 Uhr, So 12 – 18 Uhr. In der übrigen Jahreszeit Mo – Fr 10 – 16, Sa 9 – 12 Uhr, So 12 – 15 Uhr.) Der weiße Turm der Kirche stammt aus dem Jahre 1816 und diente den Seefahrern als Orientierungspunkt. Damit er diesen Zweck auch gut erfüllen konnte, wird er bis heute in regelmäßigen Abständen mit leuchtend weißer Farbe gestrichen. Die Bürger von Rauma mußten dafür früher eine eigene Kirchturmsteuer entrichten.

Wenn man von der Kirche aus einige Meter auf der Isokirkkokatu in Richtung Süden geht, gelangt man wieder zum Marktplatz. Wer noch nicht genug von der Altstadt von Rauma hat, kann noch einen Spaziergang zum *Helsingin tori,* dem **Helsinkiplatz,** machen. Hier wurden im Jahre 1550 angeblich alle Bürger der Stadt versammelt, bevor sie nach Helsinki zwangsumgesiedelt wurden. Heute steht hier die Statue von Kauko Räike, der berühmtesten Spitzenklöpplerin Raumas.

Sehenswert ist auch das **Stadthaus** von 1902. Dieses Gebäude im Stil der Neurenaissance diente früher als Feuerwehrhaus. Eine Besichtigung ist nur nach Voranmeldung möglich.

Verkehrsverbindungen

Nächster Flughafen und nächster Bahnhof in Pori (ca. 50 km).

Bus: Regelmäßige Verbindungen nach Pori, Uusikaupunki und Vaasa.

Unterkunft

Hotel Cumulus, © 938/37821, DZ ab 300 FIM, Aittakarinkatu 9. Gutes, preisgünstiges Hotel in der Nähe der Altstadt, sehr gutes Frühstücksbuffet.

Hotel Raumanlinna, © 938/221111, DZ ab 350 FIM, Valtakatu 5.

Jugendherberge & Camping

Poroholman Retkeilymaja, etwas außerhalb, dafür in um so schönerer Lage am Meer. 45 – 80 FIM. Geöffnet Mitte Mai bis Ende August.

Jugendherbergsähnlich ist auch das *Rauma Summer Hotel* in der Satamakatu 20. 95 – 170 FIM. Geöffnet Anfang Juni bis Ende August.

▲ *Campingplatz Poroholma* neben der Jugendherberge, ca. 50 FIM pro Stellplatz. Auch Hüttenvermietung.

Weitere Informationen

Touristeninformationsbüro, Valtakatu 2, © 344551.

Veranstaltungen: *Rauma Spitzenwoche,* Ende Juli/Anfang August. Eine Woche lang dreht sich alles ums Spitzenklöppeln.

Telefonvorwahl: 938

Nach Pori und an die Riviera

Auf dem Weg Richtung Pori lohnt ein Stop in der Gemeinde **Eurajoki**. Dort befindet sich das von Carl Ludwig Engel geplante *Herrenhaus Vuojoki*. Weiterhin sehenswert sind die kleine *Holzkirche* von **Irjanne** (1731) und die neuere *Gemeindekirche* aus dem Jahre 1803. Letztere ist vor allem interessant wegen des »small talk«, der sich um ihre Entstehung rankt. Ein Teil des Geldes für den Bau wurde nämlich von dem damaligen Besitzer von Vuojoki, einem gewissen Axel von Fersen, zur Verfügung gestellt. Herr Fersen selbst war zwar keine Persönlichkeit, die wesentlichen Einfluß auf das Weltgeschehen hatte, seine Geliebte aber dafür um so mehr. Gerüchten zufolge war er nämlich der Liebhaber der französischen Königin Marie Antoinette – wie seine Geliebte starb auch der finnisch-schwedische Adelige keines natürlichen Todes. Er fiel einem Mordanschlag in Stockholm zum Opfer. Heute erinnert noch das Familienwappen in der Kirche an Axel von Fersen.

In **Olkiluoto** befinden sich auf einer Landspitze in der Nähe von Eurajoki zwei der vier *Kernkraftreaktoren* Finnlands, Siedewasserreaktoren schwedischer Bauart, die 1978 bzw. 1980 ans Netz gingen.

Die Kernenergie ist in Finnland wesentlich unumstrittener als in Deutschland. Auch nach dem Reaktorunglück von Tschernobyl im April 1986 gab es keine ernsthaften Kontroversen über Gefahren dieser Energiequelle. Erst zu Beginn der neunziger Jahre, als im Finnischen Reichstag der

keiten aufwarten. Die meisten von ihnen liegen im Abstand von wenigen hundert Metern in der *Hallituskatu,* der Regierungsstraße. In der Hallituskatu 9 a befindet sich das *Gerichtshaus,* das 1841 nach Plänen von Carl Ludwig Engel erbaut wur-

Bau eines fünften Reaktors behandelt wurde, kam es zu ausgedehnten öffentlichen Diskussionen, die das Projekt vorerst stoppten. Große Anti-Atomkraftdemonstrationen wie in Deutschland hat es hier aber nie gegeben.

Pori ist mit knapp 80.000 Einwohnern eine der größten Städte an der finnischen Westküste. Die Stadt wurde 1558 auf Befehl von Johan, Herzog von Finnland, gegründet. Das schachbrettartige Stadtplanmuster, an dem jeder amerikanische Tourist seine Freude haben würde, geht auf die Mitte des 19. Jahrhunderts zurück. Nach dem großen Feuer von 1852, bei dem die ganze Stadt niederbrannte, sollte ein weniger dichtbebautes Stadtzentrum entstehen. Deswegen wurden breitere Straßen, deren Spuren manchmal sogar durch einen Grünstreifen getrennt sind, gebaut.

Das heutige Pori kann man nicht gerade als Perle unter den finnischen Städten bezeichnen. Trotzdem kann die Stadt mit einigen Sehenswürdig-

de. Hier ist auch das *Touristeninformationsbüro* untergebracht. In Hausnummer 11 »wohnt« das *Regionalmuseum der Provinz Satakunta* (außer Mo 11 – 17 Uhr geöffnet). Auf der anderen Seite der Straße, Hallituskatu Nummer 12, liegt der *Junnelius-Palast,* der Sitz der Stadtverwaltung. Das Haus ist durchaus sehenswert, doch der Vergleich mit Venedig, der in Pori gerne gemacht wird, ist weit hergeholt. In der Hallituskatu Nummer 14 befindet sich das *Stadttheater* von Pori. Es ist eines der schönsten Finnlands, etwas, das man ihm von außen nicht unbedingt ansieht. Besichtigungen der äußerst sehenswerten Innenräume müssen im voraus arrangiert werden (✆ 939/335780) – es lohnt sich. Ebenfalls ganz in der Nähe am Ufer des *Kokemäenjoki* liegt das *Städtische Kunstmuseum* (außer Mo 11-18 Uhr, Mi bis 20 Uhr geöffnet).

So, jetzt haben Sie aber genug gesehen von Pori, machen Sie sich auf den Weg nach **Reposaari** und **Yyteri.** Hier finden Sie den schönsten und längsten *Sandstrand* Finnlands. Die

»Riviera des Nordens« wird Yyteri oft stolz bezeichnet. Die Wassertemperaturen können zwar mit denen im südlichen Europa nicht mithalten, doch an einem heißen Sommertag ist zumindest die Anzahl der Badegäste fast vergleichbar mit der von Rimini.

Das Pori-Jazzfestival

... ist d a s Ereignis in Pori. Wer zu dieser Zeit, Mitte Juli, in der Gegend ist, sollte sich dieses einwöchige Happening nicht entgehen lassen. 80.000 Zuschauer besuchen jedes Jahr die Konzerte. Nähere Informationen: *Po-*

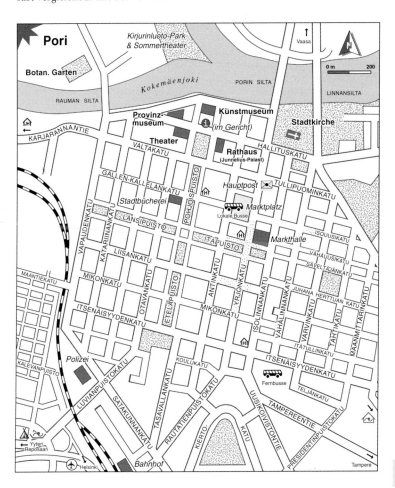

ri Jazz, Eteläranta 6, 28100 Pori, ℗ 939/411565, Fax 939/ 333469.

Verkehrsverbindungen

Flug: Nationaler Flughafen etwa 2 km vom Stadtzentrum. Verbindungen nach Vaasa, Turku und Helsinki (6 x täglich).

Bahn: Täglich mehrmals Anschluß nach Tampere und Helsinki.

Bus: Busbahnhof an der Kreuzung Itsenäisyydenkatu/Vähälinnankatu. Gute Verbindungen in alle Landesteile. 14 x tgl. nach Helsinki, 11 x tgl. nach Turku, 6 x tgl. nach Vaasa, 4 x tgl. nach Tampere.

Unterkunft

In Yyteri und Reposaari gibt es im Sommer eine reiche Auswahl an Touristenunterkünften. Von den Hotels in der Stadt selbst drängt sich keines als besonders empfehlenswert auf. Trotzdem für den Notfall einige Adressen:

Cumulus Pori, ℗ 939/828000, DZ ab 300 FIM, Itsenäisyydenkatu 37, solides Stadthotel.

Juhana Herttua, ℗ 939/845300, DZ ab 300 FIM (handeln möglich), Itäpuisto 1. Es regnet, Ihr Zelt ist zerrissen, das Auto kaputt – dann ist dieses Hotel genau richtig für Sie.

Sokos Hotel Vaakuna, ℗ 939/ 820100, DZ ab 400 FIM, Gallén-Kallelankatu 7.

Jugendherberge

Korventie 52, ℗ 939/28400, etwas außerhalb des Stadtzentrums, 70 – 160 FIM, geöffnet von Mitte Mai bis Mitte August.

Die Fischerschuppen von Harrström

Camping

Mehrere Campingplätze bei Yyteri. Ein provisorischer Campingplatz beim *Isomäki-Sportzentrum* (2 km außerhalb) wird jedes Jahr während des Jazzfestivals eingerichtet.

Weitere Informationen

Touristeninformationsbüro, Hallituskatu 9 a, ℡ 939/335780.

Sport: Vielfältige Möglichkeiten. Schwimmen, Tennis, Bowling. Zwei Golfplätze in der Nähe der Stadt.

Von Kristinestad nach Vaasa

Nördlich von Pori, zwischen Kristinestad und Jakobstad, liegt eine der Gegenden, in der die schwedischsprachige Bevölkerung besonders stark vertreten ist.

Von den 9000 Einwohnern des 1649 von Per Brahe gegründeten **Kristinestad** (fin. *Kristiinankaupunki*) haben beinahe 60 % Schwedisch als Muttersprache.

Besonders sehenswert ist die Stadt wegen ihres sehr gut erhaltenen Holzbauviertels. In Kristinestad scheint die Zeit stehengeblieben zu sein. Kleine, bunte Häuser säumen die Straßen, verschlafene Katzen rekeln sich in der Sommersonne, und auch die Menschen scheinen es nicht besonders eilig zu haben. Warum auch? Die Zeit des hektischen Treibens und der großen Geschäfte hat das Städtchen schon hinter sich. Im 18. und 19. Jahrhundert war hier einer der wichtigsten Häfen des ganzen Landes. Heute erinnert nur noch eine Ausstellung im *Seefahrtsmuseum* (Strandgatan 40, am Markt) an die große Zeit der Stadt.

Sehenswert sind der *Lebellsche Kaufmannshof,* in der Strandgatan 50, den ein reicher Teerhändler im Jahre 1760 errichten ließ und das *Rathaus,* das in den Jahren 1851 – 58 nach Plänen des Architekten Ernst Bernhard Lohrmann erbaut wurde. Einen kurzen Abstecher sollten Sie auch in die alte *Ulrika-Eleonora-Kirche* vom Anfang des 18.Jahrhunderts machen. Dort befindet sich im Sommer auch das *Touristeninformationsbüro.*

Närpes, Harrström, Stundars

Die Küstengegend um Vaasa und Kristinestad ist der sonnigste Teil Finnlands. Deshalb wird hier viel Gemüse angebaut. Immer wieder werden Sie große Gewächshäuser sehen. Was Sie noch sehen werden, sind lange, schmale Holzhütten. Das Kürschnerhandwerk und die Pelztierzucht sind in Westfinnland weitverbreitet. In den erwähnten engen Holzverschlägen werden Füchse und teilweise auch Nerze gezüchtet. Heute befindet sich die Pelztierzucht allerdings in einer schweren Krise. Das steigende Bewußtsein für den Tierschutz in den traditionellen Absatzmärkten in Mitteleuropa macht es den finnischen Kürschnern zunehmend schwer, ihre Pelze an den Mann bzw. die Frau zu bringen. Immer öfter werden Sie deshalb leere Holzverschläge ohne Füchse sehen. Gar kein so schlechter Anblick, oder?

Wer etwas mehr Zeit hat, sollte seine Fahrt in Richtung Vaasa nicht auf der Hauptstraße Nr. 8, sondern über die Nebenstraße via Närpes/Närpiö und Korsnäs fortsetzen.

Die *Kirche* von **Närpes** aus dem Jahre 1435 und die *Kirchenbuden* in deren Nähe sind einen Stop wert. In früheren Jahrhunderten konnten die Bauern, die in weit entfernten Höfen wohnten, nicht an einem Tag zur Kirche und wieder zurück fahren. Deswegen übernachteten sie in provisorischen Unterkünften in der Nähe des Gotteshauses. Besonders in Nordschweden sind diese Kirchenbuden auch heute noch vor vielen Kirchen zu finden – in Finnland blieben aber nur wenige erhalten.

Ein typischer westfinnischer Fischerort ist das etwas abseits der Straße gelegene **Harrström.** Nur um eventuellen Enttäuschungen vorzubeugen: Ein Ebenbild des lebhaften und geschäftigen, aber gleichzeitig romantischen Fischerdörfchens aus Ihrem letzten Italien- oder Frankreichurlaub werden Sie hier nicht finden.

Etwa 15 km südlich von Vaasa liegt das Handwerkerdorf **Stundars.** Im Laufe der Jahre wurden 40 historisch interessante Gebäude aus der Umgebung hierher gebracht. Stundars hat vom Finni-

schen Touristenrat den Titel »Eines der 7 Wunder Finnlands« verliehen bekommen. Soweit würde ich zwar nicht gehen, doch wer *Freilichtmuseen* mag, dem wird es hier gefallen.

Die Wasserstadt Vaasa

Vaasa wurde im Jahre 1606 auf Befehl des schwedischen Königs Karl IX. gegründet. Dieses alte Vaasa brannte 1852 völlig nieder. Weil sich seit der Stadtgründung das Land gehoben hatte, lag die ehemalige Hafenstadt zur Zeit des Feuers einige Kilometer landeinwärts. Darum nahm man den Neuaufbau nicht an derselben Stelle vor, sonder verlegte Neu-Vaasa ans Meer. Überreste des alten Vaasa können heute, 6 km vom »neuen« Stadtkern entfernt, besichtigt werden.

Im Kunstmuseum Tikanoja, Vaasa

Nachdem Finnland am 6.12.1917 unabhängig geworden war, brach 1918 der Bürgerkrieg zwischen den Kommunisten und Bürgerlichen, den sogenannten Weißen, aus. Die Kommunisten hatten schnell Südfinnland erobert und die Weißen Truppen flohen nach Vaasa. Die Stadt war so für kurze Zeit Anfang 1918 die Hauptstadt des bürgerlichen Finnlands, und das Stadthaus war Sitz der Regierung. Als besonderes Ehrenzeichen für ihre Verdienste während der Zeit des Bürgerkriegs erhielt die Stadt Vaasa die Erlaubnis, das »Freiheitskreuz« im Stadtwappen zu tragen. Nur die mittelfinnische Stadt Mikkeli führt ebenfalls ein solches Freiheitskreuz in ihrem Stadtwappen – dort war der Sitz des Hauptquartiers der finnischen Streitkräfte während des Zweiten Weltkriegs.

Heute hat Vaasa etwa 55.000 Einwohner – 27 % von ihnen sprechen Schwedisch als erste Sprache.

Stadtbesichtigung

Vaasa ist eine Stadt des Wassers, was läge da näher, als den Stadtrundgang auch am Meer zu beginnen? Etwa 50 Meter neben der Brücke, die die Insel *Vaskiluoto* mit dem Festland verbindet, liegt das Gebäude des **Appelationsgerichtes**, *Rantakatu*. Das neugotische Backsteingebäude aus dem Jahre 1862 (Architekt: Carl Axel Setterberg) wird bald aus den Touristenbroschüren der Stadt verschwinden und dann zu einem wirklichen »Geheimtip« werden. Der Grund dafür liegt aber nicht darin, daß das Gebäude keiner Erwähnung mehr wert

wäre, sondern weil der Obergerichtspräsident die Nase von den Touristenströmen vor und in dem Gebäude voll hat. Er hat deshalb »sein Gericht« kurzerhand zur Nicht-Sehenswürdigkeit erklärt.

Einige Schritte weiter in der Hovioikeudenpuistikko 4, dem Hofgerichtsboulevard, liegt das kleine **Tikanoja-Kunstmuseum** (Di – Sa 11 – 16 Uhr, So 12 – 17 Uhr). Die Sammlung des Geschäftsmannes und Kunstliebhabers Frithjof Tikanoja (1877 – 1964) umfaßt vor allem finnische Kunst (u.a. Gallén-Kallela, Järnefelt, Edelfelt, eine umfangreiche Sammlung von Werken Eemu Mynttis), sowie einige Werke französischer Maler (Matisse, Gauguin, Degas, Picasso). Das Museum befindet sich im ehemaligen Wohnhaus des Kunstmäzens und strahlt einen besonderen Charme aus. Ein Besuch ist nicht nur Kunstkennern zu empfehlen.

Neben dem Tikanoja-Museum liegt etwas zurückversetzt in einem *Park* die **Stadtkirche von Vaasa.** Der neugotische Backsteinbau wurde, wie die meisten Repräsentationsgebäude der Stadt, in der 2. Hälfte des 19. Jahrhunderts nach Plänen von Carl Axel Setterberg erbaut. Am Rande des Parks stößt man auf das **Stadthaus** (Hovioikeudenpuistikko 7). Hier war während der Zeit des Bürgerkriegs der Sitz der bürgerlichen Regierung. Heute dient das Gebäude unter anderem als Konzert- und Sitzungssaal. Das Stadthaus ist eigentlich nicht für den Publikumsverkehr geöffnet. Das sollte Sie jedoch nicht abschrecken. Sie stehen hier vor einer der größten

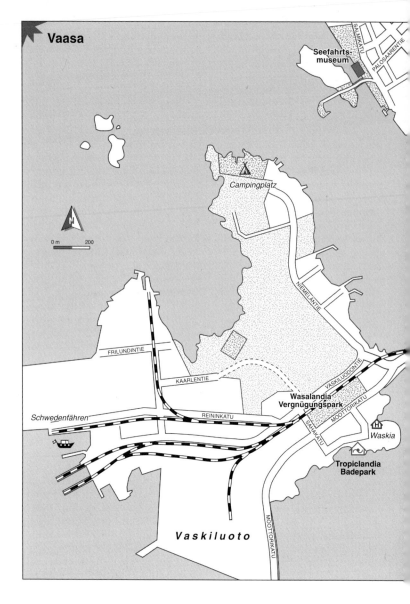

Vaasa

Seefahrtsmuseum

SALAMKATU

PALOSAARENTIE

Campingplatz

0 m   200

NIEMELANTIE

FRILUNDINTIE

KAARLENTIE

VASKILUODONTIE

Schwedenfähren

REININKATU

Wasalandia
Vergnügungspark

MOOTTORIKATU

SALAKATU

Waskia

Tropiclandia
Badepark

MOOTTORIKATU

Vaskiluoto

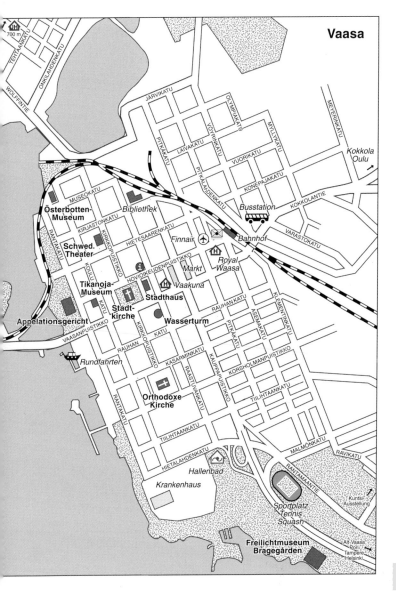

Vaasa

700 m

TEHTAANKATU
ONKILAHDENKATU
WOLFFINTIE

JÄRVIKATU
OLYMPIAKATU
MYLLYKATU
MEYERINKATU

PITKÄKATU
LAIVAKATU
VÖYRINKATU
VUORIKATU

Kokkola
Oulu

PITKÄLAHDENKATU
KONEPAJAKATU
KOKKOLANTIE

MUSEOKATU

Österbotten-Museum

Bibliothek

Busstation

VARASTOKATU

KIRJASTONKATU

HIETESAARENKATU

Finnair

Bahnhof

KIRKKOPUISTIKKO

Schwed. Theater

Markt

Royal Waasa

KOULU

HOVIOIKEUDENPUISTIKKO

Vaakuna

RANTAKATU

Tikanoja-Museum

Stadthaus

RAUHAN KATU

KLEMENTINKATU
ASEMAKATU
PITKÄKATU

Stadt-kirche

KATU

Wasserturm

Appelationsgericht

VAASANPUISTIKKO

KIRKKOPUISTIKKO

RAUHAN

KASARMINKATU

KAUPPAPUISTIKKO

KORSHOLMANPUISTIKKO

Rundfahrten

RANTAKATU

KATU

RAASTUVANKATU

TIILIHTAANKATU

Orthodoxe Kirche

TIILIHTAANKATU

HIETALAHDENKATU

MALMONKATU
RAVIKATU

Hallenbad

Krankenhaus

RANTAMAANTIE

Kuntsi-Ausstellung

Sportplatz Tennis Squash

Alt-Vaasa
Pori
Tampere
Helsinki

Freilichtmuseum Bragegården

Sehenswürdigkeiten des Ortes und wenn Sie wirklich wollen, kommen Sie auch hinein. Das *Treppenhaus* und der große *Festsaal* im 1. Stock sind ausgesprochen sehenswert. Fragen Sie also den Wachmann, der rechts neben der Eingangstür sitzt, ob Sie das Haus besichtigen können. Falls das nicht klappt, versuchen Sie es im *Touristeninformationsbüro* (Hausnr. 11), das auf der gegenüberliegenden Straßenseite liegt.

Das **Touristenbüro** ist seit Herbst 1992 in einem prachtvollen, ehemaligen Bankgebäude untergebracht und selbst eine der Sehenswürdigkeiten der Stadt. Einen Block weiter liegt der **Stadtmarkt.** Neben Gemüse, Fisch und Blumen können Sie hier auch ein *Denkmal* zur Erinnerung an den Bürgerkrieg von 1918 sehen.

Wer sich das Ganze jetzt noch von oben ansehen will, der kann – zumindest während des Sommers – den in der *Raastuvankatu* gelegenen **Wasserturm** besteigen.

Vanha Vaasa

Die größte Sehenswürdigkeit Vaasas liegt aber vor den Toren der heutigen

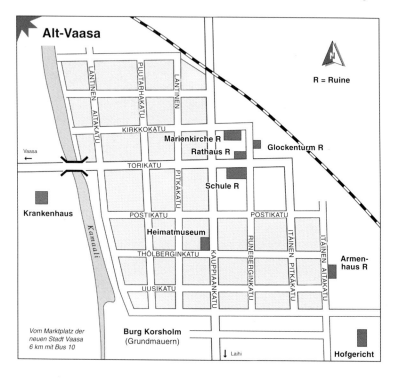

Stadt. Etwa 6 km südlich befinden sich die Überreste von *Vanha Vaasa*, **Alt-Vaasa** (zu erreichen mit Bus Nr. 10 vom Marktplatz). Diese Stadt fiel an einem warmen Augustmorgen im Jahre 1852 den Flammen zum Opfer. Die Legende weiß zu berichten, daß ein achtloser Reisender mit angesteckter Pfeife in einer Scheune eingeschlafen war. Das dort gelagerte Stroh fing sofort Feuer und griff auf die benachbarten Häuser über. Die meisten Bewohner der Stadt waren zur Stunde des Unglücks auf den Feldern. Als sie von der Arbeit zurückkamen, fanden sie nur noch rauchende Ruinen vor.

Heute noch zu sehen sind die Überreste der der Heiligen Maria geweihten *Kirche* aus dem 14. Jahrhundert, die Ruinen des alten *Rathauses,* des *Glockenturmes* und der *Schule.* In diesem Gebäude drückte übrigens auch Johan Ludvig Runeberg, der Dichter der finnischen Nationalhymne, die Schulbank.

Die einzigen Gebäude, die den Brand überlebten, waren das *Kaufmannshaus* (Kauppiaankaatu 32, beheimatet heute das *Heimatmuseum)* und das 1786 fertiggestellte barocke *Hofgerichtsgebäude.*

Weitere Sehenswürdigkeiten
Museum von Österbotten (Flora und Fauna des Gebietes, Kunst der Region), Museokatu 3.

Seefahrtsmuseum, nur im Sommer von Di bis Sa 11.30 – 18.30 Uhr geöffnet, Palosaarensalmi.

Orthodoxe Kirche, erbaut 1861 nach Entwürfen von Axel Setterberg; am Kasernintori.

Kuntsi-Ausstellung in der Handelsschule in der Ravikatu. Moderne finnische Kunst, ausgestellt in den Gängen und Klassenzimmern einer normalen Schule! Geöffnet während der Schul- und Unterrichtszeiten.

Bragegården-Freilichtmuseum: Die meisten Gebäude des Museums stammen von einem Bauernhof, der sich ursprünglich in Närpes, etwa 80 km südlich von Vaasa, befunden hat. Geöffnet nur im Sommer Di – Fr 14 – 19 Uhr, Sa, So 12 – 16 Uhr. Das Museum liegt in *Hietalahi,* etwa 2 km vom Stadtzentrum.

Im Freilichtmuseum Bragegården sieht man dieses (rekonstruierte) Muster eines Stein-Labyrinthes. Den prähistorischen »Jungfrauentanz« fand man auf der Inselgruppe Valsörarna vor Vaasa.

Stundars Handwerkerdorf, Freilichtmuseum in der Gemeinde *Stundars* etwa 20 km südöstlich von Vaasa.

Vergnügen & Veranstaltungen
Wasalandia-Vergnügungspark auf der Insel *Vaskiluoto.* Geöffnet von Anfang Mai bis Ende August.

Tropiclandia, Badepark neben Wasalandia gelegen. Ganzjährig geöffnet.

Kammermusikfestspiele in Korsholm, Ende Juni.

Verbindungen
Flug: Verbindungen nach Helsinki, Pori, Jakobstad/Kokkola, Turku.

Der Flughafenbus fährt vom Finnair Stadtterminal in der Hovioikeudenpuistikko 21, jeweils 45 Minuten vor Flugabgang.

Bahn: Regelmäßige Verbindung nach Tampere, Jyväskylä und Helsinki. Ein IC-Zug von Vaasa nach Helsinki benötigt etwas mehr als 4 Stunden. Fahrplanauskunft am Bahnhof: ✆ 961/172190.

Im Sommer besteht ein direkter Zuganschluß vom Hauptbahnhof nach Wasalandia und zu den Schwedenfähren.

Schiff: Mit der *Wasa Line* nach Umeå und Sundsvall. ✆ 961/3260600.

Bus: Abfahrt der *Überlandbusse* vom Busbahnhof in der Sepänkyläntie 1. Fahrplaninfo unter ✆ 9600/4000.

Mehrere *Stadtbuslinien.* Haupthaltestelle in der Kauppapuistikko 1 – 12.

Taxi: ✆ 011.

Autovermietung: *Avis,* Hovioikeudenpuistikko 16, ✆ 126400. *Hertz,* Paasitie 1, ✆ 129595. *Europ-Car/InterRent,* Silmukkatie 21, ✆ 175522. *Scandia Rent,* Myllärinkatu 21, ✆ 170999, *Esso,* Onkilahdenkatu 2 ✆ 179800.

Fahrradverleih: *J.B. Sund,* Cykelaffär, Vaasanpuistikko 24, ✆ 961/178 540.

Unterkunft

Sokos Hotel Waskia, ✆ 257111. DZ ab 350 FIM (im Preis eingeschlossen ist der Besuch des Badeparkes Tropiclandia), Lemmenpolku 3. Sehr gute Lage direkt am Meer, eigener Strand.

Royal Waasa, ✆ 278111. DZ ab 400 FIM. Hovioikeudenpuistikko 18.

Jugendherberge & Camping

Retkeilyhotelli Tekla, Palosaarentie 58 (etwa 4 km vom Stadtzentrum), ✆ 177850, ganzjährig geöffnet. 100 – 175 FIM.

Jugendherbergsähnlich: *Hostel OLO,* Asemakatu 12, DZ 150 FIM.

▲ *Vaasa Camping,* Niemeläntie, ✆ 173852. Lage am Meer auf der Insel Vaskiluoto (2 km vom Zentrum). In der Nähe des Vergnügungsparkes Wasalandia. 80 FIM pro Stellplatz. Vermietung von Sommerhütten. Je nach Saison zwischen 190 und 230 FIM. Geöffnet Ende Mai bis Ende August.

Essen und Trinken

Kantarellis, Kauppapuistikko 15. Gute Steaks und stimmungsvolle Inneneinrichtung mit offenem Feuer in der Mitte des Lokals.

Weitere Informationen

Vaasa Touristeninformation, Hoivoikeudenpuistikko 11.

Telefonvorwahl: 961

Die Küste bis Oulu

Die Strecke zwischen Vaasa und Oulu führt ausschließlich durch landwirtschaftlich genutztes Gebiet. Mancher Nordlandfan wird von so viel Zivilisation so weit im Norden ziemlich enttäuscht sein. Wer sich für Literatur interessiert und eine besondere Vorliebe für Zacharias Topelius hat, der sollte in der kleinen Gemeinde **Uusikaarlepyy** einen kurzen Stop einlegen. Auf dem Hof *Kuddnäs* wurde Topelius im Jahre 1818 geboren.

Eine weitere »Dichterstadt« erwartet den Touristen knapp 20 km weiter

nördlich. In **Jakobstad** (fin. *Pietarsaari*) wurde 1804 Johan Ludvig Runeberg geboren. Am Visasmäki 4 kann man während der Sommermonate (Di bis So 11 – 15 Uhr) Runebergs erste Schule besuchen, und am *Nissasörn*, etwas außerhalb der Stadt, steht die unscheinbare Jagd- und Fischerhütte des Dichters. Auch sie ist nur während der Sommermonate zu besichtigen (tgl. 11 – 21 Uhr). Ebenfalls an den Runeberg erinnert die im *Rathauspark* stehende Statue. Dieses Denkmal des Dichters wurde von dessen Sohn Walter im Jahre 1905 errichtet. Das *Holzbauviertel* der Stadt lädt aber auch »Nicht-Runeberg-Fans« zu einem kleinen Spaziergang ein. Die Stadt hat viele Museen und wenn's mal regnet, verrät Ihnen die Dame im *Touristenbüro* in der Raatihuoneenkatu 7 (schwed. Rådhusgatan

7) sicher, wo Sie sich Ihre Zeit im Trockenen vertreiben können.

Einen Besuch wert ist zu jeder Zeit *Jacobstadts Wapen*, der Nachbau eines Schiffes aus dem Jahre 1765. Wenn das Schiff nicht gerade mit Touristen auf der Ostsee hin- und hersegelt, kann man es am *Alten Hafen* besichtigen. Nicht nur mit alten Segelschiffen kann man von Jakobstad in See stechen. Die Schiffe der »Jakob Lines« stellen eine Verbindung in die schwedischen Häfen Skellefteå und Umeå her (Informationen zum Fahrplan: Rådhusgatan 7, 68600 Jakobstad).

Eine Sehenswürdigkeit möchte ich hier noch unbedingt erwähnen: Etwa 7 km vom Stadtzentrum entfernt liegt **Nanoq**, das einzige *Arktische Museum* in Finnland (Juni bis August tgl. 13 – 19 Uhr. Im Rest des Jahres Mo bis Fr 12 – 17 Uhr).

Eine Stadt, die man nicht unbedingt sehen muß, ist **Kokkola.** Wer im Laufe seiner Finnlandreise zu einem Fan des finnisch-deutschen Architekten Carl Ludvig Engel geworden ist, der kann kurz in der Stadtmitte anhalten und sich das 1842 erbaute *Rathaus* zu Gemüte führen. Ansonsten gilt: Nichts wie weg!

Mitte bis Ende Juli findet in der – nicht besonders interessanten – Kleinstadt **Kaustinen,** knappe 50 km südöstlich von Kokkola, ein riesiges *Volksmusikfestival* statt. Wer finnische Folklore kennenlernen und noch dazu viel Spaß haben will, sollte sich unbedingt auf den Weg nach Kaustinen machen. Genaue Auskunft über den Termin erhält man bei: *Kaustinen*

Beim Volksmusikfestival von Kaustinen sind alle Generationen aktiv vertreten

Folk Music Festival, PL 24 69601 Kaustinen. ℗ 968/611252.

Für Reisende mit Kindern ist ein Besuch in dem kombinierten *Zoo und Freilichtmuseum* 10 km nördlich von Kokkola, direkt an der Hauptstraße Nummer 8 gelegen, das Richtige.

Als Urlaubsort bei finnischen Touristen beliebt ist die kleine Gemeinde **Kalajoki** (Campingplätze, Hotels). Ein mehrere Kilometer langer feiner Sandstrand mit sanft ansteigenden Dünen lädt im Sommer zum Sonnen, das Meer zum Schwimmen ein. Wirkliche Badefreuden werden aber nur abgehärtete Zeitgenossen haben. Denn trotz anderslautender Touristenwerbung kann es die Ostsee knapp unterhalb des Polarkreises in Sachen Badekomfort nicht mit dem Mittelmeer aufnehmen.

Raahe

Knapp 50 km nördlich von Kalajoki liegt Raahe (20.000 Ew). Die Stadt wurde im Jahre 1649 auf Befehl des schwedischen Generalgouverneurs Per Brahe dem Jüngeren (1602 – 1680) gegründet. Bescheiden wie er war, ließ er die Stadt nach sich selbst benennen. Aus dem schwedischen *Brahestad* entwikkelte sich im Laufe der Zeit der finnische Name Raahe. In den Anfangsjahren nach ihrer Gründung vegetierte die Stadt mehr oder weniger vor sich hin. Erst in der zweiten Hälfte des 19. Jahrhunderts erlebte Raahe den großen Aufschwung als Hafenstadt. Mit 58 Segelschiffen war hier eine der größten Handelsflotten des Landes beheimatet. Die Bürger von Raahe haben noch heute den Ruf, besonders konservativ zu sein. Dieser Charakterzug ließ am Ende des 19. Jahrhunderts die Stadt in einen erneuten Dornröschenschlaf verfallen. Das Zeitalter der Segelschiffe ging nämlich zu Ende und die Reeder von Raahe versäumten es, sich rechtzeitig auf die Dampfschiffahrt umzustellen. Eigentlich dauerte dieser Tiefschlaf bis in die sechziger Jahre des 20. Jahrhunderts hinein. Der schöne Prinz, der die Stadt wachküßte, trug den Namen *Rautarukki* – ein Stahlkonzern selbigen Namens, der sich hier ansiedelte und für mehrere tausend Arbeitsplätze sorgte. Der Besuch des Werkes ist im Sommer an Sonntagen möglich. Die Führung beginnt um 14 Uhr und ist gratis.

Stadtrundgang

Raahe ist wegen seines vorbildlich erhaltenen *Holzbauviertels* besuchenswert. Die größte Sehenswürdigkeit ist der **Pekka-Platz**, der *Pekkatori*. Der Platz wird von 8 Bürgerhäusern aus dem 19. Jahrhundert eingerahmt und gilt als hervorragendes Beispiel einer geschlossenen Platzbauweise. Sämtliche Bauwerke entstanden zwischen 1811 und 1870 und stellen eine harmonische Einheit dar. In der Mitte des Platzes steht die Statue des Stadtgründers Per Brahe, die in den Jahren 1884–85 von Walter Runeberg gefertigt und 1888 hier aufgestellt wurde.

Direkt hinter dem Pekkatori befindet sich die *Kirche* aus dem Jahre 1912 (Architekt: Josef Stenbäck). Nur wer unbedingt alle finnischen Kirchen gesehen haben will, muß einen Umweg dorthin machen.

Durch die Brahenkatu gelangt man in die *Rantakatu.* Sehenswert ist hier vor allem das **Ehrenström-Haus** in der Rantakatu 20. Die ältesten Teile dieses Bauwerkes, in dem früher der Arzt der Stadt wohnte, stammen aus dem Jahre 1780. Leider bekleckern sich die Stadtväter von Raahe beim Erhalt dieses Gebäudes nicht gerade mit Ruhm; seit Jahren zerfällt das historische Bauwerk, und vielleicht setzt hier in wenigen Jahren schon ein geschmackvoller Neubau eine städtebauliche Dominante.

Ebenfalls in der Rantakatu liegt das **Stadtmuseum**, in dem der angeblich älteste Taucheranzug der Welt ausgestellt ist. Etwas weiter die Straße hinab, in der Rantakatu 40, liegt das gut erhaltene **Rathaus** (erbaut 1849).

Vielleicht wollen Sie sich hier gleich über den verwahrlosten Zustand des Ehrenström-Hauses beschweren?

Ende Juni, Anfang Juli finden in Raahe die *Pekka-Tage* zu Ehren des Stadtgründers statt.

Wer es nicht zu eilig hat, der sollte auf dem Weg Richtung Oulu noch zwei kleine Umwege einplanen. Der erste führt nach **Kempele** zu der viertältesten *Holzkirche* des Landes. Die kleine, sehr schöne Kirche wurde 1686 errichtet und 1956 restauriert. Sehenswert sind die Wandmalereien von Mikael Toppelius von 1785–86.

Den zweiten Abstecher auf die **Insel Hailuoto** kann ich gefahrlos empfehlen. Denn selbst wem die Strände und Fischerdörfchen auf der Insel

Selbst das Dach der alten Holzkirche von Kempele ist mit Holzschindeln gedeckt

nicht gefallen, der hat keinen (finanzi-ellen) Verlust. Die 7 km lange Fähr-überfahrt ist kostenlos.

Oulu

Mit knapp 100.000 Einwohnern ist Oulu die sechstgrößte Stadt Finn-lands. Sie wurde im Jahre 1605 von dem schwedischen König Karl IX. ge-gründet. Im 18. und 19. Jahrhundert war Oulu ein Zentrum des Teerhan-dels und der Schiffahrt. Von hier aus wurden die in den nordfinnischen Wäldern produzierten Teerladungen in alle Welt verschifft. Heute ist Oulu vor allem eine Industrie-, Univer-sitäts- und Forschungsstadt und nennt sich nicht ohne Stolz »Die Technologiestadt«.

Stadtbesichtigung

Ein guter Ausgangspunkt für einen Rundgang durch Oulu ist die **Fußgängerzone Rotuaari.** Für Besu-cher aus Mitteleuropa mag dieses »Shopping Zentrum« der Stadt etwas verschlafen wirken, doch wenn man bedenkt, daß sogar einkaufssüchtige Nordschweden hierher kommen, um ihre Kaufwut zu stillen, versteht man vielleicht, warum die Ouluer so stolz auf ihre Fußgängerzone sind. Irgend-wo in der Mitte von Rotuaari werden Sie ein »Denkmal« sehen, das aus ei-ner auf einem Wasserkissen rollenden Granitkugel besteht. Wenn Sie diesen Führer vor Ihrer Anfahrt aufmerksam gelesen haben, dann können Sie jetzt mit Ihrem Wissen prahlen und allen in Ihrer Reisegesellschaft verkünden, daß die Kugel stolze 150 Kilo schwer ist. Nur ein paar Schritte sind es von

der Granitkugel bis zum **Dom** von Oulu. Sehen Sie sich das gelbe Bau-werk gut an: als erfahrener Finnland-reisender wissen Sie sofort, wie der Architekt des Domes heißt. Klar, kei-ne Frage, die 1845 erbaute Kirche kann eigentlich bloß vom deutsch-finnischen Architekten Carl Ludwig Engel stammen (Öffnungszeiten im Sommer tgl. 10 – 19 Uhr, sonst 12 – 13 Uhr). Im nahegelegenen **Ainolapark,** können Sie sich von den Strapazen der vorangegangenen Shoppingtour und der Kirchenbesichtigung erholen, oder aber Sie besuchen das dort gele-gene **Museum von Nord-Österbot-ten.** Hier finden Sie Informationen über die Geschichte der Stadt, der Re-gion und über die des Teerbrennens. Obwohl es eins der größten Museen Finnlands ist, sind an den Vitrinen lei-der weder Erklärungen in Deutsch noch in Englisch angebracht, so daß für den Besucher manches unklar bleibt (Anfang Mai bis Mitte Septem-ber: Mo, Di, Do 11 – 18 Uhr, Mi 11 – 20, Sa 11 – 15, So 12 – 18 Uhr. In der übrigen Jahreszeit: Mo, Di, Do 10 – 16, Mi 11 – 19 Uhr, Sa 11 – 15 und So 12 – 18 Uhr).

Am Rande des Ainolaparkes liegt das **Städtische Kunstmuseum.** Hier finden laufend wechselnde Ausstel-lungen mit Werken finnischer Künst-ler statt (Di, Do, Fr 11 – 18 Uhr, Mi 11 – 20, Sa, So 11 – 16 Uhr).

Schräg gegenüber, zu erkennen an dem roten Backsteinturm, liegt das **Wissenschaftszentrum Tietomaa,** die größte Sehenswürdigkeit der Stadt. Hier können große und kleine Kinder an wissenschaftlichen Gerä-

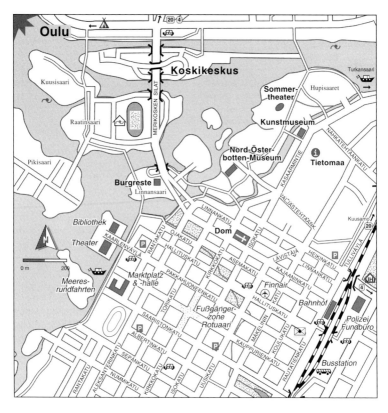

ten, Computern und sonstigen Experimentierobjekten herumspielen. Endlich ein Museum, in dem Anfassen ausdrücklich erwünscht ist! Was genau in den Ausstellungsräumen zu sehen ist? Lassen Sie sich überraschen. Die Museumsmacher versuchen, dem Publikum jedes Jahr etwas Neues zu bieten und deshalb verändert die Ausstellung regelmäßig ihr Gesicht (von Anfang Mai bis Mitte August 10 – 18 Uhr).

Wer sich einmal in die Ausstellungsräume des Tietomaa begeben hat, wird wahrscheinlich kaum noch am selben Tag Zeit für die Fortsetzung der Stadtbesichtigung haben. Zu leicht »verspielt« man sich dort.

Bevor Sie sich auf den Weg zu den außerhalb der Stadt gelegenen Sehenswürdigkeiten machen, sollten Sie sich am **Marktplatz** noch mit frischem Gemüse oder finnischem Gebäck stärken. Von hier fahren auch die

Rundfahrtboote für die Meereskreuz-
fahrten ab.

Ein auch bei den Finnen beliebtes
Ausflugsziel ist das **Freilichtmuseum
Turkansaari**. Bootsrundfahrten dorthin starten am Anlegeplatz nahe der
Kasarminkatu etwas außerhalb (circa
1 km) des Stadtzentrums. Turkansaari
liegt etwa 15 km östlich der Stadt auf
einer Insel des *Ouluflusses* (auch mit
dem Auto zu erreichen). Hier warten
30 Holzgebäude und eine Kirche aus
dem Jahre 1694 auf die Besucher. Zu
sehen sind außerdem verschiedene
Hütten, in denen die Teerproduktion
anschaulich gemacht werden soll. Die
Herstellung von Teer zum Abdichten
und Versiegeln von Holz (Fässer,
Boote, Häuser) und gegen die Fäulnis
von Schiffstauen sowie für medizini-
sche Zwecke hatte im 19. Jahrhundert
für Nordfinnland größte Bedeutung.
Holzteer entstand als Nebenprodukt
der Holzverkohlung, bei der Holz
und Borke bei wenig Luftzufuhr er-
hitzt wurde. Seitdem die chemische
Industrie die Inhaltsstoffe von Holzteer synthetisch herstellen kann, hat
auch die Köhlerei an Bedeutung verloren. (Öffnungszeiten Juni bis Ende
August tgl. 11 – 20 Uhr, ab Mitte Mai
und bis Mitte September 11 – 17 Uhr.
In der übrigen Zeit des Jahres sind die
Häuser geschlossen, das Freilichtmuseum kann aber trotzdem besucht
werden.)

Ganz in der Nähe, 15 km weiter in
der Gemeinde **Muhos**, steht die älteste noch benutzte *Holzkirche* des
Landes. Sie stammt aus dem Jahre
1634.

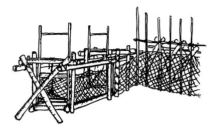

*Im Freilichtmuseum Turkansaari sieht man
verschiedene Reusenmodelle (hier:
Pöhnäpato), mit denen Lachse gefangen
werden: die Fische schwimmen so lange am
Zaun entlang, bis sie in der Falle enden, die
nach oben rausgehoben werden kann.*

Weitere Sehenswürdigkeiten

Insel Linnansaari mit (mageren)
Überresten der Anfang des 17. Jahr-
hunderts erbauten *Burg von Oulu*.
Am Nordrand des Stadtzentrums.

Aussichtsplattform des **Wassertur-
mes** im Stadtteil Puolivälinkangas.
Geöffnet im Sommer tgl. 12 – 18 Uhr.

Badezentrum Eden, Vellamontie
10, etwa 2 km nordwestlich der Stadt.
Wie jede andere Stadt Finnlands lei-
stete sich auch Oulu in der Boomzeit
der achtziger Jahre sein eigens Spa.

Automuseum, Rajalantie im Vorort Kiviniemi. Geöffnet Mitte April
bis Ende August tgl. 10 – 19 Uhr,
sonst 10 – 17 Uhr.

Und – nur für Architekten – der
Stadtteil **Koskikeskus,** der von dem
berühmten finnischen Architekten
Alvar Aalto geplant wurde.

Verbindungen

Flug: Verbindungen nach Helsinki
(bis zu 10 x tgl.), Ivalo, Jyväskylä, Ke-
mi/Tornio, Kittilä, Rovaniemi, Tampere (bis zu 4 x tgl.), Sodankylä, Tur-

ku, Lappeenranta, Enontekio. Ins Ausland nach Tromsø und Luleå.

Airport-Taxi: ℂ 981/3116740, aus Oulu nur ℂ 041 (Finnair-Busse ins Stadtzentrum).

Bahn: Anschluß an alle Städte des Landes. Ein IC-Zug nach Helsinki benötigt knapp 6 ½ Stunden.

Bus: *Überlandbusse* in alle Landesteile. Der Busbahnhof liegt in der Ratakatu am Rande des Stadtzentrums. Fahrplanauskünfte unter ℂ 981/8700 4000.

Im Sommer 8x tgl. *Stadtrundfahrten* ab Rotuaari. Gutes Stadtbusnetz.

Schiff: Rundfahrtboote vom Marktplatz und vom Anlegeplatz nahe der Kasarmintie. Keine Fähren nach Schweden.

Unterkunft

Hotel Vihiluoto, ℂ 481500, DZ etwa 320 FIM. Tip: Versuchen Sie es mit Handeln, ein Preisabschlag von 10 % sollte bei mehrtägigem Aufenthalt möglich sein. Etwas außerhalb in der Vihiluodentie im Vorort Oulunsalo gelegen. Schönes, gemütliches Familienhotel direkt am Meer. Guter Service und ein ausgezeichnetes Frühstücksbuffet.

Hotel Vaakuna, ℂ 374666, DZ ab 400 FIM, Hallituskatu 1 (am Marktplatz). Sehr gutes, vor allem von Geschäftsleuten besuchtes Hotel.

Hotel Eden, ℂ 504100, DZ ab 500 FIM, Vellamontie 10 (etwas außerhalb). Gutes neues Hotel in Verbindung mit dem »Spa«. Ziemlich kleine Zimmer, relativ teuer.

Cumulus Oulu, ℂ 3167111, DZ ab 300 FIM, Kajaaninkatu 7.

Das Wissenschaftszentrum von Oulu ist auf jeden Fall einen Besuch wert

Hotel Arina, ℂ 3114221, DZ ab 350 FIM, Pakkahuoneenkatu 16.

Jugendherberge

Kajaanintie 36 (etwa 1 km vom Stadtzentrum), ℂ 377707, geöffnet Anfang Juni bis Ende August. 65 – 160 FIM.

Camping

Nallikari am östlichen Stadtrand auf der Insel Mustasaari. ℂ 541541. Geöffnet Anfang Juni bis Ende August.

Kempele Camping, Campingplatz im Vorort. ℂ 981/515455. Geöffnet Mitte Mai bis Ende August.

Essen und Trinken

Johaneksen Kellari, Kellerkneipe schräg gegenüber dem Dom in der Kajaaninkatu. Die Kneipe hat von der Ouluer Biervereinigung einen Preis für die größte Auswahl an Bieren bekommen. Außerdem bekommen Sie vielleicht ein Gespenst als Zechgenossen. Das Lokal befindet sich nämlich auf dem Grund eines alten Friedhofes, und unter dem Steinfußboden schlummert ein Skelett. Werfen Sie sich auf die Knie und suchen Sie nach dem Kreuz am Boden – darunter liegt es!

Weitere Informationen

Touristenbüro, Torikatu 10, 90100 Oulu, © 3141294.

Sport: Als Großstadt bietet Oulu Sportmöglichkeiten für jeden Geschmack. Besonders erwähnenswert ist der nördlichste 27-Loch-*Golfplatz* der Welt.

Im Winter friert die Ostsee bei -40 °C bis 1 ½ m Dicke zu. Dann ist natürlich der Schlittschuhspaß groß.

Veranstaltungen: Im Februar *Oulu Musikwochen* mit Konzerten klassischer Musik. Im November findet ein *Kinderfilmfestival* statt.

Telefonvorwahl: 981

Kemi und Tornio

Der nächste größere Ort, auf den man auf der Fahrt in Richtung Norden stößt, ist *Kemi.* Auf dem Weg dorthin lohnt ein Stop in **Haukipudas,** um die dortige *Holzkirche* aus dem Jahre 1762 zu besuchen. Beachtenswert sind dort die Wandmalereien von Mikael Toppelius.

Die größte Sehenswürdigkeit von Kemi (26.000 Ew.) ist ein Eisbrecher! Im Sommer kann man auf dem Restaurantdeck der *Sampo* eine gemütliche Tasse Kaffee einnehmen. Im Winter – und der dauert hier ein halbes Jahr – geht es wesentlich abenteuerlicher zu. Dann läuft der 1961 erbaute Eisbrecher Sampo mit Touristen an Bord zu Touren durch den nördlichen Teil des Bottnischen Meerbusens aus. Man erlebt life mit, wie das Schiff unter großem Geächze die bis zu 1 ¼ Meter dicke Eisschicht auseinanderbricht. Besonders Mutige dürfen dann in Spezialtaucheranzügen in den Eislöchern baden.

Aber Kemi bietet auch noch etwas ganz anderes. Die *Edelsteingalerie* in der Kauppakatu 22 verfügt über eine Sammlung von immerhin 3000 wertvollen Schmucksteinen.

Tornio ist die finnische Grenzstadt in Richtung Schweden und ist mit *Haparanda* auf der anderen Seite zu einer Gemeinde zusammengewachsen. Tornio selbst gehört nicht gerade zu den städtebaulichen Perlen des Landes. Der Besuch der *Holzkirche* aus dem 17. Jahrhundert lohnt aber auf jeden Fall. Sie gilt als eine der Schönsten des ganzen Landes (geöffnet von Anfang Juni bis Mitte August Mo – Fr 9 – 17 Uhr). Der hohe Westturm diente in früheren Zeiten den Seeleuten als Orientierungshilfe. Sehenswert ist der Innenraum. Werfen Sie einen Blick nach oben, Sie werden begeistert sein von den prächtigen Deckenmalereien.

Nachdem man sich ein bißchen im Ort umgesehen und vielleicht auch die *Kirche von Alatornio* besichtigt hat, sollte man sich unbedingt in Richtung Norden zu den **Stromschnellen Kukkolankoski** (beim Ort *Kukkola)* aufmachen. Sie liegen etwa 15 km vom Stadtzentrum entfernt und können sowohl von finnischer Seite über die Straße Nummer 21 als auch von schwedischer Seite über die Straße Nummer 400 erreicht werden. Immer am *Torniofluß* entlang geht es jetzt Richtung Polarkreis – Lappland wartet!

DER NORDEN & LAPPLAND

NORDFINNLAND

*Finnland ist ein riesiges Land. Vom südlichsten
Punkt des Festlandes bei Hanko bis nach Utsjoki in Nordlappland
sind es 1200 Kilometer. Das entspricht in etwa der Entfernung
München–Palermo oder Köln–Madrid. Daß Lappland auch im Bewußtsein
der Finnen ein weit entferntes und menschenleeres Gebiet ist, hat sich
in den geographischen Bezeichnungen für die Landesteile niedergeschlagen.
Tampere oder Jyväskylä, die, wie ein Blick auf die Karte verrät,
eigentlich südfinnische Städte sind, werden im Finnland als mittelfinnisch
bezeichnet und Städte wie Kajaani und Kuusamo, die geographisch
eher in der Mitte des Landes liegen, sind nach finnischem Sprachgebrauch
nordfinnisch. Diese Vorbemerkung nur, damit sich kein Leser wundert, warum
im Kapitel über Nordfinnland Städte und Landschaften beschrieben
werden, die zwischen dem 64. und 66. Breitengrad liegen und
rein geographisch gesehen die Mitte Finnlands ausmachen.*

Kajaani

Mit 36.000 Einwohnern ist Kajaani die größte nicht an der Küste liegende Stadt in Nordfinnland. Sie wurde 1651 in der Nähe der am *Kajaani-Fluß* 1604 erbauten Burg gegründet. Wegen ihrer Lage am *Oulujärvi*, dem Oulu-See, und der Nähe zu den Wandergebieten um *Vuokatti/Sotkamo* eignet sich die Stadt gut als Ausgangspunkt für Ausflüge. An touristischen Sehenswürdigkeiten hat sie aber nicht viel zu bieten. Die Überreste der bereits erwähnten Burg *Kajaaninlinna* können zwar besucht werden, da aber 1937 eine Brücke quer über die Burgruine gebaut wurde, hält sich der Spaß beim Spaziergang durch die Ruine in Grenzen. Sehenswert ist das 1831 von Carl Ludwig Engel erbaute *Alte Rathaus* (heute beherbergt es das Kulturdezernat der Stadt). Interessant ist der *Uhrturm:* nur eine der vier Uhren ist echt, die übrigen drei sind bloß aufgemalt.

Ende Mai findet das *Jazzfrühling Kainuu* statt. »Kainuu« ist der Name der Region um Kajaani.

10 km nordwestlich von Kajaani liegt die *Holzkirche* von **Paltaniemi** (Baujahr 1726) mit schönen Wandmalereien.

Verbindungen

Bahn: Direkte Zugverbindung via Kuopio und Mikkeli nach Helsinki und Richtung Oulu.

Bus: Täglich mehrmals in die meisten großen Städte, 3 x nach Joensuu.

Unterkunft

Hotel Kajanus, Koskikatu 3, © 986/1641, DZ ab 330 FIM. Sieht aus wie eine Müllverbrennungsanlage. Wer sich am Äußeren nicht stört, findet hier ein sehr gutes Hotel mit Schwimmbad und Squashhalle.

Seurahuone, Kauppakatu 11, © 986/23076, DZ zwischen 400 und 600 FIM. Zentrale Lage.

Valjus, Kauppakatu 20, ☏ 986/150200. DZ ab 350 FIM. Neues Hotel im Stadtzentrum.

Jugendherberge: Orvantie 1 – 3. ☏ 986/25704, 100 – 150 FIM, 2 km vom Hauptbahnhof. Geöffnet: 1.6. – 31.8.

Camping

Onnela, Niskantie, ☏ 986/22703. Auch Vermietung von Campinghütten. Geöffnet von 1.6. – 31.8.

Etwa 30 km östlich von Kajaani liegen an der Straße Nr. 76 die *Ferienzentren* **Vuokatti** und **Sotkamo.** Besonders für Sportfreunde ist dies der richtige Ort. Wandern, Joggen, Tennis, Minigolf und Golf im Sommer, Skilanglauf und alpiner Skilauf (in bescheidenem finnischen Rahmen) im Winter, sind einige der Möglichkeiten, die geboten werden. Die nun folgenden Wanderungen kann man gut von dort aus starten.

Wanderung durch die Hügellandschaft Nordfinnlands

Ausgangspunkt für diese Wanderung ist das Dorf **Juurikkalahti,** circa 10 km von *Vuokatti* entfernt an der Straße Nr. 18 Richtung Nurmes. Obwohl die höchsten Erhebungen weniger als 400 Meter hoch sind, sollte diese 22 km lange Tour nicht unterschätzt werden. Untrainierte werden ganz schön ins Schwitzen kommen.

Zunächst verläuft die Route, die am Bahnhof des Dorfes beginnt (weiße Markierungen), auf einer Nebenstraße in Richtung Südwesten. Nach etwa 4 km biegt ein Forstweg nach links ab und führt bergan zum *Tolhovaara-Gipfel.* Hier wendet sich der Pfad nach Norden und führt am *Möykynlampi-Teich* vorbei nach Vuokatti.

Nähere Auskünfte zu dieser Wanderung erhalten Sie im Touristenzentrum in Sotkamo, Kainuuntie 3, und beim Sportinstitut in Vuokatti.

Hier kann man sich auch über eine Wanderung informieren, die nicht jedermanns Geschmack sein dürfte. Von Vuokatti führt nämlich ein 210 km langer Wanderpfad Richtung Süden nach Nurmes, Juuka und Lieksa.

Auch in der Nähe der Grenzgemeinde **Kuhmo** gibt es viele Wandermöglichkeiten. Im 220 km² großen »Park der Freundschaft«, dem *Ystävyyden-Puisto,* entlang der russischen Grenze, steht ein ausgebautes Wegenetz zur Verfügung.

Nähere Informationen über Kuhmo und die dortigen Wandermöglich-keiten: *Fremdenverkehrsbüro Kuhmo,* Kainuuntie 82, 88901 Kuhmo, ✆ 986/561382.

Einmal im Jahr, Mitte Juli, lädt Kuhmo zu einem internationalen *Kammermusikfestival* ein. Zwei Wochen lang finden dann in der 12.000-Seelen-Gemeinde täglich 4 – 6 Konzerte statt. Im Rest des Jahres bietet der Ort nicht viel. Doch halt! Natürlich hat auch hier Carl Ludvig Engel »zugeschlagen«. Der Entwurf der *Gemeindekirche* stammt aus der Zeichenfeder des unermüdlichen Baumeisters.

Südwestlich von Kuhmo liegt der **Hiidenporti-Nationalpark.** In dem kleinen Nationalpark gibt es ausgezeichnte, auf Wandertafeln markierte Wanderwege.

Der Park ist am einfachsten über die Verbindungsstraße zwischen Kuhmo und Valtimo zu erreichen (keine Anbindung an öffentliche Verkehrsmittel).

Jugendherbergen

Kuhmo, Piilolan Koulu, ✆ 986/561245. 50 – 110 FIM. Geöffnet 10.6. – 10.8.

Sotkamo, Kainuuntie 31, ✆ 986/60541. 60 – 100 FIM.

Naturspektakel und Museen

Westlich von Kajaani ist die Landschaft weniger spektakulär als östlich der Stadt. Hinzuweisen ist allerdings auf den kleinen *Rokua-Nationalpark* in der Nähe von Vaala und Utajärvi. Für Bootssportler interessant ist der *Oulujärvi,* mit 893 km² Finnlands viertgrößter See. Sowohl an Natur- als

Der Hepoköngas bei Puolanka wird von einem breiten Becken aufgefangen

auch kunsthistorischen Sehenswürdigkeiten hat das Gebiet zwischen Kajaani und der Küste wenig zu bieten. Hauptsächlich fährt man durch landwirtschaftlich genutzes Gebiet. Für Besucher mit einem speziellen Interesse an finnischer Politik sind die Orte **Haapajärvi** und **Nivala** besuchenswert (an der Verbindungsstraße Nr. 87 Iisalmi–Ylivilska). In Haapajärvi befindet sich das Elternhaus des ersten finnischen Präsidenten Kaarlo J. Ståhlberg, und in dem zweitgenannten Ort liegt das *Kyösti-Kallio-Museum*. Kallio, der aus Nivala stammt, war der vierte Präsident des Landes und amtierte von 1937 bis 1940.

Nördlich von Kajaani wird die Landschaft hügeliger. Als Standort für Ausflüge kommen die Gemeinden *Puolanka, Hyrynsalmi* und *Ämmänsaari/Suomussalmi* in Frage.

Die größte Natursehenswürdigkeit auf dem Gebiet der Gemeinde **Puolanka** ist *Hepoköngas*, der höchste unverbaute Wasserfall Finnlands. Man erreicht ihn leicht auf einer Stichstraße, abzweigend von der Verbindungsstraße Puolanka–Hyrynsalmi. Vom Parkplatz aus ist es etwa noch ein Kilometer bis zum Wasserfall. Wer bei seinem Spaziergang zum Hepoköngas Lust auf eine längere Wanderung bekommt, der ist bereits auf dem richtigen Weg. Der Pfad hinab zum Wasserfall ist nämlich Teil des *UKK-Wanderweges* (benannt nach dem ehemaligen Präsidenten Urho Kaleva Kekkonen), und auf dem können Sie einige hundert Kilometer nach Süden wandern. Geübte Kanuten können ihr Boot direkt unterhalb des Wasserfalles in den Fluß setzen. Hier beginnt eine 25 km lange Kanuroute, die via den Vihajärvi schließlich im Puolankajärvi-See endet.

Die *Stromschnelle Kalliuskoski* nordwestlich von Puolanka lohnt zwar keinen Umweg, wer aber sowieso hier vorbeikommt, der kann an der Hütte am Wasser eine gemütliche Rast einlegen.

Auch in der Gemeinde **Hyrynsalmi** gibt es einen Wasserfall. Zu erreichen ist der *Komulanköngas* über einen Nebenweg von der Hauptverbindungsstraße Puolanka–Hyrynsalmi. Wer bei Hepoköngas einfach weitermarschiert ist, den bringt der UKK-Wanderweg auch an diesem Wasserfall vorbei.

Die Gemeinde **Suomussalmi** erlangte durch ihre Rolle im finnischen Winterkrieg leider eine traurige Berühmtheit. Am 30. November 1939 griff die Rote Armee mit mehr als 17.000 Mann die finnischen Grenztruppen an. Obwohl die Finnen zahlenmäßig weit unterlegen waren, gelang es ihnen, den Vormarsch der Sowjets zu stoppen. Stalin hatte seine Armee im Gefühl eines sicheren und schnellen Sieges nicht für die Verhältnisse im beginnenden finnischen Winter ausrüsten lassen. Viele sowjetische Soldaten, manch einer kam von der Schwarzmeerküste, zogen ohne Skier und in Sommerkleidung in den Kampf – und erfroren.

Als am 13. März 1940 die Kampfhandlungen eingestellt wurden, lag Suomussalmi in Schutt und Asche.

Winterstimmung im Freilichtmuseum von Suomussalmi

Zwar blieb die Gemeinde in finnischer Hand, von den 270 Häusern des Ortes stand aber keines mehr.

1992 wurde an der Straße nach **Raate,** das etwa 40 km von Suomussalmi entfernt liegt und wo im Winterkrieg die heftigsten Kämpfe stattfanden, ein *Museum* eröffnet, das die Geschehnisse der damaligen Zeit dokumentiert. Erfreulicherweise wurde es unterlassen, die Kriegshandlungen in glorifizierender Weise darzustellen, vielmehr wird einem bei dem Rundgang durch das kleine Museum der Wahnsinn des Krieges deutlich vor Augen geführt. (Öffnungszeiten: Mai, September, Oktober 9 – 18 Uhr, Juni/Juli 9 – 21, in den übrigen Monaten 12 – 18 Uhr.)

Ebenfalls an der Straße nach Raate steht das von Alvar Aalto entworfene *Flammenmonument* zu Ehren der im Krieg gefallenen Soldaten.

Eine ganz andere Art von Museum kann man am Rande Suomussalmis besichtigen. Hier liegt, in schöner Lage am Seeufer, das *Freilichtmuseum* des Ortes. Von **Ämmänsaari** aus, der Nachbargemeinde, die erst nach dem Zweiten Weltkrieg entstand, führt ein Rundwanderweg zur *Variskoski-Stromschnelle.*

Unterkunft

Kiannon Kuohut Spa, Jalonkatu 1, 89600 Ämmänsaari, ✆ 986/710770. DZ ab 390 FIM. Gutes Hotel im Zentrum von Äämänsaari, direkt am Wasser gelegen. Badeanstalt gehört zum Hotel.

Jugendherberge in Hyrynsalmi, Iston Koulu, ✆ 986/741 711. 60 FIM.

▲ Campingplätze in Puolanka, Hyrynsalmi und Ämmänsaari.

Wandergebiet Hossa

Im Wandergebiet von Hossa, 70 km nordöstlich von Suomussalmi, wurden Pfade mit einer Gesamtlänge von 90 km eingerichtet. Die vielen langgestreckten Seen des Gebietes sind ideal für Kanufreunde. Sehenswert sind die prähistorischen *Felsenmalereien* am *Somerkallio*. Etwas nördlich von Hossa, auch von der Hauptstraße Richtung Kuusamo leicht zu erreichen, liegt der *Schluchtensee Julma Ölkky*. Im Sommer werden auf dem See Bootsrundfahrten durchgeführt, am besten kann man den See mit seinen steilen Wänden aber mit dem eigenen Boot erkunden.

Kuusamo und der Bärenkreis

Kuusamo ist der bekannteste Ort in Nordfinnland. Das Ortsbild, so man überhaupt von einem solchen sprechen kann, ist aber noch häßlicher als das der Nachbargemeinden. Wer im *Touristeninformationsbüro* unbedingt eine Sehenswürdigkeit im Ort genannt bekommen will, der wird aller Wahrscheinlichkeit nach auf das *Heimatmuseum* verwiesen werden … sonst ist da nichts. Was also macht den Reiz Kuusamos aus? Der Ort liegt im wahrscheinlich schönsten Teil Finnlands. Wasserfälle, Stromschnellen, Schluchten, Berggipfel (die höchsten südlich des Polarkreises) und der berühmte Wanderpfad *Karhunkierros,* der Bärenkreis, all das ist von Kuusamo aus leicht zu erreichen. Der häßliche Ort liegt im Herzen der Natur!

Der **Bärenkreis** ist der berühmteste und schönste Wanderpfad in Finnland. Die 72 km lange Wanderung (ohne den Abstecher zum *Oulanka*

Am Ufer des Kiantajärvi

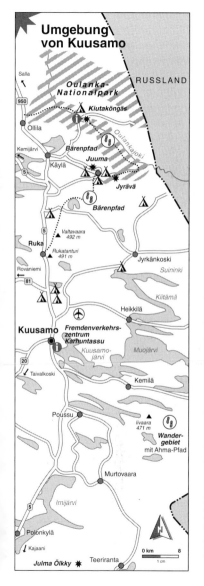

Umgebung von Kuusamo

Salla
RUSSLAND
950
Oulanka-Nationalpark
Kiutaköngäs
Ollila
Kemijärvi
Oulankajoki
Bärenpfad
Käylä
Juuma
Jyrävä
Bärenpfad
Valtavaara 492 m
Ruka
Rukatanturi 491 m
Rovaniemi
81
Jyrkänkoski
Suininki
Kiitämä
Heikkilä
Kuusamo
Fremdenverkehrszentrum Karhuntassu
20
Taivalkoski
Kuusamo-järvi
Muojärvi
Kemilä
Poussu
Iivaara 471 m
Wandergebiet mit Ahma-Pfad
Murtovaara
5
Imijärvi
Polonkylä
Kajaani
Teeriranta
Julma Ölkky

0 km   8
1 cm

Cañon) beginnt 4 km nördlich der Gemeinde **Ollila** (der Ausgangspunkt liegt direkt an der Straße nach Oulanka und ist deutlich beschildert) und endet etwa 30 km nördlich von Kuusamo in dem Ferienort **Ruka**. Die meisten Wanderer begehen den Pfad in Nord–Südrichtung. Natürlich kann man den Weg auch andersherum gehen, dann ist es aber wegen der Steigungen schwieriger und, da Sie »gegen den Strom« wandern (im Sommer gibt es viele Wanderer), haben Sie häufig Gegenverkehr.

Verpflegung und Schlafsack sollten auch diejenigen mitnehmen, die eine bzw. mehrere Übernachtungen in einer der einfach ausgestatteten Hütten planen.

Nach gut 5 km Wanderung erreicht man die steile Felsenschlucht *Ristikallio* (Hütte). Wer noch nicht erschöpft ist, geht weiter zur kleinen **Wildmarkhütte Puikkokämppä**. Nur etwa einen Kilometer danach erreicht man die Stromschnellen *Taivalköngas* und eine große *Hütte* für etwa 20 Personen. Von hier aus führt ein Seitenpfad zum etwa 5 km nördlich gelegenen *Oulanka-Cañon*. Wenn man dorthin will, kann man sein Gepäck in der Hütte an den Stromschnellen zurücklassen und einen gemütlichen Tagesausflug zum Cañon unternehmen.

9 km weiter, am **Informationszentrum** des Oulanka-Nationalparks, kreuzt der Pfad die Nebenstraße von *Käylä*. Diejenigen, die schon jetzt erste Blasen an den Füßen haben, können hier nach insgesamt 18 km die Wanderung abbrechen

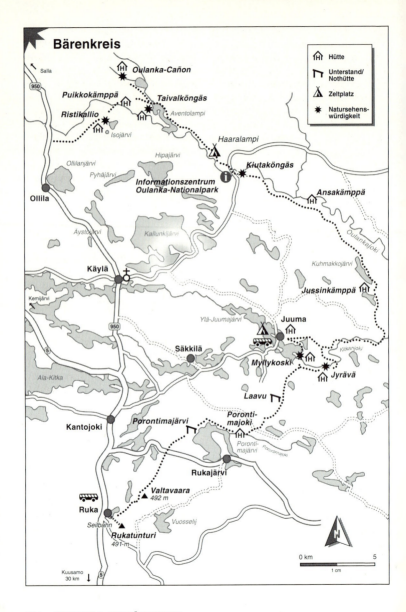

Bärenkreis

⌂	Hütte
⊓	Unterstand/ Nothütte
⚠	Zeltplatz
✳	Natursehens- würdigkeit

Salla
950

Oulanka-Cañon

Puikkokämppä   **Taivalköngäs**
Ristikallio   *Aventolampi*
         Isojärvi

Ollilanjärvi   *Hipajärvi*   **Haaralampi**

Pyhäjärvi   **Informationszentrum**   **Kiutaköngäs**
              Oulanka-Nationalpark

Ollila   **Ansakämppä**

Äystöjärvi   *Kallunkijärvi*   *Oulankajoki*

Käylä   *Kuhmakkojärvi*

Kemijärvi   **Jussinkämppä**
950
                    Ylä-Juumajärvi   **Juuma**

5   **Säkkilä**   *Kitkanjoki*
                          Myllykoski
Ala-Kitka   **Jyrävä**

                    Laavu
                          Poronti-
Kantojoki   **Porontimajärvi**   **majoki**
                    Poronti-
                    majärvi

              Rukajärvi

         Valtavaara
         ▲ 492 m
Ruka
Seilbahn   *Vuosselij*
Rukatunturi
491 m

N

Kuusamo   0 km   5
30 km 5   1 cm

(Nachteil: von hier keine öffentlichen Verkehrsmittel; Busverbindung erst ab dem Dorf Käylä). Allerdings sollte man auch dann nicht versäumen, die nur 500 Meter hinter dem Informationszentrum gelegenen *Kiutaköngas-Stromschnellen* zu bestaunen. Auf insgesamt 600 Meter Länge stürzen die Wassermassen 14 Meter hinab.

▲ Ganz in der Nähe liegt der *Campingplatz Haaralampi,* der von Anfang Juni bis Ende August erschöpfte Wanderer erwartet. Ein Besuch in der Sauna des Platzes macht Sie für die nächste Tagestour fit.

Am *Oulankajoki* entlang führt der Weg zur **Wildmarkhütte Ansakämppä** (6 km) und von dort weiter zur **Jussinkämpä** (weitere 8 km). Die große Hütte, die 20 Menschen ein Dach über dem Kopf bietet, liegt malerisch am Ufer eines Sees. Die nächste Unterbrechungsmöglichkeit haben Sie in **Juuma** (Campingplatz, Café, Busanschluß). Allerdings sollten auch die müdesten Wanderer nicht den direkten Weg nach Juuma nehmen, sondern den kleinen Umweg zum Wasserfall *Jyrävä* und der Stromschnelle *Myllykoski* machen. Neben einer alten Mühle, die auch als Übernachtungslager dient, braust eine reißende Stromschnelle vorbei. Lagerfeuer, alte Mühle, reißendes Wasser, Mitternachtssonne … Na, wie hört sich das an?

Nach Juuma beginnt der anstrengendere, aber auch weniger spektakuläre Teil des Bärenkreispfades. Auf den restlichen 24 km der Strecke ist der Berggipfel *Valtavaara* noch der Erwähnung wert. Zum einen, weil Sie

Der tosende Myllykoski am Bärenkreis im Winter

Der Bärenkreispfad in Stichworten

Ausgangspunkt bei Ollila → Ristikallio: 5 km, Hütte
Ristikallio → Taivalköngas: 4 km, Hütte
Taivalköngas → Oulanka-Cañon → Taivalköngas:
  2 x 5 km
Taivalköngas → Infozentrum Oulanka: 9 km,
  Campingplatz
Infozentrum Oulanka → Ansakämppä: 6 km, Hütte
Ansakämppä → Jussinkämppä: 8 km, Hütte
Jussinkämppä → Juuma (via Jyrävä): 16 km, Camping
Juuma → Porontimajoki: 8 km, Hütte
Porontimajoki → Rukatunturi: 16 km
→ insgesamt mit dem Abstecher zum Oulanka-
  Cañon: 82 km

Busverbindungen am Bärenkreispfad

	1.6.–15.8.	ganzjährig	16.8.– 31.5.
	Mo – Fr	Mo – Sa	Mo – Fr
Kuusamo	10.00	14.15	6.05
Rukatunturi	10.25	14.50	6.30
Käylä	10.45	15.10	6.50
Bärenkreis	11.00	15.30	7.00
Bärenkreis	15.00		7.50
Käylä	15.05		8.05
Rukatunturi	15.30		8.20
Kuusamo	16.00		9.00

Die Busse fahren direkt bis zum Anfang des Bären-
kreises, der Ort Ollila liegt davon 4 km entfernt.

Busverbindung nach Juuma

Während der Schulferien im Juni/Juli: Mo – Fr
Kuusamo ab 14.20 → Juuma an 16.40
Juuma ab 6.55 → Rukatunturi an 7.35 →
  Kuusamo an 9.35
Während des übrigen Jahres: Mo – Fr
Kusamo ab 7.10 → Juuma an/ab 9.25 → Kuusamo
  an 11.05
Kuusamo ab 13.00 → Juuma an/ab 14.40 →
  Kuusamo an 16.35

Suojele luontoa! Schütze die Natur!

ganz schön schwitzen werden, bis Sie den 492 Meter hohen Gipfel erreicht haben, und zum anderen wegen der Aussicht, die Sie von dort oben genießen können. Bevor Sie ins Dorf **Ruka** einlaufen, führt der Weg am *Rukatunturi* vorbei. Auch von dessen 491 m hohen Gipfel können Sie Ihren Blick ebenfalls ungestört über die Landschaft der Region von Kuusamo schweifen lassen. Tip für Faule: Auf den Gipfel fährt auch eine Seilbahn (im Winter Skilift).

Weitere Wanderungen

Als Kurzwanderung auf dem Bärenpfad ist der 6 km lange *Rundweg Juuma–Myllykoski–Jyrävä–Juuma* sehr zu empfehlen.

Ahma-Pfad, etwa 30 km südöstlich von Kuusamo. Zum Berggipfel *Iivaara*, großartiger Rundblick.

Wandergebiet *Kylmäluoma*, etwa 40 km südlich von Kuusamo und nur 15 – 20 km vom Hossa-Gebiet entfernt. Die Pfade beginnen am Rande der Hauptstraße Nr.5.

Verbindungen Kuusamo

Flug: 2 – 3 x tgl. Verbindung nach Helsinki.

Bahn: Nächster Bahnhof in Kajaani, 250 km entfernt.

Bus: Direkter Busanschluß nach Oulu, Kajaani, Kemijärvi, Rovaniemi.

Unterkunft

Erste Wahl im Gebiet Kuusamo ist das Zelt in freier Natur. Trotzdem einige Hinweise auf Hotels und Herbergen.

Kuusamo, Kirkkotie 23, ✆ 989/892020, DZ ab 400 FIM. Zimmer relativ steril und ungemütlich. Schwimmbad und Workout Room stehen den Gästen fürs Fitness-Programm zur Verfügung.

Kuusamon Tropiikki, Kylpyläntie, ✆ 989/85960, DZ 430 FIM. Modernes Hotel mit angeschlossenem Tropenbad.

Rukahovi in Rukatunturi, ✆ 989/8135. DZ ab 390 FIM.

Jugendherberge: Kitkantie 35, ✆ 989/8522132, 55 – 110 FIM. Geöffnet 1.6. – 31.8.

Camping

Preise für Zeltplatz 30 – 60 FIM, für Wohnwagen bis 80 FIM pro Tag.

▲ *Oulanka,* ✆ 989/863429, geöffnet 1.6. – 31.8.

▲ *Juuma,* ✆ 989/863212, geöffnet 1.6. – 30.9., Hüttenvermietung.

▲ *Juuma, Retki-Etappi* ✆ 989/863218, ganzjährig geöffnet, Hüttenvermietung.

▲ *Aikkila,* ✆ 989/81213, geöffnet 10.6. – 15.9. Hüttenvermietung.

▲ *Jyrävä,* ✆ 989/863236, geöffnet 1.6. – 31.8, Hüttenvermietung.

▲ *Julma-Ölkky,* ✆ 989/62141, ganzjährig geöffnet. Hüttenvermietung.

▲ *Rukatunturi,* ✆ 989/2010, geöffnet von 1.1. – 3.5 und 15.6. – 30.9.

Dazu kommen noch einige Campingplätze, die direkt in Kuusamo liegen. Einer davon ist ganzjährig geöffnet.

Weitere Informationen

Fremdenverkehrszentrum Karhuntassu, Torangintaival 2, 93000 Kuusamo, ✆ 989/8502910.

LAPPLAND

*Das Land der Mitternachtssonne, wo in Trachten
gehüllte Samen mit ihren Rentieren durch eine schier endlose und
unzerstörte Wildnis ziehen – das ist Lappland. Zumindest, wenn
man den romantischen Beschreibungen in vielen Abenteuerbüchern, manchen
Reiseführern oder den farbigen Touristenprospekten Glauben schenkt …
Das alles ist Lappland! Aber eben nicht nur.*

In einigen Waldgebieten Finnisch-Lapplands sterben die Bäume ebenso wie im Schwarzwald, und der Schwefel- und Stickstoffgehalt der lappländischen »Naturluft« könnte es mancherorts mit einer deutschen Großstadt aufnehmen. Schuld daran sind aber nicht die einheimischen Fabriken, von denen es in der strukturschwachen Provinz *Lappi* sowieso nur sehr wenige gibt, sondern die großen russischen Industrieanlagen jenseits der Grenze. Dort gibt man unumwunden zu, daß die Schwermetallfabriken im Erzabbaugebiet um die Grenzstadt Nikel die arktische Umwelt verpesten. Doch um die Dreckschleudern sanieren zu können, fehlt den Russen ganz einfach das nötige Geld. Finnland engagiert sich zwar bei der Erneuerung der veralteten russischen Anlagen, aber zu verschenken haben die Finnen, die sich gegenwärtig selbst in einer schweren Wirtschaftskrise befinden, nichts. Noch ist auch das Problem zu »weit entfernt«, um von den Politikern in Helsinki mit der nötigen Aufmerksamkeit bedacht zu werden … und in Moskau hat man sowieso andere Sorgen.

Wie wenig ernst man in der finnischen Regierung die Umweltverschmutzung in Lappland nimmt, zeigt auch die Kontroverse um den *Kessiforst*. In diesem Wildnisgebiet in der Nähe des *Inarisees* sollen umfangreiche Baumfällarbeiten durchgeführt werden. Die Argumente der Regierung in diesem Streitfall sind wenig originell – Arbeitsplätze sollen geschaffen und der Rohstoffbedarf der Industrie gedeckt werden. Beide Anliegen mögen ehrenwert sein, doch warum sie gerade im nördlichsten Nadelwaldgebiet der Erde verwirklicht werden sollen, leuchtet Umweltschützern, in der Region ansässigen Rentierzüchtern nicht ein. Frau Professor Satu Huttanen von der Universität Oulu, eine Spezialistin für die Untersuchung von Umwelteinflüssen auf arktische Gebiete, weist darauf hin, daß die von der Regierung versprochene Wiederaufforstung sehr langwierig oder gar unmöglich sein dürfte. Zum einen sei die natürliche Wachstumsdauer von Bäumen im arktischen Klima von Natur aus langsamer als in südlichen Breiten, zum anderen aber sei das Gebiet des Kessiforstes stark von der Umweltverschmutzung aus den Industrieanlagen auf der russischen Kolahalbinsel betroffen. In dem bereits geschädigten Erdreich könnten dann die Aufforstungsarbeiten im wahrsten Sinne des Wortes nur auf fruchtlosem Boden stattfinden.

Von all dem wird aber der Durchschnittstourist nur wenig sehen, die Umweltzerstörung ist gegenwärtig noch auf wenige Gebiete beschränkt und der Besucher aus Mitteleuropa kann sich immer noch auf einen Urlaub mit sauberer Luft und beinahe unberührter Natur freuen. So bleiben wird dies aber nur, wenn man sich wo und wann immer engagiert und die Augen nicht vor den Gefahren verschließt, die der Umwelt auch im scheinbar so entlegenen Lappland drohen.

Rovaniemi

Die Hauptstadt der Provinz Lappi hat 30.000 Einwohner. Während des Fortsetzungskrieges hatte die deutsche Armee hier einen wichtigen Stützpunkt. Wie alle anderen Städte und Dörfer Lapplands machte Hitlers Armee auf ihrem Rückzug auch Rovaniemi dem Erdboden gleich.

Nach dem Krieg wurde Rovaniemi nach den Plänen von Alvar Aalto wieder aufgebaut. Angeblich soll die heutige Stadtanlage die Form eines Rentiergeweihs haben – mir fehlt aber die Phantasie, um die kreativen Gedanken des weltberühmten Städteplaners nachvollziehen zu können. Für Reisen-

de, die sich für moderne Architektur interessieren, bietet Rovaniemi einiges. Als Beispiele seien nur das nach Plänen Aaltos erbaute **Lappiahaus** (Hallituskatu 11), das als Konzert- und Kongreßzentrum dient, und die daran angrenzende **Provinzbibliothek** (ebenfalls nach Plänen von Alvar Aalto) erwähnt. Weiterhin sehenswert ist die **Gemeindekirche** aus dem Jahre 1950 mit einem riesigen Altarfresko von Lennart Segerstråle. Bei einem Besuch in dem etwas außerhalb gelegenen **Freilichtmuseum Pöykkölä** (geöffnet von Anfang Juni bis Ende August Di – So 13 – 16 Uhr) erfährt man mehr über das Brauchtum und die Traditionen Lapplands.

Rovaniemi liegt nur 7 km südlich des **Polarkreises,** und ein Abstecher zum Polarkreisdorf (an der Straße Richtung *Sodankylä*) ist für die mei-

Recommended by Santa Claus of Finland

sten Touristen Pflicht. Hier kann man sich unter dem Polarkreisschild fotografieren lassen, überteuerte Souvenirs kaufen, eine Glasbläserwerkstatt besuchen oder ein Rentier streicheln. Das Wichtigste aber: am Polarkreis hat der einzige echte Weihnachtsmann seine Wohnung, oder richtiger: eine seiner Wohnungen. Eigentlich ist der alte Mann mit Bart – so weiß die Legende zu berichten – am entlegenen *Korvatunturi* zu Hause. Dorthin verlieren sich aber nur wenige kauflustige Touristen, und deswegen hat sich der geschäftstüchtige Herr Weihnachtsmann halt an der Hauptverbindungsstraße Richtung Nordkap und direkt am Polarkreis eine Zweitwohnung eingerichtet. In der Weihnachtszeit werden Scharen von Japanern und Briten hierher geflogen. Als besonders schick gilt es übrigens, den Trip zum Weihnachtsmann mit dem Überschallflugzeug Concorde zu machen!

Auch mitten im Sommer wartet der Freund aller Kinder hier auf Ihren Besuch.

Keine Sehenswürdigkeit im eigentlichen Sinne, aber doch besuchenswert ist der *deutsche Soldatenfriedhof* am **Norvajärvi** etwa 18 km vom Zentrum Rovaniemis entfernt. Hier liegen etwa 3000 deutsche Soldaten begraben, die 1943 und '44 einen sinnlosen Tod starben.

Museen

Museum der Provinz Lappland/Arktisches Zentrum, Pohjoisranta 4. In diesem erst Anfang 1993 eröffneten Museum sind unter anderem interessante Ausstellungen zur Kultur der Samen zu sehen.

Kunstmuseum der Stadt Rovaniemi, Lapinkävijäntie 4. Wechselnde Ausstellungen. Geöffnet nur im Sommer, Di – So 13 – 16 Uhr.

Forstmuseum, Metsämuseontie 7, Freilichtmuseum mit alten Bauernhäusern am Rande der Stadt. In der Nähe von Pöykkölä, dem anderen Freilichtmuseum der Stadt. Geöffnet im Sommer Di – So 12 – 18 Uhr.

Verbindungen

Flug: Verbindungen nach Helsinki (5 x tgl.), Tampere, Oulu, Lappeenranta, Turku, Ivalo, Jyväskylä, Kemi/Tornio sowie je einmal wöchentlich nach Sodankylä, Kittilä und Enontekiö. Außerdem einmal wöchentlich nach Murmansk. *Busse* zum Flughafen jeweils 45 Minuten vor Abflug vom Finnair Terminal in der Koskikatu 1.

Bahn: mehrmals tgl. nach Helsinki. IC-Verbindung Rovaniemi – Helsinki etwa 9 Std. 45 Min. Autoreisezug nach Helsinki, Turku und Tampere.

Bus: Überlandbusse in alle Richtungen. Zum Beispiel: mehrmals täglich nach Sodankylä, Inari, Karigasniemi, Karasjok, Lakselv (mit Anschluß nach Hammerfest und ans Nordkap), Kittilä, Sirkka, Enontekiö, Kilpisjärvi, Skibotn (mit Anschluß nach Tromsø).

Fahrradverleih: Kesport, Valtakatu 17.

Mietwagen: *Avis,* Alakorkalontie 11, ©. 960/310855, *Budget,* Maakuntakatu 21. *Esso,* Rovakatu 3. *Europcar,* Aallonkatu 2. *Hertz* im Hotel Pohjanhovi, Pohjanpuistikko 2. *Toyota*

Rent, Alakorkalontie 15, *Vehorent* Ulakatu 11.

Taxi: ✆ 960/312222.

Unterkunft

City Hotel, ✆ 960/314501, DZ ab 350 FIM, Pekankatu 9, gutes Stadthotel in zentraler Lage.

Sky Hotel Ounasvaara, ✆ 960/23371, DZ ab 390 FIM, am Ounasvaara-Berg gelegen, gute Aussicht. Fast jedes Zimmer hat seine eigene Sauna! Das Hotel wird derzeit vom Konkursverwalter betrieben.

Sokos Hotel Vaakuna, ✆ 960/332211, DZ ab 400 FIM, Koskikatu 4.

Jugendherberge: Hallituskatu 16, ✆ 960/344644, 60 – 70 FIM. Ganzjährig geöffnet.

Ausgehtip: Gutes Tex-Mex-Restaurant im City-Hotel.

Camping

In der Umgebung von Rovaniemi gibt es fast zwei Dutzend Campingplätze unterschiedlicher Qualität. Einige von ihnen sind ganzjährig (!) geöffnet und vermieten auch Hütten. Genauere Auskünfte beim Touristenbüro.

Sport

Im Winter bestehen ausgezeichnete Möglichkeiten zum Skilanglauf. Auch alpiner Skilauf am Ounasvaara möglich (Warnung für Abfahrtscracks: der Ounasvaara ist gerade mal 200 Meter hoch). Verleih von Skiausrüstung u.a. im Sky Hotel Ounasvaara.

Weitere Informationen

Touristenbüro, Aallonkatu 1, ✆ 960/346270. Geöffnet im Sommer Mo – Fr 8 – 18 Uhr, Sa, So 9 – 18 Uhr. Sonst Mo – Fr 8 – 16 Uhr.

Die hohen Bäume spiegeln sich im Kemijärvi

Südlich von Rovaniemi

Die meisten Touristen glauben, nur die Gebiete nördlich des Polarkreises gehörten zu Lappland – die finnischen Verwaltungsbeamten sind aber nicht dieser Ansicht. Zur finnischen Provinz Lappi gehören nämlich auch Landschaften, die sich weit südlich des Polarkreises erstrecken. Da die Küstenstädte *Tornio* und *Kemi* in diesem Buch bereits in dem Kapitel über die Westküste abgehandelt wurden (siehe Seite 263), beschränkt sich dieser Abschnitt auf die Empfehlung zweier Sehenswürdigkeiten.

Fährt man von Rovaniemi auf der Bundesstraße Nummer 78 in Richtung *Pudasjärvi* und *Kajaani*, gelangt man nach etwa 80 km in die Gemeinde **Ranua**. Ranua ist für zwei Dinge bekannt, seinen *Tierpark* und das Schloß *Murr Murr*. Im kleinen Zoo von Ranua, der von sich behauptet, der nördlichste der ganzen Welt zu sein, leben nur Tiere, die in Finnland auch wild vorkommen. Die meisten von ihnen wird man aber nirgends anders als im Zoo zu Gesicht bekommen. Bären, Luchse, Wölfe und Vielfraße haben hier in ihren Freigehegen erfreulich viel Platz. Eigentlich könnte man den Tierpark von Ranua uneingeschränkt empfehlen, wenn die Freigehege nicht samt und sonders so aussehen würden, als wären sie aus Resten der Berliner Mauer erstellt worden ... wohin man blickt, riesige graue Wände. (Öffnungszeiten: 1.6. – 15.8. 9 – 20 Uhr, 16.8. – 30.9. 10 – 18 Uhr, 1.10 – 30.4. 10 – 16 Uhr und 1. – 31.5. 10 – 18 Uhr)

Das Murr Murr Schloß ist anders als der Name verspricht kein Schloß, sondern ein riesiger Verkaufsstand mit Turm. Hier werden, wie an vielen anderen Orten Lapplands, Weihnachtsmannsouvenirs feilgeboten. Um dem ganzen auch einen »historischen« Hintergrund zu geben, hat man Murr Murr zur Heimat von Elfen erklärt, die dem Weihnachtsmann beim Basteln von Geschenken helfen. Wer Kinder dabei hat und kein Geld ausgeben will, sollte am besten auf den Besuch von Murr Murr verzichten.

Auf der Bundesstraße 81 von Rovaniemi Richtung *Kuusamo* erreicht man nach etwa 150 km **Posio**. Hier kann man tief in die Tasse schauen oder sogar in mehrere. Posio nennt nämlich stolz das einzige *Kaffeetassenmuseum* des ganzen Landes sein eigen. In der Nähe des Ortes liegt der *Riisitunturi-Nationalpark*.

Ost- & Nordost Lappland

85 km nordöstlich von Rovaniemi liegt **Kemijärvi**, die mit knapp 13.000 Einwohnern größte Stadt jenseits des Polarkreises. Jeden Sommer findet ein großer Holzschnitzerwettbewerb statt, ansonsten gibt es aber kaum einen Grund, hier länger zu verweilen. Für Wanderfreunde kann sich eventuell ein Abstecher nach *Salla* lohnen.

Der **Pyhätunturi-Nationalpark** ist sowohl von Rovaniemi, als auch von *Sodankylä* und *Kemijärvi* leicht zu erreichen.

Das *Informationszentrum* des Parks (geöffnet im Sommer 9.30 –

Rentieren, der einzigen Hirschart, die Haustier wurde, wird man in Lappland öfters begegnen – vor der letzten Eiszeit wurden Rene übrigens auch am Mittelmeer gejagt. Die Rene, bei denen sowohl die männlichen als auch die weiblichen Tiere Geweihe tragen, ernähren sich im Winter vor allem von der »Rentierflechte«.

20.30, sonst von 9.30 – 16.30 Uhr) liegt am Ende einer von der Hauptstraße Kemijärvi–Sodankylä abzweigenden Nebenstraße. Seit Anfang der neunziger Jahre besteht auch eine Verbindung zur Eismeerstraße im Norden via Luosto.

Die längste Wanderung führt vom Nationalparkzentrum ins 30 km entfernte **Luosto**. Sportliche Typen können diese Strecke innerhalb eines Tages zurücklegen. Wer's gemächlicher will, der kann nach 11 km in der *Huttuluomahütte* sein Nachtlager aufschlagen. Besucher mit wenig Zeit sollten zumindest den etwa 2 km langen Spaziergang zum Bergsturz *Isokuru* machen. Hier kann man entwe-

der seine Wanderung abbrechen und an der Feuerstelle am Wasser Würste grillen oder noch ein Stück weiter zu einem kleinen Wasserfall wandern. Mit etwas Glück werden Sie auf Ihrem Spaziergang einigen Rentieren begegnen.

Sodankylä (11.000 Ew.), 130 km nordöstlich der Provinzhauptstadt Rovaniemi gelegen, ist nur während einer Woche des Jahres wirklich besuchenswert. Mitte bis Ende Juni findet hier das *Midnight-Sun-Filmfestival* statt. Dabei handelt es sich nicht etwa ein Treffen von ein paar nordfinnischen Amateurfilmern, sondern um eines der wichtigsten Festivals der

Welt. Bekannte Regisseure melden sich schon Jahre vorher an, um hier ihre Filme präsentieren zu dürfen! Es hat schon einen besonderen Reiz, nachts um 1 Uhr in einem riesigen Zirkuszelt einen Film anzusehen und nach Verlassen der Vorstellung um 3 Uhr in strahlenden Sonnenschein hinauszutreten. Für jeden, der sich nur ein bißchen für Kino und Filme interessiert, wird das Midnight-Sun-Festival ein unvergeßliches Erlebnis sein. Nähere Informationen sind unter der folgenden Adresse zu erhalten: *Midnight-Sun-Filmfestival*, Jäämerentie 9, 99600 Sodankylä.

Nach der hektischen Woche des Filmfestivals versinkt Sodankylä wieder in einen langen Winterschlaf.

Sonst sind vor allem das *Freilichtmuseum* (weniger wegen seiner Gebäude, als wegen seiner malerischen Lage am Fluß *Kitinen*) und die *Alte Kirche* besuchenswert. Sodankyläs Alte Kirche aus dem Jahre 1689 ist meiner Meinung nach der schönste Kirchenbau im ganzen Land. Das Holzgebäude steht schon etwas windschief da und bedarf dringend einer Renovierung. Trotzdem oder vielleicht gerade deswegen strahlt es aber einen besonderen Charme aus.

Unterkunft

Neben den Wildmarkhütten auf dem Wanderpfad gibt es in der Umgebung des Nationalparks eine ganze Reihe von Unterkünften.

Arctia Hotel Luosto, ℂ 693/44400, Hüttenpreis circa 500 FIM. Obwohl sich das Ganze »Hotel« nennt, wohnen Sie hier in gemütlichen und kom-

Das Flößen von Baumstämmen ist auf lappischen Flüssen und Seen seit 1992 verboten

fortablen Blockhütten. Jedes der Häuser ist mit einer eigenen Sauna ausgestattet.

In der Gegend gibt es viele Hütten, die tage- und wochenweise vermietet werden. Es besteht kein Grund, in den wenig einladenden und meist überteuerten Hotels von Sodankylä und Kemijärvi zu wohnen.

Jugendherbergen

Reitkeilyhotelli Visatupa, Raudanjoki; Sodankyläntie. ℡ 9693/74133. Etwa 80 km von Rovaniemi und 40 km von Luosto entfernt. Ganzjährig geöffnet. 50 – 95 FIM.

Retkeilymaja Lapin Opisto, Sodankylä, ℡ 9693/21960. Geöffnet von Anfang Juni bis Mitte August. 60 – 70 FIM.

Hostel Kemijärvi, Lohelankatu 1, ℡ 9692/13253. 70 FIM. In der Ortsmitte von Kemijärvi gelegen. Eigener Badestrand.

Matkatupa, A 725 Ulkuniemen PL, Kemijärvi. ℡ 9692/88517. 50 FIM. Winzige Jugendherberge, 27 km südlich von Kemijärvi am Polarkreis. Geöffnet 1.4. – 31.10.

Camping

▲ *Kemijärvi-Hietaniemi,* ℡ 9692/13640. Mehrere Campingplätze u.a. in Sodankylä, Pelkosenniemi, Vuotso und Porttikoski.

Gold in Tankavaara

Bevor sich die Touristen für Lappland und seine Naturschönheiten begeisterten, entdeckten im 19. Jahrhundert Goldsucher diesen entlegenen Zipfel am Ende Europas. Der erste Goldfund wurde 1836 gemacht, als ein gewisser J.G. Boucht in der Nähe von *Kemi* ein goldhaltiges Stück Dolomit fand. Die Regierung des russischen Zaren erhoffte sich durch die Funde in der russischen Provinz Finnland eine Aufbesserung der Staatsfinanzen und schickte sofort einige Goldsucher nach Nordfinnland. Es dauerte aber bis 1868, bis man in Lappland wieder auf Gold stieß. Nachdem im *Inarijoki* erhebliche Mengen des gelben Staubes gefunden wurden, hatte Finnland seinen Goldrausch. Am *Ivalo-* und am *Lemmenjoki* machten sich verwegene Männer auf die Suche nach dem großen Glück. Die meisten kehrten genauso arm heim, wie sie gekommen waren, doch einige machten wirklich den großen Fund. Innerhalb von nur drei Wochen wuschen die beiden Seeleute Jakob Ervast und Niklas Lepistö im Jahre 1869 zwei Kilogramm Gold aus dem Lemmenjoki.

In den Hochzeiten des Goldrausches knieten etwa 500 Glückssucher auf der Jagd nach dem schnellen Reichtum an den Ufern der lappländischen Flüsse. Dies waren mehr Menschen, als zur damaligen Zeit in der ganzen Provinz Inari lebten. Im Vergleich zu der Ausbeute, die die Prospektoren in Kanada, Alaska oder Australien machten, waren die Funde aus den finnischen Claims ziemlich bescheiden. Da zudem das harte Klima nicht jedermanns Sache war, legte sich die Euphorie schnell wieder.

Nach dem Zweiten Weltkrieg kam es noch einmal zu einem Minigoldrausch in Lappland, doch der flaute wegen der mageren Ausbeute bald ab. Trotzdem wird auch heute noch am Lemmenjoki und am Ivalojoki nach Gold gesucht. Neben einer Handvoll Profis machen sich jeden Sommer Hunderte von Urlaubern auf den Weg nach Lappland, um ihren privaten Goldrausch zu erleben. Man weiß ja nie!?

Über die Geschichte der Goldsuche in Lappland erfahren Sie noch viel mehr und genaueres im *Goldmuseum* von Tankavaara (ganzjährig geöffnet, im Sommer an 7 Tagen der Woche 9 – 18 Uhr, in den übrigen Jahreszeiten an Werktagen 10 – 16 Uhr). Außerdem kann man hier die Kunst des Goldwaschens erlernen und an der *Offenen Finnischen Meisterschaft* im Goldwaschen teilnehmen. Wer sich gar nicht losreißen will, der kann in den einfachen Hütten des *Tankavaara Kul-*

takylä sein Haupt zur Ruhe legen und von seinem großen Fund träumen.

Inari und Ivalo

… sind die beiden wichtigsten Siedlungszentren in Nordostlappland. In Ivalo leben 3500 und in Inari nur 500 Menschen. Trotzdem ist die Großgemeinde Inari/Ivalo die größte des Landes – flächenmäßig gesehen. Auf über 17.000 km² verlieren sich 7500 Bewohner.

In Ivalo gibt es gar nichts und in Inari nur wenig zu sehen. Dort steht ein sehr interessantes *Freilichtmuseum,* in dem alte Gebäude aus Lappland zusammengetragen wurden (geöffnet von Anfang Juni bis Mitte August 8 – 22 Uhr, Mitte bis Ende August 8 – 20 Uhr und Anfang bis Mitte September 9 – 15.30 Uhr). Das Museum, das am Ufer des legendären

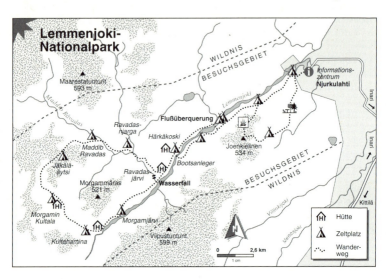

Inarisees liegt, gibt einen guten Einblick in das tägliche Leben der Samen in Nordfinnland. Das Zusammentragen alter Häuser war in Lappland besonders schwierig, da die deutschen Truppen bei ihrem Rückzug gegen Ende des Zweiten Weltkriegs nur Schutt und Asche zurückgelassen hatten.

Die zweite Sehenswürdigkeit Inaris ist über einen **Wanderweg** zu erreichen, der direkt neben dem Freilichtmuseum beginnt. Die *Einödkirche Pielpajärvi* aus dem Jahre 1752 liegt etwa 5 km außerhalb der Gemeinde. Sie ist eines der wenigen Gebäude in Lappland, die der Zerstörungswut von Hitlers Truppen nicht zum Opfer fielen.

Wanderungen

Wer sich auf den Weg nach Nordlappland macht, wird dies kaum wegen der (nicht vorhandenen) städtebaulichen Schönheiten tun. Hier lockt die Natur. Deswegen an dieser Stelle einige Hinweise zu Wandermöglichkeiten im Gebiet Inari/Ivalo:

Der Ausgangspunkt für eine Wanderung im **Lemmenjoki-Nationalpark** ist *Njurkulahti* (Busverbindung von Inari). Von hier aus führt ein 14 km langer Pfad zum *Ravadas-See* und von dort noch einmal ein 20 km langer Rundwanderweg zu den alten Goldgräbergebieten. Der Wanderweg zieht sich das Lemmenjokital entlang. An einer Stelle muß man den Fluß queren.

Wer plant, den markierten Pfad zu verlassen, sollte sich unbedingt mit Karte und Kompass ausrüsten. Im Sommer auf keinen Fall das Mückenmittel vergessen! Entlang des Weges wurden Campingstellen eingerichtet, am Ravadasjärvi und am Morgamjärvi befinden sich Wanderhütten.

Wer die Wanderung abkürzen möchte, kann sich von Njurkulahti bis zum *Morgamjärvi* mit dem Boot fahren lassen.

Außer der hier beschriebenen gibt es im Lemmenjoki-Park keine weitere markierte Route. Südlich von Inari, in der Nähe der Orte *Tankavaara* und *Saariselkä*, liegt der **Urho-Kekkonen-Nationalpark.** Dort gibt es aber kaum markierte Wege. Von Tankavaara bzw. *Kiilopää* führen nur einige kürzere Naturlehrpfade in das Gebiet des Parkes. In Saariselkä gibt es Skilanglaufloipen in einer Länge von 250 km. Viele von ihnen können im Sommer für Wanderungen genutzt werden. Einen hervorragenden Blick über den Nationalpark und weite Teile Nordostlapplands hat man vom *Kaunispää*, einem 10 km nördlich von Saariselkä gelegenen und 540 Meter hohen Berg.

Nähere Informationen bei den *Informationszentren* des Nationalparks in Tankavaara (direkt neben dem Goldgräberdorf) und in Savukoski.

Wer sich bei seinem Naturerlebnis in Nordlappland lieber an die Hand nehmen lassen möchte, dem bieten in Inari/Ivalo und Saariselkä viele **Abenteuer-Unternehmen** ihre Dienste an. Zum Beispiel Hundesafaris mit *Kamisak* in Ivalo, ℗ 969/742736, oder Kanutouren und Wanderungen zum Fischen mit *Lapp Treks* in Inari, ℗ 969/751375.

Hotel Riekonkieppi, ℂ 9697/81601, DZ circa 380 FIM, die etwas billigere Alternative des gleichen Unternehmens.

In Inari und Ivalo gibt es einige typische »Dorfhotels«.

Jugendherbergen

Inari, Retkeilymaja Kukkola, ℂ 9697/ 51244. 40 – 120 FIM. Geöffnet 1.3. – 30.9.

Kilopää, Tunturikeksus Kiilopää, ℂ 9697/87101, 80 – 175 FM. Herrliche Lage, am Berg Kiilopää. Etwa 20 km südöstlich von Saariselkä. Ganzjährig geöffnet.

Verbindungen

Flug: Von Ivalo Direktverbindungen nach Helsinki, Rovaniemi, Jyväskylä, Oulu, Sodankylä.

Bus: Ausgezeichneter Busanschluß an Rovaniemi im Süden und Utsjoki im Norden. Außerdem geht durch Ivalo auch die Buslinie Rovaniemi – Sodankylä – Murmansk.

Ausflugsboot: In der Sommerzeit Rundfahrten auf dem Inarisee.

Unterkunft in Inari/Ivalo & Saariselkä

Saariselkä ist ein moderner Wintertouristenort, der beinahe ausschließlich aus Hotels besteht. Da hier im Sommer Nebensaison ist, kann man dann problemlos eine Unterkunft finden.

Hotel Riekonlinna, ℂ 9697/81601, DZ circa 420 FIM. Touristenhotel für gehobene Ansprüche.

Camping

Auf dem Gebiet der Gemeinde Inari/Ivalo gibt es 13 Campingplätze. Ein Teil von ihnen vermietet auch Hütten.

Finnlands nördlichster Norden

Im äußersten Nordosten Finnisch-Lapplands sind schließlich noch zwei Orte zu erwähnen. Zum einen **Karigasniemi,** die Durchgangsstation für unzählige Nordkapreisende an der Hauptstraße 4, und **Utsjoki,** die nördlichste Gemeinde Finnlands. Wieder könnte ich hier meinen üblichen Satz über die »Schönheit« lappländischer Gemeinden anfügen, doch darauf will ich ausnahmsweise verzichten. Utsjoki ist aber für Wanderfreunde als Ausgangspunkt zum Wildnisgebiet in **Kevo** eine Reise wert. Die *Kevo-Schlucht* liegt etwa 30 km südlich von Utsjoki und zählt zu den größten Naturper-

»Action« und schöne Stimmungen versprechen die Hundeschlittensafaris

len in Nordlappland. Zu erreichen ist sie allerdings nur auf Schusters Rappen, und nicht mit Pferdestärken unter der Kühlerhaube.

Einer samischen Sage zufolge ist die Gegend um *Karigasniemi* so schön, daß die restliche Welt nach ihrem Vorbild geschaffen wurde – urteilen Sie selbst!

Westlappland

Die wichtigsten Gemeinden in Westlappland sind *Kittilä/Sirkka, Enontekiö* sowie *Kilpisjärvi* an der Grenze zu Norwegen und Schweden.

Kittilä mit seinem Flughafen ist das Tor zu Westlappland – aber auch wirklich nicht mehr. Außer einer von Carl Ludvig Engel geplanten *Kirche* (geöffnet im Sommer werktags 12 – 20 Uhr), die als einziges Gebäude des Ortes den Zweiten Weltkrieg unbeschadet überstand, gibt es in Kittilä nichts zu sehen.

Wanderungen und Hundeschlittensafaris bei Sirkka

Das 20 km weiter nördlich gelegene **Sirkka** ist ein moderner Touristenort. Im Winter flitzen hier die Skiläufer bei Flutlicht über die Pisten und im Sommer quartieren sich Wanderfreunde in den unzähligen Hotels des Ortes ein. Vom *Levitunturi*, einem 530 Meter hohen Hügel, der im Winter das Mekka des alpinen Skisports in Westlappland ist, hat man einen hervorragenden Rundblick über die Umgebung. An klaren Tagen kann man bis zum Pallastunturi-Ounastunturi-Nationalpark sehen.

Während finnische Wintertouristen sich vor allem für die 22 Pisten am *Levitunturi* oder Safaris mit den lärmenden Motorschlitten interessieren, ziehen viele ausländische Besucher das Gebell der Hunde von *Reijo Jääskelainen* vor. Der mehrfache finnische und nordische Meister im Hundeschlittenfahren lebt mit seinen 50 Huskies in der Einöde etwa 15 km nördlich von Sirkka und bietet in der Winterzeit Hundeschlittenfahrten für Touristen an. Von kurzen Ausfahrten, die etwa eine Stunde dauern und 120 Finnmark kosten, bis zu einer ganzwöchigen Safari mit Vollverpflegung für mehrere tausend Finnmark steht alles auf dem Programm von *Polar Speed Safaris,* wie Jääskelainen sein Ein-Mann-Unternehmen nennt. Der Mann mit den Hunden hat zwar in seiner Blockhütte noch kein fließendes Wasser, aber Fax und Telefon stehen bereit, um die Buchungswünsche der Kunden zu erfüllen. Wer's versuchen will, hier ist die Nummer: ✆ & Fax 9694/83447.

Während man sich im Winter von Hunden oder Rentieren ziehen lassen kann, muß man im Sommer selbst laufen … und dazu gibt es in der Gegend um Sirkka viele Möglichkeiten.

Eine beliebte **Wanderroute** führt zum 30 km südwestlich von Sirkka gelegenen *Aakenustunturi*. Wem das noch nicht reicht, der geht einfach weiter zum 20 km weiter entfernt gelegenen *Ylläs* (718 m). Von dort wiederum schließt sich ein Wanderweg an, der zum **Pallastunturi-Ounastunturi-Nationalpark** führt.

Am *Nationalparkzentrum* in *Pallas* beginnt eine der beliebtesten Wanderstrecken in Nordlappland. Der 64 km lange Pfad nach Enontekiö führt durch die rauhe Bergwelt des Nationalparks und verlangt vom Wanderer gute Kondition. Besonders die Anstiege zum 807 Meter hohen *Taivaskero* und dem 711 Meter hohen *Pyhäkero* ziehen sich scheinbar endlos hin. Ungeübte sollten sich nicht durch die geringen Höhenangaben beirren lassen, diese Wanderung im Pallastunturi-Ounastunturi-Nationalpark hat es in sich. An mehreren Stellen der Wanderstrecken befinden sich Schutzhütten, die man kostenlos benutzen kann. Für die Wanderung, die mit einer Bootsfahrt über den *Ounas-*

Pallastunturi-Ounastunturi-Nationalpark

OUNASTUNTURI

Pyhäkero 711 m
Pyhä-järvi
Onnasvaara 448 m
Nationalpark-Grenze
Haaravaara 590 m
Pahta-Vaara 410 m
Pyhäkero-Hütten
Ounasjärvi
Sioskuru-Hütte
Valivaara 653 m
Siosvaara 510 m
Sillavaara 530 m
Tappuri-Hütte
Rautuvaara 699 m
Tappuen 644 m
Rouvi-Vaara 560 m
Outtakka 723 m
Pahak Hüt

järvi endet (Flagge hochziehen, dann kommt ein Boot vom gegenüberliegenden Ufer und holt Sie ab), sollte man mindestens drei Tage einplanen. Um Enttäuschungen vorzubauen: die Landschaft hat Hochgebirgscharakter und man wandert die meiste Zeit oberhalb der Baumgrenze. Manche finden das ziemlich langweilig, andere wiederum ...

Wem diese Wanderung zu anstrengend ist, der kann sich mit einer 15 km langen Rundwanderung um den *Kätkätunturi* in der Nähe von Sirkka begnügen oder den Hausberg des Ortes, den *Levitunturi,* umrunden.

Wanderungen ab Enontekiö

Enontekiö ist ebenso wie Sirkka ein idealer Ausgangspunkt für Wanderungen in Lappland. Der *Pallastunturi-Ounastunturi-Nationalpark* beginnt praktisch an der Ortsgrenze. Auch **Kilpisjärvi**, der Ort am Dreiländereck zwischen Finnland, Schweden und Norwegen ist ein Paradies für Wanderer. Eine Mehrtageswanderung zu Finnlands höchstem Berg, dem *Halti* (1328 m) ist ebenso möglich wie eine Tageswanderung ans

berühmte Dreiländereck. Oder wollen Sie sich lieber zum heiligen Berg der Samen, dem *Saanatunturi* aufmachen? Auch dorthin führt ein Wanderpfad. Der Hin- und Rückweg ist in insgesamt 4 Stunden zu schaffen und der grandiose Ausblick, den man vom Gipfel hat, macht die vergossenen Schweißtropfen schnell vergessen.

Wenn Sie ein Kanu dabei haben, sollten Sie es unbedingt im *Kilpisjärvi* zu Wasser lassen. So viel Stille wie auf einer Paddeltour über diesen See werden Sie in Ihrem Leben kaum noch einmal »hören«.

Sehenswürdigkeiten

Galerie Raekallio in **Pöntsö** nördlich von Sirkka. Reijo Raekallio ist der berühmteste lebende Maler Lapplands; er stellt seine Gemälde in seinem Haus aus. Di – So 10 – 18 Uhr, Mo und im November geschlossen.

Reidar Särestöniemi Galerie, in der Nähe von **Kaukonen** südlich von Kittilä, geöffnet tgl. 10 – 18 Uhr.

Verbindungen

Flug: Verbindungen nach Helsinki und Oulu ab Kittilä.

❶	Information
▣	Lagerplatz
⌂	Schutzhütte
ℰ	Schutzhütte mit Telefon
⁂	Wald
☁	See

PALLASTUNTURI

ukuru-Hütte (Sauna) ℰ · Suastunturi 490 m · Lumikero 662 m · Vuontiskero 670 m · Vuontis-järvelle · Lumikuru · Montelli-Hütte · Kenkakero 640 m · Nammalakuru-Hütte · Palokero 520 m · Lehmäkero 745 m · Taivaskero 807 m · Pyhäkero 775 m · Palkaskero 705 m · Laukukero 785 m · Pallaskero 646 m · Orotuskero 685 m · Rihmakurun Vaarat · Porokämppä-Hütte · Informationszentrum

Suaskuru · Rihmakuru · Keräsjärvi

Bus: Regelmäßige Verbindung ab Sirkka und Kittilä nach Rovaniemi und an die norwegische Grenze im Norden (mit Anschluß nach Tromsø).

Unterkunft

In *Sirkka* gibt es so viele Unterkunftsmöglichkeiten, daß man eigentlich keinen Reiseführer braucht, um ein geeignetes Hotel zu finden. Auf einen besonderen »Geheimtip« möchte ich aber doch hinweisen.

Lomakylä Levihuvilat: große, modern eingerichtete Holzbungalows für bis zu 6 Personen. Sauna. Der Preis richtet sich nach der Saison. Da aber im Sommer und Frühherbst in Lappland Nebensaison ist, kann man in manchen Wochen für 100 FIM pro Tag (nicht pro Person, sondern pro Bungalow!) übernachten. Nachfragen lohnt auf jeden Fall: ✆ 9694/81336.

Jugendherbergen

In *Kittilä*, Valtatie 5, ✆ 9494/12238, 60 – 90 FIM. Geöffnet von 10.6. – 5.8.

In *Köngas* (8 km nordöstlich von Sirkka), ✆ 9694/83428. 115 FIM. Sehr kleine, schöne Jugendherberge. Einzel- oder Doppelzimmer gibt es dort keine. Ganzjährig geöffnet.

Sport

In Sirkka wird nicht nur für Wanderfreunde einiges geboten, hier kommen alle Aktivurlauber auf ihre Kosten. Vom Kanu über die Angel bis zum Fahrrad (auch Mountainbikes) kann man alles mieten: *Levin Safarit* ✆ 9694/81484.

Polar Speed Safaris, Reijo Jääskelainen , ✆ & Fax 9694/83447, organisiert Hundeschlittensafaris, siehe Vorseite.

Winter am Levitunturi

ANHANG

Kleiner Sprachführer

Das Wichtigste zuerst: *Miehille* heißt
»Für Männer« und *Naisille* »Für Frauen«.
Dementsprechend verraten ein »M« und ein
»N« an der Toilettentür, wo sich der Herr
bzw. die Dame erleichtern kann. Nach dem
Allernotwendigsten jetzt zur Kür.

Höflichkeitsfloskeln

Guten Tag: *Hyvää päivää*
Hallo: *Hei*
Auf Wiedersehen: *Näkemiin*
Danke: *Kiitos*
Bitte: *Ole hyvä*
Ja: *Kyllä*
Nein: *Ei*
Wie geht's? *Mitä kuuluu?*
Entschuldigung: *Anteeksi (meist in der Kurz-
form Anteeks zu hören)*

Nix verstehen

Ich spreche kein Finnisch: *Minä en puhu
suomea.*
Sprechen Sie Deutsch? *Puhutko sinä saksaa?*
Sprechen Sie Englisch? *Puhutko sinä en
glantia?*
Was heißt ... auf Finnisch? *Mitä on ...
suomeksi?*
Ich bin Deutsche(r): *Minä olen saksalainen.*
... Schweizer: *sveitsiläinen*
... Österreicher: *itävaltalainen*

Fragen

Wer? *Kuka?*
Was? *Mitä? Mikä?*
Was für eine Art von? *Millainen?*
Wann? *Milloin?*
Wo? *Missä?*
Wessen? *Kenen?*
Wieviel? *Kuinka paljon?*

Zur Aussprache:
Die Länge von Vokalen und Konsonan-
ten wird durch die Verdopplung der
Buchstaben ausgedrückt, die Betonung
liegt immer auf der ersten Silbe des
Wortes.
S immer wie ß, v wie *w*, y wie *ü*.

Zahlen

0 *nolla*
1 *yksi*
2 *kaksi*
3 *kolme*
4 *neljä*
5 *viisi*
6 *kuusi*
7 *seitsemän*
8 *kahdeksan*
9 *yhdeksän*
10 *kymmenen*
11 *yksitoista*
12 *kaksitoista*
20 *kaksikymmentä*
30 *kolmekymmentä*
40 *neljäkymmentä*
50 *viisikymmentä*
60 *kuusikymmentä*
70 *seitsemänkymmentä*
80 *kahdeksankymmentä*
90 *yhdeksänkymmentöä*
100 *sata*
1000 *tuhat*

Zeitangaben

Wie spät ist es? *Paljonko kello on?*
Minute: *minuutti*
Stunde: *tunti*
heute: *tänään*
morgen: *huomenna*
Montag: *maanantai*
Dienstag: *tiistai*
Mittwoch: *keskiviikko*
Donnerstag: *torstai*
Freitag: *perjantai*
Samstag/Sonnabend: *lauantai*
Sonntag: *sunnuntai*

Monat: *kuukausi*
Januar: *tammikuu*
Februar: *helmikuu*
März: *maaliskuu*
April: *huhtikuu*
Mai: *toukokuu*
Juni: *kesäkuu*
Juli: *heinäkuu*
August: *elokuu*
September: *syyskuu*

Oktober: *lokakuu*
November: *marraskuu*
Dezember: *joulukuu*

Essen auf finnisch

Restaurant: *ravintola*
essen: *syödä, ruokailla*
trinken: *juoda*
Frühstück: *aamiainen*
Mittagessen: *lounas*
Nachmittagskaffee: *päiväkahvi*
Abendessen: *päivällinen, illallinen*
Tagesmenü: *päivänannosta*
Messer: *veitsi*
Gabel: *haarukka*
Löffel: *lusikka*
Suppe: *keitto*
Salat: *salaatti*
Gemüse: *vihannes*
Obst: *hedelmät*
Kartoffel: *peruna*
Reis: *riisi*
Brot: *leipä*
belegtes Brot: *voileipä*
Butter: *voi*
Ei: *muna*
Käse: *juusto*
Schinken: *kinkku*
Apfel: *omena*
Apfelsine: *appelsiini*
Kirsche: *kirsikka*
Pfirsich: *persikka*
Kaffee: *kahvi(a)*
Milch: *maito(a)*
Zucker: *sokeri*
Kekse, Gebäck: *pikkuleipä, pulla*
Torte: *täytekakku*

Flasche: *pullo*
Apfelsaft: *omenamehu*
Bier: *olut*
Wasser (stilles): *lähdevesi*
Mineralwasser: *vichyvesi*
Wein: *viini*
Schnaps: *ryyppy, paukku, snapsi*
Fisch: *kala*
Lachs: *lohi*
Regenbogenforelle: *kirjolohi*
Hecht: *hauki*
Barsch: *ahven*
Hering: *silakka*
Maräne: *muikku*
Fleisch: *liha*
Rentier: *poro*
Elch: *hirvi*
Schwein: *sika*
Schweinefleisch: *sianliha*
Rind: *nauta*
Rindfleisch: *naudanliha*
Kalb: *vasikka*
Kalbfleisch: *vasikanliha*
Fleischklößchen: *lihapullat*
Hähnchen: *broileri, kana*
Schneehun: *riekko*

Unterkunft

Hotel: *hotelli*
Jugendherberge: *retkeilymaja*
Campingplatz: *leirintäalue*
Zelt: *teltta*
Zimmer: *huone*
Doppelzimmer: *kahden hengen huone*
Was kostet das Zimmer? *Mitä huone maksaa?*
Haben Sie ein Zimmer frei? *Onko teillä vapaita huoneta?*

Geografisches & Verkehr

links: *vasemmalla*
rechts: *oikealla*
vor: *edessä, eteen, ennen*
hinter: *taakse, takana*
Abfahrt: *lähtö*
Ankunft: *saapuminen*
Auto: *auto*
Autobus: *linja-auto, bussi*
Autovermietung: *autovuokraamo*

Badestrand: *uimaranta*
Bahnhof: *rautatieasema*
Benzin: *bensiini*
Busbahnhof: *linja-autoasema*
Fahrkarte: *matkalippu*
Fähre: *lautta, lossi*
Flughafen: *lentoasema*
Führerschein: *ajokortti*
Hafen: *satama*
Haltestelle: *pysäkki*
Kirche: *kirkko*
Museum: *museo*
Park: *puisto*
Polarkreis: *napapiiri*
Quelle: *lähde*
Schule: *koulu*
Schnee: *lumi*
See: *järvi*
Sonne: *aurinko*
Stadt: *kaupunki*
Straße: *katu*
Tankstelle: *bensiiniasema*
Umweg: *kiertotie*
Vorsicht! *varo(kaa)!*
Wald: *metsä*
Wasserfall: *koski*
Weg: *tie*
Wetter: *sää, ilma*

Bank & Post

Bank: *pankki*
Geld: *raha*
abheben: *nostaa*
Post: *posti*
Telefon: *puhelin*
Brief: *kirje*
Briefmarke: *postimerkki*

Gesundheit

Arzt: *lääkäri*
Zahnarzt: *hammaslääkäri*
Apotheke: *apteekki*
Bauchschmerzen: *vatsakipuja*
(Brand-)Wunde: *(palo) haava-an*
Durchfall: *ripuli*
Fieber: *kuumetta*
Halsweh: *kurkkukipu*
Kondome: *kondomeja*
Kopfschmerzen: *päänsärky*

Krankenhaus: *sairaala*
Mückenstich: *hyttysen puremi-in*
Schnupfen: *nuha*
ich habe …: *minulla on …*
ich möchte Medizin gegen …: *voinko saada lääkettä …*

Wichtiges & Allgemeines

Achtung! *huomio!*
Polizei: *poliisi*
Paß: *passi*
Adresse: *osoite*
Unterschrift: *allekirjoitus*
Ausländer: *ulkomaalainen*
Urlaub: *loma*
Eingang: *sisään*
Ausgang: *ulos*
besetzt: *varattu*
frei: *vapaa*
billig: *halpa*
teuer: *kallis*
drücken! *työnnä!*
ziehen! *vedä!*
geschlossen: *suljettu*
geöffnet: *avoinna*
trocken: *kuiva*
naß: *märkä*
viel: *paljon*
viele: *moni, monet*
wenig: *vähän*
wenige/r: *muutama/vähemmän*
voll: *täysi*
leer: *tyhjä*
Geschäft: *kauppa*
Markt: *tori*
Markthalle: *kauppahalli*
Sonderangebot: *tarjous, ale*
Preis: *hinta*
Kino: *elokuvateatteri*
Eintrittskarte: *pääsylippu*

Verbotsschilder
Läpiajo kielletty: Durchfahrt verboten
Läpikulku kielletty: Durchgang verboten
Pysäköinti kielletty: Parken verboten
Tupakanpoltto kielletty: Rauchen verboten

297

SENEGAL/GAMBIA
Praktischer Reiseführer
an die Westküste Afrikas

Das rundum praktische
Buch gibt einen fundierten
Überblick über Land, Leu-
te und Kultur dieser beiden
schwarzafrikanischen
Länder. Der Autor geht
einfühlsam auf die Beson-
derheiten der jeweiligen
Regionen und Völker ein,
führt durch urwüchsige
Nationalparks, karge
Trockensavannen und zu
paradiesischen Atlantik-
stränden – immer mit kon-
kreten Adressen, Preisen
und Fakten. Er berichtet
vom erfolgreichen sene-
galesischen Projekt des
»integrierten sanften
Tourismus« und von der
lebendigen Musiktradition
Gambias, sowie den Mög-
lichkeiten, beides indivi-
duell kennenzulernen.

336 Seiten, 62 Fotos
und Stiche, 20 Pläne,
Klappenkarten.
Peter Meyer Reiseführer
ISBN 3-922057-09-8
DM/SFr 29,80 • ÖS 233

COSTA RICA
Reisehandbuch für das
Naturparadies zwischen
Pazifik und Karibik

Ob Sie die Reggae-Klänge
der Karibik suchen oder
das Rauschen des Pazifiks
in Ruhe genießen wollen,
ob Sie aktive Vulkane
besteigen oder den geheimnisvollen Regenwald
erforschen wollen – die
beiden reiseerfahrenen
Autoren führen Sie per
Bus, Rad oder Boot sicher
durch das Naturparadies
Costa Rica, nennen Ihnen
zuverlässig, wie und wo
Sie unterkommen, gut
speisen, faul oder aktiv
sein können und zeigen
Ihnen die schönsten Rou-
ten und Wandertouren
durch die Naturparks die-
ses »fabelhaften« Landes.

416 Seiten, 80 Fotos und
Zeichn., 45 Pläne und
Grundrisse, 4 Farbkarten
Peter Meyer Reiseführer
ISBN 3-922057-29-2
DM/SFr 36 • ÖS 281

GALICIEN
und der Jakobsweg durch
Spaniens Nordwesten

Sieben Monate sind die
spanienerfahrenen Auto-
ren von verlassenen Klö-
stern zu Sprachschulen,
von Tropfsteinhöhlen zu
alten Unterkünften in
Monasterien gereist, haben
Fischer, Köche und Mode-
macher interviewt, Öff-
nungszeiten notiert und
Restaurants getestet, um
das erste ausführliche
Reisebuch über Galicien
zu veröffentlichen. Aus-
führlichen Artikeln zur
Geschichte, zu »Matriar-
chat«, Schmuggel, Hexen,
Natur und Gastronomie
schließen sich aktuelle
Infos zur Reisepraxis und
lebendige Orts- und
Routenbeschreibungen an.

384 Seiten, 70 Fotos &
Zeichnungen, 25 Karten,
Pläne und Grundrisse,
4 farbige Pläne
Peter Meyer Reiseführer
ISBN 3-922057-48-9
DM/SFr 32 • ÖS 250

Glossar

Alexander I. Pawlowitsch: (1777 – 1825)
Zar Rußlands seit 1801 bis zu seinem Tod.
Unter der Aufsicht seiner Großmutter
Katharina II. im Sinne der Aufklärung
erzogen, vertrat dennoch die Selbstherrschaft in dem er sich vom Adel abschottete
(so gründete er z.b. Universitäten und
führte Verwaltungsreformen durch, was
den Adel unzufrieden stimmte). Nach
seinem Tod bildete sich die Legende, er sei
nicht gestorben, sondern lebe als der
sibirische Einsiedler *Feodor Kusmitsch*
(1846 gest.) weiter.

Alexander II Nikolajewitsch: (1818 – 1881)
Folgte während des Krimkrieges 1855
seinem Vater Nikolaus I. als Zar auf den
Thron. Führte innenpolitisch viele Reformen durch (z.B. Aufhebung der Leibeigenschaft 1861).

Birger Jarl: 1290 – 1321, Begründer des
schwedischen Geschlechts der Folkunger,
unterwarf Finnland im 13. Jahrhundert.

Bolschewiki: bolschewistische = kommunistische Partei (später KPdSSU). Name leitet
sich vom russ. Wort für Mehrheit (bolsch-
instwo) ab und beruht auf einem Mehr-
heitserfolg Lenins auf den Londoner Par-
teitag der russ. Sozialdemokratie von 1903.

Brigittenorden: die schwedische Ordens-
stifterin und Heilige Brigitta (1303 – 1373)
gründete in ihrer Heimat das Kloster
Vadstena. In Naantali entstand um ein
Brigittenkloster die Stadt.

Gustav Vasa: 1523 zum König von Schweden
gewählt, zog die Kirchen- und Kloster-
güter ein.

hengenvaara: fin. Lebensgefahr

Ikone: Heiligenbild der Ostkirche. Meist auf
Holz gemalt und zum Schutz mit Leinöl-
firnis überzogen.

järvi: fin. See

Kalevala: Nationalepos der Finnen, siehe
Seite 36.

Kantele: zitherähnliches Instrument der
finnischen Volksmusik.

katu: fin. Straße

kaupunki: fin. Stadt, *Kaupungin retkeilymaja:* fin. städtische Jugendherberge

kirkko: fin. Kirche

kirkonkylä: fin. Kirchdorf, Gemeinde

Kreuzzug: Krieg der Christen zur »Bekehrung von Ungläubigen«

koski: fin. Wasserfall, Stromschnelle

lakka: fin. Multebeeren

Luther, Martin: 1483 – 1546, Reformator,
Begründer des dt. Protestantismus

mökki: fin. Hütte

Nikolaus I. Pawlowitsch: (1796 – 1855)
War seit 1825 bis zu seinem Tod während
des Krimkrieges russ. Zar und Thronfol-
ger seines ältesten Bruder Alxander I.
Herrschte streng absolutistisch, leitete die
gewaltsame Russifizierung und Bekehrung
zum orthod. Glauben der nichtruss.
Völker ein. 1831/32 machte er Polen zur
russ. Provinz.

Nikolaus II. Alexandrowitsch: (1868 – 1918)
Führte seit 1896 die reaktionäre Innenpo-
litik seines Vaters, *Alexander III.* (1845 –
1894), auch nach der Revolution von 1905
weiter. Löste durch seinen Mobil-
machungsbefehl den Ausbruch des 1. WK
aus, mußte 1917 abdanken, wurde mit
Frau und Kindern 1918 von
»Bolschewisten« ermordet.

Per Brahe der Jüngere: 1602 – 1680, schwedischer Generalgouverneur

puisto: fin. Park

ravintola: fin. Restaurant

Reformation: durch Luther ausgelöste reli-
giöse Bewegung im 16. Jahrhundert, die
neue, vom Papsttum unabhängige
Kirchengemeinden hervorrief.

retkeilyhotelli: fin. Jugendhotel, ähnlich
Jugendherberge

Secco-Wandmalereien: im Gegensatz zur
Fresco-Methode wird hierbei die Farbe
auf den trockenen Putz aufgetragen.

talvisota: fin. Winterkrieg

tunturi, vuori: fin. Gipfel, Berg

Fresco/Fresken: auf den feuchten Putz aufge-
tragene Bilder, die durch das gleichzeitige
Abbinden und Eintrocknen mit Putz und
(Erd-) Farben besonders haltbar sind. Beliebt war im Mittelalter auch eine Misch-
technik aus Fresco- und Secco-Malerei.

yksityisalue: fin. Privatgrundstück

yliopisto: fin. Universität

Register der Orte & Sehenswürdigkeiten

Übrigens: im Finnischen steht »Ä« ganz am Ende des Alphabets. Wir sind für unser Register auf diese Eigenheit nicht eingegangen. Doch wenn Sie ein Telefonbuch benutzen wollen, wird Ihnen dieser Hinweis nützlich sein.

AUF GROBE FAHRLÄSSIGKEIT STEHT DER TOD.

Bildagentur Focus Fotograf Tom Campbell

Jedes Jahr verenden über 1 Million Robben, Delphine, Wale, Seevögel. Ganz aus Versehen, in achtlos zurückgelassenen Treibnetzen der Hochseefischerei. Der WWF kämpft weltweit gegen skrupellose Fischereimethoden und den Mißbrauch der Meere als billige Müllkippen. Helfen Sie uns. WWF, 60591 Frankfurt/M.

WWF

Mensch, die Zeit drängt.

BARCELONA
und die katalanische Küste

Die dynamische Handels-
metropole direkt am Meer
ist nicht allein wegen ihrer
Kunstvielfalt und der
Olympiade in den beiden
letzten Jahrzehnten wieder
zur europäischen Weltstadt
avanciert.
Barcelona ist vielmehr ein
lebendiges Zentrum attrak-
tiver Möglichkeiten, durch
das die ortskundige Auto-
rin den Besucher führt:
Neben den bekannten
Sehenswürdigkeiten zeigt
sie verborgene Winkel,
preiswerte und gute Unterkünfte, eine große Aus-
wahl an Restaurants, Cafés
und Discos, interessante
Märkte, Boutiquen, Aus-
flugsziele und Strände.
Ganz aktuell:
das Barcelona von heute.

**416 Seiten, 25 Karten,
Pläne & Grundrisse, far-
biger Metroplan, 128 Fotos
Peter Meyer Reiseführer
ISBN 3-922057-03-9
DM/SFr 29,80; ÖS 233**

FAHRRADREISEN
**Das unentbehrliche
Handbuch für jede Radtour**

Der umfassendste Ratgeber
zur Vorbereitung und
Durchführung von Fahr-
radtouren, zusammenge-
tragen von drei erfahrenen
Radlern.
Kundige Informationen
und Tips zur richtigen
Ausrüstung, Technik sowie
zur Gesundheitsvorsorge.
Radurlaub grenzenlos:
37 Länderinfos zu Europa
und Nordafrika mit
Adressen,Infos, Preisen,
Karten- und Literaturtips.
Bewährt und stets aktuell.

**400 S., 160 Zeichnungen
und Fotos; 3 Farbkarten.
Peter Meyer Reiseführer
ISBN 3-922057-51-9
DM/SFr 34; ÖS 265**

Gesamt-
prospekt
anfordern:

Peter Meyer Reiseführer
Schopenhauerstraße 11
60316 Frankfurt am Main

DIE COSTA BLANCA
**Praktischer Reisebegleiter
für Bade- und Aktivurlaub**

Kein ungewöhnliches
Urlaubsziel – aber ein
ungewöhnliches Buch:
Es zeigt, daß die Küste der
Provinz Alicante ein tradi-
tionsreiches und lebendiges
Hinterland besitzt – vorge-
stellt von dort lebenden
Insidern.
Baden an langen Sand-
stränden, kleine Bade-
buchten unter schroffen
Klippen, Stadtbummel
durch das mediterrane
Alicante, Wandern in
bizarren Berglandschaften
und im größten Palmen-
wald Europas, Highlife
in Benidorm und
ausgelassene Fiestas.
Entdecken, wo die
Costa Blanca noch
spanisch ist.

**352 Seiten, 20 Karten
und Pläne
60 Fotos & Stiche
Peter Meyer Reiseführer
ISBN 3-922057-47-0
DM/SFr 29,80; ÖS 233**